Friedenskrieger des Hinterlandes

Pierre Ramus u. a.
Friedenskrieger des Hinterlandes

Der Erste Weltkrieg und der
zeitgenössische Antimilitarismus

Herausgegeben, eingeleitet und
kommentiert von *Gerhard Senft*

Löcker

Gedruckt mit freundlicher Unterstützung der Kulturabteilung
der Stadt Wien (MA7), Wissenschafts- und Forschungsförderung.

© Erhard Löcker GesmbH, Wien 2014
Herstellung: Prime Rate, Budapest
ISBN 978-3-85409-720-4

Inhalt

Vorwort 9

Gerhard Senft
Widerstand gegen den Krieg 1914–1918 11

Leo Tolstoi
Rede gegen den Krieg 49

Ivan S. Bloch
Die Nemesis des Krieges 56

Leonid Andrejew
Rekrutierung auf dem Lande 60

Norman Angell
Die falsche Rechnung 62

Paul Scheerbart
Die Entwicklung des Luftmilitarismus 67

Bertha von Suttner
Die Barbarisierung der Luft 83

Rudolf Goldscheid
Krieg und Kultur 96

Rosa Luxemburg
Der Militarismus auf dem Gebiet
der Kapitalakkumulation 106

George Bernard Shaw
Eine andere falsche Wissenschaft 110

Erich Mühsam
Das grosse Morden 111

Hedwig Lachmann
Mit den Besiegten 117

Karl Liebknecht
Abstimmungsbegründung 119

Jaroslav Hašek
Die Feldmesse 122

Karl Kraus
In dieser grossen Zeit 125

Pierre Ramus
Friedenskrieger des Hinterlandes 138
Einige Typen des Friedens und Krieges 138
Die Einlieferung ins Militärgefängnis 154
In den Fängen des Staates 171
Das Damoklesschwert des Fahneneides 187
Im Morast des Gefängnisses 206
Die verlorene Identität 219
Die unheilbare Krankheit 234
Als Geisel unter Polizeiaufsicht 244
Vision der Erlösung 263

Alfred Hermann Fried
Der Pazifismus von morgen 269

Rosa Mayreder
Der Haager Frauenkongress
im Lichte der Frauenbewegung 274

Walther Rode
Der Schlossberg von Laibach im Kriege 278

Albrecht Mendelssohn Bartholdy
Der Krieg als Erzieher zum Frieden 282

Adam Scharrer
Vaterlandslose Gesellen 288

Benedetto Croce
Der Sieg 293

Robert Bodanzky
Der Heldenfriedhof 295

Joseph Roth
Die Rebellion 298

Romain Rolland
An die freien Geister aller Länder! 304

Vorwort des Herausgebers

»Vom Blitz und tödlichen Lärm des Krieges, / Alles Grauenhafte gewohnt, / Lassen von ihren Waffen, / Von ihrem furchtbaren Tagwerk / Die ermüdeten Krieger«, formulierte Hermann Hesse in einem seiner Antikriegsgedichte. Während des Ersten Weltkrieges waren die Anzeichen einer Kriegsmüdigkeit schon sehr bald wahrzunehmen. Zur Jahreswende 1914/15 weigerten sich Soldaten sowohl an der Westfront als auch im Karpatengebiet, die Kampfhandlungen weiter fortzuführen. Im Hinterland bemühten sich Antimilitaristinnen und Antimilitaristen trotz schlimmster Zensurbedingungen, oft unter permanenter existentieller Bedrohung, um eine rasche Herbeiführung des Friedens. Als sich die Versorgungslage in den Krieg führenden Ländern dramatisch verschlechterte, mehrten sich die Stimmen gegen den Krieg von Tag zu Tag. Die unglückselige Vermengung von Gehorsamskultur und politischer Apathie, die über weite Strecken bestimmend gewirkt hatte, begann sich aufzulösen. Immer mehr Soldaten wählten nun den Ausweg der Desertion. Zum Schluss waren es ungezählte Tausende, die dem Menschenschlachthaus zu entfliehen versuchten. Als im Aufstand gegen die alten Eliten eine kritische Masse erreicht war, war der europäische Kontinent nicht mehr wieder zu erkennen. Der Erste Weltkrieg hat wesentlich dazu beigetragen, dass der moderne Mensch die Fähigkeit entwickelte, den Krieg als ein selbstverschuldetes Übel, als eine vermeidbare Gewalttat zu betrachten.

Der vorliegende Band versammelt bekanntes und weniger bekanntes Textmaterial aus der pazifistischen Bewegung unmittelbar vor, während und nach dem Ersten Weltkrieg. Mit den von den Autorinnen und Autoren gebotenen gedanklichen Zugängen aus den unterschiedlichsten Bereichen wird das Spektrum des Antimilitarismus des frühen 20. Jahrhunderts in seiner vollen Breite dargestellt. Zu Wort kommen damit nicht nur Kulturschaffende wie Karl Kraus, Jaroslav Hašek oder Joseph Roth, sondern auch der Eisenbahninvestor Ivan Bloch, der Jurist Walther Rode, der Finanzsoziologe Rudolf Goldscheid sowie die Frauenrechtlerin Rosa Mayreder. Ebenso nachzulesen sind die Argumente prominenter Friedensbewegter wie Bertha von Suttner, Alfred Hermann Fried, Romain Rolland und des Völkerrechtlers Albrecht Mendelssohn Bartholdy. Raum gegeben wird aber vor allem den lange Zeit in Vergessenheit geratenen Erinnerungen des österreichischen Kriegsdienstverweigerers und Anarchisten Rudolf Großmann alias Pierre Ramus, der die Phase des Ersten Weltkrieges im Gefängnis und anschließend in der Verbannung verbrachte.

Gerhard Senft
Widerstand gegen den Krieg 1914–1918

> »*Ich bin nun mal nicht vorschriftsmäßig*
> *Und wenn ihr auf dem Kriegspfad seid*
> *rauch ich*
> *mein kleines Friedenspfeifchen*
> *mir ist der Friede teuer*
> *Regt euch nur nicht darüber auf*
> *ich bitt euch nicht um Feuer.*«[1]
> Jacques Prévert

Der Erste Weltkrieg, in dem die bewaffnete Konfliktaustragung einen beispiellosen Modernisierungsschub erfuhr, gilt heute unbestritten als die Initialkatastrophe des 20. Jahrhunderts. Obwohl sich bereits um die Jahrhundertwende verschiedene zwischenstaatliche Konflikte zuzuspitzen begonnen hatten, erschien ein weltumspannendes und länger andauerndes kriegerisches Ereignis zunächst unvorstellbar. Den Soldaten, die zur Jahresmitte 1914 einrücken mussten, wurde auf den Weg mitgegeben, dass ihr Einsatz begrenzt sei und dass, »ehe das Laub von den Bäumen fällt«[2], sie wieder zu Hause sein würden. Zu den Unwägbarkeiten zählte aber auch der Umstand, dass sich weltweit im Laufe des 19. Jahrhunderts ein durch das Erstarken pazifistischer Strömungen und durch eine Zunahme der Abwehrhaltungen gegenüber militärischen Konfliktlösungen gekennzeichneter sozialer Wandel vollzogen hatte.

Der moderne Pazifismus: ein Überblick

Erstmals hatte sich der moderne Pazifismus in den Vereinigten Staaten zur Zeit der Napoleonischen Kriege artikuliert. Im Jahr 1814 veröffentlichte Noah Worcester sein Manifest »A Solemn Review of the Custom of War«.[3] In der Folge kam es zu pazifistischen Organisationsgründungen und die Friedenspublizistik erlebte einen ersten Aufschwung. Mitte des Jahrhunderts begann der Pazifismus in enger Verbindung mit der Anti-Sklaverei-Bewegung eine internationale Ausrichtung anzunehmen. Eine wichtige Rolle bei der Verbreitung der Friedensidee über die USA hinaus spielten namhafte Personen aus dem Spektrum des »non-violent anarchism« wie

Henry David Thoreau.⁴ Dem Ausbruch des Bürgerkrieges in den 1860er Jahren vermochte die Friedensbewegung nur wenig entgegenzusetzen, doch die Erfahrungen aus dem Desaster bewogen einflussreiche Denker wie Walt Whitman oder Ralph Waldo Emerson, sich der Friedenssache verstärkt anzunehmen. Unabhängig von der amerikanischen Entwicklung hatte sich mit der »London Peace Society« bereits 1816 die erste europäische Friedensgesellschaft herausgebildet. Die Keimzelle pazifistischer Vereinigungen auf dem Kontinent entstand 1830 in Genf. Zielrichtung war zu dieser Zeit die Auflösung großer stehender Heere, die Einführung einer zwischenstaatlichen Schiedsgerichtsbarkeit sowie das Vorantreiben der Aufklärungsarbeit über friedenssichernde Maßnahmen.⁵

Eine wachsende Zahl von Kongressen und Zusammenkünften, deren Teilnehmer in der Anfangsphase vor allem aus Großbritannien, Frankreich, Belgien, der Schweiz und den Vereinigten Staaten kamen, begünstigten die Globalisierung der Friedensidee. Ab Mitte des Jahrhunderts begann sich auch die noch junge Arbeiterbewegung mit dem Friedensthema zu beschäftigen. Indem jedoch innerhalb der Arbeiterorganisationen der Antimilitarismus mit sozialen Fragestellungen verknüpft und auch mehr aktionistische Bereitschaft (Streiks, Boykotte) an den Tag gelegt wurde, unterschieden sich die proletarischen Friedensbemühungen vom bürgerlichen »Petitions-Pazifismus« in wesentlichen Elementen.⁶ Der Krimkrieg und der deutsch-französische Krieg bedeuten für die Friedensbewegung wieder herbe Rückschläge. Die Weltwirtschaftskrise ab 1873 verschärfte die ökonomischen Rivalitäten zwischen den Staaten und der Ton in der Außenpolitik wurde noch rauer.

Trotz oder gerade wegen des krisenbedingt erneut zunehmenden Säbelrasselns kam es zu vermehrten friedenspolitischen Anstrengungen auf internationaler Ebene. In Russland trat Leo Tolstoi, der im Krimkrieg als Offizier die Gräuel bewaffneter Auseinandersetzungen hautnah miterlebt hatte und der nun als Schriftsteller und Sozialreformer die Rückkehr zu einem einfachen Leben propagierte, als prominenter Friedensaktivist hervor.⁷ Am Beginn des letzten Dezenniums des 19. Jahrhunderts existierten überregional tätige Friedensgesellschaften in den Vereinigten Staaten, in Großbritannien, Frankreich, Italien, Dänemark, Schweden, Belgien, in der Schweiz und in den Niederlanden. Das Einsetzen der Friedensbewegung in der Donau-Monarchie ist mit dem Erscheinen des Buches von Bertha von Suttner »Die Waffen nieder!« 1889 zu datieren.⁸ Auch wenn dem Werk heute eine nur geringe literarische Qualität zugesprochen wird, entwickelte es sich – wie die mehrfachen Neuauflagen und die zahlreichen Übersetzungen zeigen – zu einem echten Bestseller. Die von Suttner im Herbst 1891 in Österreich ins Leben gerufene Friedensgesellschaft umfasste zum Zeitpunkt ihrer Gründung bereits an die 2000 Mitglieder.[9] 1892 entstand in Bern das »Internationale Friedensbüro«, Weltfriedenskongresse fanden zu diesem Zeitpunkt bereits in regelmäßigen Abständen statt. Ebenfalls im Jahr 1892 wurde in Berlin die »Deutsche Friedensgesellschaft« aus der Taufe gehoben.[10] Einer der wichtigen Vordenker im deutschen Raum war der Jurist Eduard Loewenthal, der 1870 seine Schrift »Der Militarismus als Ursache der Massenverarmung in Europa« vorgelegt hatte.[11]

Den ökonomischen Aspekt im Zusammenhang mit der Kriegsführung sollte in der Folge auch der russisch-polnische Eisenbahnunternehmer und Bankier Ivan S. Bloch besonders betonen. In seinem umfangreichen Werk »Der zukünftige Krieg« widerlegte er mit sachlichen Begründungen die verbreitete Mär von den Segnungen des Krieges (»Der Streit als der Vater aller Dinge«).[12] Auf der Grundlage statistischer Berechnungen und mit zahlreichen wissenschaftlichen Argumenten untermauert erbrachte Bloch den Nachweis, dass im Zeitalter großtechnischer Systeme ein Krieg keiner Partei mehr einen ökonomischen Nutzen zu erbringen vermag. Durch einen Krieg – so Bloch – ist nichts mehr zu entscheiden, durch einen Krieg ist nichts mehr zu erledigen. Damit bildete er eine gewichtige Gegenposition zu den gängigen militärstrategischen Auffassungen seiner Zeit. Unter anderem hielt Bloch fest: »In einem künftigen Krieg müssen wir – aus zahlreichen Gründen – noch todbringendere Ergebnisse erwarten. Schlechtes und ungenügendes Essen als Folge der Schwierigkeit, riesige Massen zu ernähren, bedeutet ein Ansteigen der Krankheiten; und eine Anhäufung von Kranken an bestimmten Orten verstärkt die Gefahr von Siechtum und Wunden und erhöht damit die Sterblichkeit. [...] Moderne Waffen erhöhen nicht nur die direkte Gefahr, sondern lähmen auch den medizinischen Dienst, da es unmöglich sein wird, Lazarettstationen an Orten einzurichten, wo sie auch nur zufälligen Schüssen des Feindes ausgesetzt sind, und wo es ebenso schwierig sein wird, die Verwundeten abzutransportieren.«[13]

Bloch wurde zu einem wichtigen gedanklichen Impulsgeber für Alfred Hermann Fried, dessen Zeitschrift »Die Friedenswarte« in Österreich 1899 das von Suttner redigierte Blatt »Die Waffen nieder!« ablöste. Im Gegensatz zum ethischen Pazifismus Suttners, der er jedoch stets freundschaftlich verbunden blieb, ging es Fried um die Entwicklung eines wissenschaftlichen Pazifismus. Fried kritisierte die unnütze Aufblähung der Staatshaushalte durch die Rüstungsausgaben und zeigte sich überzeugt, dass die Ausweitung der Handels-, Verkehrs- und Kommunikationsnetze sowie der zunehmende kulturelle Austausch die friedenspolitischen Bemühungen langfristig förderten. Zwischenstaatliche Konflikte sollten nach Fried durch entsprechende Abmachungen und durch den Einsatz von Schiedsgerichten zurückgedrängt werden. Ausführlich legte Fried seine Theorie im »Handbuch der Friedensbewegung« dar; das Buch erschien zuerst 1905, 1911 folgte eine umgearbeitete, 1913 eine erweiterte Ausgabe.[14]

Imperialismus versus Pazifismus

Widerhall fand die pazifistische Publizistik vor allem im Bereich eines linksbürgerlichen Reformismus, in der Arbeiterbewegung oder etwa bei randständigen Gruppen. Im akademischen Sektor blieb die Resonanz um die Jahrhundertwende jedoch erstaunlich gering. Eine Ausnahme bildete hier der britische Ökonom Norman Angell, der unermüdlich durch die Lande tourte, um seine These vom wirtschaftlichen Megaschaden zukünftiger Kriege zu verbreiten.[15] Der Perspektive einer Globalisierung des Friedens stand allerdings das durch Kapitalinteressen und politische Machtansprüche geförderte Expansionsstreben der industriell vorangeschrittenen Länder entgegen. Mit dem krisenbedingt verschärften wirtschaftlichen Wettbewerb zwischen den Nationalstaaten, mit den wachsenden Ansprüchen des Finanzkapitals, das nach immer neuen Investitionschancen gierte, mit der ausfernden Kolonialpolitik wuchs ein neues Bedrohungspotenzial heran. Auf den engen Konnex zwischen kapitalistischen Zwängen, imperialistischem Handeln und dem erhöhten Stellenwert des Militarismus wies 1910 der österreichische Finanztheoretiker Rudolf Hilferding hin, indem er festhielt: Das Finanzkapital »will nicht Freiheit sondern Herrschaft. [...] Es braucht einen politisch mächtigen Staat, der in seiner Handelspolitik nicht auf die entgegengesetzten Interessen anderer Staaten Rücksicht zu nehmen braucht. Es bedarf schließlich eines starken Staates, der seine finanziellen Interessen im Ausland zur Geltung bringt [...]. Einen Staat, der überall in der Welt eingreifen kann, um die ganze Welt in Anlagesphären für sein Finanzkapital verwandeln zu können. Das Finanzkapital braucht endlich einen Staat, der stark genug ist, um Expansionspolitik zu treiben und neue Kolonien sich einverleiben zu können.«[16]

Das Deutsche Reich, der »Latecomer« unter den imperialistischen Mächten, pflegte seine alten Gebietsstreitigkeiten mit Frankreich und förderte den Ausbau seiner Flotte, was wiederum Großbritannien als Gefährdung seiner Seehegemonie betrachten musste. Auch im »Völkerkerker« der Donau-Monarchie rumorte es gewaltig, war doch das Habsburger-Reich zunehmend heftiger werdenden Angriffen von innen heraus ausgesetzt. Aufgestaute Konflikte entluden sich im zweiten Burenkrieg im südlichen Afrika (1899–1902), im russisch-japanischen Krieg (1904/05) oder in den

Balkankriegen (1912/13). Der Faschoda-Vorfall 1898/99 machte um ein Haar Briten und Franzosen zu Kriegsgegnern, die räumliche Ausdehnung der USA um 1900 betraf Cuba, Hawaii, Puerto Rico und die Philippinen, 1908 erfolgte die förmliche Annexion der Gebiete Bosnien und Herzegowina durch Österreich-Ungarn.[17]

Ein gewisses Gefühl der Hoffnung vermittelten aber verschiedene Friedenskonferenzen. In Den Haag trafen sich 1899 Vertreter von 26 Staaten, 1907 bereits Vertreter von 44 Staaten zu konkreten Verhandlungen, es konnte aber keinerlei Einigung über Rüstungsbeschränkungen erzielt werden.[18] Europa, der »taumelnde Kontinent« (Philipp Blom), war geprägt durch eine enorme Zerrissenheit und blieb allein in seiner geistigen Orientierung von zukunftsfähigen Entwürfen meilenweit entfernt.[19] Kulturoptimismus und -pessimismus schienen sich die Waage zu halten. Doch sogar Strömungen, die sich selbst als progressiv verstanden, neigten zu dramatischen Fehleinschätzungen und förderten damit den gesellschaftlichen Rückschritt. Der Sozialdarwinismus als eine der damaligen Modeerscheinungen zielte unter dem Leitgedanken des »survival of the fittest« auf eine »Höherentwicklung« des Menschen, orientierte sich dabei bevorzugt an den »Gesetzen des Dschungels« und verherrlichte dementsprechend den »Kampf ums Dasein«, der nur den »Mächtigsten« und den »Tüchtigsten« Lebenschancen lässt. Dass mit derartigen Ansätzen zivilisatorische Errungenschaften gedankenlos preisgegeben werden, schien der Mehrheitsgesellschaft nicht weiter auffällig, ebenso wenig wie die sprachliche Adaption der Kriegstreiber, die einen »Kampf der Völker ums Überleben« herbei phantasierten.[20]

Wie kaum ein anderes Dokument spiegelte das berüchtigte »Manifest des Futurismus« von 1909 die geistige Beschaffenheit der Epoche vor dem großen Krieg, in der der Mensch in ungewohnte, bis dahin irreale Dimensionen hineingetragen wurde. Einer frenetischen Technikbegeisterung verfallen, lobte der italienische Futurismus die spektakulären Manifestationen der Wissenschaft und bekannte sich zur »Herrschaft der Maschine« wie zum »modernen Leben« insgesamt, das er als »dynamisch und lärmend« beschrieb.[21] Als unmittelbare Zeitzeugen der zweiten industriellen Revolution schätzten die Futuristen die Bedeutung der neuen technischen Errungenschaften (Fließbandproduktion, Elektrizitätswirtschaft, chemische Industrie, Einsatz des Verbrennungsmotors etc.) völlig richtig ein, doch das durch sie ventilierte Pathos beschwor auch eine Moderne, die sich jeder Selbstreflexion und damit dem Vernunftprinzip entzieht. In ihrer unkritischen Fixierung auf Tempo und Beschleunigung übersah die Strömung des Futurismus, in welchem Ausmaß sie der Kriegstreiberei und dem (prä-)faschistischen Denken bereits Vorschub leistete.[22] In dem ersten bewaffneten Konflikt in industrialisierter Form, den der Krieg zwischen 1914 bis 1918 darstellte, wurden Flugzeuge, U-Boote, Panzer und Flammenwerfer eingesetzt, der Funkverkehr war schon möglich geworden, ebenso die Massenvernichtung auf dem Felde durch Giftgaseinsatz.[23] Zwischen den Zeilen eines Heinrich Lersch, »Der Gewehre Schießen ist das Klopfen vieler kleiner Hämmer, der Maschinengewehre Knattern ist der Ton der Luftdruckstemmer«[24], schimmerte eines der Zauberworte des frühen 20. Jahrhunderts hindurch: *Rationalisierung*. In diesem Punkt zeigten sich drastisch die Ambivalenzen einer Moderne, die eine Modernisierung des Tötens umschließt. Doch zweifellos gab es auch andere gedankliche Zugänge. Hermann Broch formulierte bezogen auf das Wendejahr 1913[25]: »Die Seele braucht den Fortschritt nicht / Doch braucht sie sehr ein Neugewicht«.[26]

Der Beginn des Amoklaufs

Dass im gesellschaftlichen Bereich 1914 eine bellizistische Grundhaltung überwog, war den Traditionen einer patriarchalischen Gehorsamskultur und der nun verstärkt einsetzenden Hasspropaganda zuzurechnen, der gegenüber auch pazifistisch bewegte Menschen nicht immun waren.[27] Stefan Zweig bekannte, dass »in diesem ersten Aufbruch der Massen ... etwas Großartiges, Hinreißendes und Verführerisches« liege.[28] Es waren vor allem die Werteliten, die sich als anfällig für den von der konservativen Presse beschworenen »Geist von 1914« und für die Kriegsbegeisterung erwiesen.[29] Thomas Mann empfand den Krieg als »Reinigung« und Carl Zuckmayer feierte das »Augusterlebnis« als »Befreiung! Befreiung ... von alldem, was wir – bewusst oder unbewusst – als Saturiertheit, Stickluft, Erstarrung unserer Welt empfunden hatten. [...] es war Ernst geworden, blutiger, heiliger Ernst, und zugleich ein gewaltiges, berauschendes Abenteuer.«[30] Der »Verband für internationale Verständigung«, der von prominenten Persönlichkeiten wie Ernst Haeckel oder Max Weber unterstützt worden war, stellte 1914 seine Tätigkeit ein.[31] Zu den hysterischen Kriegsbefürwortern in Österreich zählten: Hermann Bahr, Hugo von Hofmannsthal, Franz Theodor Czokor, Felix Salten, Franz Karl Ginzkey und Ottokar Kernstock.[32] Der konsequent gebliebene Pazifist Albert Einstein wunderte sich: »Alle an den Universitäten tätigen Gelehrten haben militärische Dienste oder Aufträge übernommen.«[33] Herbert Lüthy trifft genau den Punkt, wenn er im gegebenen Zusammenhang von »delirierenden geistigen Eliten« in Europa spricht.[34] Aber auch die Arbeiterparteien und Gewerkschaften, die ihre Integration in das ursprünglich bekämpfte System voranzutreiben versuchten, vermochten sich dem martialischen Taumel nicht zu entziehen und ordneten sich unter die Anforderungen der Kriegstreiber.[35] Die Spitzen der Arbeitervereinigungen erwarteten sich davon vor allem eine bessere Durchsetzbarkeit künftiger sozialer und politischer Reformen. Zudem erschien dem einen oder anderen Führer der Sozialdemokratie eine (kriegsbedingt) »vermehrte Disziplin« innerhalb der Arbeiterschaft als etwas durchaus Erstrebenswertes.[36]

Der Mythos eines alle Bevölkerungsgruppen erfassenden Kriegsrausches erweist sich jedoch bei näherem Hinsehen als falsch. Es waren vor allem die ärmeren und einfachen Leute, die den Ausbruch des Krieges als Unglück erlebten. Abseits der Jubelkundgebungen zeigten die Menschen eher besorgte Mienen. In den Städten war viel von einem gewissen Ernst und einer Bedrücktheit zu spüren, in den ländlichen Gebieten waren viele Bauern alles andere als glücklich, ihr Dorf und ihre Gemeinschaft für ein fragwürdiges Abenteuer verlassen zu müssen.[37] Ein Bürger aus Hamburg erinnert sich: »Die Aufregung, die sich schon vorher im panikartigen Ansturm auf die Sparkassen und Lebensmittelgeschäfte geäußert hatte, wuchs. Die meisten Menschen waren niedergeschlagen, als wenn sie am folgenden Tag geköpft werden sollten.«[38] Dem Tagebucheintrag eines Jugendlichen aus Bremen ist zu entnehmen: »Der ganze Bahnhof voll von Menschen. Die katzenjämmerlichste Stimmung herrschte, [...] Mütter, Frauen und Bräute [...] bringen die jungen Männer zum Zuge und weinen. Alle haben das Gefühl: es geht direkt zur Schlachtbank.«[39] Mit der Gleichschaltung systemtragender Institutionen und der Presse wurde die bis dahin einflussreiche pazifistische Strömung erheblich geschwächt, Gegenmeinungen erreichten kaum mehr eine größere Öffentlichkeit.

Eine Bastion des Pazifismus blieben jedoch die längste Zeit die USA. Hier wirkte eine überaus starke Friedensbewegung, die auch eine erstaunliche Bandbreite innerhalb des gesamten gesellschaftlichen Spektrums abdeckte und bürgerliche Industrielle ebenso umfasste wie Anhänger des Anarchismus. Als wichtige Personen sind im gegebenen Zusammenhang etwa zu nennen: der Stahlbaron Andrew Carnegie, der 1910 seine Stiftung für internationalen Frieden ins Leben gerufen hatte[40], und die Fabrikarbeiterin und libertäre Bürgerrechtlerin Emma Goldman, die unter behördlicher Observation vor tausenden Menschen flammende Reden gegen Krieg und Patriotismus hielt.[41]

In ihrer Haltung zeigte sie sich klar und eindeutig: »Die schreckliche Vergeudung, die der Patriotismus erfordert, sollte genügen, um auch einen Menschen von nur durchschnittlicher Intelligenz von dieser Krankheit zu heilen. Doch der Patriotismus verlangt noch viel mehr. Die Leute werden genötigt, patriotisch zu sein, und für diesen Luxus müssen sie zahlen, nicht nur, indem sie ihre ›Verteidiger‹ erhalten, sondern sogar, indem sie ihre eigenen Kinder opfern. Patriotismus erfordert Ergebenheit zur Flagge, und das bedeutet Gehorsam [...].

Die übliche Behauptung ist die, dass wir ein stehendes Heer benötigen, um das Land vor einer fremden Invasion zu schützen. Jeder intelligente Mann und jede intelligente Frau weiß jedoch, dass dies ein Mythos ist, der aufrechterhalten wird, um die Dummen zu ängstigen und einzuschränken. Die Regierungen dieser Welt, die die jeweiligen Interessen des anderen kennen, fallen nicht übereinander her. Sie haben gelernt, dass sie viel mehr durch internationale Streitschlichtung gewinnen können als durch Krieg und Eroberung. Es ist tatsächlich so, wie [Thomas] Carlyle gesagt hat: ›Krieg ist ein Streit zwischen zwei Dieben, die zu feig sind, ihren eigenen Kampf auszutragen; daher nehmen sie Burschen aus dem einen Dorf und solche aus dem andern, stecken sie in Uniformen, statten sie mit Gewehren aus und lassen sie wie wilde Tiere aufeinander losgehen.‹ Es erfordert nicht viel Weisheit, um jeden Krieg zu einer ähnlichen Ursache zurückzuverfolgen. [...]

Tatsächlich sind Arroganz, Eitelkeit und Egoismus die wesentlichen Bestandteile des Patriotismus. Lassen Sie mich das veranschaulichen. Der Patriotismus nimmt an, dass unsere Welt in kleine Flecken aufgeteilt ist, von denen jeder mit einer eisernen Schranke umgeben ist. Diejenigen, die das Glück hatten, auf einem bestimmten Flecken geboren worden zu sein, halten sich für besser, erlauchter, großartiger, intelligenter als die Lebewesen, die jeglichen anderen Flecken bewohnen [...].«[42]

Dass die Vereinigten Staaten erst sehr spät in den Ersten Weltkrieg eintraten, war also nicht nur dem Faktum zurechenbar, dass sie im Jahr 1914 für ein derartiges Ereignis nicht ausreichend vorbereitet waren, sondern auch dem Umstand, dass die US-amerikanische Friedensbewegung die Entscheidung der politischen Führung für den Krieg über weite Strecken hinauszuzögern vermochte. Woodrow Wilson wurde 1916 immerhin auf der Grundlage eines Anti-Kriegs-Programms zum Präsidenten der USA gewählt.

Von der »widerbostigen Vernunft« der einfachen Leute

Einschätzungen, die den Ersten Weltkrieg zum Gegenstand haben[43], gibt es viele, wesentlich zutreffend erscheint aber, was J. William Fulbright in seinem Buch »Die Arroganz der Macht« knapp und kompakt anzumerken hat: »1914 trat ganz Europa in den Krieg ein – scheinbar, weil der österreichische Thronfolger in Sarajewo ermordet worden war, aber in Wirklichkeit, weil dieser Mord nur der Brennpunkt für die unglaublich heiklen Empfindlichkeiten der europäischen Großmächte geworden war. Die Ereignisse vom Sommer 1914 waren das Trauerspiel einer anomalen Gemütsverfassung: Österreich musste Serbien demütigen, damit es selbst nicht gedemütigt würde, aber durch die Bemühungen Österreichs, seine Selbstachtung wiederzuerlangen, wurde Russland zutiefst gedemütigt. Russland war mit Frankreich verbündet, das sich seit 1871 überhaupt gedemütigt fühlte. Österreich seinerseits war Bundesgenosse Deutschlands, dessen Stolz verlangte, Österreich zu unterstützen – wie wahnwitzig sich Wien auch benahm. Jedenfalls mag Deutschland es spaßig gefunden haben, seine Armee einmal mehr in die Champs-Élysées einschwenken zu lassen. Aus diesen edlen Gründen wurde die Welt in einen Krieg gestürzt, der viele Millionen Menschenleben kostete [...] und jene Ereignisse in Gang setzte, die zu einem neuen Weltkrieg führten [...].«[44] Obwohl in Österreich-Ungarn der Anteil der Rüstungsaufwendungen gemessen an den gesamten öffentlichen Ausgaben erheblich war und noch vor dem Inkrafttreten des Kriegsleistungsgesetzes von 1912 bei rund 16 Prozent jährlich lag, war das Habsburger-Reich wesentlich auf das Wohlwollen der Deutschen angewiesen, da nur ein verhältnismäßig geringer Anteil der Bevölkerung unter Waffen stand.[45] Die deutsche Reichsleitung, überzeugt von ihrer Machtfülle und der bestimmenden Rolle Deutschlands in der Welt, war aber nicht nur bereit, ihrem Bundesgenossen in jeder Hinsicht zur Seite zu stehen. In ihren »sicherheitsimperialistischen« Bestrebungen, jeden Machtzuwachs Frankreichs zu verhindern und Russland von der deutschen Grenze fernzuhalten, erwies sie sich als zentrale kriegstreibende Kraft. Fritz Fischer, der in seinem Buch »Griff nach der Weltmacht« die aktive Rolle des Deutschen Reiches in der »Julikrise« von 1914 und dessen Kriegsprogrammatik anschaulich herausgearbeitet hat, ist zuzustimmen, wenn er der Reichsführung die Hauptverantwortung für die Katastrophe des Weltkrieges zuspricht.[46]

Der Prager Schriftsteller Johannes Urzidil, der Ende Juli 1914 in Karlsbad zur Kur weilte, schildert, wie er den Kriegsausbruch erlebte, und fügt einige seiner Gedanken hinzu: »Gegen Abend des 23. bemächtigte sich der Kurgäste ein etwas brenzliges Gefühl, als das Ultimatum [...] an Serbien bekannt wurde. Man hörte, dass viele Russen zu packen begannen. Aber die Mehrzahl der Kurgäste stammte aus der Monarchie und aus Mitteleuropa und war überzeugt, Serbien würde sich dem österreichischen Druck beugen. Schließlich waren Österreich und Deutschland Schulter an Schulter in Treue fest zwei Giganten, mit denen ein kleines Ländchen (halb so groß wie Cuba) nicht anbinden könnte. Und so gebrauchte man weiter die Kur mit allen ihren Vergnüglichkeiten, zu denen am Nachmittag des 28. Juli – es war ein Dienstag – auch eine Wohltätigkeitsakademie im Garten des Kursaals gehörte [...].« In den Abendstunden desselben Tages traf Urzidil beim

Abendspaziergang auf eine Menschenmenge, die sich vor dem Eingang einer Tabak-Trafik versammelte: »Meine Neugier drängte sich durch und fand an der Ladentür ein Telegrammblankett angeheftet: ›Krieg erklärt.‹ Niemand sprach. Dann vernahm ich plötzlich drei einsame Worte: ›Gott sei Dank‹. Der das sagte, war ein österreichischer Oberleutnant. Er bemühte sich nicht, zu begründen, warum gerade Gott für diese Kriegserklärung so besonders zu danken sei. Was mag wohl aus ihm geworden sein? Ich weiß nur von dem Schicksal der Millionen, die auf Grund jener zwei Worte: ›Krieg erklärt‹ in Tausenden von Waggons mit der Aufschrift ›Für vierzig Mann oder sechs Pferde‹ an die Front geschafft wurden. Ich weiß nur, dass diese drei Worte ›Gott sei Dank‹ sich sehr bald in die viel zutreffenderen drei verwandelten: ›Gott hilf uns!‹«[47] Nach der Kriegserklärung Österreich-Ungarns an Serbien begann in mehreren Ländern nahezu zeitgleich die Generalmobilmachung. Die deutsche Armee-Führung folgte dem so genannten Schlieffen-Plan, der ein rasches Vorgehen an der Westfront vorsah, sodass bereits am 4. August der Einmarsch in das neutrale Belgien begann. Nun jagte eine Kriegserklärung die andere. Das hohe Tempo, dass der deutsche Plan vorsah, bescherte der Armee jedoch bald auch Nachschubprobleme. Es dauerte nicht lange, bis Frankreich den Vormarsch der Deutschen stoppen und einen erfolgreichen Gegenangriff einleiten konnte (»Wunder an der Marne«). Bald zeichnete sich ein Ende des Bewegungskrieges ab, nach verlustreichen Kämpfen in Flandern erstarrte die Front gänzlich.

Widerstandsaktionen gegen die Mobilmachungen wurden mittels Ausnahmegesetzgebung und gezielten Disziplinierungsmaßnahmen vorweg zu unterbinden versucht. Das Koalitions- und Streikrecht der Arbeiterschaft war bereits 1912 mit dem Kriegsleistungsgesetz abgeschafft worden. Nun wurde auch die Versammlungstätigkeit eingeschränkt, die Pressezensur verschärft, Publikationsverbote erlassen und Druckwerke gezielt beschlagnahmt. Bekannte Friedensaktivistinnen und -aktivisten hatten mit ihrer Observierung, mit Hausdurchsuchungen, Aufenthalts- und Reisebeschränkungen und nicht selten auch mit ihrer Festnahme zu rechnen.[48] In Österreich wurde im Juli 1914 die Behandlung sämtlicher politischer Delikte von der zivilen auf die militärische Gerichtsbarkeit übertragen. Im Rahmen einer antimilitaristischen Kundgebung auf der Schmelz in Wien hatte der Aktivist Rudolf Großmann (Pierre Ramus) noch im Mai 1914 gesprochen und seine Zuhörer zur Verweigerung des Wehrdienstes aufgefordert.[49] Mit Kriegsbeginn wurde Großmann in Gewahrsam genommen und er verbrachte die Kriegszeit zuerst im Gefangenenhaus des Wiener Heeresdivisionsgerichts und danach unter ständiger behördlicher Aufsicht. In England setzte sich der bekannte Philosoph Bertrand Russell für die Verweigerung des Kriegsdienstes und für eine aktive Friedenspolitik ein. Wegen der Verbreitung seiner Ansichten in Flugblättern und Zeitschriftenartikeln verlor er sein Lehramt in Cambridge und musste anschließend ins Gefängnis.[50] Auch Edmund Morel engagierte sich gegen den Krieg. Er wanderte, nachdem er von der britischen Presse als »Verräter« gebrandmarkt worden war, in Einzelhaft und nähte während der Kriegsjahre bei striktem Redeverbot Postsäcke.[51] Um eine »Befriedung im Inneren« auch auf längere Sicht zu gewährleisten, wurde versucht, die Bevölkerung mittels punktueller Wohlfahrtsmaßnahmen ruhig zu stellen. In Österreich etwa wurde den durch die Kriegsinflation steigenden Preisen mit Lebensmittelsubventionen und einem Mietenstopp begegnet. Derartige Maßnahmen bildeten Teil eines Herrschaftssystems, dessen Kriegs- und Ausnahmegesetze nahezu zur Gänze auf dem berüchtigten »Diktaturparagrafen«, dem § 14 der Dezemberverfassung von 1867 basierten, und das im günstigsten Falle durch punktuelle Schlamperei abmildert wurde.[52]

Dem »von unten« erzeugten Widerstand, der »inneren Desertion«, der verbreiteten »Ohne mich«-Haltung bei den Einberufenen stand die Obrigkeit jedoch oft hilflos gegenüber. Sofort bei Kriegsbeginn waren zahlreiche Fälle im Hinblick auf eine Nichtbefolgung des Einrückungsbefehls festzustellen, viele nützten die erste beste Gelegenheit zur Fahnenflucht. Unterstützt durch örtliche Gendarmerie- und Polizei-Dienststellen gingen die k. u. k. Militärbehörden rigoros gegen alle vor, die die allgemeine Mobilmachung versäumt oder sich unerlaubt von der Truppe entfernt hatten. Die so genannten Deserteurseingaben, die den Fahndern zur Verfügung standen, enthielten exakte Angaben zu Persönlichkeitsmerkmalen und zu den von den Gesuchten mitgeführten Habseligkeiten. Den zuständigen Behörden standen außerdem erhebliche Druckmittel zur Verfügung. Nicht nur, dass den Angehörigen eines Deserteurs staatliche Unterstützungsleistungen entzogen wurden, auch dessen gesamtes Vermögen, Ersparnisse, Haus und Hof konnten beschlagnahmt und zugunsten der Staatskasse eingezogen werden.

Den Deserteur schlechthin gab es klarerweise nicht. Es waren durchaus unterschiedliche Motive und Beweggründe, die zur Fahnenflucht führten.[53] Ein Umstand ist jedoch auffällig: Es waren überwiegend Personen aus den schwächeren gesellschaftlichen Schichten, die eine Neigung zur Desertion entwickelten.[54] Einige Schlaglichter auf exemplarische Fälle im Raume der Habsburger-Monarchie können die Gegebenheiten illustrieren. Der Infanterist Leopold Oberger rechtfertigte sein Entweichen aus der Kaserne in Sopron nach der Festnahme mit den andauernden »Sekkaturen [Schikanen] durch die vorgesetzten Chargen«. Obwohl es ihm gelungen war, sich bei seiner Schwester in Wiener Neustadt versteckt zu halten, befand er sich –

wie das Protokoll des Untersuchungsgerichts vermerkt – seit Beginn seiner Flucht in einem psychischen Ausnahmezustand, sodass er als selbstmordgefährdet eingeschätzt wurde.[55] Es kann in der Mehrzahl der Fälle davon ausgegangen werden, dass die Männer nicht bereit waren, ihre militärische Einheit leichtfertig zu verlassen.

Trotz staatlicher Zuwendungen konnte aber das kriegsbedingte Abhandenkommen einer männlichen Arbeitskraft für die eine oder andere Familie eine existenzielle Bedrohung mit sich bringen. Auf den Schreibtischen höherrangiger Militärs stapelten sich ab Mitte 1914 die Briefe verzweifelter Frauen, die für ihre Ehemänner oder Söhne eine »leichte Dienstverwendung« erbaten.[56] Aus der Deserteursakte Franz Stefan Jirkas, Angehöriger des in Lemberg stationierten Dragonerregiments Nr. 15, geht hervor, dass er nach einer Dienstfreistellung in Wien nicht mehr zu seiner Einheit zurückgekehrt war und sich eine Arbeitsstelle beschafft hatte, um »die materielle Notlage seiner Familie zu lindern«, wie er nach seiner Verhaftung erklärte.[57] Deserteure, die ohne ausreichende Geldmittel entwichen waren, waren jedenfalls auf Gelegenheitsarbeiten angewiesen. Manche waren sogar bereit, die Unterstandslosigkeit in Kauf zu nehmen. Am 8. Dezember 1914 verabschiedete sich Peter Catoiu heimlich von seiner Stammtruppe, dem k. u. k. Infanterieregiment Nr. 31, um sich in eine unwegsame Gebirgsgegend zurückzuziehen. Er versteckte sich bis Anfang September 1915 in den Bergen, wobei er nur fallweise ein nahe gelegenes Dorf zur Nahrungsmittelbeschaffung aufsuchte. Vor dem neuerlichen Wintereinbruch stellte sich Catoiu aber den Behörden. Die freiwillige Rückmeldung wurde vor dem Militärgericht als mildernder Umstand anerkannt.[58]

Rasch einen Unterschlupf zu finden, stellte für den Fahnenflüchtigen eine glückliche Fügung dar. Im Februar 1917 begann im Divisionsgericht in Wien das Verfahren gegen den Gefreiten Friedrich Imre »wegen des Verbrechens der Desertion«.[59] Wie aus der Anklageschrift hervorgeht, hatte sich Imre am 5. Dezember 1915 eigenmächtig von seiner Truppe entfernt, um sich anschließend bei seiner Geliebten in Wien aufzuhalten, bis er am 18. Juli 1916 von der Militärpolizei verhaftet wurde. Vermutlich hatte ein Denunziant einen Hinweis gegeben. Abgesehen davon, dass sich Imre bereits zweimal seiner Dienstpflicht entzogen hatte, galt er als völlig unbescholten. Letzterer Umstand verhalf ihm zu einem relativ milden Urteil. Der Gefreite wurde degradiert und zu drei Monaten Kerker verurteilt, allerdings »verschärft durch monatlich zweimal Fasten und hartes Lager an den Festtagen«, wie der Urteilsspruch penibel festhielt.[60]

Einen Fahnenflüchtigen zu verbergen, stellte für Zivilpersonen ein risikoreiches Unterfangen dar. Wie rasch Menschen, die Deserteuren behilflich waren, selbst in die Mühlen der Justiz geraten konnten, zeigte der Fall Lukasek/Leyrer. Oskar Lukasek war am 20. November 1914 gemustert worden und hätte am 1. Februar 1915 einrücken sollen. Er zog es jedoch vor – so der Wortlaut der Strafanzeige –, »jeder militärischen Unterabteilung fern zu bleiben« und sich bis zum Zeitpunkt seiner Festnahme am 9. April 1915 in der Wohnung seiner Freundin Marie Leyrer im 10. Wiener Gemeindebezirk aufzuhalten. Während Lukasek noch vor Abschluss des Ermittlungsverfahrens seiner Einheit überstellt wurde, wurde ein eigenes Strafverfahren gegen Leyrer eingeleitet. Das Verstecken von Deserteuren galt als »Verbrechen nach § 220 StG.«.[61]

Erklärbar wird damit das Verhalten Leopold Wietrowkys, eines aus Wien stammenden Elektrikerlehrlings, der – damals gerade 17 Jahre alt geworden – Anfang August 1914 zur Infanterie eingezogen worden war. Am 28. August 1915 desertierte der bis dahin unbescholtene junge Mann zum ersten Mal. Der Apparat der Erhebungsbehörden arbeitete rasch und effizient. Bereits am 27. September wurde Wietrowsky in einem Friseurladen im 13. Wiener Gemeindebezirk von Wachleuten erkannt und sofort festgenommen. Auf dem Polizeikommissariat wurde er einer Militärpatrouille übergeben, die ihn in ein Arrestlokal der Landwehr überstellte. Dort nutzte Wietrowsky einen kurzen Moment der Unaufmerksamkeit seiner Häscher, um neuerlich zu entfliehen. Es dauerte nicht lange, bereits am 2. Oktober fiel er wieder einer Streife in die Hände. Vor dem Militärgericht fasste Wietrowsky insgesamt zwei Jahre schweren Kerkers aus. Der Strafantritt wurde aber, wie in allen anderen Fällen auch, auf die Zeit nach der Demobilisierung verschoben. Mitte Jänner 1916 verlor Wietrowsky unterwegs zur Ostfront seine Truppe und reiste eigenständig nach Wien zurück. Hier konnte er bis zu einer neuerlichen Verhaftung am 12. Februar untertauchen. Von den ermittelnden Behörden befragt, wo er sich die ganze Zeit über aufgehalten habe, verweigerte er standhaft die Auskunft, da er – wie er richtig einschätzte – niemanden »hineinreißen« wolle.[62] Die Deserteursakte gibt keine Auskunft darüber, wie diese Form der Nichtkooperation bestraft wurde. Erleichtert war die Fahnenflucht erst gegen Kriegsende unter der zunehmenden Konfusion an den einzelnen Frontabschnitten. Josef Tuschak, geboren 1900 in Wien-Favoriten, war mit dem letzten Jahrgang noch 1918 eingezogen worden. An der Front traf er auf einen kriegsmüden Vorgesetzten, der dem jungen Mann die Desertion ermöglichte und ihm damit ersparte, sinnlos verheizt zu werden.[63]

Die Liste möglicher Vergehen nach dem in Österreich in Anwendung gebrachten Militärstrafrecht umfasste die Meuterei, die Sabotage, die Pflichtverletzung im Wachdienst, die Insubordination (Verletzung der Gehor-

23

samspflicht), die Selbstbeschädigung.[64] Zu den sich während des Krieges zunehmend häufenden Tatbeständen zählten die eigenmächtige Entfernung vom Truppenkörper (§ 212 M.St.G.), die als einfache Dienstpflichtverletzung gewertet wurde (»Urlaubsüberschreitung«), und die Desertion (§ 183 M.St.G.). Das bedeutend strenger geahndete Delikt war die Fahnenflucht, die, so die Definition, mit dem Vorsatz verbunden sein musste, sich auf Dauer der Dienstpflicht zu entziehen.[65] Vor den Feldgerichten waren derartige Differenzierungen allerdings irrelevant, da bereits ein als Feigheit klassifiziertes Verhalten des Soldaten mit dem Tod durch Erschießen bestraft werden konnte.[66] Das in Wien am Hernalser Gürtel 6–12 angesiedelte k. u. k. Heeresdivisionsgericht verhängte für Delikte nach § 212 M.St.G. einige Wochen Haft, während sich der Strafrahmen bei Desertion von drei Monaten Kerker (wenn mildernde Umstände geltend gemacht werden konnten) bis zur Todesstrafe erstreckte. Für als »Drückeberger«, »Querulanten«, »Eigenbrötler« oder »Miesmacher« eingestufte Personen gab es noch die Option schmerzhafter »Heilverfahren« in einer der heereseigenen psychiatrischen Abteilungen.[67] Rudolf König, der mehrfach als Fahnenflüchtiger aufgegriffen worden war, wurde am 22. September 1916 vom Divisionsgericht in Wien zum »Tode durch Erschießen« verurteilt. Allerdings wurde die Strafbemessung in der Folge auf sechs Jahre Kerker herabgesetzt.[68] Aus den Aktenunterlagen ist es nicht klar herauslesbar, wahrscheinlich aber hatte der Mann von der Amnestierungswelle ein paar Monate später profitiert. Im Frühjahr 1917 wurde, um dem Zerfallsprozess der Donau-Monarchie entgegenzuwirken, der Kriegsabsolutismus etwas entschärft.

Wie bereits angemerkt, wurde der Antritt einer Haftstrafe in der Regel auf die Zeit nach der Demobilisierung verschoben. Der Bedarf an Kanonenfutter war einfach zu hoch, als dass man sich den Luxus überfüllter Gefängnisse im Hinterland leisten wollte.[69] Außerdem sollte den Verurteilten damit auch, so geht es aus den Unterlagen häufig hervor, die Möglichkeit gegeben werden, das Strafausmaß durch besondere Bewährung im Felde zu reduzieren. Ein fixer Vorsatz der Militärgerichte dürfte es jedenfalls gewesen sein, Kriegsdienstunwillige dauerhaft zu brandmarken. So war es im Normalfall vorgesehen, die Deserteursakten über mehrere Jahrzehnte, zum Teil bis in die 1950er/60er Jahre aufzubewahren.[70] Die junge Republik begnadigte nach 1918 zwar sämtliche Fahnenflüchtige, doch dem häufig eingebrachten Wunsch der Betroffenen nach einer Löschung der Registrierung als Deserteur aus Furcht vor beruflichen Nachteilen wurde nicht entsprochen.

Hinsichtlich der Zahl der Desertionen im Raume der Donau-Monarchie liegen heute lediglich Schätzungen vor.[71] Der österreichische Militärhistoriker Manfried Rauchensteiner spricht jedoch von Hunderttausenden, die zwischen 1914 und 1918 das Weite suchten: »Nichts Vergleichbares gab es in England, Frankreich oder dem Deutschen Reich.«[72] Die Desertionen nahmen vor allem gegen Kriegsende zu, als Truppen in heimatliche Gefilde zurückgeholt und dort gegen Aufständische eingesetzt wurden. Die vergleichsweise hohen Ausfallsraten in der österreichisch-ungarischen Armee ergaben sich jedoch nicht zuletzt aus den Nationalitätenkonflikten, die in abgeschwächter Form aber auch Großbritannien (Iren) und Deutschland (Elsass-Lothringer) zu tragen hatten. Ähnlich schwer erfassbar wie bei den Desertionsfällen zeigt sich die Materiallage im Hinblick auf die Gesamtzahl der Militärgerichtsverfahren im Habsburger-Reich, da zu Kriegsende viele Aktenbestände verloren gingen. Schätzungen sprechen aber allein im Hinblick auf die Zahl der feldgerichtlich beschuldigten Personen von mindestens drei Millionen, wobei hier allerdings auch (der Spionage oder des Hochverrats bezichtigte) Zivilpersonen einbezogen sind.[73] Nicht mehr exakt ermitteln lässt sich auch das Ausmaß der durchgeführten Hinrichtungen, da viele Exekutionen ohne Gerichtsurteil stattfanden. Karl Kraus sprach 1919 von 11.400 Hinrichtungen, die das Habsburger-Regime zu verantworten habe.[74] Diese Zahlenangabe taucht auch in dem von dem deutschen Pazifisten Ernst Friedrich 1924 veröffentlichten Buch »Krieg dem Kriege« auf, eine fast gleich lautende findet sich in der von Rudolf Großmann herausgegebenen Zeitschrift »Erkenntnis und Befreiung«.[75] In anderen Quellen finden sich jedoch auch Angaben, die weit über die genannte Größenordnung hinausgehen.[76]

Erster massenwirksamer Protest gegen den Krieg

Zu Jahresende 1914 war klar, dass von einer raschen Beendigung des Krieges keine Rede mehr sein konnte. Der Stellungskrieg an der Westfront war mit den vorhandenen kriegstechnischen Mitteln auf absehbare Zeit für keine Seite mehr zu gewinnen. Alle Zeichen deuteten nun auf einen lang andauernden Material- und Zermürbungskrieg hin. An der Front im Ypernbogen lagen unter unerträglichen Witterungsbedingungen Belgier, Franzosen und Engländer (stellenweise nur in 60 bis 70 Meter Entfernung) den Deutschen gegenüber. In den schlammigen, mit Stacheldrahtverhauen umgebenen Schützengräben begann es frostig zu werden. Nach einem besonders schlimmen Gemetzel am 18. Dezember wurde zwischen den feindlichen Truppen eine kurze Waffenruhe zur Beerdigung der Toten im Niemandsland vereinbart. Diese Abmachung nahmen die Mannschaften auf beiden Seiten spontan zum Anlass, die Kampfhandlungen vollständig einzustellen. Die Soldaten, die sich kurz zuvor noch als Todfeinde gegenübergestanden waren, kamen aus ihren Gräben, zeigten einander Fotos ihrer Familienangehörigen, tauschten Zigaretten und Lebensmittel, tranken miteinander heißen Grog und stimmten gemeinsam Lieder an. In einem Brief des französischen Soldaten Gervais Morillon ist nachzulesen: »Liebe Eltern. Es ereignen sich Dinge im Krieg, die glaubt ihr einfach nicht. Und auch ich hätte es nie geglaubt, wenn ich es nicht selbst gesehen hätte. Vorgestern haben sich hier vor unseren Schützengräben Franzosen und Deutsche die Hände gereicht; unglaublich, ich sage es euch.«[77] Wenn auch nicht überall an der Westfront zur Jahreswende 1914/15 die Waffen schwiegen, im gesamten Verlauf kam es zu einer doch weitgehenden Einhaltung der Waffenruhe. Die meisten Verweigerungsaktionen waren an einer rund fünfzig Kilometer langen Linie um Ypern herum festzustellen, zwischen Diksmuide und Neuve Chapelle. Der »von unten« artikulierte Friedenswille breitete sich aus, sodass es an der Karpatenfront zu Silvester 1914 ebenfalls zu Verbrüderungen kam, in diesem Falle zwischen k. u. k. und russischen Soldaten.[78] Den Generalstabsangehörigen und den Truppenkommandeuren musste diese unerwartete Stille unheimlich erscheinen. Erst unter Androhung schwerster Sanktionen gelang es den Offizieren, ihre Mannschaften wieder in die Schützengräben zurückzutreiben, um so das Töten erneut beginnen zu lassen.

Mit Jahresbeginn 1915 beschleunigten sich die negativen Tendenzen. Im Februar ging das Deutsche Reich zum uneingeschränkten U-Boot-Krieg über. Eine besonders grausame Dimension erreichten die Kämpfe mit dem ersten Giftgaseinsatz von deutscher Seite während der zweiten Flandern-Schlacht Ende April. Auf einem sechs Kilometer breiten Frontabschnitt bei Ypern wurde aus etwa 6.000 Behältern an die 100.000 Kilogramm giftiges Gas hinter die feindlichen Linien abgesondert.[79] Die Deutschen hatten gehofft, mit einem derartigen Überraschungsangriff die festgefahrene Frontlinie aufzubrechen. Doch die Rechnung ging wegen mangelnder Reserven nicht auf und schon kurze Zeit später antworteten auch die Gegner mit Giftgas. Der Einsatz von chemischen Kampfstoffen, deren Auswirkungen verheerend waren, blieb aber nicht auf die Westfront beschränkt.[80] In einem regelrechten Wettlauf versuchten die Forschungslabors der Krieg führenden Länder, noch effizientere Massenvernichtungswaffen hervorzubringen. An der starren Frontlinie im Westen vermochten die großen Materialschlachten des Jahres 1916 auch in der Folge nur wenig zu verändern. In monatelangen Kämpfen zielten die Deutschen auf ein »Weißbluten« des Gegners. Allein zwischen Februar und Juli verloren während den heftigen Auseinandersetzungen um nur wenige Quadratkilometer Boden auf beiden Seiten rund 420.000 überwiegend junge Menschen ihr Leben, weitere 800.000 wurden verwundet.[81] Die Kämpfe um Verdun endeten Mitte Dezember 1916 mit der Besetzung des Forts Douaumont durch französische Truppen.

Das Ringen auf den Schlachtfeldern wurde in zahlreichen literarischen Schöpfungen zu verarbeiten versucht.[82] In seinem Roman über die Erlebnisse der Soldaten an der Westfront »Im Westen nichts Neues« bemüht sich Erich Maria Remarque, die Gräuel des Krieges und die totale Entmenschlichung in betont nüchterner Form darzustellen.[83] Anders als Remarque, der den Heldenmythos in seinem Werk bewusst infrage stellt, versucht Ernst Jünger im Krieg eine übergeordnete Zielsetzung zu erkennen. In einer eigenartigen Vermengung von Mystizismus und Moderne schwärmt er von »Stahlgestalten, deren Adlerblick geradeaus über schwirrende Propeller die Wolken durchforscht, die in das Motorengewirr der Tanks gezwängt, die Höllenfahrt durch brüllende Trichterfelder wagen, [...] die tagelang, sicheren Tod voraus, in umzingelten, leichenumhäuften Nestern halb verschmachtet, hinter glühenden Maschinengewehren hocken [...]. Wenn ich beobachte, wie sie geräuschlos Gassen in das Drahtverhau schneiden, Sturmstufen graben, Leuchtuhren vergleichen, nach den Gestirnen die Nordrichtung bestimmen, erstrahlt in mir die Erkenntnis: das ist der neue Mensch.«[84]

Doch die von Jünger halluzinierte »Körpermaschine ohne Gefühlsballast« entsprach nichts anderem als einem gewaltigen Stück Realitätsverweigerung. Die Menschen auf den Schlachtfeldern, die nur zu oft ohne eigenen Antrieb in die Kriegsmaschinerie geraten waren, stellten alles andere als »Stahlgestalten« dar. Wer die humanitäre Katastrophe des Krieges überlebte, kehrte verwundet, verkrüppelt, im günstigsten Falle durch die Erlebnisse an der Front psychisch beeinträchtigt nach Hause zurück. Alexander Moritz Frey liefert erschütternde Einblicke, indem er die Umstände im Lazarett schildert: »Von Zeit zu Zeit geht Dr. Model [...] hinauf: mit der Spritze und mit dem Morphium. Da liegt ein Leutnant einer Maschinengewehrkompanie: die Brust ist ihm aufgerissen in der ganzen Breite, die Rippen sind weggeschlagen, die verletzten Lungen arbeiten schaumig, er keucht gehetzt, Schweiß rinnt ihm über ein immer noch kräftiges Gesicht. Man kann ihn gar nicht verbinden, so ungeheuer ist die Zerstörung, rote Blasen steigen und fallen rasselnd – aber er lebt immer noch.«[85] In seinem zuerst in Fortsetzungen in der Wiener »Arbeiter-Zeitung« erschienenen Roman »Karl und das 20. Jahrhundert« sinniert Rudolf Brunngraber über den »tödlichen Glanz« einer Zivilisation, deren Vernichtungspotenzial sich sprunghaft ausgeweitet hat.[86] Und in »Johnny Got His Gun« begleitet Dalton Trumbo die gedankliche Tour d'Horizon eines schwer verwundeten Soldaten durch den ihm verbliebenen Körperrest, nachdem ihm eine Explosion im Schützengraben nicht nur beide Arme und Beine, sondern auch sein Gesicht und damit so gut wie alle Sinnesorgane genommen hat.[87] Von einer technikinduzierten positiven Erwartungshaltung war nur noch wenig zu spüren, als Karl Otten 1918 verlauten ließ: »Die Maschine: wie wir diese Vieh hassen [...] / Wir wollen nichts mehr wissen von euren verdammten höllischen Erfindungen, / Euren Strömen, Gasen, Säuren, Pulvern, Rädern und Batterien! / Fluch auf euch ihr Erfinder, ihr eitlen, kindisch mordgierigen Konstrukteure! / Fluch dir, Zeitalter, glorreich lächerliches, der Maschine [...].«[88]

»Ich halte den Krieg nicht mehr aus«

1917 sollte sich in mehrfacher Hinsicht als ein Wendejahr erweisen: Am 6. April erfolgte die Kriegserklärung der USA an das Deutsche Reich.[89] Mitte August trat schließlich auch China an der Seite der von Briten und Franzosen angeführten Entente in den Krieg ein und signalisierte zugleich das herannahende Ende des westlichen Imperialismus im ostasiatischen Raum.[90] Japan befand sich bereits seit Ende August 1914 mit Deutschland und Österreich-Ungarn im Kriegszustand. Bestehenden Abkommen entsprechend hatte sich Tokio ohne Zögern entschlossen, London den Rücken zu stärken. Bereits im November 1914 gelang es japanischen Truppen, im chinesischen Tsingtau stationierte deutsche Formationen niederzuringen.[91] In Europa steigerte sich 1917 das Tempo der in Gang befindlichen »Blutmühle« erneut. Die in Flandern Ende Juli von britischer und französischer Seite eingeleitete Offensive dauerte fast vier Monate und führte zu einem Achtungserfolg gegenüber den Deutschen. Die Verluste von Menschenleben waren jedoch auf allen Seiten enorm. Am 19. August begann die 11. Isonzoschlacht, die Italien gegenüber der österreichischen Seite binnen eines Monats beachtliche Geländegewinne bescherte.[92] Doch der erfolgreich verlaufene Gegenangriff der Mittelmächte Österreich und Deutschland im Oktober (12. Isonzoschlacht) nötigte die Alliierten, Italien mit mehreren britischen und französischen Divisionen zu unterstützen, was in Flandern wiederum einen weiteren Stillstand förderte. Zu Jahresende 1917 erschien die Fortführung des Krieges bereits erheblich erschwert: Verlustbedingt wies nicht nur das französische Heer deutliche Fehlstellen auf, auch die Mannschaftsstärke des britischen Expeditionsheeres war deutlich gesunken.[93] Auf die zunehmende personelle Ausdünnung reagierten die Krieg führenden Staaten mit einer Herabsetzung des Rekrutierungsalters und mit der Heranziehung älterer Jahrgänge zum Militärdienst.[94]

Wesentlichen Anteil an der Veränderung der gesamten Lage hatten die Entwicklungen in Russland, das unter dem kriegsbedingten wirtschaftlichen Aderlass besonders zu leiden hatte. Den militärischen Herausforderungen weder sozioökonomisch noch technisch gewachsen, hatte Russland ab 1915 dramatische Niederlagen hinzunehmen. Polen, Litauen und Kurland mussten geräumt werden. Am 8. März 1917 brach die von Arbeiterschaft und Soldaten angeführte Februar-Revolution aus, die zur Abdankung des Zaren Nikolaus II. führte.[95] Die Situation blieb aber auch nach dem Machtantritt einer bürgerlichen Regierung instabil, da die neuen politischen Weichenstellungen sowohl den Landhunger des Bauerntums als auch die in der gesamten Bevölkerung vorherrschende Kriegsmüdigkeit unberücksichtigt ließen. Eine Neuauflage der Aufstandsbewegung in der zweiten Jahreshälfte brachte die Bolschewiki an die Hebel der Macht, die im Dezember 1917 in Waffenstillstandsverhandlungen mit den Mittelmächten eintraten. Das Scheitern dieser Gespräche führte im Februar 1918 zu einem neuerlichen militärischen Vorstoß von deutscher Seite, der aber keine russische Gegenwehr mehr vorfand. Am 3. März 1918 kam es schließlich in Brest-Litowsk zur Unterzeichnung eines Friedensvertrages, der für Russland nochmals erhebliche Gebietsabtretungen bedeutete.

Mit der Verschlechterung der Versorgungssituation in den Krieg führenden Staaten begannen sich auch die Probleme im jeweiligen Hinterlande zu mehren. Die wachsende Verbitterung der Bevölkerung entlud sich in Kundgebungen und Streiks. Im Mai 1916 war es in Wien erstmals zu Hungerkrawallen gekommen.[96] Die Getreideernte in Österreich-Ungarn erbrachte in diesem Jahr nur noch rund die Hälfte des Friedensertrages.[97] Auf dem Schwarzmarkt umtriebigen Schiebern und Spekulanten gelang es zunehmend besser, ihre Einkünfte zu steigern. Die unerträglichen Bedingungen führten bei immer mehr Menschen einen körperlichen Verfall herbei, Hungerödeme und Krankheiten wie die Tuberkulose oder die Rachitis verbreiteten sich rasant. In Deutschland hatten sich Ende Jänner 1915 erste Nahrungsmittelengpässe bemerkbar gemacht.[98] Die Verteilung von Rationierungsmarken vermochte die Lage nur temporär zu entschärfen. Mitte April 1917 kam es in Berlin, Leipzig, Hannover, Dresden und anderen deutschen Großstädten zu »Hungerstreiks«, die zunehmend auch politischen Charakter annahmen.[99] Was in Russland seinen Ausgang genommen hatte, drohte nun auf andere Länder überzugreifen. In Frankreich erreichte die Weizenernte 1917 mit 40 Prozent des Vorkriegsniveaus ihren bisherigen Tiefststand.[100] Ende des Jahres griff die Ernährungskrise auch auf Großbritannien über, vor den Geschäften wurden die Warteschlangen immer länger.

»Ich halte den Krieg nicht mehr aus«, brachte der expressionistische Schriftsteller Carl Einstein nach seiner Fronterfahrung im Frühjahr 1917 in einem seiner Briefe eine verbreitete Stimmungslage auf den Punkt. »Alles bricht zusammen; alles was mir galt, ist zerstört.«[101] Nach und nach begann sich die antimilitaristische Bewegung aus ihrer Schockstarre zu lösen. Im Plenum des deutschen Reichstages mehrten sich nun die kritischen Stimmen, als es um die Ausweitung der Rüstungsausgaben ging. Waren es anfänglich lediglich zwei der sozialistischen Abgeordneten gewesen, Karl Liebknecht und Otto Rühle, die gegen die Kriegskredite gestimmt hatten, signalisierten im Jahr 1916 bereits fast zwei Dutzend Delegierte der sozialdemokratischen Fraktion ein Umdenken. Für die einst führende Partei der Arbeiterbewegung wurde die Frage einer weiteren Mitwirkung an den mörderischen politischen Weichenstellungen zunehmend zur Zerreißprobe. Es zeigte sich immer klarer, dass sie wie andere große gesellschaftliche Institutionen jämmerlich versagt hatte und Aufspaltungstendenzen nun unvermeidbar waren. Im April 1917 wurde die Unabhängige Sozialdemokratische Partei (USPD) gegründet. Schon zuvor, im Jänner 1916, war die Spartakus-Gruppe ins Leben gerufen worden.[102] Neue strukturelle Gegebenheiten in der politischen Landschaft ergaben sich aus der zunehmenden Überforderung bestehender Institutionen in den Bereichen der Politik und der Verwaltung. Dass in der letzten Kriegsphase Räte bzw. räteähnliche Organe auf lokaler Ebene im Hinblick auf politische Entscheidungsprozesse und Versorgungsfragen immer wichtiger wurden, war ein länderübergreifendes Phänomen. In Deutschland, in Österreich, in Ungarn und in anderen Ländern verbreitete sich das Rätesystem als eine Form direkter Demokratie.[103] So erlebte etwa auch die im Bergbau und in der Metallindustrie Großbritanniens aktive Shop Stewards Bewegung, die eine Kontrolle der Arbeiterschaft über die Betriebe anstrebte, ab 1917 einen spürbaren Zulauf.[104]

In Österreich war es 1916 vor allem ein Ereignis, das mehr als alle anderen zur Ausweitung einer Antikriegsstimmung beitrug. Am 21. Oktober erschien Friedrich Adler, Sohn des Vorsitzenden der sozialdemokratischen Partei, Victor Adler, im Hotel Meißl & Schadn am Neuen Markt in Wien und erschoss den gerade beim Frühstück sitzenden österreichischen Ministerpräsidenten Karl Graf Stürgkh. Adler hatte Stürgkh für sein Attentat auserkoren, da er in ihm einen der Hauptverantwortlichen für das Kriegsdesaster des absolutistisch regierten Österreich sah. Im Mai 1917 begann das Gerichtsverfahren, das Adler für einen eindrucksvollen Auftritt zu nutzen verstand, indem er mit dem altersschwachen System des Habsburger-Staates abrechnete.[105] Adler wurde in einem ersten Spruch zum Tode verurteilt, anschließend zu einer Kerkerstrafe im Ausmaß von 18 Jahren begnadigt und noch vor dem formellen Beginn des neuen Staates Anfang November 1918 schließlich amnestiert. Die sozialdemokratische Arbeiter-Zeitung, die in einer ersten Aufwallung das Attentat noch scharf verurteilt hatte, feierte Adler nun als »Helden und Märtyrer«. In späteren Einschätzungen erkannte Otto Bauer, sozialdemokratische Leitfigur im Österreich der Zwischenkriegszeit, das Attentat als entscheidenden »Wendepunkt« des Geschehens vor dem Untergang der Donau-Monarchie.[106] Auf dem sozialdemokratischen Parteitag in Wien vom 19. bis 24. Oktober 1917 wurde mit der »Erklärung der Linken« die Abwendung von der Politik des »Kriegsmarxismus« eingeleitet.

Zusammenbruch der alten Ordnung

Je länger nun der Krieg andauerte, desto mehr wurde die Zivilbevölkerung durch Nahrungsmittelengpässe, Repressalien, Deportationen, Internierungen, Zwangsarbeit, Geiselnahmen und Hinrichtungen in Mitleidenschaft gezogen. »Front« und »Hinterland« begannen immer mehr zu verschmelzen. Die Zahl der von der k. u. k. Armee auf dem Balkan, in Polen und in Russland verübten Kriegsverbrechen steigerte sich von Tag zu Tag.[107] Der Tabubruch hatte bereits in der dritten Kriegswoche 1914 stattgefunden, als österreichische Soldaten das erste Massaker an serbischen Zivilisten begingen.[108] In Serbien und Montenegro, in Kroatien, in Bosnien, im adriatischen Küstenland, in der Bukowina und in Galizien ließen Truppenkommandanten unter Berufung auf das »Kriegsnotwehrrecht« Tausende von Männern und Frauen standrechtlich bzw. feldgerichtlich, oft auch ohne Verfahren hinrichten. Es genügte alleine der Verdacht des »Hochverrats«, der »Russophilie« oder der »Kollaboration mit dem Feind«. Opfer in Galizien waren vor allem die ukrainische und die jüdische Zivilbevölkerung.[109] Die Angst vor Unabhängigkeitsbestrebungen, vor »subversiven Umtrieben« einzelner Völkerschaften und die Spionagefurcht nahmen wahnhafte Formen an. Bald ging es nur noch darum, entsprechende Exempel zu statuieren. Zur Abschreckung wurden die Leiber der Gehenkten in den Ortszentren auf Bäumen und Gaslichtkandelabern oft tagelang zur Schau gestellt. Die Politik der verbrannten Erde betraf auch Böhmen und Mähren, wo Zivilpersonen unter dem Vorwurf des Landesverrats jahrelang interniert waren und wo im Verlaufe des Krieges an die 5.000 Todesurteile verhängt wurden.[110] Die Dauer der Verfahren war in derartigen Fällen nur kurz bemessen. Der von den Österreichern als italienischer Soldat festgenommene sozialdemokratische Publizist und Abgeordnete des k. u. k. Reichsrats Cesare Battisti bekam nach nur zweistündiger

Verhandlung das Todesurteil wegen »Hoch- und Landesverrats« verkündet. Seine Hinrichtung erfolgte ohne zeitlichen Aufschub.[111]

Die Versorgungs- und Verteilungsprobleme ließen die Lage in den Krieg führenden Staaten mehr und mehr außer Kontrolle geraten. Der Unmut der Zivilbevölkerung artikulierte sich besonders in den industrialisierten Ballungsräumen. Im Mai 1917 begann im Wiener Arsenal ein Streik von 15.000 Arbeiterinnen und Arbeitern, wobei die Hauptforderungen nach vermehrter Lebensmittelzuteilung und nach einer Reduzierung der Arbeitszeit rasch durchgesetzt werden konnten. Zeitgleich setzten jedoch weitere Streikbewegungen ein: in den Škoda-Werken in Pilsen, in den Munitionsfabriken am Rande des Steinfelds, in Witkowitz, Mährisch-Ostrau; beginnend mit dem 31. Mai wurde in Prag laufend die Arbeit niedergelegt, zu ersten streikbedingten Ausfällen kam es nun auch im überregionalen Eisenbahnbetrieb.[112] Hanna Sturm, die seit 1912 als Arbeiterin in einer der Munitionsfabriken von Blumau bei Wiener Neustadt beschäftigt war, berichtet vom Beginn der Widerstandsaktionen gegen den Krieg. In Blumau existierten zur Zeit des Ersten Weltkrieges vier große staatseigene Betriebe, in denen insgesamt 65.000 Menschen aus allen Teilen der Monarchie Militärgüter erzeugten. Bereits seit 1915, so Hanna Sturm, wurden verschiedene Kriegsmaterialien gezielt unschädlich gemacht, bevor sie an die Front gingen. Zudem wurden den Munitionskisten Flugblätter beigelegt, in denen die Soldaten zur Einstellung der Kampfhandlungen aufgerufen wurden. Obwohl die Voraussetzungen für Tätigkeiten im Untergrund alles andere als günstig waren, gelang es Arbeiterinnen und Arbeitern, in kleinen Mengen beiseite geschafftes Sprengmaterial anzusammeln und damit Sabotageakte durchzuführen, indem Magazine mit Rüstungsbeständen in die Luft gejagt wurden. Der Mitwirkung an einer solchen Widerstandsaktion verdächtigt, wurde Hanna Sturm im August 1917 verhaftet. Obwohl ihr nichts nachzuweisen war, wurde sie erst am 21. Jänner 1918 wieder auf freien Fuß gesetzt.[113]

Im Deutschen Reich häuften sich nach den April-Streiks in Berlin und in Sachsen und nach einer neuerlichen Streikwelle im Ruhrgebiet und in Oberschlesien um die Jahresmitte 1917 ebenfalls die Sabotageakte: für den Eisenbahnbetrieb wichtige Signalanlagen und Weichen wurden außer Betrieb gesetzt, bei Militärtransporten wurden die Bremsen der Züge und Waggons zerstört, großflächig platzierte Sprüche wie »Nieder mit dem Krieg« brachten eindeutige Willenserklärungen aus der Bevölkerung zum Ausdruck.[114] Im Frühjahr 1917 begannen die sozialen Unruhen auch Frankreich zu erfassen, indem es in den Rüstungsbetrieben, aber auch anderen Unternehmen zu Arbeitsniederlegungen kam. Eine wesentliche Rolle kam dabei den weiblichen Beschäftigten zu, die nicht der Gefahr ausgesetzt waren, als Strafe für undiszipliniertes Verhalten zum Militärdienst eingezogen zu werden. Politische Forderungen spielten in Frankreich zu diesem Zeitpunkt jedoch noch eine eher untergeordnete Rolle, vorrangig ging es um konkrete Verbesserungen der Arbeitsbedingungen. Die Regierung konnte die Situation auch bald entschärfen, indem sie die Arbeitgeberseite zu weitgehenden Kompromissen mit der Arbeiterschaft veranlasste. Das Widerstandsmoment blieb damit in Frankreich insgesamt schwächer ausgeprägt als vergleichsweise in Russland oder in Deutschland.[115]

Der von Ungarn und Galizien ausgehende Jänner-Streik 1918 läutete das Ende der Kriegskatastrophe ein. Neben Bergwerksbetrieben wurden Rüstungs- und Waggonfabriken sowie Werftunternehmen bestreikt. Von Linz bis Temesvar, von Triest bis Krakau legten zwischen Jahresbeginn und Ende Jänner 1918 an die 700.000 Beschäftigte die Arbeit nieder. In Österreich schloss sich vor allem die Arbeiterschaft Wiens, Niederösterreichs, Oberösterreichs und der Steiermark dem Massenstreik an. Auch das Küstenland und das Gebiet Böhmens waren von dem Ausstand betroffen. In den mährisch-schlesischen Kohlerevieren wurde sogar noch bis in den Februar hinein gestreikt.[116] Ende Jänner setzten auch in Berlin und in anderen deutschen Städten große Massenstreiks in den Munitionsfabriken ein. Allein in Berlin legten etwa 400.000 Menschen die Arbeit nieder.[117] Unterstützt wurde die Arbeiterschaft durch große Teile der Bevölkerung, die sich zu machtvollen Demonstrationen auf den Straßen einfand. Nun ging es nicht mehr allein um verbesserte Lohn- und Arbeitsbedingungen, um Ziele wie »Brot« und »Frieden«, es war der Ruf nach politischen Grundrechten, der zunehmend lauter wurde: Streik- und Versammlungsfreiheit, Demokratie und Mitbestimmung, Einführung des Frauenwahlrechts, Freilassung politischer Gefangener, lauteten die Forderungen. Die Militärbehörden drohten mit der Kriegsgerichtsbarkeit und mit einem verschärften Belagerungszustand.[118] Doch spätestens mit den Arbeitsniederlegungen in den Zentren der Hochindustrie Donawitz und Leoben am 12. Mai, in Ungarn Ende Juli (Branchen: Bergbau, Metall- und Transportunternehmen) sowie in Böhmen und Mähren Ende September (Branchen: Bergbau, Metall- und Rüstungsbetriebe) zeigte sich, dass die Mittel des Kriegszustandsrechts nicht mehr ausreichten, die wachsenden revolutionären Bestrebungen in der Bevölkerung einzudämmen.[119]

Die Aufstandsbewegungen waren zu einer echten Gefährdung für das herrschende System geworden. Auf den Führungsebenen machte sich Panik breit, Kabinette wurden gestürzt, Generäle versuchten die Zügel in die Hand zu bekommen. Immer mehr wurden Soldaten ins Hinterland umdirigiert, um sie dort gegen Streikende einzusetzen. Doch die Empörung unter der Zivilbevölkerung vermengte sich mit der steigenden Unzufriedenheit im Truppenbereich. Trotz Androhung schwerster Strafen nahmen die Desertionen und Meutereien zu.[120] Gegen Kriegsende mehrten sich an einzelnen Frontabschnitten auch wieder die »von unten« ausgerufenen Waffenstillstände und Verbrüderungsaktionen.[121] Als zwischen April und Juni 1917 die Meutereien französischer Einheiten zugenommen hatten, konnte die Armeeführung noch mit gnadenloser Härte für eine Wiederherstellung der Ordnung sorgen (Standgerichte, Todesurteile).[122] – Im Jahr 1918 jedoch begann sich das Blatt zu wenden.

Im k. u. k. Kriegshafen Cattaro, in dem die Kreuzerdivision sowie die Zerstörer- und Torpedobootflottile stationiert waren, kam es Anfang Februar 1918 zu einer Matrosenrevolte, die vor allem durch drastische Disziplinarmaßnahmen und eine schlechte Versorgungslage ausgelöst worden war. Der Forderungskatalog der Aufständischen präsentierte sich alles andere als unpolitisch: Verkündung eines sofortigen allgemeinen Friedens auf der Basis der russischen Vorschläge, ernsthafte Befassung mit dem 14-Punkte-Programm zur Friedenssicherung des amerikanischen Präsidenten Wilson vom 8. Jänner 1918, Durchsetzung des Selbstbestimmungsrechts der Völker, Demokratisierung der Verwaltungsstrukturen.[123] Aber noch einmal sollte einer Armeeführung die Niederschlagung einer Meuterei gelingen. In der Folge wurde 392 Personen angeklagt, 40 davon landeten vor dem Standgericht, vier der Meuterer wurden schließlich zum Tode verurteilt. In dem in Castelnuovo ausgestellten Kriegshafenkommandobefehl Nr. 12 vom 14. Februar 1918 ist vermerkt: »An den Verurteilten Franz Rasch, Anton Garbar, Jerko Sisgoric und Mate Bernicevic wurde die Todesstrafe vollzogen am 11. Februar 1918 um 6 Uhr früh.«[124] Am 23. Oktober begann die Meuterei kroatischer Mannschaften des Infanterieregiments Nr. 79 in Fiume. Die Ausschreitungen griffen rasch um sich und zwangen Österreich-Ungarn schließlich, seine Kriegsmarine aufzugeben.[125] Ende Oktober 1918 weigerten sich Einheiten der deutschen Hochseeflotte in Wilhelmshaven auszulaufen. Der Funke der Rebellion sprang rasch über, Anfang November kam es zum Matrosenaufstand in Kiel.[126]

Der Schriftsteller Theodor Plivier, der mit Kriegsbeginn für die Marine zwangsrekrutiert worden war und der den überwiegenden Teil seines Dienstes auf dem Hilfskreuzer »Wolf« verrichtete, schildert die um sich greifende Verweigerungshaltung an Bord eines bei Wilhelmshaven vor Anker liegenden »Himmelfahrtsdampfers« aus eigenem Erleben: »Mit zwanzig oder dreißig sitzen sie herum. Der aufsichthabende Bootsmaat kommt herunter: ›Nu kommt schon, Jungens, is ja bloß noch eine Stunde!‹

Aber die Kulis bleiben sitzen.

›Wir gehen nicht!‹ – ›Wir bleiben unten!‹ – ›De sollt sich ihren Dreck selber machen!‹ – ›Der Alte soll sich internieren lassen!‹ – ›Ja, dat soll he! Ich mach nich mehr mit!‹

Von oben die Stimme des Leutnants: ›Bootsmaat, wo bleiben die Leute?‹ Und dann ist er selber unten, langbeinig, auf Taille gearbeitete Uniform. Er hat es nötig, der Mannschaft gegenüber ›schneidig‹ zu sein.

›Los, an Deck! Himmeldonnerwetter! Was ist los mit euch? Ich werde euch Beine machen!‹ Aber die Kulis bleiben auf ihren Bänken sitzen und kümmern sich nicht um ihn. Was sie doch für Kerle sind, Brustkasten und Arme! Wie ein Rudel Orang-Utans! Und es stinkt hier im Logis wie in einem Stall.

Der Leutnant ruft aus ganzer Lungenkraft:

›II. Division an die Arbeit!‹

›II. Division antreten!‹

Die Division bleibt sitzen. Im Deck ist es still geworden. Ein Wogenkopf rennt gegen die Bordwand und lässt sie erdröhnen. Oben heult der Wind durch die Takelage.

Der Leutnant hat einen roten Kopf gekriegt. Unruhig rennen seine Blicke von einem zum anderen. Die ganze Division kann man nicht zum Rapport stellen. Er sucht einen Einzelnen, an dem ein Exempel statuiert werden kann. An dem Matrosen Bülow bleiben seine Blicke hängen. Bülow ist der Richtige, ein schwerer Kerl, Muskeln und Knochen, dabei unbeholfen wie ein junger Ochse.

›Matrose Bülow, rauf an die Arbeit!‹

Bülow bleibt am Tisch sitzen. Er hebt nur den Kopf, sein Mund bläht sich zu einem Wort. Erst nach einer Weile bringt er es hervor. Und das ist eine Kampfansage gegen die Vorgesetzten, gegen die Autorität, gegen den Krieg:

›Bülow will nicht mehr!‹

Das Logis dreht sich um den Leutnant herum: ›Ich gebe den direkten Befehl – – II. Division – – Bülow – – Antreten – – Wachtmeister!‹

Der Leutnant ist schon auf der Treppe. Seestiefel fliegen hinter ihm her. Die Matrosen bleiben beieinander hocken, ein stumpfer Haufen.

Der Leutnant macht dem I. O. [= Erster Offizier] Meldung.

Der I. O. dem Kommandanten.

Der Wachtmeister mit fünf Mann, Seitengewehre umgeschnallt, kommt ins Deck. ›Bülow zum Kommandantenrapport – machen Sie keinen Quatsch – es hat ja doch keinen Zweck!‹

Bülow glotzt den Wachtmeister an, die fünf Mann. Um ihn herum wird es leer. Die anderen gehen nicht an die Arbeit, aber sie drücken sich auf die Seite und warten ab.

Vereinzelte Rufe:
›Wir haben genug!‹ – ›Wir wollen nicht weiterfahren!‹ – ›Wir verrecken hier alle!‹ – ›Da schon lieber hinter Stacheldraht!‹ – ›Der Alte soll sich internieren lassen!‹
Der Wachtmeister gibt einen Befehl.
›Packt den Kerl! Rauf auf die Brücke mit ihm!‹
Die fünf zögern. Sie schieben sich nur langsam vor und heben ihre Augen nicht vom Deck hoch.
›Bülow, kommen Sie doch schon!‹
Das schwere Gesicht Bülows bekommt einen starren Ausdruck. Bis in den hintersten Winkel des Decks ist seine Stimme zu hören:
›Wenn Bülow nich will, denn will he nicht!‹«[127]
Der Aufstand in der deutschen Hochseeflotte entwickelte sich zum revolutionären Flächenbrand. Obwohl ohne große organisatorische Vorbereitungen losgebrochen, gelang es den entstehenden Arbeiter- und Soldatenräten nach nur kurzer Zeit, entscheidende Funktionen in den Bereichen der Verwaltung und der Versorgung zu übernehmen. In den folgenden Tagen breitete sich die revolutionäre Bewegung auf ganz Deutschland aus. Matrosen, Deserteure und Linksradikale jagten die alten Eliten davon.[128] Neben Bestrebungen wie der Sozialisierung der Wirtschaft blieb eine Hauptzielsetzung bestehen: sofortige Beendigung des Krieges. Länder wie Österreich, Ungarn und Italien wurden ebenfalls von dem Radikalisierungsprozess erfasst. Mit Jahresende 1918 brach die bis dahin geltende politische Ordnung in Zentraleuropa zusammen. Noch bevor am 3. November in Padua der Waffenstillstand zwischen Österreich-Ungarn und den Mächten der Entente vereinbart wurde, hatte sich das multinationale Gebilde der Donau-Monarchie in verschiedene Nachfolgestaaten aufgelöst.[129] Am 9. November erfolgte die Abdankung Kaiser Wilhelms II. und des Kronprinzen, sodass der Weg zur Ausrufung der Deutschen Republik frei war. Zwei Tage später wurde auch das letzte Waffenstillstandsabkommen unterzeichnet. – Nach mehr als 50 Monaten war das Schlachtengetümmel zu Ende gegangen.

Die Bilanz der Jahre zwischen 1914 und 1918 zeigt ein verheerendes Bild. Fast zehn Millionen Soldaten – in hohem Ausmaß junge Männer – kehrten nicht mehr vom Felde zurück. Etwa doppelt so viele waren schwer verwundet worden. Unter Einbeziehung aller Folgewirkungen und der Grippewelle von 1918, die eine erschöpfte Zivilbevölkerung rasant dezimierte, waren die gesamten Verluste mit mehr 60 Millionen Menschen zu beziffern.[130] Nicht zu vernachlässigen als Hinterlassenschaft des großen Krieges sind auch die wirtschaftlichen Folgewirkungen. Gerechnet zu Kaufkraftwerten von

1914 verschlangen allein die militärischen Operationen bis 1918 geschätzte 180 bis 230 Milliarden US-Dollar. Dazu kamen die durch den Krieg verursachten materiellen Schäden, die rund 150 Milliarden US-Dollar ausmachten.[131] Der Vertreter der Unabhängigen Sozialdemokratie Kurt Eisner hielt in einer der revolutionären Versammlungen nach dem Kriege fest, dass mit den Milliarden, die für den Militärbereich vergeudet worden waren, quasi paradiesische Zustände hätten herbeigeführt werden können.[132] Die während des Krieges sprunghaft angewachsene Staatsverschuldung und die nach dem Friedensschluss vereinbarten Reparationsleistungen stellten bedeutende Hürden auf dem Weg zur Gesundung des europäischen Kontinentes dar. In der Produktionsstruktur der Krieg führenden Länder hatten sich mit der zunehmenden Dominanz der Rüstungsindustrie schwerwiegende Verzerrungen ergeben, Europas Anteile am weltweiten Erzeugungsprozess und am Welthandel reduzierten sich spürbar. Der Umstand, dass die Vermögensungleichheit innerhalb der Bevölkerung massiv angewachsen war, bestätigte Rosa Luxemburgs Einschätzung: »Die Dividenden steigen, die Proletarier fallen«[133]. Dazu kamen dramatische, durch abenteuerliche Formen der Kriegsfinanzierung ausgelöste Geldentwertungen, die das Bild der Nachkriegszeit bis in die 1920er Jahre hinein prägten. Die ökonomischen Folgeprobleme förderten die Abschottung der Staaten zueinander und die Isolationspolitik. – Damit war ein Grundstein für einen weiteren verheerenden Krieg gelegt.

»Noch, freilich, leben Leute, denen das Staatsgeschäft nur mit dem Knüppel des Räubers oder mit dem Lug des Roßtäuschers zu führen scheint.«[134]

Maximilian Harden 1918

Anmerkungen:

1   Prévert, Jacques: Manöver. In: Fassmann, Kurt (Hg.) (1961): Gedichte gegen den Krieg, München, 227.
2   Wilhelm II. zitiert in Wehler, Hans-Ulrich (2008³): Deutsche Gesellschaftsgeschichte. Band 4: Vom Beginn des Ersten Weltkrieges bis zur Gründung der beiden deutschen Staaten 1914–1949, München, 3.
3   A Solemn Review of the Custom of War showing that War is the effect of popular Delusion and proposing a Remedy by Philo Pacificus (= Noah Worcester, »the friend of peace«), 11. American Edition, revised by the Author, Boston: stereotyped by Lyman Thurston and Co., published by S. G. Simpkins 1833. Oberlin, Ohio: www.nonresistance.org 2007. Vollständig abrufbar im Internet: http://www.google.at/#hl=de&gs_rn=1&gs_ri=hp&cp=15&gs_id=j&xhr=t&q=Noah+

Worcester+%E2%80%9EA+Solemn+Review+of+the+Custom+of+War&es_nrs=true&pf=p&tbo=d&sclient=psy-ab&oq=Noah+Worcester+%E2%80%9EA+Solemn+Review+of+the+Custom+of+War&gs_l=&pbx=1&bav=on.2,or.r_gc.r_pw.r_qf.&bvm=bv.41248874,d.d2k&fp=4189a380d97a06e&biw=1024&bih=669&bs=1 [24. Jänner 2013].

4   Thoreau, Henry David (2004): Civil Disobedience / Über die Pflicht zum Ungehorsam gegen den Staat (1849), zweisprachige Ausgabe, Zürich.
5   Holl, Karl (1988): Pazifismus in Deutschland, Frankfurt / M, 221 f.
6   Vgl. dazu: Ramus, Pierre (2000): Der Antimilitarismus als Taktik des Anarchismus (1908). In: Ders., Erkenntnis und Befreiung. Konturen einer libertären Sozialverfassung, Wien, 41–43.
7   Rolland, Romain (1994): Das Leben Tolstois, Zürich, 55 ff.
8   Suttner, Bertha von (~1900): Die Waffen nieder! – Eine Lebensgeschichte, Dresden.
9   Ausführlich zu Suttner: Müller-Kampel, Beatrix (2005): Bürgerliche und anarchistische Friedenskonzepte um 1900. Bertha von Suttner und Pierre Ramus. In: Müller-Kampel, Beatrix (Hg.): »Krieg ist der Mord auf Kommando.« Bürgerliche und anarchistische Friedenskonzepte. Bertha von Suttner und Pierre Ramus. Nettersheim – Bremen – Heidelberg, 7–95.
10 Vgl. Riesenberger, Dieter (1985): Geschichte der Friedensbewegung in Deutschland. Von den Anfängen bis 1933, Göttingen.
11 Loewenthal, Eduard (1870): Der Militarismus als Ursache der Massenverarmung in Europa und die europäische Union als Mittel zur Überflüssigmachung der stehenden Heere. Ein Mahnruf an alle Freunde bleibenden Friedens und Wohlstandes, Lütze.
12 Bloch, Johann von (1899): Der Krieg. Der zukünftige Krieg in seiner technischen, volkswirtschaftlichen und politischen Bedeutung, 6 Bände, Berlin. Die russische Erstausgabe war ein Jahr zuvor erschienen.
13 »In a future war, for many reasons, we must expect even more deadly results. Bad and insufficient food, in consequence of the difficulty of provisioning immense masses, will mean the increase of sickness; and the overcrowding of the sick at certain points will complicate the danger both from sickness and from wounds, and thereby increase the mortality. [...] Modern arms not only increase the direct danger but paralyse the medical service, since it will be impossible to organise ambulance stations in positions exposed even to the random shots of the enemy, and equally difficult to carry off the wounded.« Bloch, Ivan Stanislavovich (1899): Is War now Impossible? Being an Abridgment of »The War of the Future in its Technical, Economic and Political Relations«, London, 30, 345. (Ins Deutsche übersetzt von Gertrude Mauerer.)
14 Fried, Alfred Hermann (1905): Handbuch der Friedensbewegung, Wien – Leipzig. Vollständig abrufbar im Internet: http://archive.org/stream/handbuchderfrieofriegoog#page/n2/mode/2up [24. Jänner 2013].
15 Angell, Norman (1910): The Great Illusion. A Study of the Relation of Military Power in Nations to their Economic and Social Advantage, London.
16 Hilferding, Rudolf (1973): Das Finanzkapital. Band 2, Frankfurt / M, 456 f.
17 Schausberger, Franz (2008): Landnahme auf dem Balkan. In: Wiener Zeitung, extra, 18. Oktober 2008, 1 f.

18 Strohal, Eberhard (1989): Erster Weltkrieg, Wien, 22.
19 John Horne merkt dazu im Besonderen an: »There was, of course, a long road from 1848 to the First World war. […] It was […] marked by a self-conscious preoccupation with ›modernisation‹ which provoked anxiety and conflict and helped polarize the languages of politics (citizenship, nation, class, race) into ever more conflictual patterns. None of these developments played out the same way in different parts of Europe, but few zones of the continent were unaffected by them. They constitute a pre-history without which the wars and ideological conflicts of the period since 1914 are unintelligible, and it is one that cannot be written in national terms alone.« (»Es war natürlich ein langer Weg von 1848 bis zum Ersten Weltkrieg. […] Dieser Weg war gekennzeichnet durch gewisse Befangenheiten und Vorurteile im Zusammenhang mit der ›Modernisierung‹, die Ängste und Gegensätze förderten und mithalfen, die Ausdrucksmöglichkeiten der Politik (Herkunft, Nation, Klasse, Rasse) in mehr konfliktbeladene Muster überzuführen. Keine dieser Entwicklungen betraf die verschiedenen Teile Europas in derselben Weise, aber nur wenige Regionen des Kontinents blieben davon unbeeinträchtigt. Sie konstituierten eine Vorgeschichte, ohne die die Kriege und die ideologischen Konflikte der Periode seit 1914 nicht verstanden werden können und die nicht allein in nationalen Begrifflichkeiten dargestellt werden kann.«) Horne, John (2004): War and conflict in contemporary European history, 1914–2004. In: Studies in Contemporary History, Volume 1, Issue 3, 350.
20 Blom, Philipp (2009): Der taumelnde Kontinent. Europa 1900–1914, München, 388 ff.
21 Charakteristisch für diese Strömung sind die Ausdrucksweise und die Terminologie, wie sie sich in dem von Filippo Tommaso Marinetti in Paris 1909 veröffentlichten »Manifest des Futurismus« finden lassen (Le Figaro, 20. Februar 1909). In deutscher Sprache vollständig abrufbar im Internet: http://www.kunstzitate.de/bildendekunst/manifeste/futurismus.htm [29. Jänner 2013].
22 Blom 2009, 300 ff.
23 Schlanstein, Beate; Wolter, Gudrun; Karwath, Gerolf (Red.) (2004): Der Erste Weltkrieg, Berlin, 144, 153.
24 Heinrich Lersch zitiert in: Karlheinz Daniels (1987): Expressionismus und Technik. In: Segeberg, Harro (Hg.): Technik in der Literatur, Frankfurt/M, 366 f.
25 Nach Hobsbawm markiert das letzte Jahr vor dem Weltkrieg einen entscheidenden Wendepunkt: das Ende des »langen 19. Jahrhundertes« (von 1789 bis 1914) und den Beginn des »kurzen 20. Jahrhunderts« (von 1914 bis 1991). Hobsbawm, Eric (1998): Das Zeitalter der Extreme. Weltgeschichte des 20. Jahrhunderts, München.
26 Broch, Hermann (1986): Die Schuldlosen. Kommentierte Werkausgabe, Band 5, Frankfurt/M, 15.
27 Tuchman, Barbara (2011^4): August 1914, Frankfurt/M. 327.
28 Stefan Zweig zitiert in: Schlanstein; Wolter; Karwath 2004, 168.
29 Vgl. Raithel, Thomas (1996): Das »Wunder« der inneren Einheit. Studien zur deutschen und französischen Öffentlichkeit bei Beginn des Ersten Weltkrieges, (Pariser Historische Studien, 45) Bonn. Verhey, Jeffrey (2000): Der »Geist von 1914« und die Erfindung der Volksgemeinschaft, Hamburg, 231 ff. Scheichl, Sigmund Paul (1989): Journalisten leisten Kriegsdienst. Die Neue Freie Presse im

September 1915. In: Amann, Klaus; Lengauer, Hubert (Hg.): Österreich und der Große Krieg 1914-1918. Die andere Seite der Geschichte, Wien, 104-108. Broucek, Peter (1989): Das Kriegspressequartier und die literarischen Gruppen im Kriegsarchiv 1914-1918. In: Amann, Klaus; Lengauer, Hubert (Hg.): Österreich und der Große Krieg 1914-1918. Die andere Seite der Geschichte, Wien, 132-138. Zum österreichischen Kriegspressequartier siehe auch: Sauermann, Eberhard (2000): Literarische Kriegsfürsorge. Österreichische Dichter und Publizisten im Ersten Weltkrieg, Wien – Köln – Weimar, 30-37.

30   Thomas Mann, Carl Zuckmayer zitiert in: Schlanstein; Wolter; Karwath 2004, 61.
31   Holl 1988, 104.
32   Ausführlich: Schuh, Franz (1989): Krieg und Literatur. Vorläufige Thesen zu einer Bewußtseinsgeschichte des Ersten Weltkrieges. In: Amann, Klaus; Lengauer, Hubert (Hg.): Österreich und der Große Krieg 1914-1918. Die andere Seite der Geschichte, Wien, 8-15. Sauermann 2000, 340-366.
33   Albert Einstein zitiert in: Schlanstein; Wolter; Karwath 2004, 123. Zu den prominenten Kriegsgegnern zählten neben Albert Einstein, Alfred H. Fried, Rudolf Goldscheid, Hermann Hesse und Romain Rolland. Mit letzterem traf Einstein 1915 am Genfer See zusammen.
34   Lüthy, Herbert (1964): Schicksalstragödie? In: Der Monat, 16. Jg., Nr. 191, 28.
35   Abendroth, Wolfgang (1965): Sozialgeschichte der europäischen Arbeiterbewegung, Frankfurt / M, 79 ff.
36   Pfabigan, Alfred (1989): Austromarxismus und Kriegsgesinnung. In: Amann, Klaus; Lengauer, Hubert (Hg.): Österreich und der Große Krieg 1914-1918. Die andere Seite der Geschichte, Wien, 90-95.
37   Leidinger, Hannes; Moritz, Verena (2011): Der Erste Weltkrieg, Köln – Weimar – Wien, 33.
38   Zitiert in: Schlanstein; Wolter; Karwath 2004, 26.
39   Zitiert in: Schlanstein; Wolter; Karwath 2004, 26.
40   Tuchman 2011, 466. Carnegie folgte damit Ivan Bloch, der bereits um 1900 mit der Einrichtung einer Friedensstiftung begonnen hatte.
41   Goldman, Emma (1979): Gelebtes Leben, Band 2, 501 ff.
42   Goldman, Emma (1988): Patriotismus als Kriegsgrund. In: Gioseffi, Daniela (Hg.): Falsche Helden. Frauen über den Krieg, Frankfurt / M. 112 f.
43   Das Erinnerungsjahr 2004 brachte eine Fülle neuer Literatur zum Thema Erster Weltkrieg hervor: Burgdorff, Stephan; Wiegrefe, Klaus (Hg.) (2004): Der Erste Weltkrieg. Die Ur-Katastrophe des 20. Jahrhunderts, München. Horne, John; Kramer, Alan (2004): Deutsche Kriegsgreuel 1914. Die umstrittene Wahrheit, Hamburg. Hirschfeld, Gerhard; Krumeich, Gerd; Renz, Irina (Hg.) (2004): Enzyklopädie Erster Weltkrieg, Paderborn. Strachan, Hew (2004): Der Erste Weltkrieg. Eine neue illustrierte Geschichte, München. Howard, Michael (2004): Kurze Geschichte des Ersten Weltkrieges, München. Mommsen, Wolfgang J. (2004): Der Erste Weltkrieg. Anfang vom Ende des bürgerlichen Zeitalters, Frankfurt / M. Berghahn, Volker (2003): Der Erste Weltkrieg, München. Als wichtig hervorzuheben wäre noch: Becker, Jean Jacques; Krumeich, Gerd (2010): Der Große Krieg. Deutschland und Frankreich 1914-1918, Essen.
44   Fulbright, J. William (1967): Die Arroganz der Macht, Reinbek bei Hamburg, 12.

45 Segesser, Daniel Marc (2010): Der Erste Weltkrieg in globaler Perspektive, Wiesbaden, 14.
46 Fischer, Fritz (1984): Griff nach der Weltmacht (1961), Düsseldorf.
47 Urzidil, Johannes (1964): Der Kriegsausbruch in Prag. In: Der Monat, 16. Jg., Nr. 191, 41.
48 An dieser Stelle sollte der Hinweis auf den französischen sozialistischen Friedensaktivisten Jean Jaurès nicht fehlen, der Ende Juli 1914 bei einem Attentat mit nationalistischem Hintergrund ums Leben kam.
49 O.V. (1920): Unsere Agitation und Bewegung. In: Erkenntnis und Befreiung. Organ des herrschaftslosen Sozialismus, 2. Jg., Nr. 23, 4.
50 Borries, Achim von (2006): Rebell wider den Krieg – Bertrand Russell 1914-1918, Nettersheim.
51 Blom 2009, 149. Nach Christoph Jahr starben zwischen 1914 und 1918 über 70 Antimilitaristen in britischen Gefängnissen. Eine vollständige Unterdrückung der pazifistischen Agitation gelang jedoch nicht. Norman Angell, Bertrand Russell u. a. scharten an die 5000 unterstützenden Personen um sich, als sie 1916 begannen, Kriegsdienstverweigerern bei Gerichtsverfahren beizustehen. Jahr, Christoph (1998): Gewöhnliche Soldaten. Desertion und Deserteure im deutschen und britischen Heer 1914-1918, Göttingen, 126.
52 Hautmann, Hans (1977): Kriegsgesetze und Militärjustiz in der österreichischen Reichshälfte 1914-1918. In: Weinzierl, Erika; Huber, Wolfgang (Hg.): Justiz und Zeitgeschichte. Veröffentlichungen des Ludwig-Boltzmann-Instituts für Geschichte der Gesellschaftswissenschaften I, Wien – Salzburg, 102.
53 Eine Tendenz zur »Selbstdemobilmachung« entwickelten auch eher – zieht man die Studie von Jahr heran – Truppenneulinge oder alte Fronthasen. Häufig dürfte einfach das Mikroklima in der Einheit für die Fahnenflucht verantwortlich gewesen sein, während politische Desertionsgründe im Vergleich dazu eher selten festzustellen sind. Jahr 1998, 132, 148, 138, 175 f. Jedoch geben die Gerichtsakten dazu nur begrenzt Auskunft, da es für gefasste Deserteure alles andere als opportun war, vor dem Militärrichter auch noch politische Gründe für ihr Tun anzugeben.
54 Es ist aber auch davon auszugehen, dass Desertionen von Offizieren oft eher vertuscht worden sind. Jahr 1998, 151.
55 Akte Leopold Oberger, Gerichtsherrliche Entscheidung in der Strafsache des Infanteristen Leopold Oberger d. Inf. Reg. Nr. 76 vom 23. Juni 1914. Österreichisches Staatsarchiv (ÖStA), Kriegsarchiv, Militärgerichtsarchiv, k. u. k. Divisionsgericht Wien 1914, Karton Nr. 1264/1.
56 Vgl. dazu: Ansuchen der Fam. Bochner um Entlassung ihres 16-jährigen Sohnes aus dem Militärdienst: Nr. 21 740. ÖStA, Kriegsarchiv, Kriegsministerium, Exhibitenprotokolle 1915. Ansuchen der Fam. Plonka um Entlassung ihres 15-jährigen Sohnes aus dem Militärdienst: Nr. 24 345. ÖStA, Kriegsarchiv, Kriegsministerium, Exhibitenprotokolle 1915.
57 Akte Franz Stefan Jirka, Anklagebefehl in der Strafsache gegen den Dragoner Franz Stefan Jirka d. Drag. Reg. Nr. 15 vom 17. Juli 1914 und Beilagen. ÖStA, Kriegsarchiv, Militärgerichtsarchiv, k. u. k. Divisionsgericht Wien 1914/15, Karton Nr. 1264/2.
58 Akte Peter Catoiu, Anklageschrift gegen Ers. Res. Inf. Peter Catoiu d. k. u. k. Inf.

Reg. Nr. 31 vom 14. November 1915. ÖStA, Kriegsarchiv, Militärgerichtsarchiv, k. u. k. Divisionsgericht Wien 1915, Karton Nr. 1267.

59 Die Militärgerichtsbarkeit wurde im Hinterland von den Landwehrdivisionsgerichten ausgeübt, während im »Bereich der Armee im Felde« die so genannten Feldgerichte zuständig waren. Todesurteile wurden in der überwiegenden Zahl von den Feldgerichten verhängt. Zur Organisation der Militärgerichtsbarkeit und zu den Verfahrensabläufen in Österreich-Ungarn siehe: Hautmann in Weinzierl; Huber 1977, 113 f. Zum Verfahrensablauf in der deutschen Armee: Jahr 1998, 183 ff; zum Verfahrensablauf in der britischen Armee: Jahr 1998, 205 ff.

60 Akte Friedrich Imre, Gerichtsherrliche Entscheidung in der Strafsache des Ldst. Inf. Gfr. Friedrich Imre. ÖStA, Kriegsarchiv, Militärgerichtsarchiv, k. u. k. Divisionsgericht Wien 1914, Karton Nr. 925.

61 Akte Oskar Lukasek, Anklageschrift gegen den Ldst. Rekr. Oskar Lukasek d. Inf. Reg. Nr. 4 vom 11. Juni 1915 und Beilagen. ÖStA, Kriegsarchiv, Militärgerichtsarchiv, k. u. k. Divisionsgericht Wien 1914, Karton Nr. 1265/2.

62 Akte Leopold Wietrowsky, k. u. k. Infanterie-Regiment Nr. 84. II. Ersatz-Kompanie: Protokoll Nr. 120 / M., aufgenommen am 19. Februar 1916 mit dem Inf. Leopold Wietrowsky d. II./84. Ersatzkompanie. ÖStA, Kriegsarchiv, Militärgerichtsarchiv, k. u. k. Divisionsgericht Wien 1914, Karton Nr. 1267.

63 »... überall hat's schon gegärt ...« Josef Tuschak über Hungerstreiks und Desertion im 1. Weltkrieg, Interview vom 17. Juli 1982. In: Widerstand gegen Krieg und Faschismus in Österreich, hrsg. vom Forum Alternativ, Wien 1982, 11. Eine Reihe weiterer Fälle von Kriegsdienstverweigerung dokumentieren: Misař, Olga; Steinitz, Martha; Stöcker, Helene (1923): Kriegsdienstverweigerer in Deutschland und Österreich, Berlin.

64 Vor allem vor den Feldgerichten konnte eine Selbstverstümmelung drakonische Strafen nach sich ziehen. Eine »verdeckte« Selbstbeschädigung von Soldaten im Ersten Weltkrieg, die kaum geahndet werden konnte, bestand daher darin, sich absichtlich mit einer Geschlechtskrankheit zu infizieren. Jahr 1998, 125.

65 Nach dem im Habsburger-Reich 1855 in Kraft gesetzten Militärstrafrecht war ein Deserteur, »wer nach abgelegtem Diensteide das Regiment, Corps oder den Dienstzweig, dem er angehört, oder den ihm angewiesenen Aufenthalt eigenmächtig und mit dem Vorsatze, sich seiner Dienstpflicht für immer zu entziehen, verlässt, oder davon in gleicher Absicht sich entfernt hält«. Entnommen aus: Überegger, Oswald (2002): Der andere Krieg: die Tiroler Militärgerichtsbarkeit im Ersten Weltkrieg. Tirol im Ersten Weltkrieg, Band 3, Innsbruck, 232. Vor dem Militärgericht war also nicht die Dauer der Abwesenheit entscheidend dafür, welcher Paragraf zur Anwendung kam, sondern die »Glaubwürdigkeit« der zur Verteidigung vorgebrachten Argumente.

66 Im § 252 des Militärstrafgesetzbuches war ein so genanntes Kriegsnotwehrrecht verankert: »Jeder Vorgesetzte ist verpflichtet, in Fällen, wo die Weigerung, gegen den Feind zu streiten, oder die Feldflüchtigkeit eines Untergebenen von augenblicklicher Gefahr für den Dienst oder für den Geist der Truppe sein könnte, den in so hohem Grade Strafbaren auf der Stelle selbst niederzumachen oder die augenblickliche Vollziehung dessen zu befehlen.« Entnommen aus: Schmid, Ferdinand (1903): Das Heeresrecht in der Österreichisch-Ungarischen Monarchie, Wien – Leipzig, 529.

67 Zu diesem Kapitel der Kriegsgeschichte existiert Nachlesenswertes bei Oskar Maria Graf. Den Schriftsteller hatte wegen des Delikts der Befehlsverweigerung zunächst ein Todesurteil erwartet, nach zehntägigem Hungerstreik jedoch wurde er im Jänner 1916 ins Kriegslazarett Lida eingeliefert. Die folgenden Monate verbrachte er in der Irrenanstalt Görden bei Brandenburg und danach in der Anstalt Haar bei München. Anfang Dezember erreichte er eine Einstufung als »dienstuntauglich« und er wurde aus dem Militärdienst entlassen. Graf, Oskar Maria (1965): Wir sind Gefangene: Ein Bekenntnis, Wien – München – Basel, 198-209.
68 Akte Rudolf König, Meldung an die Leitung des k. u. k. Garnisonsarrestes vom 12. Februar 1918. ÖStA, Kriegsarchiv, Militärgerichtsarchiv, k. u. k. Divisionsgericht Wien 1916, Karton Nr. 925.
69 Von den vom Habsburger-Reich im Verlauf des Krieges in Einsatz gebrachten 8 Millionen Soldaten befanden sich gegen Ende nur mehr rund 600.000 im Frontbereich. Rauchensteiner, Manfried (2006): Eine k. u. k Leiche. In: Die Presse, Spectrum, 29. Juli 2006, 7.
70 Diese Form der Stigmatisierung betraf auch Kriegsdienstverweigerer in Deutschland und in Großbritannien. Jahr 1998, 201.
71 Günstiger im Hinblick auf die Erhebung der Desertionsfälle ist die Quellenlage für Großbritannien. Ausführlich dargestellt bei Jahr 1998, 167 ff. Mit Unsicherheiten versehen ist jedoch die Erhebung der Situation im Bereich des deutschen Feldheeres. Jahr hat entsprechende Hochrechnungen angestellt. Jahr 1998, 149 ff. Beachte auch das Zahlenmaterial bei: Plaschka, Georg Richard (2002): Avantgarde des Widerstandes. Modellfälle militärischer Auflehnung im 19. und 20. Jahrhundert, Band 2, Wien, 90 ff.
72 Rauchensteiner 2006, 7.
73 Leweler, Georg (1927): Die Militärpersonen. In: Exner, Franz: Krieg und Kriminalität in Österreich. Carnegie-Stiftung für internationalen Frieden. Abteilung für Volkswirtschaft und Geschichte. Wirtschafts- und Sozialgeschichte des Weltkrieges. Österreichische und ungarische Serie, Wien, 119 ff, zitiert nach: Hautmann, Hans (2011): Habsburg-Totenrummel und vergessene Vergangenheit. In: Mitteilungen der Alfred Klar Gesellschaft, 18. Jg., Nr. 3, September 2011, 2.
74 Kraus, Karl (1919): Nachruf. In: Die Fackel, XX. Jg., Heft 501-507, 25. Januar 1919, 45.
75 Friedrich, Ernst (1924): Krieg dem Kriege, Berlin, 135. O.V. (1924): Bund der Kriegsdienstgegner. In: Erkenntnis und Befreiung. Organ des herrschaftslosen Sozialismus, 6. Jg, Nr. 24, 4.
76 Masaryk, Thomas G. (1916): Austria under Francisco Joseph. In: The New Europe, Volume 1, Issue 7, 30. November 1916, 201, zitiert nach: Gonda, Imre (1977): Verfall der Kaiserreiche in Mitteleuropa. Der Zweibund in den letzten Kriegsjahren (1916-1918), Budapest, 193, zitiert nach: Hautmann 2011, 2. Zahlenmaterial zu den Hinrichtungen in Großbritannien, Frankreich, Italien und im Deutschen Reich siehe: Stevenson, David (2010): 1914-1918. Der Erste Weltkrieg, Mannheim, 261 f. Die Militärjustiz der deutschen Heeresorganisation scheint sowohl im Vergleich zu den Kriegsgegnern England und Frankreich als auch im Vergleich zum Habsburger-Regime, dem eindeutige Kriegsverbrechen zuzurechnen sind, eine eher milde Ausrichtung gehabt zu haben. Allerdings nahmen die Todesurteile in der

britischen und in der französischen Armee im Laufe des Krieges kontinuierlich ab, während die deutsche Seite bedenkenlos an problematischen Maßnahmen festhielt. Der mit 2.000 Volt geladene Hochspannungszaun zwischen dem besetzten Belgien und dem freien Holland, der deutschen Deserteuren den Weg absperren sollte, kostete bis 1918 rund 2.000 Menschen das Leben. Sandgruber, Roman (2004): Lichter aus für Lebzeiten. In: Die Presse, Spectrum, 24. Juli 2004, 5. Auch sollte auf die »Feinheit« hingewiesen werden, dass in Großbritannien zweierlei Normensysteme, eines für die Zivilgesellschaft und eines für die Armee, Gültigkeit hatten, während in Deutschland und im Habsburger-Reich sich autoritäre Verhältnisse auf sämtliche Lebensbereiche erstreckten. Jahr 1998, 248 ff.

77 Gervais Morillon zitiert in: Jürgs, Michael (2003): Der kleine Frieden im Großen Krieg. Westfront 1914: Als Deutsche, Franzosen und Briten gemeinsam Weihnachten feierten, München, 71.

78 Bihl, Wolfdieter (2010): Der Erste Weltkrieg 1914-1918, Wien – Köln – Weimar, 92.

79 Strohal 1989, 84.

80 Zum Giftgaseinsatz in Italien: Bihl 2010, 198.

81 Leidinger; Moritz 2011, 38.

82 Bereits 1912 war Lamszus' Buch »Das Menschenschlachthaus – Bilder vom kommenden Krieg« erschienen. In einer Kriegsdystopie schildert der Schriftsteller und Reformpädagoge detailreich die technisch hoch entwickelte Kriegsmaschinerie, die Materialschlachten im Stellungskrieg, die sich daraus ergebenden Leiden der Menschen, kurz: wie sich der große Krieg künftig gestalten wird. Lamszus, Wilhelm (1980): Das Menschenschlachthaus – Bilder vom kommenden Krieg. Kommentierter Nachdruck, München. Unter dem Eindruck des großen Krieges entstand 1928 der Roman »Ginster« des Kulturphilosophen Siegfried Kracauer, in dem der Titelheld mit scheinbar naivem Blick sein patriotisches Umfeld demaskiert. Kracauer, Siegfried (2013): Ginster, Frankfurt / M. Als wichtig einzuschätzen ist auch der von Céline erstmals in Paris 1932 veröffentlichte Roman »Voyage au bout de la nuit«, in dem besonders die Verkommenheit der Funktions- und Werteliten angeprangert wird. Céline, Louis-Ferdinand (2003): Reise ans Ende der Nacht, Hamburg. Weiters beachtenswert: Alexan, [Georg] Friedrich [d. i. Georg Kupfermann] (1937): Im Schützengraben der Heimat. Geschichte einer Generation, Paris. Dokumente zum Krieg beinhalten folgende Bücher: Images secrètes de la guerre: 200 photographies et documents censurés en France. Recueillis et commentés par Paul Allard en collaboration avec Frédéric Drach. Société Anonyme les Illustrés Français, Paris 1933. Images secrètes Allemandes de la guerre: 200 photographies et documents censurés en allemagne. Recueillis et commentés par Frédéric Drach. Société Anonyme les Illustrés Français, Paris 1933. Der Höhepunkt der literarischen Verarbeitung des Ersten Weltkrieges wurde Ende der 1920er Jahre erreicht. Zu diesem Zeitpunkt waren es rund 500 Bücher, die den großen Krieg zum Thema hatten. Bosch, Manfred (1981): Nachwort. In: Ders. (Hg.): Nie wieder! Texte gegen den Krieg, Köln, 201.

83 Remarque, Erich Maria (1998): Im Westen nichts Neues, Köln. Remarques Werk erschien erstmals 1928/29. »Im Westen nichts Neues« wurde in mehr als 50 Sprachen übersetzt und erreichte eine geschätzte Gesamtauflage von 30 bis 40 Millio-

nen Exemplaren. In Deutschland wurden Remarques Schriften 1933 verboten und verbrannt.
84 Jünger, Ernst (1982): Der Kampf als inneres Erlebnis (1922). Sämtliche Werke. Zweite Abteilung, Essays I, Band 7, Stuttgart, 72.
85 Frey, Alexander Moritz (1929): Verwundete (Aus: Die Pflasterkästen). In: Kläber, Kurt (Hg.) (1980): Der Krieg. Das erste Volksbuch vom großen Krieg (1929), Berlin, 61 f.
86 Brunngraber, Rudolf (1988): Karl und das 20. Jahrhundert (1933), Frankfurt / M.
87 Trumbo, Dalton (1984): Johnny Got His Gun (1939), New York.
88 Otten, Karl (1918): Die Thronerhebung des Herzens, Berlin – Wilmersdorf, 13.
89 Die Kriegserklärung der USA an Österreich-Ungarn erfolgte später am 7. Dezember 1917.
90 Grimm, Tilemann (1965): Weltwende auch in Ostasien? In: Rößler, Hellmuth (Hg.): Weltwende 1917. Monarchie · Weltrevolution · Demokratie, Berlin – Frankfurt – Zürich, 189.
91 Leidinger; Moritz 2011, 43.
92 Ende Mai 1915 war durch die Kriegserklärung Italiens an das Habsburger-Reich eine neue Front entstanden, die sich zum Großteil durch hochalpines Gelände zog. Im Westen begann sie an der Schweizer Grenze mit dem Stilfser Joch, zog sich durch Südtirol, über die Dolomiten sowie über die Karnischen und Julischen Alpen, wo sie sich Richtung Süden bewegte und in die so genannte Isonzofront überging. Die war ebenfalls überwiegend alpin geprägt und verlief entlang des Isonzoflusses bis zur Adria. An dieser Frontlinie kam es zwischen 1915 und 1917 zu insgesamt zwölf großen Schlachten, die vergleichbar der Westfront den Charakter eines Stellungskrieges annahmen. Storz, Dieter (2004): Alpenkrieg. In: Hirschfeld, Gerhard; Krumeich, Gerd; Renz, Irina (Hg.) (2004): Enzyklopädie Erster Weltkrieg, Paderborn, 331-334.
93 Meier-Welcker, Hans (1965): Die militärischen Planungen und ihre Ergebnisse 1917/18. In: Rößler, Hellmuth (Hg.): Weltwende 1917. Monarchie · Weltrevolution · Demokratie, Berlin – Frankfurt – Zürich, 12. Zu den von den Briten in Einsatz gebrachten Truppen aus den Kolonialgebieten siehe: Hamann, Brigitte (2009): Der Erste Weltkrieg, München – Zürich, 69 ff.
94 Über eine entsprechende kaiserliche Verordnung wurde am 18. Jänner 1916 die Militärdienstpflicht im Habsburger-Reich bis zum 55. Lebensjahr ausgedehnt. Vgl. RGBl. 1916, Nr. 18.
95 Stevenson 2010, 349 ff.
96 Rauchensteiner, Manfried (1997): Der Tod des Doppeladlers. Österreich-Ungarn und der Erste Weltkrieg, Graz – Wien – Köln, 325. Stevenson 2010, 344.
97 Bihl 2010, 124.
98 Der Ausstand der Arbeiterjugend in Braunschweig im April 1916 wandte sich gegen die vom Militärkommando verordnete Einschränkungspolitik. Nachdem sich die Streikbewegung mehr und mehr ausweitete, mussten die Sparerlässe zurückgezogen werden. Kommentar. In: Scharrer, Adam (~1980): Vaterlandslose Gesellen, Berlin, 318 f. Die Hungersnot in Deutschland kostete bis Kriegsende rund 700.000 Menschen das Leben. Leidinger; Moritz 2011, 61.
99 Arbeitsniederlegungen hatte es in den Berliner Fabriken bereits zu Beginn des Fe-

bruar 1917 gegeben, so bei der Torpedofabrik Schwartzkopff, der Turbinenfabrik der AEG, der Firma Löwe & Co. und dem Betrieb Stock & Co. Bis April schwoll die Streikbewegung in Berlin auf rund 300.000 beteiligte Personen an. Der Herausbildung von Arbeiterräten wurde mit massiven Repressionsmaßnahmen begegnet. Bis 23. April gelang es, den Streik zu brechen. Doch bereits im August 1917 kündigten sich mit dem Aufstand der Matrosen neue Unruhen an. Kommentar in Scharrer 1980, 293 ff.
100 Bihl 2010, 175.
101 Einstein, Carl: Brief vom Frühjahr 1917. In: Braun, Christoph (1987): Carl Einstein: zwischen Ästhetik und Anarchismus. Zu Leben und Werk eines expressionistischen Schriftstellers, München, 231.
102 Nach der Darstellung Wohlgemuths hatte der Aufbau einer illegalen Organisation bereits Ende 1914 eingesetzt. Mitte des Jahres 1915 waren bereits an die 300 Orte miteinander vernetzt, Anfang 1918 wirkten Vertrauensleute des Spartakus-Bundes in rund 3.000 Städten. Wohlgemuth, Heinz (1963): Burgkrieg, nicht Burgfriede! Der Kampf Karl Liebknechts, Rosa Luxemburgs und ihrer Anhänger um die Rettung der deutschen Nation in den Jahren 1914-1916, Berlin, 255.
103 Vgl. Arendt, Hannah (1963): On Revolution, New York.
104 Abendroth 1965, 89.
105 Brügel, Johann Wolfgang (Hg.) (1967): Friedrich Adler vor dem Ausnahmegericht, Wien – Frankfurt – Zürich.
106 Leser, Norbert (2007): Der Abgesang des alten Österreich. In: Wiener Zeitung, 27. Oktober 2007, 4.
107 Bihl 2010, 4.
108 Butterweck, Hellmut (2008): Zeitgeschichtlicher Schocker in Bildern. »Das Lächeln der Henker«: Dokumente zum Wüten der k. u. k. Massenmörder. In: Wiener Zeitung, 2. Dezember 2008, 10. Mark Mazower schreibt: »[…] mass executions, concentration camps and deportation of the Serbian élite were all used by Franz Josef's military to ensure order in the occupied territories.« (»Massenexekutionen, Konzentrationslager und Zwangsverschickungen betreffend die serbische Elite wurden vom Militärapparat Franz Josefs zur Sicherung der besetzten Territorien in Anwendung gebracht.«) Mazower, Mark (2000): The Balkans. From the End of Byzantium to the Present Day, London, 119.
109 Hamann 2009, 182, 341.
110 Hautmann 1977, 107.
111 Hamann 2009, 189. Karl Kraus stellte der Buchausgabe der »Letzten Tage der Menschheit« das Foto des von der österreichischen Militärjustiz zum Tod durch Erhängen verurteilten Cesare Battisti voran.
112 Bihl 2010, 154.
113 »... auch bei diesem Nitroglyzerinaufschienenlegen waren die Polen am stärksten ...« Hanna Sturm über Widerstand im 1. Weltkrieg, Interview vom 27. Juli 1982. In: Widerstand gegen Krieg und Faschismus in Österreich, hrsg. vom Forum Alternativ, Wien 1982, 13f, 16.
114 Jahr 1998, 162 f.
115 Segesser 2010, 196.
116 Bihl 2010, 175.

117 Kommentar in Scharrer 1980, 303.
118 Im Deutschen Reich kam es im Zuge des Jänner-Streiks zu Massenverhaftungen und Zwangsrekrutierungen, in Hamburg wurden die Streikenden vor ein außerordentliches Kriegsgericht gestellt. Kommentar in Scharrer 1980, 305 f.
119 Bihl 2010, 209, 224, 237 f.
120 Der Großteil der Desertionen im Ersten Weltkrieg war in den Heeresorganisationen Österreich-Ungarns und des Osmanischen Reiches festzustellen. Allein in Ungarn stieg die Zahl der Deserteure – wie aus einer Statistik der Akten des Honved-Ministeriums in Budapest hervorgeht – im Laufe der ersten drei Monate des Jahres 1918 auf 200.000 Mann. Jedlicka, Ludwig (1965): Das Ende der Monarchie in Österreich-Ungarn. In: Rößler, Hellmuth (Hg.): Weltwende 1917. Monarchie · Weltrevolution · Demokratie, Berlin – Frankfurt – Zürich, 72. Ende Oktober 1918 wurde eine weitere Welle von Fahnenflucht aus der k. u. k. Armee gemeldet. Nach Schätzungen Oberst Ratzenhofers, stellvertretender Chef des Militär-Eisenbahnwesens, waren an die 250.000 Mann desertiert. Bihl 2010, 235. Im Reichsrat in Wien wurden bereits die abenteuerlichsten Zahlen im Hinblick auf das Phänomen der Fahnenflucht kolportiert, Zahlen, die allerdings umgehend vom Armeeoberkommando wieder dementiert wurden. Seriösen Angaben zufolge fehlten aber allein bei den Ersatzkörpern der k. u. k. Armee Mitte des Jahres 1918 an die 50.000 Soldaten, Männer also, die dem Einberufungsbefehl nicht mehr nachkamen, sich aus dem Staub gemacht hatten oder offen den Kriegsdienst verweigerten. Leidinger; Moritz 2011, 62. In offiziellen Berichten war im gegebenen Zusammenhang des Öfteren vom illoyalen Verhalten tschechischer Soldaten innerhalb der k. u. k. Armee die Rede. Mit diesem an das Delikt des »Hochverrats« gekoppelten Vorwurf beschäftigt sich eine neuere, von Richard Lein verfasste Studie. Lein kommt jedoch zu dem Ergebnis, dass in der offiziellen Berichterstattung vom Armeeoberkommando in diesem Punkt vieles verzerrt dargestellt wurde, um von eigenen Fehlleistungen abzulenken. Dazu kam die antitschechische Hetze der Deutschnationalen, die Konzessionen der Habsburger gegenüber der Bevölkerung Böhmens und Mährens zu verhindern trachteten. Lein, Richard (2009): Das militärische Verhalten der Tschechen im Ersten Weltkrieg, Dissertation, Universität Wien. Bezeichnend für die deutsche Situation ist der Inhalt des Telegramms eines Generalobersten an Generalfeldmarschall von Hindenburg vom 28. Oktober 1918: »Erschüttert melde ich Euer Exzellenz die eingetretenen Verhältnisse: [...] über 30 Divisionen weigern sich, weiter zu kämpfen! Teile einzelner Regimenter verlassen eigenmächtig die Stellung [...]. Kommandanten sind machtlos. [...] Zuführen von Reserven oder Ablösung ausgeschlossen, da Truppen nicht mehr an Front heranzubringen.« Telegramm an Hindenburg, zitiert in Bihl 2010, 270.
121 Jahr 1998, 95.
122 Segesser 2010, 196 f.
123 Jedlicka in Rößler 1965, 74 f.
124 K. und K. Kriegshafenkommando Cattaro, Reservat. Kriegshafenkommandobefehl 1, Nr. 12, Castelnuovo, 14. Februar 1918. 1. Res. Nr. 3170. In: Kläber, Kurt (Hg.) (1929): Der Krieg. Das erste Volksbuch vom großen Krieg, Berlin, 113.
125 Rauchensteiner 1997, 612.
126 Janßen, Karl-Heinz (1965): Der Untergang der Monarchie in Deutschland. In:

Rößler, Hellmuth (Hg.): Weltwende 1917. Monarchie · Weltrevolution · Demokratie, Berlin – Frankfurt – Zürich, 105 f.
127 Plivier, Theodor (1930): Des Kaisers Kulis, Berlin, 331 ff.
128 Janßen in Rößler 1965, 104.
129 Am 28. Oktober wurde die tschechoslowakische Republik ausgerufen, einen Tag später fand der Zusammenschluss der südslawischen Gebiete zum Königreich der Serben, Kroaten und Slowenen (SHS) statt und am 31. Oktober verkündete die neue Regierung in Ungarn die Trennung vom Hause Habsburg. Strohal 1989, 113.
130 Stevenson 2010, 637.
131 Wirtschaftsgeschichte, Modul 3, www.wu.ac.at/vw3/downloads/telematik/wirtschaftsgeschichte3.pdf [9. April 2013]. Zu den langfristigen Kriegsfolgen: Matis, Herbert; Stiefel, Dieter (1991): Die Weltwirtschaft. Struktur und Entwicklung im 20. Jahrhundert, Wien, 88-96.
132 Eisner, Kurt: Wahlrede. In: Dorst, Tankred (Hg.) (1967): Die Münchner Räterepublik – Zeugnisse und Kommentar, Frankfurt/M, 44.
133 Rosa Luxemburg zitiert in: Schlanstein; Wolter; Karwath 2004, 43. Profitiert vom Kriege hatten vor allem die großen Rüstungsbetriebe oder jene Unternehmen, die mit Versorgungsfunktionen betraut waren. Auch der Bereich der Großbanken, der dank günstigerer Dispositionsmöglichkeiten die Klippen der Inflationskrise – in Österreich etwa sank die Krone bis 1922 auf 1/15.000 ihrer ursprünglichen Parität – zu umschiffen verstand, konnte als Kriegsgewinnler hervorgehen.
134 Harden, Maximilian (1918): Krieg und Friede. Erster Band, Berlin, 240.

Leo Tolstoi
Rede gegen den Krieg

Als Schriftsteller hatte Leo Tolstoi (1828–1910) bereits ein Millionenpublikum erreicht, als er sein Schaffen in den Dienst humanistischer Zielsetzungen stellte. In seinen sozialreformerischen Schriften prangerte der Russe nun die wachsende soziale Ungleichheit an, die er einem skrupellosen Reichtumsstreben und der Ausbeutung der Arbeit zurechnete. Die Wissenschaft, die das Bestehende als alternativlos begreift, kritisierte er als Teil eines Herrschaftssystems. Wesentlich erschien ihm, auch neue Ansätze in der Pädagogik zu finden. Erziehungsfragen betrachtete er als Zukunftsfragen, seinem kulturanarchistischen Denken entsprechend sollte den Heranwachsenden der Raum zur Entwicklung ihrer natürlichen Neigungen gegeben werden. Tolstoi war davon überzeugt, dass die Menschen imstande sind, selbstbestimmt ihr Leben zu gestalten, ohne Regierung und ohne Verwaltung von oben. Hierarchische Strukturen, Unterordnung und Gewalt sah er in einem direkten Zusammenhang. Das Gewaltmonopol des Staates diene überwiegend dazu, das Eigentum und die Privilegien der höheren Schichten zu schützen und den Weiterbestand einer »geordneten Ungerechtigkeit« sicherzustellen. Einem ethischen Pazifismus folgend propagierte Tolstoi eine absolute Gewaltlosigkeit. Nachdem ihm auch das »städtische Kasernenleben« als wenig attraktiv erschien, sich der Mensch dadurch von seinen »natürlichen Daseinsbedingungen« entfernt habe, regte er alternative Organisationsformen an. In kleinen, überschaubaren Einheiten, in Landkommunen erblickte er die ideale Form des Zusammenlebens. Tolstoi wurde um 1900 zum Impulsgeber einer geistigen Aufbruchsbewegung, die weit über die Grenzen Russlands hinausreichte. Tolstoi plante, auf dem Friedenskongress in Stockholm 1909 eine Ansprache zu halten. Nach der Absage des Kongresses wurde der Inhalt dieser Rede in schriftlicher Form weiterverbreitet.

Wir haben uns hier versammelt, um gegen den Krieg zu kämpfen. Gegen den Krieg, das will heißen, gegen das, wofür sämtliche Völker der Erde, Millionen und Millionen von Menschen, einigen Dutzenden, manchmal bloß einem einzigen Menschen, nicht nur Milliarden von Rubeln, Talern, Franken, Yen, die einen großen Teil ihrer Arbeit repräsentieren, sondern auch sich selbst, ihr Leben uneingeschränkt zur Verfügung stellen. Und nun wollen wir, ein Dutzend Privatmenschen, die aus verschiedenen Teilen der Erde zusammengekommen sind, ohne alle besonderen Privilegien, vor allem ohne jede Macht über jemanden, kämpfen; und wenn wir kämpfen wollen, so hoffen wir auch zu siegen über diese ungeheure Macht nicht etwa nur einer, sondern aller Regierungen, die über Milliarden Geldes und über Armeen von Millionen Menschen verfügen und es nur zu gut wissen, dass die Ausnahmestellung, die sie, d. h. die Menschen, welche die Führung bilden, einnehmen, einzig und allein auf dem Militär beruht – auf dem Militär, welches nur dann Sinn und Bedeutung hat, wenn der Krieg besteht, derselbe Krieg, gegen den wir kämpfen wollen und den wir vernichten möchten.

Bei solchen ungleichen Kräften muss ein Kampf als Wahnsinn erscheinen. Macht man sich aber die Bedeutung der Kampfmittel, die sich in den Händen jener, die wir bekämpfen wollen, und die sich in unseren Händen befinden, klar, so werden wir nicht darüber staunen, dass wir uns zum Kampf entschließen, sondern darüber, dass das, was wir bekämpfen wollen, überhaupt noch besteht. In ihren Händen befinden sich Milliarden von Geld, Millionen williger Soldaten, in unsern Händen befindet sich nur ein Mittel, aber das allermächtigste Mittel der Welt – die Wahrheit.

Und deshalb mögen unsere Kräfte noch so gering erscheinen im Vergleich mit den Kräften unserer Gegner, unser Sieg ist ebenso gewiss wie der Sieg des Lichtes der aufgehenden Sonne über die Finsternis der Nacht.

Unser Sieg ist gewiss, aber nur unter einer Bedingung – unter der Bedingung, dass wir die Wahrheit verkündigen und sie rückhaltlos, ohne alle Umschweife, ohne jede Konzession, ohne jede Milderung heraus sagen. Diese Wahrheit aber ist so einfach, so klar, so einleuchtend, so verbindlich nicht bloß für den Christen, sondern für jeden vernünftigen Menschen, dass man sie nur in ihrer ganzen Bedeutung auszusprechen braucht, auf dass die Menschen ihr nicht mehr zuwider handeln *können*.

Diese Wahrheit ist in ihrer vollen Bedeutung in dem enthalten, was Jahrtausende vor uns in dem Gesetz, das wir das Gesetz Gottes nennen, in zwei Worten gesagt ist: *Tötet nicht!* Diese Wahrheit besagt, *dass der Mensch unter keinen Umständen und unter keinerlei Vorwand einen andern töten kann oder darf.*

Diese Wahrheit ist so klar, so allgemein anerkannt, so verpflichtend, dass sie nur klar und bestimmt vor den Menschen aufgestellt zu werden braucht, damit das Übel, das Krieg heißt, vollkommen unmöglich werde. Und deshalb glaube ich, dass wir, die hier zum Weltkongress versammelt sind, wenn wir diese Wahrheit nicht klar und bestimmt aussprechen, sondern uns an die Regierungen wenden und ihnen allerlei Maßnahmen vorschlagen, um die Übel des Krieges zu verringern und die Kriege seltener zu machen, auf diese Weise jenen Menschen gleichen, die mit dem Torschlüssel in den Händen gegen die Mauern Sturm laufen, die, sie wissen es wohl, ihr Anstrengungen nicht zu stürzen vermag. Wir wissen, dass alle diese Menschen gar kein Verlangen danach haben, ihresgleichen zu töten, zumeist sogar die Veranlassung nicht kennen, auf die hin man sie zur Ausführung dieser Tat zwingt, die ihnen widerlich ist; dass ihnen ihre Lage, in der sie Bedrückung und Zwang erleiden, zur Last fällt; wir wissen, dass die Mordtaten, die von Zeit zu Zeit von diesen Menschen verübt werden, auf Befehl der Regierung geschehen, wissen, dass das Bestehen der Regierung durch die Armeen bedingt wird. Und nun finden wir, die wir die Vernichtung des Krieges anstreben, nichts Zweckmäßigeres zu seiner Aufhebung, als ihnen anzuraten – ja, wem denn? Den Regierungen, die bloß durch das Militär, also durch den Krieg bestehen –, solche Maßregeln zu ergreifen, die den Krieg vernichten sollen, d. h. wir raten den *Regierungen*, sich *selbst* zu vernichten.

Die Regierungen werden mit Befriedigung all solche *Reden* hören, denn sie wissen nicht nur, dass derlei Erörterungen den Krieg *nicht* vernichten und ihre Macht *nicht* untergraben, sondern auch, dass die eigentliche Ursache dadurch den Menschen nur noch besser verborgen wird, die Ursache, die sie vor ihnen verbergen müssen, damit Armeen und Kriege und auch sie selbst, die diese Armeen befehligen, fortbestehen können.

»Ja, aber das ist doch Anarchismus: Niemals haben die Menschen ohne Regierung und Staat gelebt. Und darum sind Regierungen und Staaten und auch die Heeresmacht, die sie beschützt, unerlässliche Lebensbedingungen der Menschen«, wird man mir entgegnen.

Ganz abgesehen davon, ob ein Leben der christlichen Völker und überhaupt aller Völker *ohne* Militär und Krieg, von denen Regierungen und Staat beschützt werden, möglich ist oder nicht, zugegeben sogar, die Menschen müssten sich unbedingt zu ihrem Wohle den Institutionen, welche aus Menschen bestehen, die sie nicht kennen und die sie Regierungen heißen, knechtisch unterwerfen, zugegeben, sie müssten diesen Einrichtungen unweigerlich die Produkte ihrer Arbeit überliefern, sie müssten allen Forderungen dieser Einrichtungen unbedingt bis zum Mord an ihren Nächsten Folge leisten – auch wenn wir das alles zugeben, selbst dann bleibt noch eine Schwierigkeit, die unsere Welt nicht lösen kann. Diese Schwierigkeit besteht in der Unmöglichkeit, den christlichen Glauben, zu dem sich alle Menschen, welche die Regierung repräsentieren, mit besonderem

Nachdruck bekennen, mit ihren aus Christen bestehenden Armeen, die sie zum Morde abrichten, zu vereinbaren. Man mag die christliche Lehre noch so sehr entstellen, mag nach Belieben sich um ihre Hauptlehren schweigend herumdrücken, die Grundidee dieser Lehre besteht doch nur in der Liebe zu Gott und den Nächsten. Zu Gott, das heißt zur allerhöchsten Vollkommenheit der Tugend, und zum Nächsten, das heißt zu allen Menschen ohne Unterschied. Deshalb, sollte man glauben, muss man eines von beiden anerkennen: entweder das Christentum mit der Liebe zu Gott und den Nächsten oder den Staat mit Armeen und Krieg.

Es ist sehr wohl möglich, dass das Christentum seine Zeit überlebt hat und dass die modernen Menschen, wenn sie vor die Wahl gestellt werden, sich für das Christentum und die Liebe oder den Staat und den Mord zu entscheiden, finden werden, das Bestehen des Staates sei dermaßen wichtiger als das Christentum, dass man das Christentum vergessen und nur am Wichtigerem festhalten müsse: *am Staat und am Mord.*

Alles das mag schon sein – wenigstens können die Menschen so *denken* und *fühlen.* Dann aber muss man es auch so *sagen.* Man muss *sagen,* die Menschen unserer Zeit müssten *aufhören* zu glauben, was die *gemeinsame Weisheit der ganzen Menschheit sagt,* was das Gesetz, zu dem sie sich bekennen, verkündigt, sie müssten aufhören zu glauben, was mit unvertilgbaren Zügen in das Herz eines jeden gegraben ist, und müssten stattdessen an das glauben, was ihnen – *den Mord inbegriffen* – die und jene Menschen befehlen, *Kaiser* und *Könige,* die durch Zufall oder Erblichkeit zu ihrer Stellung bekommen sind, oder *Präsidenten, Reichtagsabgeordnete* und *Deputierte,* die mithilfe von allerlei Schlichen gewählt worden sind. Das also muss man dann *sagen.*

Nun aber *kann* man das nicht sagen. Nicht bloß dies kann man nicht sagen, sondern weder das eine noch das andere kann man sagen. Sagt man, das Christentum *verbietet* den Mord – so wird es kein *Militär* geben, es wird keinen *Staat* geben. Sagt man, wir, die *Regierung,* erkennen die *Berechtigung des Mordens* an und *leugnen* das Christentum – so wird sich niemand einer Regierung unterwerfen wollen, die ihre Macht auf Mord aufbaut. Und noch eins: Wenn der Mord im *Kriege* zulässig ist, muss er erst recht dem Volke gestattet sein, das sein Recht in der *Revolution* sucht. Und deshalb sind die Regierungen, da sie weder das eine noch das andere sagen können, nur um eines besorgt: ihren Untertanen zu *verbergen,* dass es *notwendig* ist, zwischen diesen zwei Wegen die *Entscheidung* zu treffen.

Darum also haben wir, die wir hier versammelt sind, um dem Übel des Krieges zu steuern, wenn wir unser Ziel wirklich erreichen wollen, nur *eines* zu tun: Wir müssen dieses Entweder-Oder mit voller Bestimmtheit und Klarheit aufstellen, in gleicher Weise vor den Menschen, welche die *Regierung* ausmachen, wie vor den *Massen des Volkes*, die das *Militär* bilden. Und dies müssen wir in der Art tun, dass wir nicht nur klar und offen die allen Menschen bekannte Wahrheit wiederholen: *Ein Mensch darf den andern nicht töten!*, sondern noch dazu ausdrücklich erklären, dass *keinerlei Erörterungen die Menschen der christlichen Welt von der Verpflichtung, die diese Wahrheit in sich schließt, befreien können*.

Deshalb möchte ich unserer Versammlung den Vorschlag machen, einen *Aufruf an die Menschen* sämtlicher und besonders der christlichen Völker zu verfassen und zu veröffentlichen, worin wir klar und geradeheraus sagen, was zwar *alle wissen*, was aber niemand oder so gut wie *niemand sagt*: nämlich, dass der Krieg *nicht*, wie das jetzt die Menschen vorgeben, irgendeine besondere, wackere und lobenswerte Sache sei, sondern dass er, wie *jeder* Mord, eine *abscheuliche und frevelhafte Handlung* ist, und zwar nicht nur für die, welche die militärische Laufbahn aus freien Stücken wählen, sondern auch für die alle, die sich ihr aus Furcht vor Strafe oder um eigennütziger Interessen willen widmen.

Im Hinblick auf die Personen, die die militärische Tätigkeit *freiwillig* wählen, möchte ich vorschlagen, dass wir in diesem Aufruf klar und präzis zum Ausdruck bringen, dass diese Tätigkeit, ungeachtet aller Feierlichkeit, allen Glanzes und der allgemeinen Billigung, die ihr zuteil wird, *verbrecherisch* und *schändlich* ist, und zwar umso mehr, je höher die Stellung ist, die der Mensch im Militärdienst einnimmt. Ebenso möchte ich in Bezug auf die Menschen aus dem Volke, die durch Androhung von Strafen oder durch Aussicht auf Gewinn zum Militär herangezogen werden, vorschlagen, dass wir klar und bestimmt auf den großen Irrtum hinweisen, den sie *gegen ihren Glauben* wie gegen die *Sittlichkeit* und den *gesunden Menschenverstand* dadurch begehen, dass sie darein einwilligen, in die Armee zu treten: gegen den Glauben dadurch, dass sie in die Reihen von *Mördern* treten und das von ihnen anerkannte Gesetz Gottes verletzen; gegen die *Sittlichkeit* dadurch, dass sie aus Furcht, vonseiten der Behörden bestraft zu werden oder um eigennütziger Interessen willen bereit sind, zu tun, was sie in ihrem Innern für schlecht erkennen; und gegen den *gesunden Menschenverstand* dadurch, dass sie, wenn sie in das Heer treten, im Kriegsfall von denselben, wenn nicht noch schwereren Leiden bedroht sind, als die sind, die ihnen für die *Dienstverweigerung* drohen; gegen den *gesunden Menschenverstand* vor allem aber schon darum, weil sie demselben Schlag Menschen sich beigesellen, der sie *ihrer Freiheit beraubt* und sie *zum Militärdienste zwingt*.

Die Menschheit im Allgemeinen und unsere christliche Menschheit im Besonderen ist zu einem so schroffen Widerspruch zwischen ihren sittlichen Forderungen und der bestehenden Gesellschaftsordnung gelangt, dass unbedingt eines geändert werden muss, nicht das, was *nicht* geändert werden kann, *die sittlichen Forderungen des Gewissens*, sondern das, was wohl *geändert* werden kann: die *Gesellschaftsordnung*. Diese Änderung, die der innere Widerspruch gebietet, der in der Vorbereitung zum Morde besonders scharf zutage tritt, wird von Jahr zu Jahr, von Tag zu Tag immer dringender. Die Spannung, die diese bevorstehende Änderung seit Langem erzeugt, hat heute schon einen solchen Grad erlangt, dass es, wie zum Übergang eines flüssigen Körpers in einen festen manchmal ein geringer Stoß genügt, ebenso auch zum Übergang aus jenem grausamen und unvernünftigen Leben der Menschen mit seiner Absonderung, seinen Rüstungen und Armeen, zu einem vernünftigen, den Forderungen der Erkenntnis der jetzigen Menschheit entsprechenden Leben möglicherweise nur einer geringen Anstrengung, vielleicht nur *eines* Wortes bedarf. Jede solche Anstrengung, jedes solche Wort kann zu jenem Stoß der abgekühlten Flüssigkeit werden, der plötzlich die Flüssigkeit in einen festen Körper verwandelt. Warum sollte unsere jetzige Versammlung nicht diese Anstrengung sein? So, wie im Märchen Andersens, als beim feierlichen Umzuge der König durch die Straßen der Stadt ging, und das ganze Volk entzückt war ob der wunderbaren neuen Kleidung, ein Wort eines Kindes, das aussprach, was alle wussten, aber niemand sagte, alles geändert hat. Es sagte: »Er hat ja gar nichts an«, und die Suggestion hörte auf, und der König schämte sich, und alle Menschen, die sich eingeredet hatten, ein wunderschönes neues Kleid am König zu sehen, wurden nun gewahr, dass er *nackt* sei. Auch wir müssen *dasselbe* sagen, wir müssen sagen, was alle *wissen* und nur nicht zu *sagen* wagen, wir müssen sagen, dass, wenn die Menschen dem Mord einen noch so veränderten Namen geben, der *Mord immer nur Mord bleibt* – eine frevelhafte, schmachvolle Tat. Und man braucht nur klar, bestimmt und laut, wie wir das hier zu tun vermögen, dies zu sagen, und die Menschen werden aufhören zu sehen, was sie zu sehen vermeinten, und werden erblicken, was sie in Wirklichkeit sehen. *Sie werden aufhören, im Krieg den Vaterlandsdienst, den Heldenmut, den Kriegsruhm, den Patriotismus zu sehen, und werden sehen was da ist: die nackte frevelhafte Mordtat.* Und wie die Menschen das sehen, wird dasselbe geschehen, was in dem Märchen geschah: Diejenigen, die die Freveltaten üben, werden sich *schämen*, diejenigen aber, die sich eingeredet haben, dass sie im Mord *keine* Frevelhaftigkeit sehen, werden sie jetzt gewahr werden und *werden aufhören, Mörder zu sein.*

Wie aber sollen sich die Völker gegen die Feinde wehren, wie soll die innere Ordnung aufrechterhalten werden, wie können die Völker *ohne* Militär bestehen?

Welche Form das Leben der Menschen annehmen wird, wenn sie den Mord unterlassen, wissen wir nicht und können es nicht wissen, eines aber ist sicher: dass es den Menschen, die mit *Vernunft* und *Gewissen* begabt sind, *natürlicher* ist, ihr Leben von *Vernunft* und *Gewissen* lenken zu lassen, als sich *knechtisch denen zu unterwerfen, die das gegenseitige Töten anordnen*. Und sicher ist darum auch, dass die Form der gesellschaftlichen Ordnung, die das Leben der Menschen annehmen wird, wenn sie sich bei ihren Handlungen *nicht* von der *Gewalt*, die auf *Todesdrohungen* gegründet ist, sondern von der *Vernunft* und vom *Wissen* leiten lassen, jedenfalls nicht schlimmer wird als das Leben, das sie jetzt führen.

Das ist alles, was ich sagen wollte. Es wäre mir sehr leid, wenn ich jemanden beleidigt, gekränkt oder böse Gefühle in ihm erweckt hätte. Doch wäre es für mich, einen 80-jährigen Greis, der jeden Augenblick des Todes gewärtig ist, eine Schande, nicht ganz offen die Wahrheit zu sagen, wie ich sie verstehe, die Wahrheit, die nach meiner festen Überzeugung *allein* die Menschheit von den unseligen Drangsalen zu erretten vermag, die der Krieg hervorbringt und unter denen sie leidet.

* * *

Quelle: Leo Tolstoi, Rede gegen den Krieg (1909), Verlag »Der Syndikalist«, Fritz Kater, 1921.

Ivan S. Bloch

Die Nemesis des Krieges

An der Schwelle zum 20. Jahrhundert überraschte die politische Führung Russlands die europäischen Mächte mit einer Friedensinitiative. Überzeugt davon, dass ein völlig unproduktives Militärwesen enorme finanzielle Belastungen mit sich bringe, schlug Zar Nikolaus II. einen Rüstungsstopp vor. Als gedanklicher Impulsgeber dazu hatte im Hintergrund der Unternehmer und Bankier Ivan Bloch (1836–1902) gewirkt. Bloch, der aus ärmlichen ostjüdischen Verhältnissen stammte, hatte zu diesem Zeitpunkt bereits den Aufstieg zum erfolgreichen Wirtschaftstreibenden hinter sich. In der Phase der nachholenden Industrialisierung Russlands hatte Bloch sein organisatorisches Geschick zuerst im Eisenbahnbau, später auch in der Finanzwelt eingebracht. Nachdem er die imperialistische Politik Russlands einige Zeit mitgetragen hatte, machte Bloch eine persönliche Wende zum Pazifisten durch. Nach einer Reihe ökonomischer und sozialpolitischer Schriften verfasste er eine fundamentale Studie über den Krieg, in der er zeigte, dass unter neuen hochtechnisierten Bedingungen keine Seite mehr aus einem Krieg einen Gewinn zu ziehen vermag und dass eine länderübergreifende soziale Katastrophe die Folge sein müsse. Blochs Anregungen zur Rüstungskontrolle und zum Aufbau internationaler Institutionen zur Streitbeilegung wurden vor 1914 nur punktuell aufgegriffen.

Wir hören andauernd das Argument, dass es Kriege schon immer gegeben habe und immer geben werde, und dass, wenn im Laufe all der Jahrhunderte, über die es in der Geschichte Aufzeichnungen gibt, internationale Streitigkeiten nur mittels Kriegen beigelegt wurden, wie es dann möglich sein kann, in Zukunft ohne Krieg auszukommen? Darauf könnten wir antworten, dass nicht nur Anzahl, Ausrüstung, Ausbildung und technische Methoden der Armeen, sondern sogar auch die Elemente, aus denen sie bestehen, sich wesentlich geändert haben.

Das Verhältnis der Stärke von Armeen in Kriegszeiten zu ihrer Stärke in Friedenszeiten war in früheren Zeiten ganz anders. Früher wurden Kriege von stehenden Heeren geführt, die hauptsächlich aus langdienenden Soldaten bestanden. Künftige Heere werden dagegen hauptsächlich aus Soldaten zusammengesetzt sein, die direkt von friedlichen Beschäftigungen abgezogen werden. Unter den älteren Soldaten wird es sehr viele Familienoberhäupter geben, die von ihrem Heim, ihrer Familie und ihrer Arbeit weggerissen werden. Das wirtschaftliche Leben ganzer Völker wird stillstehen, die Kommunikation wird abgeschnitten werden, und wenn sich der Krieg über einen großen Teil eines Jahres zieht, werden ein allgemeiner Bankrott zusammen mit einer Hungersnot und allen ihren schlimmsten Konsequenzen folgen. Um ein Licht auf die Natur eines langen Krieges von allen Seiten zu werfen, genügt militärisches Wissen alleine nicht. Ein Studium und Kenntnisse der ökonomischen Gesetze und Zustände, die in keinem direkten Zusammenhang mit der militärischen Spezialisierung stehen, sind genauso essenziell.

Dieser Frage nachzugehen wird noch schwieriger durch die Tatsache, dass die Führung der militärischen Angelegenheiten den privilegierten Schichten der Gesellschaft übertragen ist. Wenn Nichtspezialisten ihre Meinung bezüglich der Unwahrscheinlichkeit von großen Kriegen in der Zukunft vorbringen, so werden sie von den Autoritäten einfach durch die Erklärung widerlegt, dass Laien keine Ahnung von dem Thema haben. Militärs können nicht zugeben, dass das, was sie tun, in Friedenszeiten unnötig ist. Sie wurden über die Geschichte des Krieges belehrt, und die praktische Tätigkeit entwickelt in ihnen Energie und die Fähigkeit zur Selbstopferung. Trotzdem sind derartige Autoritäten nicht in der Lage, ein vollständiges Bild der Katastrophen eines künftigen Krieges auszumalen. Jene radikalen Änderungen, die in der Militärkunst, in der Zusammenstellung der Armeen und in der internationalen Wirtschaft stattgefunden haben, sind so riesig, dass es einer starken Vorstellungskraft bedürfte, um die Konsequenzen des Krieges, sei es auf dem Schlachtfeld oder im Leben der Völker, adäquat darzustellen.

Dennoch kann nicht geleugnet werden, dass die allgemeine Unzufriedenheit mit dem gegenwärtigen Zustand immer deutlicher zum Vorschein kommt. Früher erhoben sich nur einzelne Stimmen gegen den Militarismus, und ihr Protest war platonisch. Doch seit der Einführung der allgemeinen Wehrpflicht sind die Interessen des Heeres enger mit den Interessen der Gesellschaft verschränkt, und die Katastrophen, die unter den modernen Zuständen zu erwarten sind, werden von den Menschen besser eingeschätzt.

Es ist daher unmöglich, nicht ein konstantes Anschwellen der antimilitärischen Propaganda vorherzusehen, deren moralische Grundlagen in der

Vergangenheit nicht so unumstritten waren, wie sie es heute sind. Zu diesem moralischen Empfinden gesellt sich seit kurzem ein Bewusstsein darüber, wie komplex die vom Krieg bedrohten Wirtschaftsbeziehungen sind, wie enorm die Mittel der Zerstörung angewachsen sind, wie wenig erfahrenes Führungspotenzial es gibt und wie ignorant und wolkig das Denken über das Thema Krieg ist.

All das bringt die Menschen dazu, den Krieg als wahrhaft erschreckend zu sehen. Und wenn sogar schon in der Vergangenheit festgestellt wurde, dass die Gefühle von Völkern mächtiger sind als jede Gewalt, um wie viel mehr so heute, wo in den meisten Staaten die Massen indirekt an der Regierung teilhaben und wo überall starke Tendenzen bestehen, welche die gesamte gesellschaftliche Ordnung gefährden. Um wie viel bedeutender sind heute die Meinungen der Menschen sowohl direkt bezüglich des Systems des Militarismus wie auch in ihrem Einfluss auf den Geist der Armeen selbst! [...]

Jedoch haben Veränderungen in den politischen und sozialen Zuständen, die größere Bedeutung von Wissen, Industrie, Kapital und schließlich auch die immense Anzahl der Angehörigen der militärischen Klasse deren Privilegien in der Gesellschaft beträchtlich reduziert. Eine Rivalität bei der Beschaffung von Mitteln für die Befriedigung komplexerer Anforderungen hat die Mehrheit der gebildeten Menschen dazu gebracht, im Militärdienst eine undankbare Karriere zu sehen. Und es gibt auch tatsächlich keine andere Art von anstrengender Tätigkeit, die so schlecht bezahlt wird wie der militärische Beruf. Aufgrund des enormen Wachstums der Armeen sind die Regierungen nicht imstande, die für eine Verbesserung der Position von Offizieren und ihren Familien erforderlichen Mittel aufzutreiben, und ein Mangel an Offizieren ist überall zu bemerken.

Ein ungenügendes Entgelt wird daher unweigerlich dazu führen, dass das Militär seine besten Kräfte verliert, umso mehr als die Gesellschaft nicht mehr länger von waffentragenden Männern fasziniert ist. Die Bewegung gegen den Militarismus führt zu diametral entgegengesetzten Ansichten. Moderne Ideale sehen jeden Tag weniger, was sie mit den alten Idealen der Auszeichnung auf dem Schlachtfelde und der Glorie der Eroberung sympathisieren lässt. Überall breitet sich die Idee aus, dass die Anstrengungen aller sich einer Verringerung der Summe des physischen und moralischen Leidens widmen sollten. Die riesigen Ausgaben für den Erhalt der Armeen und Flotten sowie den Bau und die Ausrüstung der Festungen wirken sich stark auf die Verbreitung derartiger Gefühle aus. Überall hören wir Klagen darüber, dass der Militarismus allen das Blut aussaugt – oder wie es ausgedrückt wird: »Anstelle von Getreideähren produzieren die Felder Bajonette und Säbel, und auf den Bäumen wachsen Patronenhülsen anstelle von Obst.« Jene, die eine militärische Laufbahn einschlagen, sind natürlich nicht verantwortlich für diese Zustände, die sie nicht schufen und die sich verderblich auf sie selbst auswirken. Aber Volksbewegungen analysieren nicht ihre Motive, und die Unzufriedenheit mit dem Militarismus wird unweigerlich auf die militärische Klasse übertragen.

* * *

Quelle: Ivan Stanislavovich Bloch, Militarism and ist Nemesis. In: Is War Now Impossible? Being an Abridgment of »The War of the Future in its Technical, Economic and Political Relations«, Grant Richards, London 1899, 348–352 (aus dem Englischen von Gertrude Maurer).

Leonid Andrejew

Rekrutierung auf dem Lande

Ab dem Zeitpunkt der Jahrhundertwende verschärften sich die Spannungen zwischen Russland und Japan, die 1904 in eine kriegerische Auseinandersetzung mündeten und die Japan in kurzer Zeit für sich entscheiden konnte. Unter dem Eindruck dieser Konfrontation (und beeinflusst durch Leo Tolstoi) schrieb Leonid Nikolajewitsch Andrejew (1871–1919) den pazifistischen Roman »Das rote Lachen«, der 1904 in Russland erschien. Eine deutsche Übersetzung folgte ein Jahr später. In einer Aneinanderreihung loser Tagebuchblätter erzählt Andrejew vom Gespenst des Krieges, von den ersten Rekrutierungsmaßnahmen bis zum bitteren Ende. Das »blutige Lachen« steht dabei für den Wahnsinn, der in Kriegszeiten nahezu epidemisch um sich greift. Kaum jemand hätte »schärferer und glänzender« gegen den Krieg gesprochen als der russische Novellist, hielt Bertha von Suttner zu dem Roman lobend fest: »Gesegnet sei Andrejew dafür, dass er sein blendendes Talent zu diesem Werk benutzt hat...« Andrejew hatte nach seinem Jurastudium kurze Zeit als Anwalt in Moskau praktiziert, bevor er schriftstellerisch tätig wurde und mit sozialrevolutionären Gruppen in Kontakt kam. Im Revolutionsjahr 1905 wurde Andrejew von der zaristischen Geheimpolizei verhaftet und ins Gefängnis gebracht. Bei seiner anschließenden Flucht aus Russland war ihm sein Mitstreiter Maxim Gorki behilflich.

Es waren ihrer sechs Mann, lauter Bauern, und sie wurden von drei Soldaten mit geladenen Gewehren transportiert. In ihrer originellen, primitiven, an die Wilden erinnernden Tracht, mit ihren absonderlichen, gleichsam aus Ton geformten und an Stelle der Haare mit filziger Wolle beklebten Gesichtern glichen sie hier in den Straßen der reichen Stadt, unter der Eskorte wohlgedrillter Soldaten ganz den Sklaven des Altertums. Man führte sie in den Krieg, und den Bajonetten gehorchend, schritten sie dahin, ebenso unschuldig und stumpfsinnig wie die Ochsen, die man zur Schlachtbank führt. Voran ging ein junger Bursche, hoch aufgeschossen, bartlos, mit einem langen Gänsehals, auf dem unbeweglich ein winzig kleiner Kopf saß.

Er neigte sich ganz vor, wie eine lange Rute, und schaute so durchdringend vor sich hin auf den Boden, als wenn sein Blick ins Innerste des Erdschoßes eindringen wollte. Als letzter folgte ein untersetzter, bärtiger, schon bejahrter Bauer; er hatte nicht die Absicht, sich zu widersetzen, in seinen Augen las man auch nicht die Spur eines solchen Gedankens; aber die Erde schien sich förmlich an seinen Beinen festzusaugen und sie nicht loslassen zu wollen, und er schritt mit zurückgeneigtem Körper vorwärts, wie wenn er gegen einen heftigen Wind ankämpfte. Bei jedem Schritt versetzte der Soldat ihm einen Kolbenstoß, und während das eine Bein krampfhaft zappelnd, wie im Gelenk gelockert, weiterschwankte, haftete das andere fest am Boden, als wenn es eingerammt wäre. Die Soldaten schauten mürrisch und verärgert drein, man sah es ihnen an, dass sie schon lange so marschiert waren. Man merkte ihre Gleichgültigkeit und Ermüdung an der Art, wie sie ihre Gewehre trugen, wie sie unmilitärisch, die Zehen auf Bauernart nach innen gekehrt, neben den Reservisten hergingen. Der eigensinnige, zögernde, stumme Widerspruch der Bauern schien ihr wohlgedrilltes Denken außer Fassung gebracht zu haben, dass sie nicht mehr wussten, weshalb und wohin sie marschierten.

»Wohin führt ihr sie denn?« fragte ich im Vorübergehen einen der Soldaten. Er zuckte zusammen und sah mich an, und in seinem jäh aufblitzenden Auge spürte ich gleichsam die bohrende Spitze eines Bajonetts – so deutlich, als ob er es mir schon in die Brust gestoßen hätte.

»Scher' dich fort!«, rief er. »Scher' dich fort, sonst soll dich…«

Der bärtige alte Reservist benutzte den Augenblick und rannte davon – in flinkem, kurzem Trab lief er nach dem eisernen Gitterzaun der Promenade zu und hockte dort nieder, als wollte er sich verstecken. Kein Tier hätte sich so töricht, so unverständig benommen. Der Soldat geriet in Wut. Ich sah, wie er zornig auf den Ausreißer zutrat, wie er sich über ihn beugte, das Gewehr in den linken Arm nahm und mit der Rechten gegen etwas Weiches, Flaches klatschte. Einmal, und noch einmal. Die Leute liefen zusammen – man hörte Geschrei […]

* * *

Quelle: Leonid Andrejew, Das rote Lachen. Fragmente einer aufgefundenen Handschrift. Übersetzt von August Scholz. Ladnschnikow Verlag, Berlin 1905, 102 f.

Norman Angell
Die falsche Rechnung

1910 erschien in New York ein Buch mit dem Titel »The Great Illusion« (auf Deutsch: »Die falsche Rechnung. Was bringt der Krieg ein?«). Der Autor, Norman Angell (eigentl. Ralph Norman Angell Lane, 1874–1967), äußert darin die Überzeugung, dass unter den Bedingungen der weltweiten wirtschaftlichen Verflechtungen keine Seite mehr von einem Krieg zu profitieren imstande sei. Sowohl der Produktionsoutput bei den zivilen Gütern als auch die Handelsbeziehungen und der internationale Kapitalverkehr würden Schaden nehmen. Nüchtern und anhand zahlreicher Fakten und historischer Beispiele zeigt Angell, dass jede militärische Auseinandersetzung weitere Kriege nach sich zieht und dass selbst die Siegerstaaten keine Vorteile mehr für sich zu verbuchen imstande seien. Angell studierte Ökonomie in London und Literaturwissenschaften in Genf. Er bereiste die USA und Mittelamerika, berichtete über die militärischen Konfrontationen der Jahrhundertwende und griff die britische Regierung im Zusammenhang mit dem Burenkrieg scharf an. »The Great Illusion« wurde in 15 Sprachen übersetzt zum Weltbestseller. Zustimmung erntete Angell in der Friedensbewegung, aber auch bei namhaften Politikern wie Jean Jaurès. Nach dem Weltkrieg wirkte Angell für die Labour Party im britischen House of Commons, 1931 wurde er geadelt, 1933 erhielt er als Mitglied der Exekutivkommission des Völkerbundes den Friedensnobelpreis.

[...] Reichtum, Wohlfahrt und Wohlbefinden einer Nation hängen in keiner Weise von ihrer politischen Macht ab. Wäre dies der Fall, so würden wir sehen, dass die kommerzielle Prosperität und die soziale Wohlfahrt kleiner Nationen, die keine politische Macht ausüben, offenkundig tiefer stehen würden als bei den Nationen, die in Europa als Großmächte gelten. Aber das ist nicht der Fall. Die Einwohner von Staaten wie die Schweiz, Holland, Belgien, Dänemark, Schweden sind in jeder Beziehung so wohl dran wie die Bürger von Staaten wie Deutschland, Russland, Österreich und Frankreich. Die Kopfquote des Handels der kleinen Nationen ist im

Gegenteil größer als die Kopfquote des Handels der großen Völker. Es handelt sich dabei nicht bloß um die Sicherheit der kleinen Staaten, die ihrer vertragsmäßigen Neutralität zugeschrieben werden mag, sondern darum, ob politische Macht wirklich in wirtschaftliche Vorteile umgesetzt werden kann. [...]

Da es die einzig mögliche Politik für einen Eroberer geworden ist, den Reichtum eines gewonnenen Territoriums im vollständigsten Besitz der Individuen zu belassen, die das Territorium bewohnen, so ist es für europäische Verhältnisse ein Trugschluss und eine optische Täuschung, zu glauben, dass ein Volk seinen Reichtum vermehrt, wenn es sein Territorium vergrößert. Denn mit der Annexion eines Staates wird die Bevölkerung, die die wirkliche und alleinige Besitzerin des Reichtums ist, mitannektiert, und der Eroberer erhält nichts. Die Tatsachen der modernen Geschichte beweisen das zur Genüge. Als Deutschland Schleswig-Holstein und Elsass-Lothringen eroberte, wurde nicht ein einziger deutscher Bürger um einen Pfennig reicher; obwohl England Kanada »besitzt«, wird der englische Kaufmann aus den kanadischen Märkten durch Schweizer Kaufleute verdrängt, die Kanada nicht »besitzen«. Auch dort, wo ein Territorium nicht förmlich annektiert wurde, ist der Eroberer außerstande, den Reichtum des eroberten Gebietes zu konfiszieren, und das infolge gegenseitiger Abhängigkeit des Finanzwesens aller Länder (einer Folge unseres Kredit- und Banksystems), welche die finanzielle und industrielle Sicherheit des Siegers abhängig macht von dem finanziellen und industriellen Wohlstand aller bedeutenden Kulturländer. Daher würde eine weitgehende Konfiskation des Besitzes oder die Zerstörung des Handels und Verkehrs im eroberten Lande für den Sieger verhängnisvoll sein. Der Eroberer ist also, was das eroberte Gebiet betrifft, zu wirtschaftlicher Machtlosigkeit verurteilt, was so viel bedeutet, als dass politische und militärische Macht ökonomisch wertlos ist, d. h. sie kann nichts für Handel und Wohlfahrt der Glieder des mächtigen Volkes bedeuten. Umgekehrt können Heer und Flotte den Handel der Rivalen weder zerstören noch mit Beschlag belegen. Die großen Völker Europas vernichten den Handel der kleinen zu ihrem Vorteil einfach deshalb nicht, weil sie es nicht können, und der holländische Bürger, dessen Regierung keine Militärmacht besitzt, ist so wohl daran wie der deutsche, dessen Regierung eine Armee von zwei Millionen besitzt, und wesentlich besser als der Russe, dessen Regierung über ungefähr vier Millionen Mann verfügt. So – um Reichtum und Sicherheit der einzelnen Staaten durch einen rohen und zur Hand liegenden, wenn auch unvollständigen Maßstab zu kennzeichnen – stehen die 3-prozentigen Renten [der Staatsanleihepapiere] des machtlosen Belgien auf 96 und die 3-prozentigen Renten des mächtigen Deutschen Reiches auf 82; die 3½-prozentigen Staatspapiere Russlands mit seinen 130 Millionen Einwohnern und seiner Armee von vier Millionen stehen auf 81, während die 3½-prozentigen Norweger, denen keine oder wenigstens keine irgend in die Waagschale fallende Armee zur Verfügung steht, auf 102 stehen. Alles das scheint das Paradoxon zu beweisen, dass der Reichtum einer Nation umso unsicherer ist, je stärker er militärisch beschützt wird [...].

In einer Ansprache an eine Abordnung von Geschäftsleuten machte der verstorbene Lord Salisbury folgende wirklich tiefsinnige Bemerkung: »Das Verhalten von Geschäftsleuten, wenn sie individuell eine geschäftliche Entscheidung zu treffen haben, unterscheidet sich gründlich in Prinzip und Praxis vom Verhalten derselben Männer, wenn sie als Kollektivität politisch handeln.« Weniges ist dem Verfasser dieses Buches so verwunderlich erschienen wie die Tatsache, dass die Geschäftsleute sich so wenig darum kümmern, ihre politische Gesinnung mit ihrem alltäglichen Verhalten in Einklang zu bringen, dass sie für die politische Nutzanwendung aus ihrem Tagewerk so wenig Einsicht besitzen. Man muss wirklich sagen, dass sie vor lauter Bäumen den Wald nicht sehen.

Nur eine psychologische Verirrung ähnlicher Art kann es erklären, dass man den Widerspruch zwischen der alltäglichen Praxis der Geschäftswelt und der vorherrschenden politischen Auffassung nicht bemerkt, einen Widerspruch, der ja in der Sicherheit der Kapitalanlagen in den kleinen Staaten und im hohen Wohlstand der Letzteren zutage tritt. Fast alle Politiker versichern uns da, dass große Kriegsflotten und starke Armeen notwendig seien, um unsern Reichtum gegen den Angriff mächtiger Nachbarn zu schützen, deren Gier und Gefräßigkeit nur durch Gewalt im Zaume gehalten werden könne; dass Verträge wertlos seien, dass in der internationalen Politik Macht vor Recht gehe, dass militärische und kommerzielle Sicherheit ein und dasselbe, dass Rüstungen im Interesse der kommerziellen Sicherheit notwendig seien, dass unsere Kriegsflotte eine »Versicherung« darstelle, dass ein Land, das in diplomatischen Unterhandlungen keine Militärmacht in die Waagschale zu werfen vermöge, wirtschaftlich hoffnungslos preisgegeben sei. Wenn aber ein Finanzmann, der die Frage vom rein materiellen Standpunkt prüft, zwischen den Großmächten mit allen ihren protzigen Riesenarmeen und fabelhaft teuren Flotten und den militärisch verhältnismäßig machtlosen kleinen Staaten zu entscheiden hat, so gibt er fest entschlossen den kleinen hilflosen Staaten den Vorzug, und das mit einer unter den gegebenen Umständen erstaunlichen Wucht. Denn die Differenz von 20 Prozent, die wir zwischen der norwegischen und russischen Rente finden, und von 14, die wir zwischen der belgischen und der deutschen konstatieren, ist die zwischen einem sicheren und einem Spekulationswert, oder die zwischen den Kursen einer amerikanischen Eisenbahnpriorität in Zeiten vollständiger Sicherheit und denen einer Periode finanziellen Krachs. Und was für Staatspapiere gilt, gilt auch – nur in etwas geringerem Maße – für die industriellen Werte der beiden Staatengruppen.

Wäre es nun eine Art wahnwitziger Selbstlosigkeit oder Verblendung, welche die europäischen Kapitalisten dazu drängt, die öffentlichen Anleihen und Industrieunternehmungen des machtlosen Holland und Schweden, die jeden Tag dem Angriff ihrer mächtigen Nachbarn offen stehen, um 10 bis 20 Prozent höher zu bewerten als die Papiere gleicher Kategorie der größten Mächte des kontinentalen Europa? Diese Annahme ist natürlich absurd. Die einzige Richtschnur für den Finanzmann ist Gewinn und Sicherheit, und wenn er entschieden hat, dass die Papiere der unverteidigten Nationen sicherer sind als die der Großmächte, so weiß er, warum er das tut. Wie kann er aber zu dieser Überzeugung auf andere Weise gekommen sein als dadurch, dass er erkannt hat, dass der moderne Reichtum keiner Verteidigung bedarf, weil er nicht konfisziert werden kann – eine aus seiner finanziellen Erfahrung geborene Erkenntnis, die er freilich ohne jede Ahnung von ihrer politischen Nutzanwendung in die Tat umsetzt.

Wenn Mr. [Frederic] Harrison recht hätte, dass unser Handel, ja unsere industrielle Existenz aufhörte, sobald wir erlaubten, dass unsere neidischen Nachbarn uns an Rüstungen überflügeln, eine größere politische Macht in der Welt ausüben, wie kann er erklären, dass neben den Großmächten des Kontinents kleine, unendlich schwächere Nationen wohnen, die pro Kopf einen gleichen, ja, meist größeren Handel besitzen als sie selbst? Wenn die landläufigen Meinungen richtig wären, würden die Finanzherren nicht ein Pfund oder einen Dollar bei den unverteidigten Nationen anlegen. Tatsächlich aber sind sie im Gegenteil der Überzeugung, dass eine Schweizer oder holländische Anlage sicherer sei als eine deutsche, dass ein industrielles Unternehmen in einem Lande wie der Schweiz, die durch eine Operettenarmee von einigen Tausend Mann verteidigt wird, vorzuziehen sei einem Unternehmen in einem Lande, dessen Sicherheit durch drei Millionen aufs Vorzüglichste gedrillter Soldaten garantiert ist. Die Haltung der europäischen Finanzwelt in diesem Punkte ist eine absolute Verurteilung der von den Staatsmännern gewöhnlich geteilten Ansichten. Wenn der Handel eines Landes wirklich auf Gnade und Ungnade dem ersten besten Eroberer ausgeliefert, wenn Armeen und Flotten wirklich notwendig wären, um den Handel zu schützen und zu fördern, so würden sich die kleinen Länder in einer verzweifelten Lage befinden und ihre Existenz lediglich der

Gnade derjenigen zu verdanken haben, die man als skrupellose Angreifer hinstellt. Und doch hat Norwegen einen im Verhältnis zu seiner Bevölkerung größeren Handel als Großbritannien […], während holländische, Schweizer und belgische Kaufleute mit Erfolg auf allen Märkten der Welt mit Deutschland und Frankreich konkurrieren.

* * *

Quelle: Norman Angell, Die falsche Rechnung. Was bringt der Krieg ein? Vita Deutsches Verlagshaus, Berlin-Charlottenburg 1911, 49–54.

Paul Scheerbart
Die Entwicklung des Luftmilitarismus

Ende des 18. Jahrhunderts wurden für militärische Aufklärungszwecke erstmals Heißluftballons in Einsatz gebracht. Sogenannte Ballonbomben bedrohten den urbanen Raum im Kriegsfalle ab etwa 1850. Als Begründer der modernen Luftkriegstheorie gilt der Italiener Giulio Douhet. Ein italienisches Militärflugzeug war es auch, das während Libyschen Krieges 1911/12 erstmals Bomben auf eine gegnerische Stellung ablud. Bereits 1910 hatte man in Österreich-Ungarn mit der Ausbildung von »Marinefliegern« begonnen, 1911 wurde im Kriegshafen Pula die erste Seeflugstation eingerichtet. Im Rüstungswettlauf der Großmächte wurde die Sicherung der Lufthoheit eine wichtige Zielsetzung. 1914 stand das Deutsche Reich bei der Entwicklung der Luftstreitkräfte an erster Stelle; deutsche Zeppeline begannen im August des Jahres mit der Bombardierung belgischer Städte. »Innovationen« wie Sprengbomben, Brandbomben oder der Flugfunkverkehr beeinflussten den Kriegsverlauf zunächst nicht entscheidend, jedoch ab 1917 spielten die Luftstreitkräfte eine zunehmend wichtige Rolle. Zwischen 1914 und 1918 entstand der Großteil der modernen Luftkriegskonzepte. Im Gegensatz zu den bellizistischen Strömungen seiner Zeit verknüpfte Paul Carl Wilhelm Scheerbart (1863–1915) mit dem Luftkrieg die Hoffnung, dass wegen der damit verbundenen militärischen Allmacht ein Ende aller Kriege denkbar geworden sei. Scheerbart, Wegbereiter des Dadaismus, des Expressionismus, des Surrealismus und Visionär einer neuen Architektur, studierte Philosophie und Kunstgeschichte, verkehrte mit Erich Mühsam und beeinflusste u. a. Walter Benjamin. Sein Hauptwerk »Die große Revolution« erschien 1902 in Leipzig. Nach Angaben Walter Mehrings soll Scheerbart mit Beginn des Weltkrieges als überzeugter Pazifist in den Hungerstreik getreten und 1915 an den Folgen daran gestorben sein.

Vor einer Tragödie stehen wir.

Der großartige Militarismus des neuzehnten Jahrhunderts wird demnächst »aufgelöst« werden.

Wer das liest oder hört, lacht natürlich und glaubt nicht daran – nicht im Traum.

Es ist auch kaum zu glauben. Diese grandiosen europäischen Volksheere, die kolossalen Festungen und die wundervollen Seeflotten sind mit dem modernen Kulturleben so innig verwachsen, dass man eine Auflösung dieser Kultur-Herrlichkeit ohne Weiteres für eine Unmöglichkeit hält. Eher würde man an den Untergang der Erde glauben.

Und doch – wenn wir nicht alle Logik umbringen wollen, so *müssen* wir an die Auflösung des bisherigen Militarismus glauben; der Luftmilitarismus ist eben stärker als die Landheere, Festungen und Seeflotten.

Die Militärschriftsteller sind in bemitleidenswerter Verlegenheit. Sie können gar nicht konsequent in ihren Betrachtungen sein.

»Wo wird«, schreibt Oberst S. A. Cody, »die Schlagfertigkeit der mächtigen Heere und des undurchdringlichen Walls der Seeflotte bleiben, wenn die Luftflotten die Herrschaft führen? *Dass Heer und Marine noch nötig sein werden, ist unbestreitbar* ...«

Warum das unbestreitbar ist, erfahren wir nicht. Wo wird, kann man nur immer wieder fragen, die Logik bleiben, wenn die Militärschriftsteller immer wieder so unlogisch denken und schreiben. Ich habe in den letzten Wochen mindestens ein Dutzend logische Ungeheuerlichkeiten bei den Militärschriftstellern entdeckt. Man könnte wirklich ungeduldig werden, wenn man nicht einsehen müsste, dass die Militaristen fast gezwungen sind, unlogisch zu sein, da sie Rücksicht auf die bestehenden Zustände schlechterdings nehmen müssen.

Für mich, der ich keinem Militärverbande angehöre, ist eine derartige Rücksicht nicht vorhanden, und somit kann ich meine Meinung kurz und deutlich folgendermaßen formulieren: Ein lenkbarer Luftkreuzer kann 200 Zentner tragen – d. h. 100 Dynamit-Torpedos [Bomben], wenn jedes 1½ Zentner schwer ist. Damit kann man eine Stadt so beschädigen, dass nicht viel Ganzes übrig bleibt. Nun kann aber ein Staat in Jahresfrist ein paar Hundert derartiger Luftkreuzer herstellen. Wer will nun im Ernste behaupten, dass solche Luftflotten den Landheeren, Festungen und Seeflotten *nicht* überlegen sind?

Alle Luftschiffe greifen selbstverständlich einzeln das feindliche Land an – nicht in Reih und Glied – wie sich das ein Kriegsutopist schon ausgemalt hat. Außerdem greifen die Luftschiffe nachts an. Und da können sie doch in ein paar Stunden so viel zerstören, dass von den Landheeren, Festungen und Seeflotten nicht viel übrig bleiben dürfte.

Es ist doch nicht möglich, das zu bezweifeln.

Das Dynamit braucht ja nur runtergeworfen zu werden.

Man könnte nun einwenden, dass dabei viele Torpedos nicht ihr Ziel treffen dürften.

Indessen – die Torpedos lassen sich auch auf unbemannte Gleitflieger legen, und diese lassen sich durch drahtlose Telegrafie »lenken«. *Diese* Lufttorpedos werden also ihr Ziel *nicht* verfehlen. Die Torpedos lassen sich ja im Wasser durch drahtlose Telegrafie lenken – also gehts auch in der Luft.

So sieht der Luftmilitarismus aus. Und dagegen soll der bisherige Land- und Seemilitarismus seine Stellung behaupten. Dass das nicht geht, möchte ich in den folgenden kleinen Artikeln umständlichst auseinandersetzen:

1. Die Unmöglichkeit einer Landschlacht unter Mitwirkung von Luftflotten.

Wenn wir voraussetzen, dass zwei größere europäische Staaten im Besitze von Luftflotten sind und Krieg miteinander führen wollen, so werden beide Staaten zunächst ein Interesse daran haben, möglichst viele Lenkbare mit Gleitfliegern über die Grenzen zu senden – einzeln. Und jeder Lenkbare wird sein Dynamit auf die größeren Städte werfen und dort beispiellose Verheerungen anrichten. Man wird die Kasernen, Parlamentsgebäude und Paläste in erste Linie angreifen. Lassen sich Truppen irgendwo sehen, so werden sie gleich von einem Torpedohagel begrüßt werden.

Und da möchte ich wissen, wie es zu einer Landschlacht kommen soll. Die Landtruppen sind eben gänzlich überflüssig.

Natürlich – derartige Bombardements von oben werden einen Massenwahnsinn hervorbringen. Ich möchte wissen, wer dabei ruhig bleiben könnte. Die Totengräber werden sich weigern, verstümmelte menschliche Gliedmaßen zu sammeln. Und die Chirurgen werden auch von dem allgemeinen Wahnsinn gepackt werden und davonlaufen – so rasch sie können. Es ist überflüssig, das Entsetzliche solche Stadtbombardements auszumalen – das kann jeder selber besorgen. Das Scheußliche eines derartigen Krieges ist so einleuchtend, dass man gut täte, vorläufig nicht weiter darüber nachzudenken. Schon das Nachdenken über derartige Kriegskünste kann eine heftige Nervenerkrankung zur Folge haben.

Eine Landschlacht aber ist ganz unmöglich – das Dynamit von oben arbeitet so schnell, dass das Landheer gar nicht zur Entwicklung gelangt.

Die Ballonabwehrkanonen werden den Ballons nicht vielen Schaden bereiten. Außerdem können sie nicht überall sein. Und es kommt auch nicht darauf an, wenn einige Luftschiffe bei dieser Kampfesart zugrunde gehen. Wie schwer es ist, einen Ballon zu treffen, hat man ja jetzt überall eingesehen. Dazu kommt, dass die Ballons in der Nacht schlechterdings oben unsichtbar bleiben. Die Grenzen durch Drahtwände zu schützen, geht ebenfalls nicht. Und so viele Scheinwerfer, um in der Nacht den ganzen Himmel zu erhellen, kann man auch nicht funktionieren lassen.

Nun wird man natürlich auf die Beschlüsse der Haager Konferenz hinweisen. Die Konferenz will den Völkern verbieten, Sprengstoffe vom Luftballon aus in Kriegszeiten herunterzuwerfen.

Die Völker werden sich um diese Beschlüsse nicht viel kümmern – dazu verwenden die Staaten nicht unzählige Millionen für die Luftschifffahrt, um schließlich die neuen Kriegsinstrumente bescheiden in die Ecke zu stellen. Das Lächerliche dieser Handlungsweise wäre denn doch zu auffällig.

Allerdings – um die Landheere, Festungen und Seeflotten zu retten, kommen die Militaristen auf ganz abenteuerliche Ideen. So sagte der schon oben erwähnte englische Oberst S. A. Cody, der sonst ganz Vortreffliches über den Luftmilitarismus vorbringt, auch das Folgende: »Es besteht die Möglichkeit eines Vertrages zwischen den größeren Mächten, durch den sie sich verpflichten, von Maschinen zur Fortbewegung im Luftmeer in Kriegszeiten keinen Gebrauch zu machen. Es ist wohl denkbar, dass man zu diesem Schluss kommt, denn man kann sich nichts Fürchterlicheres vorstellen, als das Bild einer Kriegsführung, bei der die Kampfeswerkzeuge der Luft ihre tödliche Rolle spielen. Wenn keine Stellung mehr verschleiert, keine Angriffslinie ein Geheimnis, keine Festung mehr vor den spähenden Augen des Feindes sicher ist, müssen die Folgen für beide Parteien unbeschreiblich sein.«

Da haben wirs: Erst sollen die Luftschiffe für den Luftmilitarismus hergestellt werden, und nachher soll man sich ihrer nur *im Frieden* bedienen – bei Paraden und Manövern.

Die Völker, die den Luftmilitarismus *auch* bezahlen sollen, werden ein schönes Gesicht schneiden, wenn ihnen von diesem Parade- und Manöver-Militarismus berichtet wird.

Außerdem macht man die Rechnung ohne die rabiateren, außereuropäischen Staaten – bei den Japanern z. B. wird man den Dynamitkrieg keineswegs für undurchführbar halten. Dem Japaner ist das Dynamit ans Herz gewachsen ...

Ich glaube, dass jeder Freund der Logik nach dem Gesagten mit mir der Meinung sein wird, dass eine Landschlacht, wenn erst Luftflotten da sind, einfach ein Unding ist.

2. Die Unmöglichkeit eines Festungskrieges unter Mitwirkung von Luftflotten.

Die Rolle, die die Festungen zu spielen haben, wenn Luftflotten mitwirken, ist eine ganz eigentümliche. Ich bin nämlich der Meinung, dass sich die Luftflotten gar nicht um die Festungen bekümmern werden. Diese sind doch in erster Reihe dazu da, das Vordringen der feindlichen Armee zu hindern.

Wenn man aber oben in der Luft ganz frei durch kann, so braucht man doch die Festungen nicht weiter zu berücksichtigen; der Feind wird doch am meisten geschädigt, wenn seine großen Städte ruiniert werden. Das können aber die Festungen gar nicht verhindern. Und deshalb sind sie überflüssig – sie können zu friedlichen Zwecken verwandt werden.

Natürlich – viele Soldaten können sich in den Festungen verbergen. Aber wenn sie rauskommen, sind sie den Lufttorpedos ausgesetzt. Sie dürften also nicht herauskommen.

Nun liegt es aber klar auf der Hand, dass Soldaten, die zu Kriegszeiten sich gar nicht zeigen dürfen, eigentlich mehr als überflüssig sind.

Und somit ist ein Festungskrieg beim besten Willen gar nicht denkbar, wenn Luftflotten auf beiden Seiten da sind.

Alle schweren Festungsgeschütze sind auch ganz überflüssig, da sie gar keine Gelegenheit haben dürften, in Funktion zu treten.

Wer das bestreiten will, möge mir in klarer Form auseinandersetzen, welche Aufgabe den Festungen im Luftdynamikkriege zufällt. Nach meiner Meinung – gar keine Aufgabe; man lässt sie einfach links liegen und kümmert sich nur dann um sie, wenn aus ihnen Soldaten herauskommen. *Die* werden verfolgt, aber die Festungen können ruhig liegen bleiben, wo sie gerade liegen.

3. Die Unmöglichkeit einer Seeschlacht unter Mitwirkung von Luftflotten.

Der Kriegsminister Haldane sprach im englischen Unterhause auch über die Luftschifffahrt und meinte, dass für die Zwecke der *Marine* beim gegenwärtigen Stande der Wissenschaft wohl nur das starre System von wirklichem Werte sei. Wie sich der Kriegsminister diese Verwertung dachte, erfuhr man nicht. Ich hatte das Gefühl, dass er etwas verschweigen wollte. Den Drachenballon, der als Beobachtungsmittel schon bekannt ist und das Herannahen von Unterseebooten signalisieren kann, ließ der Kriegsminister ganz unberücksichtigt. Was wollte er mit dem starren System? Wenn dieses infrage kommt, kann es nur zum Auswerfen von Dynamitbomben in Betracht kommen, und das wagte er Anfang August 1909 noch nicht zu sagen. Das ist durchaus verständlich und spricht für die Humanität der höheren Offiziere; man will auch nicht mit Anarchisten und Nihilisten auf dieselbe Stufe gestellt werden.

Aber die Entwicklung des Luftmilitarismus geht ihren konsequenten Weg, ohne auf Humanität und Standesgefühl Rücksicht zu nehmen. Diese Entwicklung *zwingt* zum Dynamitkrieg. Und darum konnte ich schon am 6. September 1909 im Berliner Tageblatt bei Erörterung der Luftschifffahrt in der Marine lesen: »In Zukunft wird auch das *Abwerfen von Sprengmunition* auf feindliche Schiffe infrage kommen, sodass auch hier der Kampf in andere Bahnen, ähnlich wie beim Landkrieg, gelenkt werden muss und zum mindesten *den moralischen Eindruck stark erhöhen wird.*«

Der Verfasser nennt seinen Namen nicht, aber er wagt es doch, den Kern der Frage bloßzulegen – das hat mich herzlich gefreut. Über den »moralischen« Eindruck war ich allerdings erstaunt – das Wort gebraucht man erst, wenn etwas »peinlich« ist. Sollten sich die Luftmilitärs moralisch gehoben fühlen, wenn sie mit ein paar Dynamitbomben ein paar Tausend Feinde ins Jenseits beförderten? Nun – ich werde mich nicht wundern, wenn man demnächst vom »heiligen« Dynamit spricht…

Doch zur Sache! Wenns auch schwer fällt!

Der Luftmilitarismus ist ohne Dynamit nicht denkbar. Haben wir erst Luftflotten, die auch längere Zeit über dem Meere bleiben können, so kann jede Seeflotte von einer Luftflotte in ein paar Stunden in den Grund gesprengt werden. Die Luftschiffe greifen eben einzeln – womöglich des Nachts – umgeben von sehr vielen Gleitfliegern die Seeflotte von allen Seiten an und senden ihre von drahtloser Telegrafie gelenkten unbemannten Gleitflieger mit Torpedos den Schiffen in die Flanken. Dagegen kann sich die Seeflotte kaum wehren – die Ballonabwehrkanonen werden immer nur wenig ausrichten.

Es wäre ja wohl denkbar, dass sich die Schiffe auch oben durch Drahtnetze zu schützen versuchten – doch selbst dieser Drahtnetzschutz ist von Torpedos in jedem Falle sehr leicht zu zerstören.

Die Seeschlacht ist somit, wenn Luftflotten mitwirken können, ein Unding.

Und der Wert einer Seeflotte ist deshalb den Luftschiffen gegenüber gleich null.

Die Seeflotten rechnen im Zukunftsdynamitkrieg nicht mehr mit, sind demnach als Kriegsinstrumente nicht mehr brauchbar und können baldigst aufgelöst werden.

Es ist selbstverständlich, dass darüber ein Sturm der Entrüstung losbrechen wird. Aber das wird nicht viel helfen. Die Engländer sind ganz besonders zu bedauern. Aber – die Entwicklung des Luftmilitarismus *zwingt* eben zur Auflösung der Seeflotten, man mag dagegen sagen, was man will. Behält man sie, so werden nur sehr viele Menschenleben nutzlos geopfert, da es einfach unmöglich ist, die Seeschiffe gegen die tadellos treffenden Lufttorpedos zu schützen.

Das muss schon jetzt gesagt werden – und zwar mit energischer Betonung – und es muss immer wieder wiederholt werden, damit die überflüssigen Ausgaben für die europäischen Meeresflotten baldigst eingeschränkt – und dann gänzlich eingestellt werden können.

4. Die Infanterie im Luftkriege.

Der neue Kriegsminister [Josias] von Heeringen hat gesagt: »Wenn für das Luftschiffwesen besonders große Aufwendungen gemacht werden sollten, so würde dies dafür eine Einschränkung auf anderen Gebieten der Militärverwaltung zur notwendigen Folge haben, *was natürlich nicht angeht.*«

Was natürlich nicht angeht!

Ich möchte diesem Satze nichts hinzufügen.

Aber – die Entwicklung des Luftmilitarismus ist leider nicht mehr zu hemmen; die Einschränkung auf anderen Gebieten der Militärverwaltung wird trotz der Äußerung des Kriegsministers in der allernächsten Zukunft vor sich gehen – besonders auch in der Infanterie, die im Luftkriege eine *gänzlich* überflüssige Rolle spielen würde.

Zum Angriff ist die Infanterie ganz bestimmt nicht zu gebrauchen, denn die Schiffe der Luftflotte sind Hundert Mal schneller und haben schon unsäglich viel zerstört, bevor die Infanterie zur Sammlung kommt. Auf dem Marsche und im Eisenbahnwagen ist die Infanterie ständig den Lufttorpedos preisgegeben – sie kann sich kaum wehren, denn die Kugeln der Gewehre tun ja den Ballons keinen Schaden, und Gleitflieger sind so zahlreich, dass ein paar runterfallende nichts bedeuten.

Außerdem wird man giftige Gasbomben zur Bekämpfung der Infanterie verwenden. Und dann müssen wir es auch als feststehend betrachten, dass die Gleitflieger bald sehr hoch fliegen werden.

Zur Verteidigung ist die Infanterie auch nicht zu gebrauchen – was sollen sie denn verteidigen? Die festen Punkte – die Festungen – haben ja keinen Wert, da sie ja den »fliegenden« Feind nicht im Vorwärtsdringen hindern. Und die Städte können durch Infanterie gegen Luftschiffe schlechterdings nicht geschützt werden. Somit ist die übermäßig große Zahl von Fußtruppen im Luftkriege nur eine überflüssige Last, der gar keine militärischen Aufgaben zuteilwerden.

Die Infanterie ist deswegen schon jetzt erheblich zu verringern, wodurch große Ersparnisse erzielt werden, die für die Luftflotte Verwendung finden können.

Dass die einzelnen Luftschiffe gegen feindliche Angriffe mithilfe feindlicher Luftschiffe geschützt werden müssen, das versteht sich von selbst – dafür müssen aber Gleitfliegertruppen ausgebildet werden – Infanterie nützt *gar nichts.*

Auch dieses muss immer wieder wiederholt werden; die Militärschriftsteller werden sich alle erdenkliche Mühe geben, die Notwendigkeit der Infanterie auch im Luftkriege zu beweisen. Der Beweis wird ihnen aber nicht gelingen, und mit kecken »Behauptungen« werden sie nur erreichen, dass man ihnen jede Autorität abspricht und ihr »fachmännisches« Urteil für minderwertig erklärt. Es ist sehr schwer, sich vor der Öffentlichkeit die Würde einer Autorität zu bewahren; nur sachliche Begründungen haben eine Wucht – der Witz vermag gewöhnlich auch nicht viel beim großen Publikum...

5. Die Artillerie im Luftkriege.

Da die Schusswaffen als Kriegsinstrumente durch die lenkbaren Luftschiffe ihre Bedeutung vollkommen verloren haben, so wird man auch die Kanonen als beinahe wertlos bezeichnen müssen; sie kämen nur dann in Betracht, wenn man mit ihnen den Luftschiffen und Gleitfliegern gefährlich werden könnte. Die Ballonabwehrkanonen haben aber gezeigt, dass es *sehr* schwer ist, einen fliegenden Ballon zu treffen – der wird auch immer so schnell sein Dynamit runterwerfen, dass die Abwehrkanonen selten rechtzeitig eingreifen dürften.

Es müssten sehr viele Abwehrkanonen hergestellt werden, um ein Land zu schützen, da ja die Kanonen nicht so schnell dorthin befördert werden können, wo sie grade nötig sind. Nachts können sie natürlich nichts ausrichten.

Es fragt sich sehr, ob es sich lohnen wird, viele Abwehrkanonen herzustellen. Das ist doch eine sehr kostspielige Sache – Gleitflieger zur Bekämpfung der Ballons sind viel billiger – auch wenn Tausende davon nötig wären.

Die Artillerie hätte immerhin eine allerdings beschränkte »Existenzberechtigung«. Ob sie praktisch von großem Werte sein könnte, lässt sich nicht so leicht entscheiden. Es ist sehr möglich, dass die Entwicklung des Luftmilitarismus auch dahin führt, die Abwehrkanonen für unpraktisch zu erklären.

Jedenfalls sind die bislang gebräuchlichen Kanonen im Luftkriege bedeutungslos – das muss ebenfalls immer wieder betont werden, damit nicht noch weitere unnütze Ausgaben für veraltete militärische Einrichtungen entstehen.

6. Die Kavallerie im Luftkriege.

Die Reiterei ist bereits heute ohne den geringsten Wert. Dieser Erkenntnis werden sich die denkenden Militaristen »bald« nicht mehr verschließen. Allerdings – es geht langsam mit der Erkenntnis. Schon der Fesselballon war zu Aufklärungszwecken so vorzüglich, dass die Reiterei überflüssig erschien. Nach Einführung der Lenkbaren aber weiß man wirklich nicht mehr, wozu die Reiter da sein sollen.

Es gab einmal eine Zeit, in der man viel davon sprach, wie viel eine Schlacht durch einen Reiterangriff gewinnt: Gleich wird eine neue Situation geschaffen, die Attacke bringt Verwirrung hervor usw. usw.

Heute brauchen wir von diesen schönen Auseinandersetzungen nicht mehr Notiz zu nehmen. Der Luftkrieg entwickelt sich ein wenig rascher als der alte Krieg mit Kanonen und Reiterei.

Ob aber die Militaristen »bald« die Nutzlosigkeit der Pferde einsehen werden?

Man muss das leider bezweifeln. Der militärische Mitarbeiter, der, ohne seinen Namen zu nennen, für das Berliner Tageblatt schreibt, sagt wörtlich: »Die Leistungen einer günstigen Ballonbeobachtung im Verhältnis zu den eingehenden Meldungen der Kavallerie sind derartig, dass eben der Erkunder im Ballon das Gesamtbild des Gefechtes sieht und dem Führer in kurzer Zeit einen entsprechenden zusammenhängenden Bericht erstatten kann, während die Kavallerie nur Gefechtsstreifen, unzusammenhängend, nacheinander und womöglich noch verspätet melden kann. *Immerhin wird die Kavallerie stets noch unser wichtigstes Aufklärungsorgan bleiben müssen, auch wenn die Vorteile der Ballons noch so große sind.*«

Ich verstehe nicht, wie man es fertig bringen kann, derartig unlogische Sätze zu schreiben. Wenn der Ballon besser zur Aufklärung ist als die Reiterei, so kann diese doch nicht das wichtigste Aufklärungsorgan *bleiben*.

Ich nehme zugunsten des Verfassers an, dass er sehr wohl weiß, dass die Reiterei *heute* schon total wertlos ist – dass er das aber nicht sagen will, um sich nicht in Ungelegenheiten zu bringen.

In dem Tone darf es aber nicht so einfach weitergehen. Das geht nicht. Die Militärschriftsteller verlieren ihr Renommee, wenn sie Dinge sagen, die jeder Laie als falsch bezeichnen muss. Wenn die Herren für Zeitungen schreiben, so schreiben sie eben auch für Laien. Und diese Laien *bezahlen* den Militarismus durch ihre Steuern. Die Laien haben somit eine Berechtigung, sich danach zu erkundigen, ob ihr Geld nutzlos zum Fenster hinausgeworfen wird. Das geschieht aber, wenn man die Reiterei nicht abschafft.

Die Pferde kosten mehr als die Menschen. Und wenn man auch die Pferde für die schönsten Tiere der Erde halten muss – ich halte sie sogar für köstlicher als die Menschen –, so darf man doch dieser köstlichen Pferdekörperformen wegen nicht unzählige Millionen opfern – es genügt doch, wenn wir Rennpferde und Zirkuspferde haben.

Wenn die europäischen Staaten die Kavallerie abschaffen, so braucht nicht mehr so viel Hafer angepflanzt zu werden – auch viele Wiesen sind dann nicht mehr nötig – können für den Ackerbau da sein – die sozialen Verhältnisse werden ganz erheblich gebessert, wenn die Kavallerieregimenter verschwinden. Bebel schrieb ein Buch »Die Frau und der Sozialismus« – er sollte demnächst auch ein Buch schreiben: »Das Pferd und der Sozialismus«. Mit Vergnügen würde ich in dem Buche lesen ...

7. Die gänzlich nutzlosen Unterseeboote.

Die Unterseeboote sind von der Ballongondel aus heute schon sehr leicht zu entdecken – auch wenn sie unter dem Wasser fahren.

Aber – auch wenn sie nicht zu entdecken wären, so wären sie doch nutzlos, da man ja, wenn Luftflotten da sind, keine Seeflotten mehr zu beschützen oder anzugreifen hat.

Man kann somit fragen: Was sollen die Unterseeboote während eines Luftkrieges? Sollen sie Kauffahrteischiffe [Handelsschiffe] und Personendampfer in Grund und Boden rennen? Wenn das geschehen soll, so besorgen das die Lenkbaren und Gleitflieger mit ihren Lufttorpedos viel schneller und sicherer.

Man kann also den Bau von Unterseebooten *gleichfalls* unterlassen. Als Kriegsinstrument gehören sie zum alten Eisen.

Leider muss ich gestehen, dass man das nicht wird einsehen *wollen*. Es wäre nötig, in agitatorischer Form immer wieder die Nutzlosigkeit der Unterseeboote den Kriegsverwaltungen so lange vorzupredigen, bis die Sache zum allgemeinen Gesprächsstoff wird. Die Franzosen müssten ganz besonders darauf aufmerksam gemacht werden. Die Sache müsste im französischen Parlament zur Sprache kommen, damit auch der französische Steuerzahler erfährt, dass das Geld für die teuren Unterseeboote ganz nutzlos vergeudet wird ...

8. Die Verwertung der Festungen und Kriegsschiffe im Dienste der friedlichen Kulturentwicklung.

Bei diesen außerordentlich kriegerischen Betrachtungen muss ich mir aber eine kleine Erholung gönnen. Und der Leser wird wohl auch ein wenig aufatmen, wenn jetzt ein paar friedliche Zeilen kommen. Man kann nicht immerzu vom Kriege reden, sonst vergisst man schließlich, dass der Mensch noch zu andern Dingen und nicht nur zu Kriegszwecken da ist.

Da die Festungen nun veraltet sind, empfiehlt es sich, über ihre Verwertung nachzudenken. Ich bin nicht für Umreißen der Festungsanlagen – sie stellen eine vorzügliche Terrainarchitektur dar. Durch Terrassen und große Treppenanlagen lassen sich die Festungen leicht in imposante Baulichkeiten umwandeln, wenn man sie durch herrliche Staatsgebäude krönt. Es ist aber nicht nötig, auf *allen* Festungsanlagen Staatsgebäude zu errichten – man kann auch prächtige Restaurants und Hotels auf ihnen erbauen – und man kann sie auch in einen Stadtpark verwandeln und die glatten, schrägen Rasenflächen durch Blumenbeete ornamental beleben.

Ich glaube, dass die Architekten diese Anregung freudig begrüßen werden.

Ob die Kriegsschiffe sämtlich als Personendampfer zu verwerten sind? Fast möchte ichs glauben. Selbst die Torpedoboote würden doch wohl als Personendampfer viele Freunde finden.

Jede noch so böse Sache hat eben auch ihre gute Seite – Festungen und Kriegsschiffe im Dienste der friedlichen Kultur sind doch immerhin erfreuliche Dinge, die wir nicht als solche begrüßen könnten, wenn die Militaristen der Vergangenheit nicht daran gearbeitet hätten.

9. Kanonen, Pferde, Flinten, Säbel, Uniformen und die Kriegsmuseen der Zukunft.

Wenn man müde wird, beschäftigt man sich mit Dingen, die bei nüchterner Betrachtung sehr gleichgültig erscheinen. Und so ist es gekommen, dass ich mir auch über die Zukunft der überflüssigen Kanonen den Kopf zerbrochen habe. Was soll man mit diesen höchst kostspieligen und höchst überflüssigen Gegenständen anfangen? Bei Volksfesten würden sie vielleicht zum Abschießen von Freudenschüssen vom Janhagel [Pöbel] mit großem Hallo empfangen werden. Aber was geht uns der Janhagel an?

Ich möchte nicht sagen, was ich weiter über die Kanonen gedacht habe. Diese Flugschrift soll ja nicht ein Witzblatt sein. Anfänglich wollte ich die ganze Militaristentragödie in einem neu zu begründenden Witzblatt »bearbeiten«. Aber – mir ist bei eingehender Beschäftigung mit dem fatalen Ge-

genstande der Humor ausgegangen – ich sehe zumeist nur noch alles schwarz – und vermag helle, erfreuliche Stellen in diesem »Kulturgemälde« nicht oft zu entdecken. Die Dynamitspässe kommen mir einfach peinlich vor.

Mit den schönen überflüssigen Pferden wird man leider nicht viele Umstände machen. Das tut mir herzlich leid, denn ich liebe die Pferde. Auch mein lieber Urgroßvater Jonathan Swift liebte die Pferde.

Indessen – die Flinten sind für den Jäger – die Flinten sind nicht überflüssig.

Die meisten Säbel und die meisten Uniformen werden wohl in den Kriegsmuseen der Zukunft aufbewahrt werden – zum Andenken an die gute alte Zeit, in der man sich noch so freundlich nur mit Pulver und Blei ins Jenseits beförderte. Die Dynamit-Zukunft ist leider, leider nicht so harmlos wie die gute alte Pulverzeit...

10. Der Militaristenkongress und die Umrüstung.

Es müsste in allernächster Zeit ein europäischer oder internationaler Militaristenkongress arrangiert werden. Ob er in Berlin, Paris oder in der Schweiz zusammenkommt, ist gänzlich gleichgültig. Nur lasse man gefälligst Holland und die Haager Konferenz aus dem Spiel. Es handelt sich keineswegs um eine Friedensangelegenheit. Es handelt sich um die Verschärfung der Kriegsinstrumente und um Auflösung der veralteten Militärformationen.

Nur nicht von Frieden reden! Das hat gar keinen Zweck. Die *Um*rüstung ist zu erörtern, nicht die *Ab*rüstung.

Und die Parlamente der verschiedenen Regierungen haben dafür zu sorgen, dass der Kongress *bald* zustande kommt. Wenn sich überall der Luftmilitarismus mit unheimlicher Geschwindigkeit entwickelt, so können daneben doch nicht die veralteten Einrichtungen bestehen bleiben.

Nur die Militaristen können erklären, in welcher Art die Auflösung der veralteten Organisationen zu erfolgen hat. Die Verhandlungen des Militaristen-Kongresses müssen ganz öffentlich sein, und der stenografische Bericht muss jedem Steuerzahler zugänglich sein, damit er sich klar darüber werden kann, ob die Militaristen im Ernst an die Umrüstung herangehen oder nicht.

11. Das Ende des Antimilitarismus.

Der Antimilitarismus hat mit allen seinen humanen Reden nichts ausgerichtet. Die Entwicklung ist eben stärker als das Gerede der Menschen. Und das sollten die Kriegsfeinde jetzt ganz besonders fest im Auge behalten, da ihnen die Entwicklung des Luftmilitarismus allmählich klar werden dürfte.

Sie habens gar nicht mehr nötig, gegen den Krieg zu eifern; die lenkbaren Luftvehikel haben mehr für die Friedensideen getan als alle Antimilitaristen zusammen. Der Antimilitarismus hat gar keine Existenz-Berechtigung mehr; sein Ende ist da, das sollten die Friedensfreunde recht bald einsehen. Ihre Bemühungen sind ganz nutzlos. Man kann alles ruhig der Entwicklung des Luftmilitarismus überlassen; der wird uns Dynamitkriege bescheren, und die werden derart wirken, dass man auf allen Seiten vor den Kriegen Angst bekommen wird.

Man sollte deswegen auch nicht mit billigen Witzen den »veralteten« Militarismus überschütten. Die Militaristen sind in einer so bedauernswerten Verlegenheit, dass man *nicht* spotten sollte. Es ist ja freilich sehr lächerlich, dass für die Landheere, Festungen und Seeflotten so viele, viele Milliarden einfach nutzlos weggeworfen sind – aber warum darüber jetzt spotten, da alles sehr bald anders werden muss? Einen tödlich getroffenen Feind bearbeitet man nicht zum Schlusse noch mit Faustschlägen. Das ist unfein. Und darum sind alle Militärverhöhnungen jetzt, da die Umrüstung vor der Tür steht, auch nur unfein und nicht vereinbar mit einer noblen Gesinnung. Ich möchte wünschen, dass man diese meine Worte nicht vergisst.

12. Die Luftflotten im Kampfe gegeneinander.

Man hört und liest öfters, dass man sich über die weitere Entwicklung des Luftmilitarismus heute noch keine klaren Vorstellungen machen kann. Jawohl – wenn man zu faul ist, darüber nachzudenken, so wird einem alles sehr unklar bleiben. Man kann aber darüber nachdenken, und dann kommt man rasch zu Resultaten. Lächerlich wäre es, wenn mehrere Luftschiffe neben- oder hintereinander ins feindliche Land hineinfahren wollten. Nein – sie müssen *einzeln* von allen Seiten kommen – umgeben von vielen Gleitfliegern, die die Gleitflieger des Feindes anzugreifen haben oder deren Luftballons. Sodann besteht aber die ganze Zukunftskriegskunst nur im Dynamitauswerfen und im Absenden der lenkbaren Torpedos. Selbstverständlich ruiniert man zuerst die großen Städte des Feindes.

Bei derartiger Kriegführung kann natürlich der kleinste Staat auch dem allergrößten sehr gefährlich werden. Fällt es den Serben mal ein, die Österreicher anzugreifen, so brauchen sie nur drei Lenkbare mit 300 Zentner Dynamit nach Wien schicken – dort werden die 300 Zentner nachts ausgeworfen – und Wien ist ein Trümmerhaufen; der Stephansturm wird nicht stehen bleiben.

Das Allerschlimmste bei diesen Dynamitkriegen ist aber das Folgende: Die Ballons werden ganz bestimmt nicht die Nationalfarben zeigen, die

Uniformierung wird man unterlassen – und so wird man niemals schnell feststellen können, ob ein feindliches oder ein dem eigenen Staate gehöriges Luftvehikel ankommt.

Signale wird ja jeder Staat verabreden – aber nachts und bei schlechtem Wetter sind sie nicht leicht bemerkbar zu machen. Und – es ist doch sehr leicht möglich, dass der Feind die Signale kennenlernt. Hier geht vieles gegen das Völkerrecht. Aber – die Führer in einem Dynamitkriege, der doch das Brutalste in der ganzen Welt ist, sollten Rücksichten auf das Völkerrecht nehmen? Das wäre lächerlich. Die brutalen Naturen pfeifen auf das Völkerrecht in allen Tonarten.

13. Dynamitkrieg und Revolution.

Der Oberst S. A. Cody schreibt: »Es liegt etwas unbeschreiblich Seltsames und zugleich Belustigendes in der Wahrnehmung, wie die auf der Erde Wandelnden völlig unvermögend sind, etwas gegen die schwebenden Riesenvögel zu unternehmen, die über ihren Häuptern ihre Kreise ziehen. Man muss einmal die Erregung durchgemacht haben, eine mit Mannschaften besetzte Flugmaschine über seinem Haupt hinziehen zu sehen, um innerlich zu fühlen, wie groß die Macht des die Luft beherrschenden Fliegers ist. Er hält Leben und Tod in seiner Hand, und die unter ihm sind ganz und gar in seine Gewalt gegeben.

Diese Vorstellung legt auch den Gedanken nahe, was der Flugapparat einmal den Anarchisten, Nihilisten und anderen Menschen dieser Art bedeuten kann. Die Luchsaugen der Polizei mögen unaufhörlich auf das Treiben dieser Gruppen gerichtet sein, wer aber will sie überwachen, wenn sie ihre tödlichen Geschosse aus den Höhen schleudern, die bald mit Flugmaschinen erreichbar sein werden?«

Diese Zeilen beleuchten das Verhältnis des Dynamitkrieges zur Revolution in vollkommener Weise. Ich finde nur nichts Belustigendes darin – ganz im Gegenteil! Diese vollständige Wehrlosigkeit frechen Kulturvernichtern gegenüber erscheint mir das Entsetzlichste in der ganzen Menschheitsgeschichte zu sein. Ich erkläre feierlich, dass mir durch die Erkenntnis dieser ungeheuerlichen Möglichkeiten tatsächlich der Humor vergangen ist. Ich verstehe es einfach nicht, wie man dabei noch etwas Belustigendes finden kann – diese Ohnmacht des Menschen Verbrechern gegenüber ist beschämend und entsetzlich zugleich. Alles – was der Mensch geschaffen hat, kann von Menschenhänden kurz und klein geschlagen werden – in ein paar Sekunden. Diese Erkenntnis kann uns schwermütig machen. Das ist die böse Kehrseite der glänzenden Erfindung, die man »Eroberung der Luft« genannt hat.

14. Luftschifffahrt und Jubelfeste.

Jubelfeste!

Nach dem soeben Gesagten brauche ich wohl kaum hinzufügen, dass wir eigentlich wenig Veranlassung haben, den Lenkbaren in der Luft mit Begeisterung zuzujubeln. Freilich – die Auflösung des veralteten Pulver- und Blei-Militarismus wird den Menschen den größten Teil der Militärlasten abnehmen – aber dafür kommt ein anderes Leiden: Dynamitkrieg und Revolution von oben!

Man sollte vorsichtiger mit dem Festefeiern sein. Dem oberflächlichen Blick kommt alles so nett vor – und nachher bemerkt man, dass im Kern der Sache ein fürchterliches Gift steckt.

Das ist nicht belustigend.

15. Frankreich, Deutschland und die vereinigten Staaten von Europa.

An den großen Völkerfrieden glaube ich nicht. Wohl aber glaube ich daran, dass man in Europa Frieden herstellen kann. Und man wird es tun, denn ein Dynamitkrieg zwischen europäischen Kulturnationen sieht wie ein Völkerverbrechen aus. Es ist einfach haarsträubend, wenn man sich die Wirkungen eines solchen Krieges ausmalt. Und es ist ekelerregend. Das werden auch ganz sicherlich die meisten europäischen Offiziere empfinden und ganz einfach erklären, dass sie bei derartigem Kriegsspiel nicht dabei sein wollen. Man wird plötzlich das ganze Kriegshandwerk verabscheuen – davon bin ich fest überzeugt.

Aber leider wird auch durch diesen Abscheu die Möglichkeit eines Krieges noch nicht aus der Welt geschafft – leider!

Die außereuropäischen Staaten sind zumeist nicht so zartbesaitet, um alles Kriegerische so ohne Weiteres an den Nagel zu hängen. Und darum hat sich Europa seiner Haut zu wehren. Wenn sich Frankreich und Deutschland in militärischer Beziehung vereinen, so werden die anderen Staaten bald diesem Waffenbunde beitreten. Die kleineren Staaten kann man sogar dazu zwingen. Die vereinigten Staaten von Europa bildeten Jahrhunderte hindurch eine viel belächelte Utopie. Dem Dynamitkriege gegenüber bekommt diese Utopie einen durchaus realisierbaren Boden – dem die lächerliche Seite bald fehlen wird.

16. Die Entlastung der Militärverwaltungen durch die Luftfahrzeuge der Privatleute.

Es ist übrigens ein großer Irrtum, wenn man sich die Luftflotten so denkt wie die Seeflotten. Auf dem Meere konnte man tatsächlich nicht aus jedem Personendampfer gleich einen Kriegsdampfer machen.

Anders aber ist es in der Luft. Da ist jedes Privatluftschiff ohne Weiteres in ein Kriegsluftschiff zu verwandeln; man braucht ja nur Dynamit raufzupacken.

Die Luftfahrzeuge der Privatleute sind somit im Luftkriege ohne Schwierigkeiten zu verwenden.

Dadurch werden die Militärverwaltungen ganz erheblich entlastet. Und die Steuerzahler können sich vergnügt die Hände reiben; man wird ihnen sehr bald die Lebensmittel billiger machen.

* * *

Quelle: Paul Scheerbart, Die Entwicklung des Luftmilitarismus und die Auflösung der Europäischen Land-Heere, Festungen und Seeflotten. Eine Flugschrift. Oesterheld & Co. Verlag, Berlin 1909.

Bertha von Suttner
Die Barbarisierung der Luft

Bis zu ihrem Ableben warnte sie unermüdlich vor den Gefahren eines weltweiten Vernichtungskrieges. Die Grande Dame der pazifistischen Bewegung, Bertha Sophia Felicita Baronin von Suttner (1843–1914), hatte trotz ihrer adeligen Herkunft lebenslang mit finanziellen Abstürzen und mit wirtschaftlichen Problemen zu kämpfen. Ihre Situation verbesserte sich mit der Aufnahme ihrer journalistischen und schriftstellerischen Tätigkeit Ende der 1870er Jahre. Auf die internationale Friedensbewegung aufmerksam geworden, begann sie sich der Sache des Antimilitarismus anzunehmen. 1889 veröffentlichte sie ihren Roman »Die Waffen nieder!«, der sie fast schlagartig zu einer der prominentesten Friedensforscherinnen machte. Das Buch erschien in zahlreichen Auflagen und wurde in ein Dutzend Sprachen übersetzt. In der Folge engagierte sich Suttner bei der Gründung wichtiger Friedensgesellschaften und begann auch international leitende Funktionen zu übernehmen. Ihre Vortragsreisen führten sie rund um den Erdball, 1905 erhielt sie als erste weibliche Person den Friedensnobelpreis. Nachdem sie sich bereits 1888 kritisch mit dem »Maschinenzeitalter« befasst hatte, erschien 1912 ihre Schrift die »Barbarisierung der Luft«, in der sie die verheerenden Folgen des modernen Luftkrieges anprangerte. Tatsächlich sollte die Ausweitung des Krieges in den Luftraum eine der zentralen Neuerungen zwischen 1914 und 1918 darstellen.

Vor fünfzehn, zwanzig Jahren wandten sich die mittellosen Erfinder, die sich mit Plänen zur Konstruktion von lenkbaren Ballons oder Flugmaschinen herumtrugen, an die Führer der Friedensbewegung. Helft uns, sagten sie, die Luft zu erobern, und der Krieg ist überwunden. Die Gründe, die sie anführten, waren ungefähr folgende: Die trennenden Grenzen wären verwischt, denn in der Luft lassen sich weder Barrieren, noch Zollschranken, noch Grenzfestungen aufrichten, der erleichterte und zehnfach beschleunigte Verkehr würde die Völker einander noch näher bringen, als dies schon jetzt durch Eisenbahn und Dampfschiffe geschieht, und durch die Annäherung würden die Feindschaften schwinden, und durch den Jubel überhaupt, den eine solche herrliche Errungenschaft in den Gemütern erweckte, würden die Menschen über ihre kleinlichen Hass- und Neidgefühle hinausgehoben werden.

Diese Argumente leuchteten den Pazifisten vollständig ein, und gern hätten sie zu den Experimenten der Erfinder das nötige Geld geliefert. Bekanntlich sind aber die Friedenskassen leer; nur bei den Kriegsministerien ist finanzielle Förderung zu haben.

Was aber in der Theorie noch so klar, noch so logisch, noch so mathematisch sicher ist, was als unbestritten hingenommen werden kann, wie etwa der Satz $2 \times 2 = 4$ – in der Praxis verkehrt sich's plötzlich zum Gegenteil, und zwei mal zwei ergibt jede andere beliebige Zahl ebenso leicht als vier.

Jetzt ist die Luft erobert – wir können über alle Grenzen fliegen und in Höhen uns schwingen – und der Krieg besitzt nun eine neue Waffe mehr.

Und zwar eine Waffe, die von allen bis jetzt verwendeten sich als die teuflischste erweisen kann.

* * *

Schließlich behalten Logik und Mathematik doch recht. Zweimal zwei ergibt – wenn auch auf Umwegen – unfehlbar vier, und die Fliegekunst wird – auch wenn sie zum Kriege ausgenützt wird – den Krieg vernichten.

Auf welche Weise? Das soll später untersucht werden. Einstweilen sei hier ein gedrängter historischer Rückblick gemacht. Nicht etwa bis zu Ikarus zurück, sondern nur bis zur ersten Haager Friedenskonferenz.

Im Jahre 1899, als die Delegierten von 26 Nationen in Haag versammelt waren, um über Kriegsverhütung (leider aber auch über Kriegsführung) zu beraten, da wurde in Paris fleißig an dem Bau von Luftschiffen gearbeitet, an denen das Problem der *Lenkbarkeit* gelöst werden sollte. Gerüchte stiegen auf, dass die Lösung gelungen sei; dann hieß es wieder, dass die Versuche missglückten, worauf neuerliche Nachrichten von erreichten Erfolgen auftauchten. Ich erinnere mich, dass W. T. Stead in seiner täglich in einem Haager Blatt erscheinenden Konferenzchronik schrieb: »Die Franzosen sollten mit einem Lenkballon das «Haus im Busch», wo die Beratungen abgehalten werden, umkreisen, und dadurch würde mit einem Schlage bewiesen sein, dass man in Zukunft nicht mehr werde Krieg führen können.«

Die Konferenz befasste sich mit der Frage, und in die Konvention über den Kriegsbrauch wurde das Verbot aufgenommen, aus den Lüften Sprengstoffe herabzustreuen. Dauer dieses Vertrages: fünf Jahre.

Selbst die Amateure des Krieges mit allen erdenklichen Mitteln, die diese Einschränkung mit unterzeichnet haben, mochten denken: Mit der

Lenkbarkeit hat es noch gute Wege, in den nächsten fünf Jahren – wenn überhaupt – wird das Problem sicher noch nicht gelöst sein, also kann man ruhig unterschreiben.

Acht Jahre später, 1907, als die zweite Haager Konferenz tagte, besaß Frankreich schon eine Anzahl von Dirigeables, und in Deutschland triumphierte Zeppelin. Die fünfjährige Vertragsfrist war abgelaufen, und das Verbot wurde zwar erneuert, aber nicht ratifiziert.

So war denn das Bombardieren aus der Luft gestattet?

»Mein Gott«, lautete darauf die beschwichtigende Antwort (man kann sich gar nichts Beruhigenderes, Glättenderes, Öl-auf-die-Wogen-Gießenderes denken als die Versicherungen der militärischen Fachleute, wenn sie von ängstlichen Zivilmenschen um die Zukunftsergebnisse ihrer Vorkehrungen befragt werden), »mein Gott, die Luftschiffe werden ja nur zur Rekognoszierung verwendet werden, es gibt ja aus solchen Höhen und im Vorbeifliegen gar keine Möglichkeit des Zielens und Treffens – eher könnte man von einem Balkon des fünften Stockes auf eine auf dem Pflaster liegende Nickelmünze spucken, als von einem Ballon aus ein auf dem Erdboden oder der Wasserfläche befindliches Ziel beschießen. Nein, nein, von dem Schießen von oben können nur Laien faseln; nur zur Auskundschaftung werden die Lenkbaren dienen, da sind sie aber unschätzbar.«

Unschätzbar – für wen? Für uns oder für die andern? Dass die sogenannten Vorzüge und Vorteile der Kampfmittel sich immer gegenseitig aufheben und nur der beiderseitige größere Schaden bleibt, das wird bei den Anpreisungen der »verbesserten« Methoden und Werkzeuge stets vergessen.

Inzwischen kam aus Amerika die Kunde, dass dort die Gebrüder Wright fliegende Apparate – schwer als die Luft – konstruiert haben. Das wäre erst die richtige Eroberung der Höhen: Flugmaschinen. Aber welcher Traum, welche Utopie. Die Nachricht aus Amerika war offenbar Humbug. Oder, wenn wirklich ein paar klägliche Luftsprünge gelungen, wie weit war es da bis zu wirklichen Flügen, bis zur praktischen Verwendung der Aeroplane in Krieg und Frieden, – nach wie vielen Jahrzehnten (wenn überhaupt) würde man da etwas erreichen. Da hätte es wieder einmal »seine guten Wege...«.

Aber siehe da, mit einer rasenden Schnelligkeit verbreitet sich Aeronautik und Aviatik – der Eiffelturm wird umkreist, der Ärmelkanal wird überquert. Das war im Jahr 1909.

Kurze drei Jahre, und wo halten wir heute? In allen Ländern führen die Kriegsverwaltungen Lufttruppen ein. Selbst die Republik China hat in Wiener Neustadt für Militärzwecke Etrichmonoplane angekauft. Wo werden wir in zehn Jahren halten, wenn es in diesem Tempo weitergeht?

Auf eine solche Frage verweigern die Fachautoritäten die Antwort. Es handelt sich immer nur um die Aufgaben der gegenwärtigen Stunde. Der Nachbar hat *ein* Luftschiff, ergo muss ich auch eins bauen, der andere Nachbar hat zwei Aeroplane bestellt, also muss ich auch zwei oder womöglich drei haben. Mit dieser Rechnungsformel wird jede andere Erwägung und jede Voraussicht beiseitegeschoben.

Alle Argumentationen übrigens, ob Luftschiffe und Flugapparate als Angriffswaffe eingeführt werden sollen oder nicht, sind durch die Tatsachen überholt – die Waffe *ist* schon eingeführt. Die Italiener haben im tripolitanischen Kriege die erste »torpedine del cielo« gebraucht und fortan gehört das Bombenwerfen aus den Lüften zu den vorhandenen *Erfahrungen* und *Bräuchen* des Krieges infolgedessen zum Völkerrecht.

* * *

Vom Standpunkt der Kriegswissenschaft und der Kriegsphilosophie selber bedeutet die Eroberung der Luft eine gewaltige Umwälzung. Eine Zeit lang wird man versuchen, die alten Methoden, die alten Begriffe in dieses ganz neue Feld hinüberzunehmen, so spricht man jetzt z. B. schon vom Kampf um die »Herrschaft der Luft«. Schon die »sogenannte Herrschaft des Meeres« war ein aus dem Bereich der tatsächlichen Herrschaft über ein Stück Boden auf die unbezwinglichen Strecken des Ozeans übertragener Wahnbegriff, aber was es im endlosen Luftraum zu besitzen und zu beherrschen gebe, das wusste niemand zu sagen.

Das ganze System des Krieges – seine ganzen Spielregeln, könnte man sagen – sind auf folgenden Voraussetzungen aufgebaut: Die beiden Gegner ziehen einander an den Grenzen entgegen, trachten hinüberzukommen beziehungsweise den andern daran zu verhindern; suchen Positionen zu gewinnen, zu behaupten; marschieren womöglich bis zur Hauptstadt vor, und ist ihnen das gelungen, so diktieren sie den Frieden.

Zur Erschwerung dieses Spiels werden schon zu Friedenszeiten an den Grenzen Forts gebaut und der Boden unterminiert; weiter im Lande stehen noch mehr Festungen, die eine nach der andern genommen werden müssen, ehe vorgedrungen werden kann, und übrigens wird jedes Dorf, jeder Meier-, jeder Friedhof, wo man zusammenprallt, zum festen Platz gemacht.

Zur See wird dasselbe Spiel unterstützt, indem die Flotten zur Küste dringen, deren Überschreitung auch durch Außenforts und Seeminen erschwert wird. Und nun kommt die neue Streitkraft – die fliegende – hinzu. Da ist das Genzüberschreiten Spielerei. Durch die Festungen braucht man sich nicht lange aufhalten zu lassen. Nicht nur, dass man sie von oben herab mit ein paar Piroxinladungen zerstören kann – man lässt sie einfach links liegen.

Auf die Truppen im Aufmarsch und im Lager hagelt der Tod aus den Wolken; die Eisenbahnbrücken werden von oben zerstört, die Geschwader vernichtet – im Luftraum aber, in dem grenzenlosen, hindernislosen, gibt es keine zu gewinnenden Positionen, folglich kann es dort zu keiner Entscheidung kommen.

Wenn nun die Staaten unter all diesen neu geschaffenen Bedingungen nach wie vor mit allen schon eingeführten Waffengattungen in den Kampf ziehen wollen, so ist das, als ob sich zwei Schachspieler zum Brett setzten und erklärten: Wir wollen alle alten Spielregeln gelten lassen. Der Bauer macht immer nur einen Schritt, die Rössel springen wie zuvor; die Dame behält die höchste Macht, der König kann in sichere Rochadenecken zurückgehen, aber eine neue Regel fügen wir hinzu: Jeder von uns darf von oben etwas auf das Brett fallen lassen und sämtliche Figuren umwerfen. Eine hübsche Spielerei – dafür würden die Schachmeister sich bedanken.

Die Figuren bedanken sich schon lange.

* * *

[…]

Ja: verhindert sollte werden. Indessen, was geschieht? Es wird vorbereitet. Zwar stehen wir erst am ersten Anfang, und doch, wie weit sind wir schon in den Vorarbeiten zum Luftkrieg gediehen! Während ich dieses schreibe (Mai 1912), haben die Nationalsammlungen für die Höhenbewaffnung in Frankreich über drei Millionen, in Deutschland über zwei Millionen ergeben; in Italien hat der König selber – beispielgebend – 100.000 Lire für die Sammlung gespendet, und in Österreich hat der Kriegsminister eben angekündigt, dass er sich an die Spitze eines sich bildenden Luftflottenvereins gestellt hat und dass nunmehr – hoffentlich erfolgreich – an die Opferwilligkeit der Bevölkerung appelliert werden wird, um auch hier die »vierte Waffe« gebührend auszustatten.

Also jedenfalls stehen in Aussicht – wenn es auch nicht zum Luftkrieg kommen sollte, wenn wirklich die Vernunft der Völker diese Gefahr abzuwenden imstande wäre – jedenfalls stehen neue Steuern, neue Teuerungszunahmen, neue Rekorde im wahnsinnigen Rüstungswettlauf bevor.

Und was geschieht, um zu verhindern – um zu bremsen? Erheben sich Proteste in den Parlamenten, in der Presse? Mit Ausnahme der sozialdemokratischen Blätter bringen alle großen »liberalen« wohlgesinnten Zeitungen der Welt jene Nachrichten ohne Kommentar, ohne ein Wort des Widerspruchs.

Ebenso kommentarlos erlassen sie ihre pflichtschuldigst an leitender Stelle abgedruckten Aufrufe zu den Sammlungen. Und ohne mit der Wimper zu zucken, bringen sie Berichte über die »Erfolge«, die die neue Waffe im tripolitanischen Kriege bereits errungen hat: Panik und Zerstörung an von oben beschossenen Karawanen und Lagern. Steigt denn niemandem, der solches berichtet, ein moralischer Ekel auf vor solchen Meucheleien?

An empörten, an warnenden Stimmen gebricht es; an beifälligen, die künftigen, schreckhaften Wirkungen der fliegenden Waffe mit Freude ausmalendenden Stimmen ist kein Mangel: Im »Gaulois« veröffentlicht Robert de Michiels ein Bild aus dem »kommenden deutsch-französischen Krieg«: »Der Krieg war erklärt! Auf der andern Seite des Rheins rückten die feindlichen Heere wieder gegen Frankreich vor, und am 3. Juni 192., genau zwei Tage nach der Kriegserklärung, erreichten ihre ersten Armeekorps die Vogesen.« Nun erzählt de Michiels, wie die Luftkundschafter diesen Anmarsch entdecken, und daraufhin mittels drahtloser Telegrafie sämtliche verfügbaren Aeroplane zur Stelle beordert werden: »Die ganze Nacht flogen über Feld und Flur, die im Schlummer lagen, lebende Pfeile am sternenhellen Himmel dahin (Oh Profanation des Firmaments! B. S.), und als der Morgen graute, waren 50 Flieger an der Ostgrenze.« [...]

* * *

Das also sind Visionen von Dingen, die zwar möglicherweise nicht geschehen werden, die aber von manchen Geistern gewollt und gewünscht und durch fleißige Vorarbeit jedenfalls möglich gemacht werden.

Aber nicht allein durch gedichtete Fantasiebilder werden ähnliche Visionen hervorgerufen, auch in praktisch-technischer Weise wird auf Flugplätzen und in Ausstellungen der Mechanismus des kommenden Luftkrieges den lernbegierigen Zuschauern vorgeführt. Auf dem Militärflugplatz in Wiener Neustadt wirft man von den aufgestiegenen Aeroplanen Sandsäcke herab, welche Bomben darstellen, um Treff- und Wurfsicherheit auszuprobieren. Und in der großen aeronautischen Ausstellung der ALA [1909] war ein zerschossener, gepanzerter Ballonkörper zu sehen, als Demonstration der nach Vorschrift gemachten und wohlgelungenen Schießversuche.

In der in einem illustrierten Blatt erschienen Beschreibung der ALA heißt es unter anderem: »In einem Meisterwerk der Präzisionsarbeit lässt der alte Euler, der Fluglehrer des Prinzen Heinrich, der erste »wirkliche« deutsche Flieger überhaupt, dessen Pilotenzeugnis auch die Nr. 1 trägt, uns einen Blick in die schauerlich-großartige Zukunft des Luftkrieges tun. Nicht, wie das große Publikum immer meint, des Krieges *aus* der Luft, denn an die

Bombenwerferei aus dem Flugzeug glaubt kaum ein Fachmann, sondern des Krieges *in* der Luft, des Kampfes der Flugzeuge gegen die Luftschiffe. Fest und unbeweglich in der Achsrichtung ist ein Maschinengewehr in das Flugzeug eingebaut, dessen Richten durch Steuerung der ganzen Maschine selbst erfolgt, wie ja auch beim Abkommen aus den großen Marinegeschützen das Heben und Senken des Schiffes selbst mitbenutzt wird. Das Visier des Flugzeuges wird auf die gewünschte Entfernung eingestellt, und so wie der feindliche Luftkreuzer in die Visierlinie einschnappt, prasselt der Hagel los – eine Längsgarbe von 250 Infanteriegeschossen reißt in wenigen Sekunden die Hülle des Gegners auf, und in fünf Minuten können 3.000 Schuss verfeuert werden.

Es gibt nichts Realistischeres wie den Krieg, der ja ›ein roh gewaltsam Handwerk‹ sein soll, und doch steckt auch eine sinnbetörende Romantik in seiner neuesten Waffe. Was unsere Altvordern nur dumpf ahnten, als sie von der Schlacht auf den katalanischen Gefilden erzählten, dass noch die Geister in der Luft gekämpft hätten, das wird zur Wahrheit. Und wir verstehen es, wie junge Offiziere, durchdrungen von dem Bewusstsein, dass das Leben nicht der Güter höchstes sei, sich in Scharen zu dem Fliegerdienst drängen, um zu zeigen, dass es bei uns im Fluge vorangeht.«

Man fragt sich, mit welchem schwarzem Star doch das geistige Auge der Leute, mit welcher Hornhaut die Unempfindlichkeit ihrer Herzen überzogen sein müssen, um derlei ohne Aufschrei des Entsetzens zu sehen und zu lesen.

Nicht alle verhalten sich so stumpf.

In der vorhin angeführten Vision, die im »Gaulois« erschienen ist und die den Landsleuten freudige Zuversicht auf ihre künftigen Luftsiege einflößen soll, gab es in Frankreich auch warnende Stimmen, die im Tone nur gut unterrichteter Berichterstatter von der Überlegenheit des Feindes und von dessen Plänen Mitteilung machen.

Die Pariser Zeitung »Excelsior« schrieb: »Unser Generalstab hat nicht gefeiert und aufmerksam die täglichen unermüdlichen Fortschritte unserer eventuellen Gegner verfolgt. Die hierbei gesammelten Nachrichten wurden von Tag zu Tag beängstigender. Die Situation wird bald zu den schlimmsten Beunruhigungen Anlass bieten, wenn nicht sofort energische und durchgreifende Maßnahmen getroffen werden. Wie unwahrscheinlich, ja wie romantisch das klingen mag, der vom deutschen Generalstab jetzt ausgearbeitete Mobilisierungsplan für die Flugmaschinen – und wir verbürgen uns für die Echtheit dieser Informationen – gipfelt in einem Bombardement von Paris aus den Lüften. Mit fieberhaftem Eifer rüsten sich die deutschen Flieger zur Ausführung dieses Planes. Es besteht kein Zweifel mehr, dass ein großer Teil der von den Deutschen in Frankreich bestellten Flugmaschinen bereits geliefert ist; und Ende März werden unsere Gegner die Flugzeuge für ihre Fliegerarmee vollzählig beisammen haben. Die genauen Nachrichten, die uns zugekommen sind, beweisen, dass wir weder auf dem Gebiete der Kühnheit noch der Tatkraft ein Monopol besitzen. Die erste Aufgabe der deutschen Flugzeuge ist nichts anderes als das Bombardement von Paris, durch das gleich zu Beginn der Feindseligkeiten die Bevölkerung und die Heere beider Länder in ihrem Geist und in ihren Gefühlen beeinflusst werden sollen. Im Augenblick der politischen Spannung werden alle im Besitz der deutschen Militärbehörden befindlichen Flugzeuge sofort an der Grenze konzentriert, und zwar an zwei, womöglich auch an drei Punkten, auf denen sie auf den ersten günstigen Wind warten werden. Im Augenblick der Kriegserklärung werden auf ein gegebenes Signal alle diese Flieger aufsteigen und mithilfe des abgepassten günstigen Windes mit einer Schnelligkeit von 160 Kilometern in der Stunde Kurs auf Paris nehmen. Auf diese Weise werden sie nur wenige Stunden brauchen, um den Eiffelturm zu erreichen. Und in höchstens einer halben Stunde haben sie über unserer Hauptstadt 10.000 Kilogramm Explosivstoffe ausgegossen. Jeder Apparat trägt vierzig Kilo dieser Explosivstoffe. – Können wir diese vernichtende Invasion aufhalten und sie daran hindern, ihr Zerstörungswerk zu vollbringen? Augenblicklich nein. Im Lager von Châlons sind heute beispielsweise nur zwei Apparate imstande aufzusteigen. Und in Etampes sind seit Wochen sämtliche Flugzeuge in Reparatur.«

Die Folgerung dieser schönen Rhapsodie springt in die Augen: schnell die Bevölkerung aufwühlen, damit sie Mittel zum unverzüglichen Bau von unzähligen grenzenbewachenden (und zugleich Berlin bedrohenden – das darf man aber vorläufig nicht sagen) armierte Flugapparate herbeischaffe.

* * *

Wie ganz anders hätte die Aviatik ein neues, besseres Zeitalter herbeiführen können, wenn die pazifistische Weltanschauung schon über die bellizistische das Übergewicht hätte, was nicht der Fall ist. Vor zwei Jahren trug sich Folgendes in Paris zu: Das »Journal«, das sich heute an den Sammlungen für die Luftflotte beteiligt, schrieb damals einen Preis von 200.000 Francs aus, um einen Rundflug von Hauptstadt zu Hauptstadt (Paris, Berlin, London, Brüssel, Paris) zu veranstalten, und überschrieb den Aufruf hierzu:

Der Aëroplan, Instrument des Friedens.

»Die Menschheit steht an einem Wendepunkt ihrer Geschichte. Über den Grund und Boden, das Symbol des Eigentums, um das man sich streitet, hinaus erheben sich die Menschen in den unwägbaren, unteilbaren Raum, den keiner je zu behalten vermag. Wenn irgend je etwas kommen soll – wie einst die Taube in der Arche Noahs –, das den jahrhundertealten Groll der Rassen und Nationen auslöscht, so wird es durch diesen Höhenraum kommen, der allen gemeinsam gehört, der sich nicht teilen noch nehmen lässt, der von der Menschheit nur erobert werden kann, wenn sie sich selber – ihre Leidenschaften, ihren Hochmut, ihre Vorurteile und Hassgefühle – besiegt, um sich in dem gleichen Wunsch für das allgemeine Wohl der Menschheit zu vereinigen.«

In dem gleichen pazifistisch begeisterten Ton ging es weiter. Der Widerhall war ein großer. Die berühmtesten Flieger aller Weltteile meldeten sich als Teilnehmer an; ein deutsches Blatt steuerte zu dem Preise 100.000 Mark zu und zum Start des internationalen Fluges wurde der 4. Juni 1911 festgesetzt.

Es kam aber anders. Als schon alles bereit war, erhoben die Pariser Chauvinistenblätter und die nationalistischen Schreier, besonders die Camelots du Roi, einen solchen Lärm gegen diese »unpatriotische« Idee, dass das »Journal« sich zurückziehen und die Veranstaltung abgesagt werden musste.

Und heute? – So schnell können Stimmungen in ihr Gegenteil umschlagen. Nur leider sind es bisher immer die im kriegerischen Geiste gehaltenen Kundgebungen, die am meisten wirken, weil sie die lautesten sind, weil sie von den höchsten Machtstellen unterstützt werden und weil sie die stets willfährige Masse in ein altgewohntes Gefühlsgeleise drängen, da, wo sie – dem Gesetz des geringsten Widerstandes gemäß – so leicht hingleiten.

* * *

Interessant sind folgende Äußerungen eines italienischen Offiziers, der gegen die Verwendung der Aeronautik zum Bombenschleudern in einem in der »Vita internazionale« erschienenen Artikel Protest erhoben hat. Freilich geschah das vor dem Ausbruch des tripolitanischen Krieges, dem in der Kriegsgeschichte der Ruhm (!) zuerkannt werden wird, zuerst die Todesbomben von Himmelsauen herabgeworfen zu haben, wie es heißt (hoffentlich unabsichtlich), auch auf die Ambulanzen des roten Halbmondes.

»Es sei mir erlaubt (schrieb Capitano Carmelo Perazzi), eine schüchtern dissonierende Note zu bringen (in die allgemeine Begeisterung für die offensive Ausnutzung der Luftereroberung). Mich drängt dazu die Gewalt und die Aufrichtigkeit des Gefühls, das uns einen einzigen Schrei entringt, einen Appell an die ganze gesittete Welt. Genug! Um der Würde des Menschen willen, genug! Ich sage dies aus dem beleidigten Gefühl heraus, das sich gegen jene lästerliche Profonation des Kulturgedankens auflehnt, die jede, auch die edelste und reinste Errungenschaft des menschlichen Genius unter die barbarische Idee des Krieges zwingt.

– Es will uns scheinen, dass jener Prozess, durch den sich die Heere allen neuen Entdeckungen der Wissenschaft assimilieren, den Zweck – oder vielmehr die Illusion – hat, den Krieg zu adeln, ihn der wachsenden Zivilisation gleich und würdig zu gestalten, gerade so, wie man vielleicht glaubt, die Todesstrafe weniger entehrend zu machen, wenn man den elektrischen Stuhl an Stelle des Galgens setzt.

Aber das ist die richtige Utopie. Der Krieg ist alt und grausam und brutal in seinem Wesen, heute wie zur Zeit der Höhlenmenschen, und wie er sein wird, so lang er eben sein wird.«

Weiter setzt der Verfasser des Artikels auseinander, dass ein Messen der Streitkräfte unmöglich wird, wenn sich die Kämpfer von der Erde erheben, um sich in den Luftgefilden zu verbreiten, da sie da jeder Auffindung, Verfolgung und Bezwingung entrückt wären, besonders in der leeren Unendlichkeit der Nacht; mit andern Worten, jede militärische Effektivstärke der Staaten und der Krieg, der ja eben die Messung der gegenseitigen Kräfte darstellt, fielen in sich zusammen.

»Nun, wenn das das Ergebnis von der Anwendung der Aviatik zu Kriegszwecken wäre« – so schließt der Artikel – »ein Ergebnis, das von den Förderern der Luftrüstung sicher nicht gewollt ist, denn mögen sie kommen, die militärischen Flugvehikel, in zahlloser Menge, und sollen gesegnet sein. Hingegen, wenn das aufrichtige Vertrauen, das die Militärs in dieses Kriegsmittel setzen, draußen Widerhall findet, weil der Spekulationsgeist der neuen aviatischen Industrie auf diese Weise versucht, Subsidien zu erhalten – dann: *Nein!* Angesichts der Großartigkeit der Errungenschaft, angesichts der edlen Idee, die in ihr enthalten ist, sollen jetzt jene Subsidien und Ermutigungen, die jetzt von den Kriegsverwaltungen ausgehen, von einem neuen Ministerium kommen – *dem einzigen, das fortan die Schicksale der zivilisierten Völker lenken sollte* –, dem Ministerium der Kultur und des Fortschritts.«

* * *

[…]

Militärischerseits sind zwei Grundsätze in Geltung, die eine genügende Erklärung für das Verhalten der Kriegsverwaltungen zum Luftflottenproblem enthalten:

1. Jedes neue technische Hilfsmittel muss in den Dienst der Kriegsrüstung gestellt werden, und je schadenbringender, desto besser.
2. Alles, was die »anderen« zur Vermehrung ihrer militärischen Kraft tun, das müssen »wir« sofort nachmachen und womöglich überbieten.

Mit diesen zwei Grundsätzen ist das pflichtgemäße Vorgehen, das schon bei vier Waffen ohne Wanken eingehalten wurde, auch bei der »fünften Waffe« genügend erklärt und gerechtfertigt. Die Richtung ist gegeben, der Weg gerade, das Ziel sichtbar. Wie zwei Scheuklappen sind diese beiden Grundsätze um das geistige Auge befestigt, da heißt's immer nur gradausvor – da gibt's kein Rechts- noch Linksdenken mehr. Die Frage um Nebenwirkungen, um Schlussfolgerungen bleibt unerörtert, die Frage »Was dann?« bleibt entweder ohne Antwort oder wird mit Beschwichtigungen beiseitegeschoben.

Es muss sich sehr bequem weitertraben lassen mit jenen zwei Scheuklappen, denn merkwürdig: Die Massen, die Parlamente, die Zeitungen, alle tragen sie und nehmen an, es muss so sein: Jedes Hilfsmittel hat zur Stärkung der Wehrmacht zu dienen, und der Nachbar macht's, also machen wir's auch. Nur die einzelnen, die Ungehörten, die quälen sich mit dem so schreckensschwangeren: »Was dann?« Wenn nun das Wachsen der Luftapparate in den nächsten zehn Jahren in dem Verhältnis zunimmt, wie es in den letzten vier Jahren zugenommen hat, und ganze Lufttruppen die Sonne verfinstern, wenn die Rüstungsausgaben, die schon zur Zeit des Zarenmanifests als nicht mehr zu ertragen anerkannt wurden, immer noch steigen trotz Teuerung und Not, was dann? Wenn weitere Erfindungen gemacht werden (wo hält man mit dem Fernlenkboot?), wenn sich der Tod und die Vernichtung sozusagen drahtlos im ganzen Raume werden ausstreuen lassen, wie jetzt die Funkentelegramme, was dann, was dann?

So steht doch Rede!

* * *

Aber auch ihr, in deren Hirnen diese bange Frage wühlt, ruft sie doch lauter hinaus! Bleibet nicht stumm und stumpf und resigniert, dränget eure Gewissensskrupel, eure inneren Proteste nicht mit dem mutlosen Seufzer zurück: »Es nützt ja doch nichts.« Alles nützt. Wenn Schlimmes geschieht, ist nicht nur der schuldig, der es tut, sondern auch, der es schweigend geschehen *lässt.*

Freilich, für uns Kriegsfeinde liegt die Erwägung nahe: An dieser Überschürung seiner Flammen wird der ganze Kessel »Krieg« zerspringen. Also desto besser. Nein, denn es kann die ganze Kultur mit explodieren. Oder doch, es können fürchterliche Katastrophen, die vermeidbar sind, hereinbrechen. Und dann, es ist unwürdig, das, was man für Wahrheit hält, nicht zu sagen, nicht immer und überall das, was man als Übel, als Gefahr erkennt, mit aller Kraft zu bekämpfen.

Und das Mittel wäre so einfach – liegt so nahe. Wie es in dem englischen Memorandum heißt: Eine *Vereinbarung* haben die Mächte zu treffen, ein völkerrechtliches Gesetz einzusetzen, wonach, wie es in der ersten Haager Konvention hieß, das Bombenwerfen aus Luftschiffen und Aeroplanen verboten ist. Hat man doch Brunnenvergiftung verboten, die Dumdumkugeln und anderes verboten, sollte jetzt erst alles als erlaubt gelten – etwa auch Seuchenbakterien ins feindliche Land zu versenden?

Ich möchte alles, was ich in diesen flüchtigen Blättern gesagt habe (es ist nicht der hunderste Teil von dem, was mir und ungezählten Zeitgenossen auf dem Herzen brennt), in Form eines Aufrufes zusammenfassen. Schlicht, ohne lange Begründung – diejenigen, die ihn mit unterzeichnen wollten, sind ohnehin eines Sinnes, und diejenigen, an die er sich wendet, werden nicht durch seinen Inhalt sich bewegen lassen, sondern durch seinen Widerhall, wenn sich dieser stark genug gestaltet. Und wenn sie taub bleiben, wenn es kein rettender Hilferuf werden soll, so wird es doch ein Schrei sein, der das eigene Gewissen befreit, und ein Dokument für die Nachwelt, auf dem einige Namen derer verzeichnet stehen werden, die an dem Unheil nicht mitschuldig sind.

Aufruf.

Angesichts der ruinierenden Kosten, der die Kultur bedrohenden Gefahren und der das Kulturgewissen verletzenden Gräuel, die die Ausdehnung des Krieges auf die neu eroberten Lufthöhen enthalten, protestieren wir gegen die jetzt so allgemein einsetzende Agitation zugunsten armierter Luftflotten; protestieren besonders heftig gegen das um Tripolis schon in die Praxis eingeführte Bombenschleudern aus Aeroplanen, wobei sogar Lazarette getroffen werden können; und richten an die Vertreter und Lenker der Völker die eindringliche Bitte, so bald als tunlich – womöglich noch vor der nächsten Haager Konferenz – eine Vereinbarung zwischen den Mächten herbeizuführen zwecks Erneuerung des auf der ersten Haager Konferenz auf die Dauer von fünf Jahren eingeführten Verbotes, von Luftschiffen Sprengstoffe herabzuschleudern.

Im Namen der Vernunft und der Barmherzigkeit, im Namen des menschlichen Genius, dessen stolze letzte Errungenschaft den Ausblick in eine höhere Zivilisationsepoche eröffneten, im Namen Gottes (ein Name, mit welchem jeder, wes Glaubens oder Nichtglaubens er sei, das Erhabenste und Edelste umfasst, zu dem er aufblickt), sei dieses Verlangen vorgebracht.

* * *

Quelle: Bertha von Suttner, Die Barbarisierung der Luft. Verlag der Friedens-Warte, Berlin – Leipzig, 1912.

Rudolf Goldscheid
Krieg und Kultur

Rudolf Goldscheid (1870–1931) veröffentlichte seinen Aufsatz »Krieg und Kultur« als Warnung vor der drohenden Kriegsgefahr 1912. Die Sicherung zukünftiger Lebensgrundlagen und die Lösung zwischenstaatlicher Konflikte der Waffengewalt anzuvertrauen, betrachtet Goldscheid als Kennzeichen einer niederen Kulturstufe. Goldscheid ist überzeugt, dass mit der Ausweitung demokratischer Muster, mit der Durchsetzung einer Ausbeutung und Unterdrückung reduzierenden Politik und mit der Installierung internationaler Regelungsmechanismen es zu friedlicheren Verhältnissen kommen müsse. Nicht der Völkerfriede sei eine Utopie, sondern der Glaube an den ewigen Bestand des Krieges. Als Vorzeigemodell betrachtet er die Schweiz, die nicht durch ihre Rüstungsstärke, sondern durch ihre hohe Kulturentwicklung vor dem Zugriff der sie umgebenden Militärmächte geschützt sei. Goldscheid – in Wien geboren – entstammte einem gutbürgerlichen Elternhaus. Nach seinem Studium der Philosophie wandte er sich sozialwissenschaftlichen und wirtschaftspolitischen Fragestellungen zu. Als Begründer der Finanzsoziologie trat er für die Umwandlung des Steuerstaates in einen eigenständig wirtschaftenden Staat ein, als Pazifist und als Menschenrechtler gehörte er zum Herausgeberkreis der von Alfred H. Fried gegründeten Friedens-Warte.

Die gegenwärtige Kriegsgefahr zeigt es auf das Allerdeutlichste, dass am Kampf gegen den Krieg weit mehr hängt als bloß Sicherung des Friedens. Es war der Völkerkampf, der die Klassengliederung, der die Unterdrückung der einen durch die anderen, die Ausbeutung der einen durch die anderen geschmiedet und geschaffen hat. Und so ist es bis auf unsere Tage das Völkerverhältnis geblieben, das die schroffe Klassenscheidung aufrechterhält. »Unter den Waffen schweigen die Gesetze«, so sagt ein altes römisches Sprichwort. Dieses hat auch für unsere Tage seine Geltung noch nicht verloren. Die Kriegsgefahr bedroht deshalb nicht etwa nur das Äußere der modernen Kultur, sie bedroht auch die ganze demokratische Rechtsgrundlage, die sich das Volk in jahrhundertelangem blutigem Ringen mühsam errang. Und da es diese moderne demokratische Rechtsgrundlage ist, welche die Macht der Herrschenden ganz wesentlich einschränkt, so ist die Kriegshetze deren natürliches Handwerk, Ausfluss ihres Selbsterhaltungstriebes, ist der bewaffnete Friede, jener gefährliche Friede aller gegen alle, der das Leben der einen auf Kosten der anderen garantiert, für sie das wertvollste Surrogat des Krieges.

Aber in die alte Welt ist eine neue hinein gebaut worden. Die kulturelle Leistungsfähigkeit eines Volkes kulminiert in unseren Tagen nicht mehr wie ehemals in der Kriegstüchtigkeit, vielmehr in technischen, sozialen, wirtschaftlichen, rechtlichen, geistigen Errungenschaften, und nur als Mittel zur Sicherung dieser dient sie heute hoch, sie ist somit längst an zweite Stelle gerückt. Wir leben nicht mehr in einer Periode, wo das Wort: la guerre pour la guerre! gilt, und nur schwächliche Ästheten, die jeder reaktionären Suggestion wehrlos erliegen, begeistern sich, ebenso wie für l'art pour l'art, für jene Devise. Was ist ihnen die moderne Rechtsgrundlage, die den Untertanenpöbel erst zum Volk machte, was ist ihnen das Kunstwerk der Kultur, wenn sie in blutigen Fantasien schwelgen können, die ihnen einen Rausch von Kraft vortäuschen. Sie sehen nicht, wie unsere Kultur schon ein so kompliziertes Gebilde geworden ist, dass für uns durch einen Krieg weit mehr zu verlieren ist als je in vergangenen Zeiten. Der Krieg ragt wie ein Anachronismus in unser Zeitalter der sozialen Arbeit hinein. Und zwar nicht nur deshalb, weil er heute einen weitaus größeren Gegensatz zu unserem gewohnten Leben bildet, sondern vor allem darum, weil gerade der Fortschritt unserer technischen Kultur die Zerstörungsmöglichkeiten im Kriege ins Unermessliche gesteigert hat. Alle Arbeit an der Kultur, alle Ökonomisierung im Haushalt der natürlichen Energien, unsere ganze unermüdliche Tätigkeit im Dienste der Wohlfahrt, im Interesse der Steigerung der Macht über die Natur, der Beherrschung des Lebensprozesses erscheint geradezu lächerlich, wenn wir uns vor Augen halten müssen, dass gleichsam über Nacht der ganze Wunderbau von Gehirn und Organisation durch einen Krieg aus nichtigsten Ursachen in sich zusammenbrechen kann. Hier ist der Punkt, wo der ganze Riesenmechanismus unserer Kultur noch den schwersten Konstruktionsfehler aufweist.

Wenn es wirklich, wie die gegenwärtigen Verächter der Friedensbewegung behaupten, bloße Sentimentalität wäre, die in dieser zum Ausdruck käme, dann müsste man alles, worauf der Stolz unserer Zeit beruht, als Sentimentalität bezeichnen, dann wäre jegliche Arbeit an der Sicherung des Errungenen und Geschaffenen nichts als Sentimentalität. Immer wieder ist man bemüht, die Kriegsnotwendigkeit mit der Sicherung unserer Absatzgebiete zu motivieren. Eine merkwürdige Art, das Leben der Menschen sichern zu wollen, indem man sie in Hunderttausenden zur Schlachtbank führt! Und, ganz abgesehen davon, ist der Wunsch nach Sicherung der Absatzgebiete etwa weniger Sentimentalität als der Wunsch nach Sicherung der Rechtsgrundlage gegenüber dem Heraufkommen einer Militärdiktatur, nach Sicherung der Kultur vor Erschütterungen, die uns um Jahrhunderte zurückzuwerfen drohen? Und rechtfertigt man nicht den ganzen Nationalitätenkampf damit, dass er dazu dienen soll, die höher stehende nationale Kultur vor einem Ansturm tieferstehender Völker zu bewahren? Wenn der Kampf um nationale Kultur nicht aus Sentimentalität entspringen soll, mit welchen Beweisen will man die Behauptung stützen, dass der Kampf um die Kultur überhaupt bloße Sentimentalität ist? Müssen wir nicht endlich dazu reifen, einzusehen, dass man mit der Verhöhnung der Sentimentalität sich an der *Mentalität* selber vergreift, dass Sentimentalität und Mentalität sich wechselseitig bedingen!

Die Zeiten sind längst vorbei, wo »Friede auf Erden und dem Menschen ein Wohlgefallen« nur ein frommer Wunsch war, an dessen Realisierung man nicht denken konnte. Heute liegen die Dinge so, dass der Friede schon zur Armatur unserer kulturellen Existenz geworden ist, die Völkerschicksale sind durch das enorme Wachstum des Verkehrs so ineinander verflochten, dass die Leiden der einen nicht mehr die Vorteile der anderen schaffen, sondern dass alles, was die einen unterdrückt, in seinen schädlichen Folgen auch auf alle andern hinüber wirkt, dass jeder Einzelne nur gewinnen kann, wenn alle gewinnen. Ja, wäre es so, dass die Friedensbestrebungen uns nur vor den Gräueln des Krieges bewahren wollen, dass sie nur aus der Angst vor dem großen Aderlass entspringen, die ein Krieg bedeutet, dann hätte die Moltkesche Behauptung, dass der Krieg das Stahlbad der Völker sei, wenigstens noch einen letzten Schein von Berechtigung. Aber durch das bestehende Völkerverhältnis und die damit verbundenen Kriegsmöglichkeiten wird nicht nur unser reinstes menschliches Empfinden verletzt, sie unterbinden mit Notwendigkeit die kulturelle Entwicklung der gesamten sozialen Struktur, treiben alle jene sozialen Widersprüche hervor, die unsere ganze Arbeit mit unerträglichen Lasten beschwert.

In diesem Sinn kann man sagen: Der Pazifismus ist die Spitze, in die aller Demokratismus und Sozialismus notwendig ausläuft, ja er ist mehr als das, er ist die eigentliche Grundlage aller sozialen Reformarbeit. Es ist der wissenschaftliche Internationalismus, der den wissenschaftlichen Sozialismus krönt, und je mehr der Völkerverkehr steigt, je mehr die Welt sich räumlich verengt, desto mehr ist es der Pazifismus, der erst den Kampf um Erweiterung der Volksmacht, der erst den Kampf um die Sicherung der Lebensnotwendigkeiten des Volkes von seinem utopischen Charakter befreit. Im Pazifismus kommt darum nicht etwa bloß eine politische Bewegung zum Ausdruck, er ist etwas weitaus Tieferes. Er ist der Mutterboden einer neuen Wissenschaft, der Mutterboden *der Wissenschaft von der internationalen Bedingtheit der Sozietät,* durch die die Soziologie ihre größte Erweiterung erfährt.

Und nicht nur die Soziologie! Auch die Rechtswissenschaft erhält erst durch den Ausbau des internationalen Rechts ihre Vollendung. Gerade in diesen Tagen hat man es mit Evidenz erlebt, wie ganz unhaltbare Verhältnisse, wie ganz unlösbare Probleme durch das Fehlen einer internationalen Rechtsgrundlage erwachsen. Als man befürchten musste, dass sich eine Nachbarmacht an einem österreichischen Konsul vergriffen hat, da erschien ein Krieg beinahe als unabwendbar. Man sagte sich, ein Volk, das etwas auf seine Ehre hält, kann sich doch nicht alles bieten lassen, und sah zugleich ein, dass es ebenso an Wahnsinn grenzen würde, wegen der Unbill, die einem einzigen Menschen angetan worden, Hunderttausende dem sicheren Tod zu überantworten. Hier stand man in der Tat vor dem schwersten Dilemma und der Widersinn erschien als der einzige Ausweg. Aber warum war man auf einmal mit der Vernunft zu Ende? Einzig und allein aus dem Grunde, weil die in Haag bestehende Einrichtung des internationalen Schiedsgerichts unseren Machthabern noch nicht in Fleisch und Blut übergegangen ist, weil jene Institution in normalen Zeiten noch immer als utopisch belächelt wird, statt dass man trachtet, ihr den entsprechenden Ausbau zu geben und sie mit der erforderlichen Autorität auszugestalten. Denken wir uns doch nur, es existierte für Streitigkeiten zwischen Individuen keine Stelle, wo die Einzelnen ihr Recht suchen können, dann wären auch diese, im Falle, dass sie eine Unbill erleiden, einzig und allein auf die Gewalt angewiesen. Also genau der gleiche unhaltbare Zustand, den wir innerhalb der nationalen Gemeinschaft schon längst überwunden haben, besteht noch für die Völkerbeziehungen: *Im internationalen Verkehr sind wir noch nicht über die soziale Blutrache hinaus.* Gewiss, nichtswürdig ist die Nation, die nicht ihr Alles setzt an ihre Ehre! Aber es ist ein ganz vorsintflutlicher Zustand, wenn jede Nation in die Notwendigkeit versetzt ist, ihre Ehre nur in einem Blutbad reinwaschen zu können, wenn es das Prestige verlangt, im internationalen Verkehr Mittel anwenden zu müssen, die innerhalb der nationalen Gemeinschaft längst nicht nur wegen ihrer Verwerflichkeit, sondern auch wegen ihrer Untauglichkeit aufs Schärfste verurteilt und mit den schwersten Strafen belegt werden.

Nun behauptet man ja allerdings immer wieder, die Interessengegensätze der Völker seien vitaler Natur, über sie könne man deshalb durch internationale Rechtsentscheidungen, durch Schiedsgerichtsverträge unmöglich hinwegkommen. Das ist aber eine ganz veraltete Auffassung. Ebenso wenig wie Massen sich ohne tiefste innere Nötigung zu gewaltsamen Aufständen erheben, ebenso wenig stürzt sich ein Kulturvolk in einen Angriffskrieg, wenn es nicht aus primitivstem Selbsterhaltungstrieb dazu genötigt wird. Nur ein Volk, das durch einen Nachbarstaat an der Entwicklung seiner Leistungsfähigkeit, an der Entfaltung der in ihm liegenden Kräfte gehemmt wird, erhebt sich gegen diesen als seinen Bedrücker. Wir brauchen darum nur unserem natürlichen modernen Empfinden nachzugehen, und *ebenso wie wir unser eigenes nationales Prestige hochhalten, auch das nationale Prestige der anderen zu respektieren,* ebenso, wie wir unsere eigene Entwicklung mit allen Kräften zu fördern suchen, auch die Nachbarvölker in ihrer Entwicklung, wo wir nur irgend können, zu unterstützen, und wir werden mit diesem Verhalten, angesichts der gegebenen Verflechtung der Interessen sämtlicher Völker, nicht nur den anderen nützen, sondern auch uns selber. Wie es sich im eigenen Lande dem eigenen Volke gegenüber gezeigt hat, dass Ausbeutung und Ausnützung diametrale Gegensätze sind, dass Lebenwollen der einen auf Kosten der anderen nicht mit dem Maximum von Ertrag abschließt, so müssen wir auch einsehen, dass dies im Verhältnis der Völker zueinander genau ebenso der Fall ist. Der beste Schutz vor Krieg ist Vertiefung und Erweiterung der Kultur. Vertiefung der Kultur nicht nur im eigenen Lande, sondern auch Erweiterung der Kultur über die Landesgrenzen hinaus; denn alle Erfahrungen der jüngsten Zeit belehren uns darüber, dass es die Völker niedriger Kultur sind, von denen her uns die intensivste Kriegsgefahr bedroht, sowohl weil diese in den Kulturvölkern heute naturgemäß ihre ärgsten Bedrücker und Ausbeuter hassen müssen, wie auch, weil jedes Land, das in Unkultur verharrt, einen Anreiz für Eroberungsgelüste bei den Kulturvölkern auslöst.

Man sucht heute die Behauptung zu rechtfertigen, dass der Untergang der Türkei durch die modernen Reformen eingeleitet wurde. Aber genau das Gegenteil ist richtig. Die Türkei ist daran zugrunde gegangen, dass sie den Geist der modernen Zeit nicht begriff und ihre alte historische Macht dazu ausnützte, das eigene Volk ebenso zu unterdrücken wie die von ihr abhängigen Nachbarvölker. *Sie behandelte ihre Untertanen schließlich nur noch als Kanonenfutter, und da stellte sich am Ende das notwendige Ereignis ein, dass diese zuletzt auch dazu nicht mehr gut genug waren.* Die Türkei ging an ihrer Unkultur zugrunde, die in immer größerem Gegensatz zu der aufsteigenden Entwicklung der Nachbarvölker stand. Mit Recht durfte man darum sagen, dass der Balkankrieg weit mehr als siegreiche Revolution wie als wirklicher Krieg zu betrachten ist.

Halten wir nun der Türkei als Gegenbild die Schweiz gegenüber. Die Schweiz steht auf der Höhe der modernen Kultur, und, trotzdem sie von mächtigen Militärstaaten umgeben ist, denen sie im kriegerischen Wettbewerb durchaus nicht gewachsen wäre, drohen ihr keinerlei Gefahren. Nicht ihre Rüstungsstärke, ihre kulturelle Stärke bewahrt sie vor einem ähnlichen Schicksal wie jenes, das die Türkei ereilte. Und ganz besonders ein Moment, das speziell für Österreich von Bedeutung ist, hat der Schweiz eine ähnliche Tragödie erspart. In der Schweiz leben drei Nationen friedlich nebeneinander und keine ist von der Sehnsucht nach der Vereinigung mit den Nationsgenossen in den Nachbarlanden erfüllt. Und warum? Weil keine Nation sich in der Schweiz von der anderen bedrückt fühlt, weil keine den Glauben hat, dass die eine sich auf Kosten der anderen tief greifende Vorteile verschaffen will.

Ein ganz anderes Bild bietet Österreich. In Österreich kehren sich die einzelnen Nationalitäten im heftigsten Kampfe gegeneinander, ein Zustand, den Karl Renner treffend als »den Kampf der Nationen um den Staat« bezeichnet hat. Österreich steht so vor einem ganz speziellen Problem. Es ist die einzige Großmacht, die als Ganzes kein einheitliches Gefüge darbietet, sondern aus einem Konglomerat von Nationen gebildet wird. Österreich ist ein zusammengeheiratetes und zusammeneroberstes Land, in dem die zentrifugalen Tendenzen die zentripetalen überwiegen. Das ist aber ein auf die Dauer ganz unhaltbarer Zustand, der uns täglich von Neuem in Kriegsgefahren verstrickt. Und wenn wir gar, um uns vor dem Ansturm der sozialen Forderungen des Volkes zu schützen, aus dem Nationalitätenkampf Nutzen zu ziehen suchen, indem wir immer wieder die eine Nation gegen die andere ausspielen, so werden wir schließlich im Wettkampf mit den national einheitlichen Großmächten nicht bestehen können.

Darum ist das Schicksal der Türkei für uns, je nachdem, welche Konsequenzen wir daraus ziehen, entweder ein *Memento mori* oder ein *memento vivere*. Mit der Steigerung der Kriegsstärke allein lässt sich das Prestige auf die Dauer nicht aufrechterhalten. Das beweist nichts deutlicher als Deutschlands weltgebietende Stellung, wo nicht in dem Maße, wie bei uns, die kulturellen Forderungen den militärischen Forderungen gegenüber zurückgestellt werden und wo der Kulturgedanke in ganz anderem Maße wie in Österreich das Ganze des Volkes erfüllt.

Die Zukunft wird es deutlich zeigen. *Österreichs Stellung unter den Weltmächten, ja, sein Fortbestand wird schließlich davon abhängen, ob es versteht, das Verhältnis der einzelnen Nationen, aus denen es zusammengesetzt ist, so umzugestalten, dass keine einzige sich unterdrückt fühlt.* Löst es diese große Aufgabe nicht, dann wird auch ein Wachsen der Rüstungslasten ins Unendliche den inneren Zersetzungsprozess nicht aufhalten, ja, Österreich wird endlich, weil es verkennt, dass Menschenkultur den einzigen Reichtumsquell darstellt, der sich kontinuierlich aus sich selbst erneuert, der allein jene wirtschaftliche Produktivität garantiert, aus der alle nationalen und sozialen Ausgaben bestritten werden müssen, auch nicht einmal seine kriegerische Tüchtigkeit auf der erforderten Höhe erhalten können. *Systematische kulturelle Niederdrückung des Volkes, systematische Volksverdummung und imperialistische Großmachtspolitik können auf die Dauer nicht zusammen bestehen. Die eine entzieht der anderen die notwendigen Mittel.*

Und es ist auch etwas ganz anderes, ob ein national einheitliches Land mit der nationalen Parole einen Damm gegen die soziale Parole zu schaffen bemüht ist oder ob in einem Staat, der aus einem Konglomerat von Nationen besteht, das Gleiche versucht wird. Nationalismus, ja selbst nationaler Chauvinismus in Deutschland, Frankreich, England, Russland, ist ein einigendes Moment, das sich, wenn auch mit immer größeren Schwierigkeiten, den einigenden Tendenzen des Sozialismus und Internationalismus gegenüber wenigstens eine Zeit lang erhalten kann. Aber in Österreich – in Österreich da hebt der Nationalismus die Friedenssicherung, die die Kriegsrüstung auf der einen Seite zu schaffen sucht, auf der andern wieder auf. Darum wäre Österreich vor allem berufen, Europa in der Lösung des internationalen Problems mit einem großen Beispiel voranzugehen, *und zwar berufen, zu dieser hohen Mission gerade im Interesse seiner Selbsterhaltung.* In Österreich zuerst müsste die Erkenntnis reifen, dass man den *Frieden* und nicht den Krieg vorbereiten muss, wenn man den Frieden will, im Innern des Landes ebenso wohl wie im Völkerverkehr überhaupt.

Überall zeigt es sich, wem man den Mund verbindet, der muss mit den Armen um sich schlagen, will er sich durchsetzen. Wer sein Recht nicht findet, auch wenn alle Argumente für ihn sprechen, der greift aus innerem Zwang zur Gewalt. Das ist bei Individuen nicht anders wie bei Gruppen, Klassen und Völkern. Lebensnotwendigkeiten, die sich aber nur durch Gewaltanwendung durchsetzen können, entladen sich in Katastrophen, also in der unökonomischsten Weise, die sich denken lässt, und mit der ungeheuersten Verschwendung der kostbarsten Güter. In dieser *Phase der Katastrophenpolitik* befinden wir uns leider heute noch mittendrin. Überall wollen wir bereits ausgebrochene Schäden heilen, statt die Übel an ihren Wurzeln zu fassen. Das ist das, was wir bei der gegenwärtigen Kriegsgefahr in der eklatantesten Weise erleben. Die Bestrebungen der Pazifisten, die darauf hinzuwirken trachten, die Verhältnisse umzugestalten, aus denen die Kriegsgefahren erwachsen, die Organisationen zu schaffen suchen, welche die Lösung von Völkerkonflikten durch Waffengewalt entbehrlich machen, die zu systematischer kontinuierlicher Friedensarbeit schon in normalen Zeiten aufrufen, die verlacht man – aber wenn das Unglück da ist, wenn die Spannung eine so große geworden ist, dass allerorten schon die Funken aufblitzen, dann kommt die internationale Diplomatie und will mit ein paar Spritzen, obendrein allerältesten Kalibers, den Ausbruch des Brandes verhüten. Wer es jetzt noch nicht sieht, dass ganz neue Friedenssicherungen in unserer modernen Zeit erforderlich sind, dass nicht ein paar armselige, dazu noch soziologisch ganz unorientierte Diplomaten ausreichen, die Riesenkräfte, die in den Völkerbeziehungen wirksam sind, zu regulieren – von dem muss man wirklich glauben, dass die ganze Entwicklung der letzten Jahrzehnte spurlos an ihm vorübergegangen ist.

Aber glücklicherweise hängt die gesellschaftliche Entwicklung im Verlaufe immer weniger von der Einsicht der Herrschenden ab. Auch sie werden von Triebkräften gelenkt, die weitaus mächtiger sind als ihre individuellen Neigungen. Wie im Einzelorganismus der Intellekt nur der bewusste Zentralregulator ist, der sich auf unzähligen durch die ganze Geschichte herausgearbeiteten organischen Selbstregulationen aufbaut, so verhält es sich auch im sozialen Leben. Hier ist die internationale, verkehrstechnische, wirtschaftliche, geistige und kulturelle Verflochtenheit heute bereits so weit vorgeschritten, dass gleichsam schon eine *Solidarität wider Willen* zustande gekommen ist, was am deutlichsten daraus hervorgeht, dass in unseren Tagen jeder Konflikt zwischen den führenden Nationen vor allem darum nicht zu kriegerischer Austragung führt, weil dabei immer ein *Weltbrand* zu gewärtigen ist, an dem naturgemäß niemand ein Interesse hat. Wo sich deshalb das Bewusstsein von der Solidarität der Interessen noch als zu schwach erweist, den Wahnwitz eines Krieges wegen geringfügiger Ursachen zu verhüten, da ist es die *Solidarität der Interessengegensätze*, wenn ich so sagen darf, die im letzten Moment die Selbstregulation herbeiführt. Und gerade, dass in jüngster Zeit alle großen Spannungen zwischen den Großmächten Europas erst *im letzten Moment*, wenn der Ausbruch eines Krieges bereits unvermeidlich erschien, ihre friedliche Lösung erhalten, dass es hier statt zum Ausbruch des Krieges schlimmstenfalls bloß zur Mobilisierung kommt, ist ein höchst bemerkenswertes Symptom.

Es zeigt sich darin, dass die Frage über Krieg oder Frieden schließlich an einem Haar hängt, womit zum Ausdruck kommt, dass es letzten Endes Imponderabilien sind, die den entscheidenden Ausschlag geben. Imponderabilien, die in erster Linie ein Produkt unserer ganzen Zeitströmung bedeuten. Ein undefinierbares Etwas ist es, dass die Herrschenden unmittelbar vor der Entscheidung vor der Verantwortung zurückschrecken lässt, das

Ganze der Kultur als Einsatz im Vabanquespiel des Krieges zu wagen, *dass es nur unverantwortliche Cliquen sind, die auch, wenn die Situation sich zum äußersten Ernst zugespitzt hat, noch für den Krieg eintreten.*

Und diese *Schärfung des Kulturgewissens* dankt die Menschheit gewiss in hohem Maße der Unermüdlichkeit der pazifistischen Bestrebungen, die umso imposanter wirken, als heute hinter den großen Kulturideen schon die einheitlich organisierten Kulturarmeen stehen, die aus der internationalen Arbeiterschaft gebildet werden. Die breiten Massen lehnen sich naturgemäß nicht nur gegen die Bedrückung der Mehrheit durch die bevorzugte Minderheit in den einzelnen Ländern auf, sie kämpfen mit immer stärker wachsenden Kraftassoziationen auch gegen die Bedrückung der einen Völker durch die anderen, sie verlangen, dass man ökonomisch mit dem Menschenmaterial umgehe, dass neben der Güterökonomie die *Menschenökonomie* nicht vernachlässigt werde, dass wir unsere kulturellen Errungenschaften nicht mit einem zu hohen Menschenverbrauch bezahlen. Im Kriege feiert aber die Menschen- und Gütervergeudung die tollsten Orgien. Gegen diese muss sich darum ein Geschlecht, *bei dem das ökonomische Denken in das Zentrum des Willens gerückt ist,* am stärksten erheben. *Ökonomie der Entwicklung* muss sein heißestes Streben sein, und aus entwicklungsökonomischer Gesinnung heraus muss es sich mit Allgewalt einsetzen, für das große Ideal der *Völkerökonomie*, dessen Majestät durch nichts mehr im Innersten verletzt wird als durch kriegerische Austragung von nationalen Interessengegensätzen, besonders dort, wo es sich dabei weit mehr um dynastische Interessengegensätze als um wirkliche vitale Gegensätze der Völkerinteressen handelt.

Der Krieg ist heute noch ein Anachronismus, und er wird in Zukunft zur Unmöglichkeit werden. Die selbsttätige Entwicklung des Lebens als sozialen Prozess, das Emporwachsen von immer neuen nationalen und internationalen Regulations- und Koregulationsmechanismen, die die normale Funktion notwendig herausarbeitet, wird den Krieg allmählich, wie sie ihn heute schon an die Peripherie der Kultur gedrängt hat, ganz ausschalten. *Nicht der Völkerfriede ist darum die Utopie, der Glaube an einen ewigen Bestand des Krieges bedeutet vielmehr eine ganz utopische Hoffnung.* Die nationale Parole wird auf die Dauer dem Ansturm der sozialen nicht widerstehen können. Gerade die jetzige Kriegsgefahr und ihr Verlauf muss deshalb den Pazifismus ermutigen, in seiner Arbeit nicht zu erlahmen, denn wenn es auch die Gegenwart noch nicht wahrhaben will, so dürfen doch die Pazifisten selber sich in der felsenfesten Überzeugung nicht beirren lassen, dass es ihrer Betätigung im Verein mit der sozialistischen Bewegung allein zu danken ist, wenn sich die sozialen und internationalen Selbstregulationen schon heute, wo sie erst in den Anfängen stehen, bereits als stark genug erweisen, die Menschheit vor einem Weltkrieg zu bewahren.

Jetzt ist darum der Augenblick da, wo die ganz intensive pazifistische Arbeit einsetzen muss, um die bedeutsamen Lehren aus dem jüngsten Konflikt urbi et orbi mit leidenschaftlicher Klarheit zu verbreiten, um ebenso, wie Marx im kommunistischen Manifest den Arbeitermassen zugerufen hat: »Ihr habt eine Welt zu gewinnen und nichts zu verlieren als eure Ketten. Proletarier aller Länder, vereinigt euch!«, an alle Völker den energischen Appell zu richten: *Ihr habt im Kriege eine Welt zu verlieren und nichts zu gewinnen als neue Ketten und neue Lasten. Nationen aller Länder, vereinigt euch.* Vereinigt euch im Kampfe gegen den Krieg, vereinigt euch im unablässigen Ausbau solcher Friedensorganisationen, die den Ausbruch von Kriegen für alle Zeiten kulturtechnisch unmöglich machen.

* * *

Quelle: Rudolf Goldscheid, Krieg und Kultur. Die Lehren der Krise. In: Die Friedens-Warte. Zeitschrift für zwischenstaatliche Organisation, 13. Jg., Nr. 12, Dezember 1912, 441–446.

Rosa Luxemburg

Der Militarismus auf dem Gebiet der Kapitalakkumulation

Geboren im russisch-polnischen Zamość, entwickelte Rosa Luxemburg (1871–1919) schon frühzeitig oppositionelle Neigungen. Nachdem sie sich einer revolutionären Gruppe angeschlossen hatte, geriet sie ins Visier der zaristischen Behörden. Nach ihrer Flucht in die Schweiz begann sie an der Universität Zürich zu studieren. Der gewählte Fächerkatalog entsprach ihrem breiten Interessenspektrum, das die Biologie ebenso umfasste wie die Nationalökonomie. Nachdem sie mit einer Arbeit über die Industrieentwicklung Polens promoviert hatte, übersiedelte sie nach Deutschland, wo sie sich der Sozialdemokratie anschloss. Eine umfangreiche Publikationstätigkeit bestimmte ihren weiteren Weg, als Rednerin absolvierte sie zahlreiche Auftritte auf Kongressen und Massenversammlungen. Erneut politisch verfolgt, geriet sie mehrmals in Haft. Am Vorabend des Ersten Weltkrieges erschien ihr Hauptwerk »Die Akkumulation des Kapitals«, in dem sie sich mit den Fundamenten von Imperialismus und Militarismus auseinandersetzt. Die Zeitspanne zwischen 1914 und 1918 verbrachte die Kriegsgegnerin immer wieder im Gefängnis. Nach dem Weltkrieg auf der Seite der aufständischen Arbeiterschaft, wurde Luxemburg Mitte Jänner 1919 von konterrevolutionären Kräften gefangen genommen. Sie verstarb im Gefolge schwerer körperlicher Misshandlungen.

Der Militarismus übt in der Geschichte des Kapitals eine ganz bestimmte Funktion aus. Er begleitet die Schritte der Akkumulation in allen ihren geschichtlichen Phasen. In der Periode der sogenannten »primitiven Akkumulation«, d. h. in den Anfängen des europäischen Kapitals, spielte der Militarismus die entscheidende Rolle bei der Eroberung der Neuen Welt und der Gewürzländer Indiens, später bei der Eroberung der modernen Kolonien, Zerstörung der sozialen Verbände der primitiven Gesellschaften und Aneignung ihrer Produktionsmittel, bei der Erzwingung des Warenhandels in Ländern, deren soziale Struktur der Warenwirtschaft hinderlich ist, bei der gewaltsamen Proletarisierung der Eingeborenen und der Erzwingung der

Lohnarbeit in den Kolonien, bei der Bildung und Ausdehnung von Interessensphären des europäischen Kapitals in außereuropäischen Gebieten, bei der Erzwingung von Eisenbahnkonzessionen in rückständigen Ländern und bei der Vollstreckung der Forderungsrechte des europäischen Kapitals aus internationalen Anleihen, endlich als Mittel des Konkurrenzkampfes der kapitalistischen Länder untereinander um Gebiete nichtkapitalistischer Kultur.

Dazu kommt noch eine andere wichtige Funktion. Der Militarismus erscheint auch rein ökonomisch für das Kapital als ein Mittel ersten Ranges zur Realisierung des Mehrwerts, d. h. als ein Gebiet der Akkumulation. Bei der Untersuchung der Frage, wer als Abnehmer der Produktenmasse in Betracht käme, in der der kapitalisierte Mehrwert steckt, haben wir mehrfach den Hinweis auf den Staat und seine Organe als Konsumenten abgelehnt. Wir haben sie als Vertreter abgeleiteter Einkommensquellen in dieselbe Kategorie der Nutznießer des Mehrwerts (oder zum Teil des Arbeitslohns) eingereiht, der auch die Vertreter liberaler Berufe sowie allerlei Schmarotzerexistenzen der heutigen Gesellschaft (»König, Pfaff, Professor, Hure, Kriegsknecht«) angehören. Diese Erledigung der Frage ist aber erschöpfend nur unter zwei Voraussetzungen. Einmal wenn wir, im Sinne des Marxschen Schemas der Reproduktion, annehmen, dass der Staat keine anderen Steuerquellen besitzt als den kapitalistischen Mehrwert und den kapitalistischen Arbeitslohn. Und zweitens, wenn wir den Staat mit seinen Organen nur als Konsumenten ins Auge fassen. Handelt es sich nämlich um persönliche Konsumtion der Staatsbeamten (so auch des »Kriegsknechts«), so bedeutet das – sofern sie aus Arbeitermitteln bestritten wird – partielle Übertragung der Konsumtion von der Arbeiterklasse auf den Anhang der Kapitalistenklasse. [...]

Auf der Basis der indirekten Besteuerung und Hochschutzzölle werden die Kosten des Militarismus in der Hauptsache bestritten durch die Arbeiterklasse und das Bauerntum. Beide Steuerquoten sind gesondert zu betrachten. Was die Arbeiterklasse betrifft, so läuft das Geschäft ökonomisch auf das Folgende hinaus. Vorausgesetzt, dass eine Erhöhung der Löhne bis zum Ausgleich der Lebensmittelverteuerung nicht stattfindet – was gegenwärtig für die große Masse der Arbeiterklasse zutrifft und was für die gewerkschaftlich organisierte Minderheit durch den Druck der Kartelle und Unternehmerorganisationen in hohem Grade bewirkt wird [...] –, so bedeutet die indirekte Besteuerung die Übertragung eines Teils der Kaufkraft der Arbeiterklasse auf den Staat. [...]

Was sonst als Ersparnis der Bauern, des kleinen Mittelstandes aufgeschatzt wäre, um in Sparkassen und Banken das anlagesuchende Kapital zu vergrößern, wird jetzt im Besitze des Staates umgekehrt eine Nachfrage und Anlagemöglichkeit für das Kapital. Ferner tritt hier an Stelle einer großen Anzahl kleiner, zersplitterter und zeitlich auseinanderfallender Warennachfragen, die vielfach auch durch die einfache Warenproduktion befriedigt wären, also für die Kapitalakkumulation nicht in Betracht kämen, eine zur großen, einheitlichen, kompakten Potenz zusammenfasste Nachfrage des Staates. Diese setzt aber zu ihrer Befriedigung von vornherein die Großindustrie auf höchster Stufenleiter, also für die Mehrwertproduktion und Akkumulation günstigste Bedingungen voraus. In Gestalt der militaristischen Aufträge des Staates wird die zu einer gewaltigen Größe konzentrierte Kaufkraft der Konsumentenmassen außerdem der Willkür, den subjektiven Schwankungen persönlichen Konsumtion entrückt und mit einer fast automatischen Regelmäßigkeit, mit einem rhythmischen Wachstum begabt. Endlich befindet sich der Hebel dieser automatischen und rhythmischen Bewegung der militaristischen Kapitalproduktion in der Hand des Kapitals selbst – durch den Apparat der parlamentarischen Gesetzgebung und des zur Herstellung der sogenannten öffentlichen Meinung bestimmten Zeitungswesens. Dadurch scheint dieses spezifische Gebiet der Kapitalakkumulation zunächst von unbestimmter Ausdehnungsfähigkeit. Während jede andere Gebietserweiterung des Absatzes und der Operationsbasis für das Kapital in hohem Maße von geschichtlichen, sozialen, politischen Momenten abhängig ist, die außerhalb der Willenssphäre des Kapitals spielen, stellt die Produktion für den Militarismus ein Gebiet dar, dessen regelmäßige stoßweise Erweiterung in erster Linie in den bestimmenden Willen des Kapitals selbst gegeben zu sein scheint.

Die geschichtlichen Notwendigkeiten der verschärften Weltkonkurrenz des Kapitals um seine Akkumulationsbedingungen verwandeln sich so für das Kapital selbst in ein erstklassiges Akkumulationsfeld. Je energischer das Kapital den Militarismus gebraucht, um die Produktionsmittel und Arbeitskräfte nichtkapitalistischer Länder und Gesellschaften durch die Welt- und Kolonialpolitik sich selbst zu assimilieren, umso energischer arbeitet derselbe Militarismus daheim, in den kapitalistischen Ländern, dahin, den nichtkapitalistischen Schichten dieser Länder, d. h. den Vertretern der einfachen Warenproduktion sowie der Arbeiterklasse fortschreitend die Kaufkraft zu entziehen, d. h. die Ersteren immer mehr der Produktivkräfte zu berauben, die Letzteren in ihrer Lebenshaltung herabzudrücken, um auf beider Kosten die Kapitalakkumulation gewaltig zu steigern. Von beiden Seiten schlagen aber die Bedingungen der Akkumulation auf einer gewissen Höhe in Bedingungen des Untergangs für das Kapital um.

Je gewalttätiger das Kapital vermittelst des Militarismus draußen in der Welt wie bei sich daheim mit der Existenz nichtkapitalistischer Schichten aufräumt und die Existenzbedingungen aller arbeitenden Schichten herabdrückt, umso mehr verwandelt sich die Tagesgeschichte der Kapitalakkumulation auf der Weltbühne in eine fortlaufende Kette politischer und sozialer Katastrophen und Konvulsionen, die zusammen mit den periodischen wirtschaftlichen Katastrophen in Gestalt der Krisen die Fortsetzung der Akkumulation zur Unmöglichkeit, die Rebellion der internationalen Arbeiterklasse gegen die Kapitalherrschaft zur Notwendigkeit machen werden, selbst ehe sie noch ökonomisch auf ihre natürliche selbst geschaffene Schranke gestoßen ist.

Der Kapitalismus ist die erste Wirtschaftsform mit propagandistischer Kraft, eine Form, die die Tendenz hat, sich auf dem Erdrund auszubreiten und alle anderen Wirtschaftsformen zu verdrängen, die keine andere neben sich duldet. Er ist aber zugleich die erste, die allein, ohne andere Wirtschaftsformen als ihr Milieu und ihren Nährboden, nicht zu existieren vermag, die also gleichzeitig mit der Tendenz, zur Weltform zu werden, an der inneren Unfähigkeit zerschellt, eine Weltform der Produktion zu sein. Er ist ein lebendiger historischer Widerspruch in sich selbst, seine Akkumulationsbewegung ist der Ausdruck, die fortlaufende Lösung und zugleich Potenzierung des Widerspruchs. Auf einer gewissen Höhe der Entwickelung kann dieser Widerspruch nicht anders gelöst werden als durch die Anwendung der Grundlagen des Sozialismus – derjenigen Wirtschaftsform, die zugleich von Hause aus Weltform und in sich ein harmonisches System, weil sie nicht auf die Akkumulation, sondern auf die Befriedigung der Lebensbedürfnisse der arbeitenden Menschheit selbst durch die Entfaltung aller Produktivkräfte des Erdrundes gerichtet sein wird.

* * *

Quelle: Rosa Luxemburg, Die Akkumulation des Kapitals (1913). Vereinigung Internationaler Verlagsanstalten, Berlin 1923, 367- 369, 370, 378–380.

George Bernard Shaw
Eine andere falsche Wissenschaft

»*Der vernünftige Mensch passt sich der Welt an; der unvernünftige besteht auf dem Versuch, die Welt sich anzupassen. Deshalb hängt aller Fortschritt vom unvernünftigen Menschen ab*« *meinte George Bernard Shaw (1856–1950) einmal. Der britische Dramatiker, Kritiker und Pazifist, seit den frühen 1880er Jahren publizistisch tätig, engagierte sich in vielfacher Hinsicht gesellschaftspolitisch. Als Mitglied der Fabian Society entwarf er das erste Programm der Labour-Party. Die heute so renommierte London School of Economics wurde von ihm mitbegründet. 1914 bereits international bekannt, verfasste Shaw einen Aufruf, in dem er das patriotische Denken einer massiven Kritik unterzog und in dem er die Regierungen Großbritanniens und Deutschlands zu unverzüglichen Friedensverhandlungen aufforderte. Shaw zählt weltweit zu den wenigen Kulturschaffenden, die sowohl mit dem Nobelpreis (1925) als auch mit dem begehrten Oscar (1939) ausgezeichnet wurden.*

Der Militarismus muss als eine der unüberlegtest törichten Trugweisheiten bezeichnet werden, die das letzte Jahrhundert in solchem Überfluss hervorgebracht hat und für die gemeinsam charakteristisch ist, dass sie alle gesund denkenden Menschen empören und vor den Tatsachen menschlicher Erfahrung nicht standhalten. Die einzige Fingerregel für die Bewährtheit derzeitiger Methoden wäre die, dass Kriege um die Aufrechterhaltung oder Störung des Kräftegleichgewichts, ungenau auch Machtausgleichkriege genannt, niemals das ersehnte friedliche und sichere Gleichgewicht bringen. Sie mögen Streitsucht erzeugen, Hass befriedigen, Wunden des Nationalstolzes heilen oder den militärischen Ruf erhöhen oder verdunkeln, doch das ist alles.

* * *

Quelle: George Bernard Shaw, Eine andere falsche Wissenschaft. In: Ders., Der gesunde Menschenverstand im Krieg (1914), Max Rascher Verlag, Zürich 1919, 32

Erich Mühsam
Das grosse Morden

Obrigkeitsstaat, Gefügsamkeit und Unterwürfigkeit waren bereits dem jungen Erich Mühsam (1878–1934) ein Gräuel. Sein schriftstellerisches Schaffen war von Beginn an von einer widerständigen Haltung geprägt. Inspiriert wurde er durch anarchistische Gruppen in Berlin und besonders durch Gustav Landauer, den Herausgeber der Zeitschrift »Der Sozialist«. Die Phase der Verwirrung, die Mühsam zu Beginn des Weltkrieges durchmachte, währte nur kurz, sodass er bald mit aktiven Kriegsgegnern in Kontakt kam. Mühsam nahm an den Hunger- und Protestmärschen in München 1916 teil, er unterstützte die Streikbewegungen in den Fabriken und er propagierte eine revolutionäre Beendigung des Krieges. Ein wichtiger Ansprechpartner wurde für ihn Kurt Eisner, der in Bayern Anfang November 1918 die Revolution ausrief. Mühsam trat dem Revolutionären Arbeiterrat bei und wirkt beim Aufbau von Räteorganisationen mit. Nach der militärischen Niederschlagung der Münchner Räterepublik wurde er wegen Hochverrats standgerichtlich zu fünfzehn Jahren Festungshaft verurteilt. Ende 1924 wurde Mühsam auf Bewährung vorzeitig entlassen. Das NS-Regime verzieh ihm sein Engagement gegen den Krieg und für die Rätedemokratie nicht. Im Februar 1934 wurde Mühsam ins KZ Oranienburg eingeliefert und im Juli desselben Jahres von SS-Schergen ermordet.

Immer wieder überraschen einen die Mitmenschen – selbst solche, die die Bezirke geistiger Lebendigkeit bewohnen – mit ernsthaft gemeinten Gegengründen gegen die Forderungen der selbstverständlichsten Menschlichkeit. Immer wieder sagt man den Spruch auf, dass es doch wohl natürlich wäre, wenn die Menschen einander hülfen und versuchten, im Frieden nach innen und außen Gerechtigkeit zwischen Arbeit und Verbrauch zu schaffen, und immer wieder begegnet einem das überlegene mitleidsvolle Lächeln der Weltklugheit, die Krieg und Spionage, Ausbeutung und Unterdrückung als gottgewollte schöne und gute Notwendigkeit zu verteidigen weiß. Man schämt sich allmählich vor sich selbst, immer und immer wieder den moralischen Gemeinplatz aussprechen zu müssen, dass Krieg schlecht und hässlich, Friede gut, natürlich und notwendig ist. Aber wir wollen noch tausendmal die Gründe der anderen widerlegen, um vor der Nachwelt nicht in der lächerlichen Haltung solcher dazustehen, die vor der Dummheit und Herzenskälte resignieren und kapitulieren.

In diesem Zeitalter raffiniertester technischer Zivilisation gibt es für den Erfindungsgeist immer noch keine höheren Aufgaben als die Vervollkommnung der kriegerischen Mordinstrumente. Wessen Gewehre und Kanonen am weitesten schießen, am schnellsten laden, am sichersten treffen, der hat den Kranz. Das Scheußliche und das Groteske gehen Hand in Hand durchs zwanzigste Jahrhundert und rufen die Völker auf zur Bewunderung der Welt Vollkommenheit.

So sieht unsere Kultur heute aus: Hunderttausende junger arbeits- und zeugungsfähiger Männer werden aus ihrer Beschäftigung gerissen, in komisch-bunte Gleichtracht gekleidet, mit blanken Knöpfen, goldblechbeschlagenen metallenen Kopfbedeckungen und nummerierten Achselbeschlägen. An der Seite hängt ihnen ein langes Messer, scharf geschliffen, zum Stechen so geeignet wie zum Hauen. Über die Schulter tragen sie ein Schießgewehr, aus dessen Lauf sie oftmals hintereinander Geschosse jagen können, geeignet, auf große Entfernung Menschen zu durchbohren, mit einer Durchschlagskraft, dass gleich zwei hintereinander davon getötet werden können. Der Griff der Waffen aber ist schwer und wuchtig. Er dient zum Zertrümmern von Menschenschädeln. Vor den Nabel ist diesen Leuten ein Täschchen gebunden, das noch viele Geschosse enthält, für den Fall, dass die im Gewehrlauf ihre Pflicht nicht erfüllt haben. Ihre Tätigkeit besteht im jahrelangen Einüben in die Benützung der bezeichneten Gegenstände für den Bedarfsfall. In den Höfen der Häuser, in denen sie zu Hunderten zusammen wohnen müssen, stehen aus Holz gefertigte, menschenähnliche. Soldatenpuppen. Die Phantasie der Kriegseleven wird dazu geschult, in diesen Puppen lebendige Ebenbilder Gottes zu erblicken, und dann müssen sie darauf schießen. Außerdem aber werden sie erzogen, anderen Leuten, zu denen sie im gewöhnlichen Leben gar keine Beziehungen haben, blinden Gehorsam zu leisten. Um sie daran zu gewöhnen, werden ihnen Aufgaben gestellt, denen ein erkennbarer praktischer Sinn überhaupt nicht innewohnt. Zum Beispiel müssen sie oft, wenn sie in Gruppen angeordnet zum Gehen aufgefordert werden, alle gleichzeitig das Knie bis vor den Bauch hochheben, alsdann die Zehenspitze weit vorwärts schleudern und den Fuß mit lautem Klappen auf den Boden schlagen und so immer abwechselnd mit dem linken und dem rechten Bein verfahren. Den Vorgesetzten müssen sie besondere Ehren erweisen, wozu ihnen je nach der Situation das Gewehr, die Kopfbekleidung oder die Hosennaht behilflich ist. Aber ihr Gruß gilt nicht der Person des Vorgesetzten, sondern dessen Kleidern, die mit noch mehr Goldblech verziert sind als ihre eigenen.

Die Bezahlung dieser Dinge muss das Volk mit einem riesigen Prozentsatz seines Arbeitsertrages leisten, und so groß sind bereits die Anforderungen an die Steuerkraft der Menschen, dass seit Jahren kein Aufhören der Wirtschaftskrisen mehr ist, und die Folgen dieser Krisen sind Arbeitslosigkeit und Geburtenrückgang, aus denen wiederum verminderte Leistungsfähigkeit des Volkes und mithin – da die Forderungen des Militarismus sich nicht reduzieren, sondern ständig steigen – Erzeugung und Permanenz weiterer, immer ärgerer Krisen resultiert.

Der Wert dieser Opfer an Eigenwillen und Volkskraft wird sich jedoch erweisen, wenn eines Tages die Kriegsfahne entrollt wird. Dann wird der Begeisterung in allem Volk kein Ende sein. Dann wird sich dieses Bild entfalten: Zu denen, die gerade in den Kasernen zum Kriege gedrillt werden, treten noch die leistungsfähigen früheren Soldaten hinzu und die jungen Leute, die eigentlich noch auf ihre Schulung warten sollten. Junge Gatten und Väter werden aus dem Haus ihrer Hoffnungen geholt. Die Söhne müssen hinaus ins Feld der Ehre. Studenten, Lernende aller Berufe müssen ihre Entwicklung abbrechen, um am Kriege teilzunehmen, dessen Gründe sie nicht kennen und auch nicht erfahren, die auch mit ihren Interessen nichts zu tun haben. Nicht freiwillig gehen sie hinaus in Gefahr und Tod, sondern gezwungen und ohne Wahl. Weigerung wäre Tod.

Und nun kommt Bewegung in das Heer, dessen Gesamtstärke etliche Millionen Menschen beträgt. Die einzelnen Abteilungen suchen die Grenze des Landes zu erreichen, mit dessen Armee die Kämpfe zu führen sind. Im eigenen Lande schon herrscht Trauer und Verzweiflung. Die Mütter, die Frauen und Mädchen jammern den Männern und Söhnen nach. Die Saaten werden von Pferden und Menschen zerstampft, aller Handel, alle Produktion stockt, die Nahrungsmittel werden schlecht und unerschwinglich teuer, Krankheiten breiten sich aus, das Elend meldet sich überall.

Soll ich schildern, was weiter geschieht? Brauchte ich nicht Stunden und Stunden, um all das Grässliche aufzuzählen, das das Wesen des Krieges ausmacht? Denkt an die Schilderungen derer, die solche Heldenzüge mitgemacht haben. Denkt daran, dass Städte umzingelt und ausgehungert werden, wobei Hunderte und Hunderte Hungers sterben, denkt an den Sturm auf die Städte, wie sie in Brand geschossen werden und Kinder, Frauen, Greise, Kranke und Krüppel ihr Leben lassen müssen – fürs Vaterland! Denkt an die Eroberungen der Städte, wie die Soldaten, wochenlang keiner Schürze nah, sich mit geilen Nerven auf die fremden Frauen stürzen.

Denkt an die innere Verwilderung des einzelnen, der in ununterbrochener Angst um das eigene Leben täglich Sterbende und Leichen sieht, dem schon dadurch die Raubtierinstinkte wach werden und dem noch dazu stündlich gelehrt wird, dass das Umbringen von Menschen Tapferkeit sei. Und denkt an die Schlachten in den modernen Kriegen selbst! Wo ist da noch etwas von persönlichem Heldenmut? Wie maschinell und untapfer wird heutzutage gekämpft! Aus verdeckten Gräben schießt man aus Kanonenläufen, Maschinengewehren auf die Stelle, wo man Feind vermutet, lässt Sprengstoff explodieren und wird selbst von Granatsplittern zerrissen, ohne zu sehen, woher der Mord geschieht. Der Kampf von Unsichtbaren gegen Unsichtbare – ist das nicht der furchtbarste Hohn auf alle Menschenwürde?

Aber unter den Lesern selbst dieser Zeilen sind genug, denen ich mit meinem leidenschaftlichen Hass gegen den Krieg kindlich und dumm vorkomme, solche, die gegen Einrichtungen und Gebräuche keinen Hass kennen, weil sie abgeklärt sind und das Leben zu beurteilen wissen. Sie sagen einfach, dass der Militärdrill eine gesunde Körperausbildung ist, und für die Einsicht, dass Körperübungen, die erzwungen und unter Abtötung der eigenen Willensbestimmung vorgenommen werden, niemals gesund sein können, haben sie kein Gefühl. Sie sagen, dass die Natur Seuchen über die Menschheit schicke, die mehr Opfer fordern als die blutigsten Kriege und dass Kriege ebenso weise Maßnahmen der Natur seien wie Krankheiten, bestimmt, die von Blut und Kraft übermäßig strotzenden Völker wohltätig zur Ader zu lassen. Wie kommen denn diese Logiker dazu, jeden Fortschritt der Wissenschaft zu bejubeln, der die Bezwingung einer Epidemie bewirkt? Wer den Krieg mit solchen Argumenten verteidigt, hat kein Recht, die Zurückdrängung von Pest- und Choleraseuchen, die Erfindung von Serum, Salvarsan, Mesothorium als Siege der Menschheit zu feiern. Was den Menschen recht ist, sollte doch wohl dem lieben Gott billig sein. Entweder wollen wir die schicksalsgewollten Auskehrungen unter den Menschen willig tragen, dann ist der Kampf gegen die Bakterien eine Heuchelei, oder wir wollen uns gegen verheerendes Unglück schützen, dann müssen wir den Krieg verhüten wie jede andere Pest.

Aber die wirtschaftlichen Bedürfnisse der Völker bedingen Kriege. Wenn ein Land seine Leute nicht mehr füttern kann, muss es dem Nachbarn Äcker wegnehmen. Schwindel. Seit der Kapitalismus die Welt beherrscht, ist noch fast jeder Krieg vom Reichen gegen den Armen geführt worden. Der Große saugt dem Kleinen das Blut aus. Es ist mit den Staaten genauso wie mit den Einzelnen. Die Machtanhäufung wird von keinem Bedürfnis bestimmt, sondern ist Selbstzweck, wie die Ansammlung von Kapitalien, deren Ertrag niemandem zunutze kommt, für die modernen Geldmagnaten Selbstzweck ist. Die Machtanhäufung der Staaten aber, um derentwillen Kriege geführt werden, ist in Wahrheit Kapitalanhäufung bei einzelnen Kapitalisten. Die anderen haben Leben, Habe, Arbeit, Hoffnung und Glück zum Opfer zu bringen wie die Kleinstaaten Selbständigkeit, Nationalbesitz und Volksart. Das Kreuz Christi aber, der Name Gottes, die Postulate der Gerechtigkeit und Sittlichkeit liefern allemal das Glockengeläute, unter dem die Kanonen zum Kriege geladen werden.

Ein Musterbeispiel für die Art, wie gewissenlose Habgier Kriege inszeniert, liefern gegenwärtig die Vereinigten Staaten von Nordamerika, repräsentiert in dem würdigen, pazifistisch geschminkten Präsidenten Wilson, Professor und sozial aufgeklärten Schriftsteller.

Das Land Mexiko steckt seit Jahren in hellem innerem Aufruhr. Die infamen Landgesetze des Porfirio Diaz trieben die Leidenschaften hoch, und in höchst wechselvollen Kämpfen, die die Rebellen mehrmals dem Siege nahebrachten, mussten sie es immer wieder erleben, dass sie ihre Waffen gegen den Verrat der eigenen Führer wenden mussten, die die Revolution zum Vorwand ihrer persönlichen ehrgeizigen Ziele machten. Was für eine Sorte Führer die Rebellengeneräle Villa und Carranza sind, lässt sich von Europa aus schwer erkennen. Die Tatsache aber, dass sie sich das wohlwollende Augenzwinkern der Vereinigten Staaten in ihrem Kampf gegen den demokratischen Despoten Huerta gefallen ließen, lässt sie wenig vertrauenswürdig erscheinen. Jetzt zeigt sich ja, was die biederen Volksbeglücker Wilson und Bryan mit ihrer Rebellenfreundlichkeit bezweckt haben: die völlige Verwirrung im Lande, um leichter zum Gewaltstreich ausholen zu können.

Der Vorwand zum mexikanischen Kriege ist ebenso schimpflich wie lächerlich. Tagelang war die brennendste Frage in aller Welt, ob Huertas Schiffe die Yankeeflotte mit einundzwanzig Schüssen begrüßen werden, ob Wilsons Kanonen ihnen antworten würden und ob Huertas Forderung, die Salutschießerei solle abwechselnd erfolgen, angenommen oder stattdessen ein Krieg ausbrechen werde. Natürlich geschah, was mit der ganzen demütigenden Albernheit bezweckt war: Die Amerikaner besetzten Veracruz, brachen also – ohne Kriegserklärung, um sich die Pose als Zuchtmeister geben zu können – den Krieg vom Zaun. Selten ward solche Aktion mit so ekelhafter Heuchelei begonnen wie diese »Strafexpedition«. Die nordamerikanischen Friedensapostel vergossen Tränen der Verzweiflung, dass in ihrem Namen Blut fließen musste, und Herr Wilson erließ eine Kundgebung an das mexikanische Volk, wonach er es nur auf den Präsidenten, beileibe nicht auf die Mexikaner abgesehen habe. Während dem machte er sich auch schon zum Herrn ihrer Städte. Dass ihm der Raubzug nun doch etwas schwerer gemacht wird, als er es sich vorgestellt hatte, und dass er deshalb geneigt scheint, die Intervention der südamerikanischen Republiken anzunehmen, ändert nichts an der Tatsache, dass dieser Mann, der europäische liberale Blätter mit menschheitsbeglückenden Manifesten füllt, als Werkzeug ausbeuterischer Milliardäre in fremdes Land eingedrungen ist, um im Trüben zu fischen. Nach seiner Auslegung: um Ordnung zu schaffen – Ordnung zu schaffen in dem Moment, wo im eigenen Lande im Staat Colorado die ihm unterstellte Soldateska blutige Schlachten gegen streikende Arbeiter führte und Frauen und Kinder unter scheußlichen Martern umkommen ließ.

Na also, höre ich meine militärentzückten Freunde triumphierend ausrufen. Hier zeigt sich wieder, wie gottgewollt und unanfechtbar die Pflege einer starken, stets kampfbereiten Armee ist. Selbst in Zeiten des Friedens muss sie bereit sein – gegen den inneren Feind!

* * *

Quelle: Erich Mühsam, Das große Morden. In: Kain. Zeitschrift für Menschlichkeit, 4. Jg., Nr. 2, Mai 1914, 17–24.

Hedwig Lachmann

Mit den Besiegten

Ihre ausgeprägte pazifistische Gesinnung scheint die Übersetzerin und Pädagogin Hedwig Lachmann (1865–1918) vor allem durch ihre ausgedehnte Reisetätigkeit gewonnen zu haben. Zu den von ihr übersetzten Autoren zählten Honoré de Balzac, Joseph Conrad und Oscar Wilde. 1899 begegnete sie dem Kulturphilosophen und Anarchisten Gustav Landauer, mit dem sie nach England zog. Die beiden heirateten, aus der Verbindung gingen zwei Töchter hervor. Vor Beginn des Ersten Weltkrieges übersiedelte die Familie wieder nach Deutschland, wo sie sich in Berlin niederließ. Mit wachsender Verzweiflung schrieb Lachmann 1914 gegen die hereinbrechende soziale Katastrophe an. Ihre langjährige Freundschaft zum Schriftsteller Richard Dehmel, der sich von der Kriegsbegeisterung mitreißen ließ, zerbrach. Zunehmend zu schaffen machten Lachmann auch die mit dem Kriegsgeschehen verbundenen Einschränkungen. Körperlich massiv geschwächt, starb sie 1918 an einer Lungenentzündung. Im Jahr darauf erschien ein umfassender Band mit ihren Gedichten – herausgegeben von Gustav Landauer.

Preist Ihr den Heldenlauf der Sieger, schmückt
Sie mit dem Ruhmeskranz, Euch dran zu weiden –
Ich will indessen, in den Staub gebückt,
Erniedrigung mit den Besiegten leiden.

Geringstes Volk! verpönt, geschmäht, verheert
Und bis zur Knechtschaft in die Knie gezwungen –
Du bist vor jedem stolzeren mir wert,
Als wär' mit dir ich einem Stamm entsprungen!

Heiß brennt mich Scham, wenn das Triumphgebraus
Dem Feinde Fall und Untergang verkündet,
Wenn über der Zerstörung tost Applaus
Und wilder noch die Machtgier sich entzündet.

Weit lieber doch besiegt sein, als verführt
Von eitlem Glanz – und wenn auch am Verschmachten,
Und ob man gleich den Fuß im Nacken spürt –
Den Sieger und das Siegesglück verachten.

* * *

Quelle: Hedwig Lachmann, Mit den Besiegten. In: Dies., Gesammelte Gedichte. Eigenes und Nachdichtungen. Herausgegeben von Gustav Landauer, Gustav Kiepenheuer Verlag, Potsdam 1919, 98.

Karl Liebknecht
Abstimmungsbegründung

Die Zurückstellung innenpolitischer Konflikte in Deutschland 1914 wurde von der Sozialdemokratie nicht zur Gänze mitgetragen. Als vehementer Kritiker des so genannten Burgfriedens trat Karl Liebknecht (1871–1919) auf. Als Anwalt und als Angehöriger des linksrevolutionären Flügels der SPD hatte Liebknecht bereits um die Jahrhundertwende an verschiedenen politischen Prozessen mitgewirkt. Nach Veröffentlichung einer antimilitaristischen Schrift wurde er 1907 zu Festungshaft verurteilt. Der Sache des Antimilitarismus blieb Liebknecht aber auch weiter zugetan. 1914 begab er sich auf eine Friedensmission, die ihn durch Deutschland, England, Frankreich und Belgien führte. Als Reichstagsabgeordneter beugte er sich anfänglich der Fraktionsdisziplin, einer Ausweitung der Kriegskredite versagte er aber seine Zustimmung. Nachdem ihn auch ein Einberufungsbefehl nicht mundtot gemacht hatte, folgte eine längere Zuchthausstrafe wegen »Kriegsverrat«; 1916 wurde er zudem aus der SPD ausgeschlossen. Die durch Liebknecht und Rosa Luxemburg gegründete Gruppe Internationale (später: Spartakusbund) gewann danach stetig an Einfluss, eine führende Position innerhalb der Arbeiterklasse konnte sie jedoch nicht erringen. Auch Liebknechts Anregungen zur Errichtung eines Rätesystems fanden nur punktuell Zustimmung. Nach der blutigen Niederschlagung der Revolution im Jänner 1919 wurde Liebknecht festgenommen und kurz darauf bestialisch ermordet.

Meine Abstimmung zur heutigen Vorlage begründe ich wie folgt: Dieser Krieg, den keines der beteiligten Völker selbst gewollt hat, ist nicht für die Wohlfahrt des deutschen oder eines anderen Volkes entbrannt. Es handelt sich um einen imperialistischen Krieg, einen Krieg um die kapitalistische Beherrschung des Weltmarktes, um die politische Beherrschung wichtiger Siedlungsgebiete für das Industrie- und Bankkapital. Es handelt sich vom Gesichtspunkt des Wettrüstens um einen von der deutschen und österreichischen Kriegspartei gemeinsam im Dunkel des Halbabsolutismus und der Geheimdiplomatie hervorgerufenen Präventivkrieg. Es handelt sich auch um ein bonapartistisches Unternehmen zur Demoralisation und Zertrümmerung der anschwellenden Arbeiterbewegung. Das haben die verflossenen Monate trotz einer rücksichtslosen Verwirrungsregie mit steigender Deutlichkeit gelehrt.

Die deutsche Parole »Gegen den Zarismus« diente – ähnlich der jetzigen englischen und französischen Parole »Gegen den Militarismus« – dem Zweck, die edelsten Instinkte, die revolutionären Überlieferungen und Hoffnungen des Volkes für den Völkerhass zu mobilisieren. Deutschland, der Mitschuldige des Zarismus, das Muster politischer Rückständigkeit bis zum heutigen Tage, hat keinen Beruf zum Völkerbefreier. Die Befreiung des russischen wie des deutschen Volkes muss deren eigenes Werk sein.

Der Krieg ist kein deutscher Verteidigungskrieg. Sein geschichtlicher Charakter und bisheriger Verlauf verbieten, einer kapitalistischen Regierung zu vertrauen, dass der Zweck, für den sie die Kredite fordert, die Verteidigung des Vaterlandes ist.

Ein schleuniger, für keinen Teil demütigender Friede, ein Friede ohne Eroberungen, ist zu fordern; alle Bemühungen dafür sind zu begrüßen. Nur die gleichzeitige dauernde Stärkung der auf einen solchen Frieden gerichteten Strömungen in allen Krieg führenden Staaten kann dem blutigen Gemetzel vor der völligen Erschöpfung aller beteiligten Völker Einhalt gebieten. Nur ein auf dem Boden der internationalen Solidarität der Arbeiterklasse und der Freiheit aller Völker erwachsener Friede kann ein gesicherter sein. So gilt es für das Proletariat aller Länder, auch heute im Kriege gemeinsame sozialistische Arbeit für den Frieden zu leisten.

Die Notstandskredite bewillige ich in der verlangten Höhe, die mir bei Weitem nicht genügt. Nicht minder stimme ich allem zu, was das harte Los unserer Brüder im Felde, der Verwundeten und Kranken, denen mein unbegrenztes Mitleid gehört, irgend lindern kann; auch hier geht mir keine Forderung weit genug. Unter Protest jedoch gegen den Krieg, seine Verantwortlichen und Regisseure, gegen die kapitalistische Politik, die ihn heraufbeschwor, gegen die kapitalistischen Ziele, die er verfolgt, gegen die Annexionspläne, gegen den Bruch der belgischen und luxemburgischen Neutralität, gegen die Militärdiktatur, gegen die soziale und politische Pflichtvergessenheit, deren sich die Regierung und die herrschenden Klassen auch heute noch schuldig machen, lehne ich die geforderten Kriegskredite ab.

* * *

Quelle: Karl Liebknecht, Abstimmungsbegründung. (Schreiben Karl Liebknechts an den deutschen Reichstagspräsidenten zur Begründung seiner Ablehnung der Kriegskredite, Berlin, 2. Dezember 1914.) In: Ders., Klassenkampf gegen den Krieg, A. Hoffmanns Verlag, Berlin 1919, 64 f.

Jaroslav Hašek
Die Feldmesse

Nachdem erste Versuche zur Gründung einer bürgerlichen Existenz gescheitert waren, wandte sich Jaroslav Hašek (1883–1923) der schreibenden Zunft zu. Den Veröffentlichungen von Gedichten und Reiseschilderungen folgen Humoresken und satirische Geschichten. Hašek zeigte sich bereits sehr früh politisiert. Gerade zwanzig geworden, schloss sich er sich dem tschechischen Anarchismus an und wurde Redakteur der Zeitschrift »Komuna«. 1911 gehörte er zu den Mitbegründern der »Partei des maßvollen Fortschritts in den Grenzen der Gesetze«, die das Polit-Theater des Establishments kabarettartig aufs Korn nahm. Während des Ersten Weltkrieges wurde Hašek als Angehöriger der k. u. k. Armee an die Ostfront abkommandiert, wo er schwer lungenleidend in russische Gefangenschaft geriet. Durch die Ereignisse der Russischen Revolution geprägt, kehrte er nach Hause zurück. Während des Weltkrieges hatte Hašek über das Soldatendasein des »Schwejk« zu schreiben begonnen. Als literarische Figur schon vor 1914 präsent, gewann der Antiheld nun schärfere Konturen. Mit der Schlauheit und dem Witz der einfachen Leute ausgestattet, kämpft Schwejk gegen alles Bürokratische, eigensinnig versucht er sich den Kriegswirren fernzuhalten, es bleibt aber immer offen, ob seine Einfältigkeit nur gespielt ist. Wesentliche Anregungen für den 1921 erschienenen Roman über den »braven Soldaten Schwejk« hatten das eigene Erleben des Autors und die Verhaltensauffälligkeiten der Armeekommandeure geliefert. Hašeks früher Tod verhinderte, dass er sein Projekt einer mehrbändigen Schwejk-Ausgabe zu Ende führen konnte.

Die Vorbereitungen zur Tötung von Menschen sind stets im Namen Gottes oder irgendeines vermeintlichen höheren Wesens vor sich gegangen, das sich die Menschen ersonnen und in ihrer Phantasie erschaffen haben.

Bevor die alten Phönizier einem Gefangenen den Hals durchschnitten, hielten sie ebenso feierlich ihren Gottesdienst ab, wie einige Jahrtausende später neue Generationen, ehe sie in den Krieg zogen und ihre Feinde mit Feuer und Schwert vernichteten.

Bevor die Menschenfresser von Guinea und Polynesien ihre Gefangenen beziehungsweise unbrauchbare Menschen wie Missionare, Reisende und Unterhändler verschiedener Handelsfirmen oder einfach Neugierige feierlich auffressen, opfern sie ihren Göttern, indem sie die mannigfachsten religiösen Gebräuche vollziehen. Da die Kultur des Ornates noch nicht zu ihnen gedrungen ist, schmücken sie ihre Schenkel mit Kränzen aus den bunten Federn der Waldvögel.

Bevor die heilige Inquisition ihre Opfer verbrannte, zelebrierte sie die feierlichsten Gottesdienste und die große heilige Messe mit Gesängen.

Bei Hinrichtungen von Verbrechern wirken stets Priester mit, die den Delinquenten mit ihrer Anwesenheit belästigen.

In Preußen geleitete den Bedauernswerten ein Pastor unter das Beil, in Österreich ein katholischer Priester zum Galgen, in Frankreich unter die Guillotine, in Amerika führte ihn ein Priester auf den elektrischen Stuhl, in Spanien auf einen Sessel, wo er mit einem sinnreichen Instrument erwürgt wurde, und in Russland wurden die Revolutionäre von einem bärtigen Popen begleitet usw.

Überall mussten sie dabei mit dem Gekreuzigten gehen, als wollten sie sagen: »Dir hacken sie nur den Hals ab, hängen dich, erwürgen dich, lassen 15.000 Volt in dich los, aber was hat jener erdulden müssen.«

Die große Schlachtbank des Weltkriegs konnte des priesterlichen Segens nicht entbehren. Die Feldkuraten aller Armeen beteten und zelebrierten Feldmessen für den Sieg jener Partei, deren Brot sie aßen.

Bei den Hinrichtungen meuternder Soldaten erschien ein Priester. Bei den Hinrichtungen tschechischer Legionäre war ein Priester zu sehen.

Nichts hat sich geändert seit der Zeit, da der Räuber Adalbert, den man später den »Heiligen« genannt hat, mit dem Schwert in der einen und dem Kreuz in der andern Hand bei der Vernichtung der baltischen Slawen mitwirkte.

Die Menschen gingen in ganz Europa wie das liebe Vieh zur Schlachtbank, wohin sie neben den Fleischer-Kaisern, Königen und anderen Potentaten und Heerführern die Priester aller Glaubensbekenntnisse geleiteten, sie einsegneten und falsch schwören ließen, dass sie »auf dem Festland, in der Luft, auf dem Meere usw.«

Feldmessen wurden stets zweimal zelebriert.

Wenn eine Abteilung in die Positionen an die Front abging und dann vor der Front, vor dem blutigen Gemetzel und Morden. Ich erinnere mich, dass uns einmal bei einer solchen Feldmesse ein feindlicher Aeroplan eine Bombe gerade auf den Feldaltar warf und vom Feldkuraten nichts übrig blieb als blutige Fetzen.

Man schrieb von ihm wie von einem Märtyrer, während unsere Aeroplane den Feldkuraten der andern Seite eine ähnliche Gloriole verliehen.

Uns bereitete das einen ungeheuren Spaß und auf dem provisorischen Kreuz, unter dem die Überreste des Feldkuraten bestattet wurden, erschien über Nacht folgende Grabschrift:

Was uns ereilen konnte, hat auch dich befallen.
Du hast uns stets das Himmelreich versprochen.
Nun ists vom Himmel bei der Messe auf dein Haupt gefallen.
Und wo du plärrtest, liegen deine Knochen.

* * *

Quelle: Jaroslav Hašek, Die Abenteuer des braven Soldaten Schwejk während des Weltkrieges, Verlag Adolf Synek, Prag 1926, 194–197.

Karl Kraus
In dieser grossen Zeit

Als im August 1914 zahlreiche Künstler und Intellektuelle patriotische Schlachtengesänge anstimmten, bildete in einer opportunistischen Presselandschaft die »Fackel« eine einzigartige Erscheinung. Ihr engagierter Herausgeber, Karl Kraus (1874–1936), wandte sich in eindringlichen Worten gegen die geistige Mobilmachung und deckte schonungslos die Phraseologie der Kriegspropaganda auf. Im Zentrum seiner Kritik standen Personen wie Hugo von Hofmannsthal, Hermann Bahr oder Alfred Kerr. Kraus wusste natürlich, dass jede seiner Äußerungen der Gefahr einer Missdeutung und Verharmlosung ausgesetzt ist. Das »gewendete Schweigen«, für das er folgerichtig plädierte, bedeutete für ihn aber nicht den Verzicht auf polemische Äußerungen. Anfang November 1914 erschien sein Text »In dieser großen Zeit«. Immer wieder hebt er das wirtschaftliche Geschehen als konfliktförderndes Moment hervor (»Lied der Alldeutschen«, Oktober 1918). Er berichtet von der Ausnahmesituation, in der sich Soldaten und ihre Angehörigen häufig befinden (»Desertion in den Tod«, November 1918). In der Rolle des kritischen Beobachters bleibt Kraus auch nach dem Kriege, indem er gegen die Vergesslichkeit, die Trägheit und die Gewohnheit anschreibt (»Hochzeitsgäste«, April 1923). Ein besonderer Dorn im Auge sind ihm die Kriegsbarden, die mit konjunktursicherem Instinkt nun ihre »Friedenswaren« anbieten. Der mit literarischen Mitteln zu führende Kampf ist für ihn noch lange nicht ausgestanden ...

In dieser großen Zeit, die ich noch gekannt habe, wie sie so klein war; die wieder klein werden wird, wenn ihr dazu noch Zeit bleibt; und die wir, weil im Bereich organischen Wachstums derlei Verwandlung nicht möglich ist, lieber als eine dicke Zeit und wahrlich auch schwere Zeit ansprechen wollen; in dieser Zeit, in der eben das geschieht, was man sich nicht vorstellen konnte, und in der geschehen muss, was man sich nicht mehr vorstellen kann, und könnte man es, es geschähe nicht –; in dieser ernsten Zeit, die sich zu Tode gelacht hat vor der Möglichkeit, dass sie ernst werden könnte; von ihrer Tragik überrascht, nach Zerstreuung langt, und sich selbst auf frischer Tat ertappend, nach Worten sucht; in dieser lauten Zeit, die da dröhnt von der schauerlichen Symphonie der Taten, die Berichte hervorbringen, und der Berichte, welche Taten verschulden: in dieser da mögen Sie von mir kein eigenes Wort erwarten. Keines außer diesem, das eben noch Schweigen vor Missdeutung bewahrt. Zu tief sitzt mir die Ehrfurcht vor der Unabänderlichkeit, Subordination der Sprache vor dem Unglück. In den Reichen der Phantasiearmut, wo der Mensch an seelischer Hungersnot stirbt, ohne den seelischen Hunger zu spüren, wo Federn in Blut tauchen und Schwerter in Tinte, muss das, was nicht gedacht wird, getan werden, aber ist das, was nur gedacht wird, unaussprechlich. Erwarten Sie von mir kein eigenes Wort. Weder vermöchte ich ein neues zu sagen; denn im Zimmer, wo einer schreibt, ist der Lärm so groß, und ob er von Tieren kommt, von Kindern oder nur von Mörsern, man soll es jetzt nicht entscheiden. Wer Taten zuspricht, schändet Wort und Tat und ist zweimal verächtlich. Der Beruf dazu ist nicht ausgestorben. Die jetzt nichts zu sagen haben, weil die Tat das Wort hat, sprechen weiter. Wer etwas zu sagen hat, trete vor und schweige! Auch alte Worte darf ich nicht hervorholen, solange Taten geschehen, die uns neu sind und deren Zuschauer sagen, dass sie ihnen nicht zuzutrauen waren. Mein Wort konnte Rotationsmaschinen übertönen, und wenn es sie nicht zum Stillstand gebracht hat, so beweist das nichts gegen mein Wort. Selbst die größere Maschine hat es nicht vermocht und das Ohr, das die Posaune des Weltgerichts vernimmt, verschließt sich noch lange nicht den Trompeten des Tages. Nicht erstarrte vor Schreck der Dreck des Lebens, nicht erbleichte Druckerschwärze vor so viel Blut. Sondern das Maul schluckte die vielen Schwerter und wir sahen nur auf das Maul und maßen das Große nur an dem Maul. Und Gold für Eisen fiel vom Altar in die Operette, der Bombenwurf war ein Couplet, und 15.000 Gefangene gerieten in eine Extraausgabe, die eine Soubrette vorlas, damit ein Librettist gerufen werde. Mir Unersättlichem, der des Opfers nicht genug hat, ist die vom Schicksal befohlene Linie nicht erreicht. Krieg ist mir erst, wenn nur die, die nicht taugen, in ihn geschickt werden. Sonst hat mein Frieden keine Ruhe, ich richte mich heimlich auf die große Zeit ein und denke mir etwas, was ich nur dem lieben Gott sagen kann und nicht dem lieben Staat, der es mir jetzt nicht erlaubt, ihm zu sagen, dass er zu tolerant ist. Denn wenn er jetzt nicht auf die Idee kommt, die sogenannte Pressfreiheit, die ein paar weiße Flecke nicht spürt, zu erwürgen, so wird er nie mehr auf die Idee kommen, und wollte ich ihn jetzt auf die Idee bringen, er vergriffe sich an der Idee und mein Text wäre das einzige Opfer. Also muss ich warten, wiewohl ich doch der einzige Österreicher bin, der nicht warten kann, sondern den Weltuntergang durch ein schlichtes Autodafé ersetzt sehen möchte. Die Idee, auf welche ich die tatsächlichen Inhaber der nominellen Gewalt bringen will, ist nur eine fixe Idee von mir. Aber durch fixe Ideen wird ein schwankender Besitzstand gerettet, wie eines Staates so einer Kulturwelt. Man glaubt einem Feldherrn die Wichtigkeit von Sümpfen so lange nicht, bis man eines Tages Europa nur noch als Umgebung der Sümpfe betrachtet. Ich sehe von einem Terrain nur die Sümpfe, von ihrer Tiefe nur die Oberfläche, von einem Zustand nur die Erscheinung, von der nur einen Schein und selbst davon bloß den Kontur. Und zuweilen genügt mir ein Tonfall oder gar nur die Wahnvorstellung. Tue man mir, spaßeshalber, einmal den Gefallen, mir auf die Oberfläche zu folgen dieser problemtiefen Welt, die erst erschaffen wurde, als sie gebildet wurde, die sich um ihre eigene Achse dreht und wünscht, die Sonne drehte sich um sie.

Über jenem erhabenen Manifest, jenem Gedicht, das die tatenvolle Zeit eingeleitet, dem einzigen Gedicht, das sie bis nun hervorgebracht hat, über dem menschlichsten Anschlag, den die Straße unserm Auge widerfahren lassen konnte, hängt der Kopf eines Varietékomikers, überlebensgroß. Daneben aber schändet ein Gummiabsatzerzeuger das Mysterium der Schöpfung, indem er von einem strampelnden Säugling aussagt, so, mit dem Erzeugnis seiner, ausgerechnet seiner Marke, sollte der Mensch auf die Welt kommen. Wenn ich nun der Meinung bin, dass der Mensch, da die Dinge so liegen, lieber gar nicht auf die Welt kommen sollte, so bin ich ein Sonderling. Wenn ich jedoch behaupte, dass der Mensch unter solchen Umständen künftig überhaupt nicht mehr auf die Welt kommen wird und dass späterhin vielleicht noch die Stiefelabsätze auf die Welt kommen werden, aber ohne den dazugehörigen Menschen, weil er mit der eigenen Entwicklung nicht Schritt halten konnte und als das letzte Hindernis seines Fortschritts zurückgeblieben ist – wenn ich so etwas behaupte, bin ich ein Narr, der von einem Symptom gleich auf den ganzen Zustand schließt, von der Beule auf die Pest. Wäre ich kein Narr, sondern ein Gebildeter, so würde ich vom Bazillus und nicht von der Beule so kühne Schlüsse ziehen und man würde mir glauben. Wie närrisch gar, zu sagen, dass man, um sich von der Pest zu befreien, die Beule konfiszieren soll. Ich bin aber wirklich der Meinung, dass in dieser Zeit, wie immer wir sie nennen und werten mögen, ob sie nun aus den Fugen ist oder schon in der Einrichtung, ob sie erst vor dem Auge eines Hamlet Blutschuld und Fäulnis häuft oder schon für den Arm eines Fortinbras [König der Norweger] reift – dass in ihrem Zustand die Wurzel an der Oberfläche liegt. Solches kann durch ein großes Wirrsal klar werden, und was ehedem paradox war, wird nun durch die große Zeit bestätigt. Da ich weder Politiker bin, noch sein Halbbruder Ästhet, so fällt es mir nicht ein, die Notwendigkeit von irgendetwas, das geschieht, zu leugnen oder mich zu beklagen, dass die Menschheit nicht in Schönheit zu sterben verstehe. Ich weiß wohl, Kathedralen werden mit Recht von Menschen beschossen, wenn sie von Menschen mit Recht als militärische Posten verwendet werden. Kein Ärgernis in der Welt, sagt Hamlet. Nur dass ein Höllenschlund sich zu der Frage öffnet: Wann hebt die größere Zeit des Krieges an – der Kathedralen gegen Menschen! Ich weiß genau, dass es zuzeiten notwendig ist, Absatzgebiete in Schlachtfelder zu verwandeln, damit aus diesen wieder Absatzgebiete werden. Aber eines trüben Tages sieht man heller und fragt, ob es denn richtig ist, den Weg, der von Gott wegführt, so zielbewusst mit keinem Schritte zu verfehlen. Und ob denn das ewige Geheimnis, aus dem der Mensch wird, und jenes, in das er eingeht, wirklich nur ein Geschäftsgeheimnis umschließen, das dem Menschen Überlegenheit verschafft vor dem Menschen und gar vor des Menschen Erzeuger. Wer den Besitzstand erweitern will und wer ihn nur verteidigt – beide leben im Besitzstand, stets unter und nie über dem Besitzstand. Der eine fatiert [bekennt] ihn, der andere erklärt ihn. Wird uns nicht bange vor irgendetwas über dem Besitzstand, wenn Menschenopfer unerhört geschaut, gelitten wurden und hinter der Sprache des seelischen Aufschwungs, im Abklang der berauschenden Musik, zwischen irdischen und himmlischen Heerscharen, eines fahlen Morgens das Bekenntnis durchbricht: »Was jetzt zu geschehen hat, ist, dass der Reisende fortwährend die Fühlhörner ausstreckt und die Kundschaft unaufhörlich abgetastet wird«! Menschheit ist Kundschaft. Hinter Fahnen und Flammen, hinter Helden und Helfern, hinter allen Vaterländern ist ein Altar aufgerichtet, an dem die fromme Wissenschaft die Hände ringt: Gott schuf den Konsumenten! Aber Gott schuf den Konsumenten nicht, damit es ihm wohl ergehe auf Erden, sondern zu einem Höheren: damit es dem Händler wohl ergehe auf Erden, denn der Konsument ist nackt erschaffen und wird erst, wenn er Kleider verkauft, ein Händler. Die Notwendigkeit, zu essen, um zu leben, kann philosophisch nicht bestritten werden, wiewohl die Öffentlichkeit dieser Verrichtung von einem unablegbaren Mangel an Schamgefühl zeugt. Kultur ist die stillschweigende Verabredung, das Lebensmittel hinter den Lebenszweck abtreten zu lassen. Zivilisation ist die Unterwerfung des Lebenszwecks unter das Lebensmittel. Diesem Ideal dient der Fortschritt und diesem Ideal liefert er seine Waffen. Der Fortschritt lebt, um zu essen, und beweist zuzeiten, dass er sogar sterben kann, um zu essen. Er erträgt Mühsal, damit es ihm wohl ergehe. Er wendet Pathos an die Prämissen. Die äußerste Bejahung des Fortschritts gebietet nun längst, dass das Bedürfnis sich nach dem Angebot richte, dass wir essen, damit der andere satt werde, und dass der Hausierer noch unsern Gedanken unterbreche, wenn er uns bietet, was wir gerade nicht brauchen. Der Fortschritt, unter dessen Füßen das Gras trauert und der Wald zu Papier wird, aus dem die Blätter wachsen, er hat den Lebenszweck den Lebensmitteln subordiniert und uns zu Hilfsschrauben unserer Werkzeuge gemacht. Der Zahn der Zeit ist hohl; denn als er gesund war, kam die Hand, die vom Plombieren lebt. Wo alle Kraft angewandt wurde, das Leben reibungslos zu machen, bleibt nichts übrig, was dieser Schonung noch bedarf. In solcher Gegend kann die Individualität leben, aber nicht mehr entstehen. Mit ihren Nervenwünschen mag sie dort gastieren, wo im Komfort und Fortkommen rings Automaten ohne Gesicht und Gruß vorbei und vorwärtsschieben. Als Schiedsrichter zwischen Naturwerten wird sie anders entscheiden. Gewiss nicht für die hiesige Halbheit, die ihr Geistesleben für die Propaganda ihrer Ware gerettet, sich einer Romantik der Lebensmittel ergeben und »die Kunst in den Dienst des Kaufmanns« gestellt hat. Die Entscheidung fällt zwischen Seelenkräften und Pferdekräften. Vom Betrieb kommt keine Rasse ungeschwächt zu sich selbst, höchstens zum Genuss. Die Tyrannei der Lebensnotwendigkeit gönnt ihren Sklaven dreierlei Freiheit: vom Geist die Meinung, von der Kunst die Unterhaltung und von der Liebe die Ausschweifung. Es gibt, Gott sei gedankt, noch Güter, die stecken bleiben, wenn Güter immer rollen sollen. Denn Zivilisation lebt am Ende doch von Kultur. Wenn die entsetzliche Stimme, die in diesen Tagen das Kommando übergellen darf, in der Sprache ihrer zudringlichen Phantastik den Reisenden auffordert, die Fühlhörner auszustrecken und im Pulverdampf die Kundschaft abzutasten, wenn sie vor dem Unerhörten sich den heroischen Entschluss abringt, die Schlachtfelder für die Hyänen zu reklamieren, so hat sie etwas von jener trostlosen Aufrichtigkeit, mit der der Zeitgeist seine Märtyrer begrinst. Wohl, wir opfern uns auf für die Fertigware, wir konsumieren und leben so, dass das Mittel den Zweck konsumiere. Wohl, wenn ein Torpedo uns frommt, so sei es eher erlaubt, Gott zu lästern als ein Torpedo! Und Notwendigkeiten, die sich eine im Labyrinth der Ökonomie verirrte Welt gesetzt hat, fordern ihre Blutzeugen und der grässliche Leitartikler der Leidenschaften, der registrierende Großjud, der Mann, der an der Kassa der Weltgeschichte sitzt, nimmt Siege ein und notiert täglich den Umsatz in Blut und hat in Kopulierungen und Titeln, aus denen die Profitgier gellt, einen Ton, der die Zahl von Toten und Verwundeten und Gefangenen als Aktivpost einheimst, wobei er zuweilen mein und dein und Stein und Bein verwechselt, aber so frei ist, mit leiser Unterstreichung seiner Bescheidenheit und vielleicht in Übereinstimmung mit den Eindrücken aus eingeweihten Kreisen und ohne die Einbildungskraft beiseite zu lassen, »Laienfragen und Laienantworten« strategisch zu unterscheiden. Und wenn er es dann wagt, über dem ihm so wohltuenden Aufschwung heldischer Gefühle seinen Segen zu sprechen und Gruß und Glückwunsch der Armee zu entbieten und seine »braven Soldaten« im Jargon der Leistungsfähigkeit und wie am Abend eines zufriedenen Börsentags zu ermuntern, so gibt es angeblich »nur eine Stimme«, die daran Ärgernis nimmt, wirklich nur eine, die es heute ausspricht – aber was hilft's, solange es die eine Stimme gibt, deren Echo nichts anderes sein müsste als ein Sturm der Elemente, die sich aufbäumen vor dem Schauspiel, dass eine Zeit den Mut hat, sich groß zu nennen, und solchem Vorkämpfer kein Ultimatum stellt!

Die Oberfläche sitzt und klebt an der Wurzel. Die Unterwerfung der Menschheit unter die Wirtschaft hat ihr nur die Freiheit zur Feindschaft gelassen, und schärfte ihr der Fortschritt die Waffen, so schuf er ihr die mörderischste vor allen, eine, die ihr jenseits ihrer heiligen Notwendigkeit noch die letzte Sorge um ihr irdisches Seelenheil benahm: die Presse. Der Fortschritt, der auch über die Logik verfügt, entgegnet, die Presse sei auch nichts anderes als eine der Berufsgenossenschaften, die von einem vorhandenen Bedürfnis leben. Aber wenn es so wahr ist wie es richtig ist, und ist die Presse nichts weiter als ein Abdruck des Lebens, so weiß ich Bescheid, denn ich weiß dann, wie dieses Leben beschaffen ist. Und dann fällt mir zufällig bei, an einem trüben Tage wird es klar, dass das Leben nur ein Abdruck der Presse ist. Habe ich das Leben in den Tagen des Fortschritts unterschätzen gelernt, so musste ich die Presse überschätzen. Was ist sie? Ein Bote nur? Einer, der uns auch mit seiner Meinung belästigt? Durch seine Eindrücke peinigt? Uns mit der Tatsache gleich die Vorstellung mitbringt? Durch seine Details über Einzelheiten von Meldungen über Stimmungen oder durch seine Wahrnehmungen über Beobachtungen von Einzelheiten über Details und durch seine fortwährenden Wiederholungen von all dem uns bis aufs Blut quält? Der hinter sich einen Tross von informierten, unterrichteten, eingeweihten und hervorragenden Persönlichkeiten schleppt, die ihn beglaubigen, ihm Recht geben sollen, wichtige Schmarotzer am Überflüssigen? Ist die Presse ein Bote? Nein: das Ereignis. Eine Rede? Nein, das Leben. Sie erhebt nicht nur den Anspruch, dass die wahren Ereignisse ihre Nachrichten über die Ereignisse seien, sie bewirkt auch diese unheimliche Identität, durch welche immer der Schein entsteht, dass Taten zuerst berichtet werden, ehe sie verrichtet werden, oft auch die Möglichkeit davon, und jedenfalls der Zustand, dass zwar Kriegsberichterstatter nicht zuschauen dürfen, aber Krieger zu Berichterstattern werden. In diesem Sinne lasse ich mir gern nachsagen, dass ich mein Lebtag die Presse überschätzt habe. Sie ist kein Dienstmann – wie könnte ein Dienstmann auch so viel verlangen und bekommen –, sie ist das Ereignis. Wieder ist uns das Instrument über den Kopf gewachsen. Wir haben den Menschen, der die Feuersbrunst zu melden hat und der wohl die untergeordnetste Rolle im Staat spielen müsste, über die Welt gesetzt, über den Brand und über das Haus, über die Tatsache und über unsere Phantasie. Aber wie Kleopatra sollten wir dafür auch, neugierig und enttäuscht, den Boten schlagen für die Botschaft. Sie macht ihn, der ihr eine verhasste Heirat meldet und die Meldung ausschmückt, für die Heirat verantwortlich. »Laß reiche Zeitung strömen in mein Ohr, das lange brach gelegen ... Die giftigste von allen Seuchen dir! Was sagst du? Fort, elender Wicht! Sonst schleudr' ich deine Augen wie Bälle vor mir her; raufe dein Haar, lasse mit Draht dich geißeln, brühn mit Salz, in Lauge scharf gesättigt.« (Schlägt ihn.) »Gnäd'ge Fürstin, ich, der die Heirat melde, schloss sie nicht.« Aber der Reporter schließt die Heirat, zündet das Haus an und macht die Gräuel, die er erlügt, zur Wahrheit. Er hat durch jahrzehntelange Übung die Menschheit auf eben jenen Stand der Phantasienot gebracht, der ihr einen Vernichtungskrieg gegen sich selbst ermöglicht. Er kann, da er ihr alle Fähigkeit des Erlebnisses und dessen geistiger Fortsetzung durch die maßlose Promptheit seiner Apparate erspart hat, ihr eben noch den erforderlichen Todesmut einpflanzen, mit dem sie hineinrennt. Er hat den Abglanz heroischer Eigenschaften zur Verfügung und seine missbrauchte Sprache verschönt ein missbrauchtes Leben, als ob die Ewigkeit sich ihren Höhepunkt erst für das Zeitalter aufgespart hätte, wo der Reporter lebt. Ahnen aber Menschen, welches Lebens Ausdruck die Zeitung ist? Eines, das längst ein Ausdruck ist von ihr! Ahnt man, was ein halbes Jahrhundert dieser freigelassenen Intelligenz an gemordetem Geist, geplündertem Adel und geschändeter Heiligkeit verdankt? Weiß man denn, was der Sonntagsbauch einer solchen Rotationsbestie an Lebensgütern verschlungen hat, ehe er 250 Seiten dick erscheinen konnte? Denkt man, wie viel Veräußerung systematisch, telegraphisch, telefonisch, photographisch gezogen werden musste, um einer Gesellschaft, die zu inneren Möglichkeiten noch bereit stand, vor der winzigsten Tatsache jenes breite Staunen anzugewöhnen, das in der abscheulichen Sprache dieser Boten ihre Klischees findet, wenn sich irgendwo »Gruppen bildeten« oder gar das Publikum »sich zu massieren« anfing? Da das ganze neuzeitliche Leben unter den Begriff einer Quantität gestellt ist, die gar nicht mehr gemessen wird, sondern immer schon erreicht ist und der schließlich nichts übrig bleiben wird, als sich selbst zu verschlingen; da der selbstverständliche Rekord keine Zweifel mehr übrig lässt und die qualvolle Vollständigkeit jedes Weiterrechnen erspart, so ist die Folge, dass wir, erschöpft durch die Vielheit, für das Resultat nichts mehr übrig haben, und dass in einer Zeit, in der wir täglich zweimal in zwanzig Wiederholungen von allen Äußerlichkeiten noch die Eindrücke von den Eindrücken vorgesetzt bekommen, die große Quantität in Einzelschicksale zerfällt, die nur die einzelnen spüren, und plötzlich, selbst an der Spitze, der vergönnte Heldentod als grausames Geschick fatiert wird. Man könnte aber einmal dahinter kommen, welch kleine Angelegenheit so ein Weltkrieg war neben der geistigen Selbstverstümmelung der Menschheit durch ihre Presse, und wie er im Grund nur eine ihrer Ausstrahlungen bedeutet hat. Vor einigen Jahrzehnten mochte ein Bismarck, auch ein Überschätzer der Presse, noch erkennen: »Das, was das Schwert uns Deutschen gewonnen hat, wird durch die Presse wieder verdorben«, und ihr die Schuld an drei Kriegen beimessen. Heute sind die Zusammenhänge zwischen Katastrophen und Redaktionen viel tiefere und darum weniger klare. Denn im Zeitalter derer, die es mitmachen, ist die Tat stärker als das Wort, aber stärker als die Tat ist der Schall. Wir leben vom Schall und in dieser umgeworfenen Welt weckt das Echo den Ruf. In der Organisation des Schalls ist die Schwäche wunderbarer Verwandlung fähig. Der Staat kann es brauchen, aber die Welt hat nichts davon. Bismarck hat zu einer Zeit, wo der Fortschritt in den Kinderschuhen steckte und noch nicht auf Gummiabsätzen durch die Kultur schlich, es geahnt. »Jedes Land«, sagte er, »ist auf die Dauer doch für die Fenster, die seine Presse einschlägt, irgend einmal verantwortlich.« Ferner: »Die Presse ist in Wien schlimmer, als ich mir vorgestellt hatte, und in der Tat noch übler und von böserer Wirkung als die preußische.« Er sprach es aus, dass der Korrespondent, um sich nicht dem Vorwurf auszusetzen, er habe keine guten Verbindungen, entweder die eigenen Erfindungen oder die der Gesandtschaft lanciere. Gewiss, wir alle hängen vor allem von den Interessen dieser einen Branche ab. Wenn man die Zeitung nur zur Information liest, erfährt man nicht die Wahrheit, nicht einmal die Wahrheit über die Zeitung. Die Wahrheit ist, dass die Zeitung keine Inhaltsangabe ist, sondern ein Inhalt, mehr als das, ein Erreger. Bringt sie Lügen über Gräuel, so werden Gräuel daraus. Mehr Unrecht in der Welt, weil es eine Presse gibt, die es erlogen hat und die es beklagt! Nicht Nationen schlagen einander: sondern die internationale Schande, der Beruf, der nicht trotz seiner Unverantwortlichkeit, sondern vermöge seiner Unverantwortlichkeit die Welt regiert, teilt Wunden aus, quält Gefangene, hetzt Ausländer, macht Gentlemen zu Rowdys. Nur durch die Vollmacht der Charakterlosigkeit, die in Verbindung mit einem schuftigen Willen Druckerschwärze unmittelbar in Blut verwandeln kann. Letztes, unheiliges Wunder der Zeit! Zuerst war alles Lüge, die immer auch log, dass nur anderwärts gelogen werde, und jetzt, in die Neurasthenie des Hasses geworfen, ist alles wahr. Es gibt verschiedene Nationen, aber es gibt nur eine Presse. Die Depesche ist ein Kriegsmittel wie die Granate, die auch auf keinen

Sachverhalt Rücksicht nimmt. Ihr glaubt; aber jene wissen es besser, und ihr müsst daran glauben. Die Helden der Zudringlichkeit, Leute, mit denen sich kein Krieger in einen Schützengraben legen würde, wohl aber von ihnen dort interviewen lassen muss, brechen in eben verlassene Königsschlösser ein, um melden zu können: »Wir waren die ersten!« Für Gräueltaten bezahlt zu werden, wäre bei weitem nicht so schimpflich wie für deren Erfindung. Bravos im übertragenen Wirkungskreis, die zu Haus sitzen, wenn sie nicht das Glück haben, in einem Pressequartier Anekdoten zu erzählen oder bis in die Front vordringlich zu sein, sie bringen den Völkern Tag für Tag und so lange das Gruseln bei, bis diese es mit einiger Berechtigung wirklich empfinden. Von der Quantität, die der Inhalt dieser Zeit ist, fällt auf jeden von uns ein Teil, das er gefühlsmäßig verarbeitet, und das Gemeinsame wird uns durch Draht und Kino so anschaulich gemacht, dass wir zufrieden nachhause gehen. Hat uns aber der Reporter durch seine Wahrheit die Phantasie umgebracht, so rückt er uns ans Leben durch seine Lüge. Seine Phantasie ist der grausamste Ersatz für die, welche wir einmal hatten. Denn haben die einen dort behauptet, dass die andern Frauen und Kinder töten, so glauben es beide und tun es. Fühlt man noch nicht, dass das Wort eines zuchtlosen Subjekts, brauchbar in den Tagen der Mannszucht, weiter trägt als ein Mörser, und dass die seelischen Festungen dieser Zeit eine Konstruktion sind, die im Ernstfall versagt? Hätten die Staaten die Einsicht, mit der allgemeinen Wehrpflicht vorlieb zu nehmen und auf die Telegramme zu verzichten – wahrlich, ein Weltkrieg wäre gelinder. Hätten sie gar den Mut, vor Ausbruch eines solchen die Vertreter des andern Handwerks auf einen international vereinbarten Schindanger zu treiben, wer weiß, jener bliebe den Nationen erspart! Aber ehe Journalisten und die von ihnen benützten Diplomaten abrüsten, müssen Menschen es büßen. »Manches, das in den Zeitungen steht, ist denn doch wahr«, hat Bismarck gesagt. Es gibt ja auch noch etwas unter dem Strich, dort arbeiten unsere braven Feuilletonisten, verrichten Gebete in der Schlacht für Honorar, küssen Bundesbrüder auf den Mund, preisen den herrlichen »Tumult« unserer Tage, bewundern die Ordnung, wie sie früher die Gemütlichkeit verehrt haben, vergleichen eine Festung mit einer schönen Frau oder umgekehrt, je nachdem, und benehmen sich überhaupt der großen Zeit würdig. Da schildert einer, ein Auswärtiger, unter dem Titel »Furchtbare Tage«, serienweise seine Erlebnisse in einer Hauptstadt, die er verlassen musste. Die äußersten Schrecken bestanden darin, dass man ihm zugeredet hat, abzureisen, ihm für 1000 Mark nur 1200 Francs geben wollte und vor allem, dass kein Taxameter zu haben war, was in andern Verkehrszentren auch schon vor einer allgemeinen Mobilisierung vorkommen soll. Sonst kann er – man traut seinen Ohren nicht – nicht genug Rühmliches von der Ruhe, Rücksicht, ja Barmherzigkeit der einheimischen Bevölkerung aussagen, von der wir doch in Telegrammen erfahren hatten, sie hätte sich wie losgelassene Panther und Wölfe einer bei einem Eisenbahnunglück beschädigten Menagerie benommen, kurz, dass es dort vor dem Krieg annähernd so zugegangen sei, wie anderswo nach einem Konzert. Telegramme sind Kriegsmittel. Mit Feuilletons nimmt man es nicht so genau, da kann die Wahrheit durchrutschen. Aber wenn sie erscheint, ist sie vielleicht wieder unwahr, weil inzwischen Telegramme erschienen sind und das Ihrige getan haben, den Telegrammen recht zu geben und die Wirklichkeit zu berichtigen. Oder meint man, dieser [Max] Nordau habe schöngefärbt, weil er sich für den Frieden die Rückkehr auf den Platz schon jetzt sichern wollte? Dann disponiert eben der Journalismus über das Leben, je nachdem er nur seinen Vorteil oder auch den Nachteil der andern sucht. Im Allgemeinen lässt sich sagen, dass es in Kriegszeiten außer der Arbeit, welche die solide Waffe verrichtet, noch die Leistungen gibt, die Wort und Gelegenheit vollbringen. Gräuel, die die Bevölkerung feindlicher Staaten verübt, sind von gemeiner oder von ganz gemeiner, also gebildeter Herkunft. Pöbel und Presse stehen über den nationalen Interessen. Jener plündert und diese telegraphiert. Und wenn diese telegraphiert, so fühlt sich jener animiert, und was Redaktionen beschlossen haben, vergelten und büßen Nationen. »Repressalien« ist das, womit der Presse geantwortet wird. Sie übertreibt den Zustand der Welt, nachdem sie ihn erschaffen hat. Ist sie sein Ausdruck nur, so ist der Zustand furchtbar genug. Aber sie ist sein Erreger. Sie hat in Österreich den sterilen Zeitvertreib des »Nationalitätenhaders« erfunden und unterhalten, um unbemerkt das Geschäft ihres schändlichen Intellekts hochzubringen; hat sie es so weit gebracht wie sie wollte, so gibt sie für späteren Gewinn ihren Patriotismus in Kost; sie kauft Werte im Zusammensturz, sie ist ein Phönix, der aus fremder Asche farbenprächtig aufsteigt. Lasst mich die Presse überschätzen! Aber wenn ich zu Unrecht behaupte, dass in einer Epoche, die so leicht geneigt ist, die Extraausgabe für das Ereignis zu halten, und die mit entzündeten Nerven sich von Lügen zu Fakten verleiten lässt – wenn es nicht wahr ist, dass aus Telegrammen mehr Blut geflossen ist, als sie enthalten wollten, so komme dieses Blut über mich!

»Möge es das letztemal sein«, rief Bismarck, »dass die Errungenschaften des preußischen Schwertes mit freigiebiger Hand weggegeben werden, um die nimmersatten Anforderungen eines Phantoms zu befriedigen, welches unter dem fingierten Namen von Zeitgeist oder öffentlicher Meinung die Vernunft der Fürsten und Völker mit seinem Geschrei betäubt, bis jeder sich vor dem Schatten des anderen fürchtet und alle vergessen, dass unter der Löwenhaut des Gespenstes ein Wesen steckt von zwar lärmender, aber wenig furchtbarer Natur.« Er sagte es im Jahre 1849. Wie furchtbar ist diese Harmlosigkeit in den 65 Jahren erwachsen! Dass sie vor Taten, die sie angestiftet hat, nicht verstummt, zeigt, für wen sie sie getan hofft. Die Maschine hat Gott den Krieg erklärt und findet zwischen den Leistungen, die ich ihr stets zugetraut habe, immer noch Worte, und die Zeit misst sich und staunt, wie groß sie über Nacht geworden sei. Aber sie war es wohl immer, und ich habe es nur nicht bemerkt. Also war es ein Fehler meiner Optik, sie klein zu sehen. Indes, »Übelstände« wegzuputzen, die an der Oberfläche wuchern, hinter der ein großes lebt – die Aufgabe wäre mir zu klein, der fühle ich mich nicht gewachsen. Einer fragte neulich, wo ich denn bleibe, und bat, uns mit Rücksicht auf die neue Zeit von dem alten Schmutz zu befreien. Ich kann nicht. Großes, Elementares muss die Kraft haben, von selber mit den Übelständen fertig zu werden und bedarf dazu nicht der Anregung und Hilfe eines Schriftstellers. Aber dieses Große, Elementare hat, da bereits sein Schein in alle Augen stach, es noch immer nicht vermocht. Was sehen wir? Das Große hat Begleiterscheinungen. Wenn die Folgen auf ihrer Höhe sein werden, dann Gnade uns! Das Große hat die Begleiterscheinungen nicht über Nacht kaputt gemacht. Dass Bomben mit Witzen abgesetzt werden und Animierkneipen ein 42-Mörser-Programm ankündigen, zeigt uns, wie konservativ und wie aktuell wir sind. Nicht das Vorkommnis, sondern die Anästhesie, die es ermöglicht und erträgt, gibt Aufschluss. Wie der uns eingefleischte Humor mit dem Übermaß des Bluts sich abfindet, wissen wir. Aber der Geist? Wie bekommt es unsern Dichtern und Denkern? Und wenn sich die Welt auf den Kopf stellt, es fällt ihr nichts Besseres ein! Und wenn sich die Welt zerfleischt, es kommt kein Geist heraus! Er wird später nicht erscheinen; denn er hätte sich jetzt verbergen, durch verschwiegene Würde sich äußern müssen. Aber wir sehen rings im kulturellen Umkreis nichts als das Schauspiel, wie der Intellekt auf das Schlagwort einschnappt, wenn die Persönlichkeit nicht die Kraft hat, schweigend in sich selbst zu beruhen. Die freiwillige Kriegsdienstleistung der Dichter ist ihr Eintritt in den Journalismus. Hier steht ein Hauptmann, stehen die Herren Dehmel und Hofmannsthal, mit Anspruch auf eine Dekoration in der vordersten Front und hinter ihnen kämpft der losgelassene Dilettantismus. Noch nie vorher hat es einen so stürmischen Anschluss an die Banalität gegeben und die Aufopferung der führenden Geister ist so rapid, dass der Verdacht entsteht, sie hätten kein Selbst aufzuopfern gehabt, sondern handelten vielmehr aus der heroischen Überlegung, sich dorthin zu retten, wo es jetzt am sichersten ist: in die Phrase. Trostlos ist nur, wie die Literatur nicht ihre Zudringlichkeit fühlt und nicht die Überlegenheit des Bürgers, der in der Phrase das ihm zustehende Erlebnis findet. Zu einer fremden und vorhandenen Begeisterung Reime und noch dazu schlechte zu suchen, gegen eine Rotte eine Flotte zu stellen und von den Horden zu bestätigen, dass sie morden, ist wohl die dürftigste Leistung, die die Gesellschaft in drangvoller Zeit von ihren Geistern erwarten konnte. Das unartikulierte Geräusch, das von den feindlichen Dichtern zu uns herüberkam, bedeutet wenigstens einen Beweis für individuell gefühlte Erregung, die den Künstler auf den national begrenzten Privatmann reduziert. Es war wenigstens das Gedicht, das der Aufruhr der Tatsachen aus den Dichtern machte. Der Vorwurf des Barbarentums im Kriege war falsche Information. Aber das Barbarentum im Frieden, das in Reimbereitschaft steht, wenns ernst wird, und das aus dem fremden Erlebnis einen Leitartikel macht, ist eine nicht wegzutilgende Schmach. Und schließlich kann sich ein [Ferdinand] Hodler, der unrecht hat, noch immer neben einem Dutzend [Ernst] Haeckels, die recht haben, sehen lassen. Und schließlich ist ein Wutausbruch noch immer kulturvoller als eine Enquete, die die Frage, ob man Shakespeare aufführen darf, zu dessen Gunsten zu entscheiden die Milde hat. Deutschlands größter neuzeitlicher Dichter, Detlev v. Liliencron, ein Dichter des Krieges, ein Opfer jener kulturellen Entwicklung, die vom Siege kam, hätte wohl nicht das Herz gehabt, sich an die noch rauchenden Tatsachen mit einer Meinung anzuklammern, und es bleibt abzuwarten, ob unter jenen, die das Erlebnis dieses Krieges hatten, und jenen, die als Dichter erleben können, einer erstehen wird, der Stoff und Wort zur künstlerischen Einheit bringt. Was sich zeigen wird, ist, ob aus der Quantität, zu der vom seelischen Leben keine Brücke mehr führt, weil sie gesprengt wurde, noch Organisches wachsen kann. Intelligenzen, die sich, wenn Gefahr droht, behend und bequem in den Riss ihres Wesens betten, wird's zum Schweinefüttern geben.

Vielleicht war der kleinste Krieg immer eine Handlung, die die Oberfläche gereinigt und ins Innere gewirkt hat. Wohin wirkt dieser große, der groß ist vermöge der Kräfte, gegen die der größte Krieg zu führen wäre? Ist er eine Erlösung oder nur das Ende? Oder gar nur eine Fortsetzung? – Mögen die Folgen dieser umfangreichen Angelegenheit nicht böser sein als ihre Begleitumstände, die sie nicht die Kraft hatte, von sich zu treten! Möge es nie geschehen, dass die Leere mit Berufung auf ausgestandene Strapazen sich noch breiter macht als bisher, die Faulheit eine Glorie gewinnt, die Kleinheit sich auf den welthistorischen Hintergrund beruft, und die Hand, die uns in die Tasche greift, vorher ihre Narben zeigt! Wie war es möglich, dass im Weltkrieg ein Weltblatt jubilierte? Dass ein Börseneinbrecher sich vor die Millionenschlacht stellte und in tosenden Titeln für das fünfzigjährige Bestehen seines ruchlosen Geschäfts Beachtung forderte und fand? Dass Banken im Moratorium zwar ihren Kunden nicht dienen konnten, aber jenem weit über 400 Kronen für jede der hundert Annoncen seiner Festnummer bezahlten? Dass im Kanonendonner die Huldigung von Zeitungsausträgern gehört wurde und das Aufgebot der Gratulanten wie in einer Verlustliste der Kultur durch Wochen aufmarschierte? Wie war es möglich, dass in Tagen, wo die Phrase schon zu bluten begann, ihr letztes Leben an den Tod hingab, sie noch zum Fensterschmuck dienen konnte an einem Freudenhaus des Freisinns? Dass Fahnen von Schreibern hochgehalten wurden, wo sie schon auf dem Felde waren, und dass ein Bilanzknecht und Freibeuter der Kultur sich von einer hochgestellten Bedientenschar als »Generalstabschef des Geistes« feiern ließ? Möge die Zeit groß genug werden, dass sie nicht zur Beute werde eines Siegers, der seinen Fuß auf Geist und Wirtschaft setzt! Dass sie den Alpdruck der Gelegenheit überwinde, in der der Sieg zum Verdienst der Unbeteiligten wird, die verkehrte Ordensstreberei sich ihrer Ehren entäußert, die gerade Dummheit Fremdwörter und Speisennamen ablegt und in der Sklaven, deren letztes Ziel ihr Lebtag war, Sprachen zu »beherrschen«, fortan mit der Fähigkeit durch die Welt kommen wollen, Sprachen nicht zu beherrschen! – Was wisst ihr, die ihr im Krieg seid, vom Krieg?! Ihr kämpft ja! Ihr seid ja nicht hier geblieben! Auch denen, die für das Leben das Ideal geopfert haben, ist es einmal vergönnt, das Leben selbst zu opfern. Möge die Zeit so groß werden, dass sie an diese Opfer hinanreicht, und nie so groß, dass sie über ihr Andenken ins Leben wachse!

* * *

Quelle: Karl Kraus, In dieser großen Zeit. In: Die Fackel, XVI. Jg., Nr. 404, 5. Dezember 1914, 1–19.

Pierre Ramus
Friedenskrieger des Hinterlandes

Wenige Tage nach der Kriegserklärung Österreichs an Serbien wurde Rudolf Großmann alias Pierre Ramus (1882–1942), der den Fahneneid ablehnte, unter der Anschuldigung der Spionagetätigkeit gegen das Habsburger-Reich in Verwahrungshaft genommen. In den Monaten vor Ausbruch des Krieges war Großmann als unermüdlicher Agitator gegen die Aggressionspolitik der Mittelmächte aufgetreten und hatte zur Wehrdienstverweigerung aufgerufen. Nachdem sich der Spionagevorwurf als haltlos erwies, ging Großmann frei, aber nur, um im März 1915 erneut verhaftet zu werden. Diesmal lautet die Anklage auf »Hochverrat«. Angeblich hatte er trotz ausdrücklicher Anordnung weiter antimilitaristische Schriften in Umlauf gebracht. Großmann verbrachte mehrere Monate im Zellentrakt des k. u. k. Garnisonsgerichts in Wien. Obwohl ihm wieder nichts nachzuweisen war, musste er die Zeit von seiner zweiten Enthaftung bis zum Ende des Krieges unter Hausarrest bzw. in der Verbannung verbringen. Großmanns 1924 in Buchform erschienene Schilderung der Erlebnisse »eines Anarchisten im Weltkriege« ist als ein historisches Dokument werten, das Erzählsequenzen bzw. Gesprächswidergaben mit dem Ansinnen eines aufklärerischen Pamphlets vermengt und damit konkrete Einzelschicksale vor dem Hintergrund der Kriegsereignisse zugänglich macht. Die mitunter pathosbehafteten Passagen des Textes mögen heute irritierend wirken, Großmann sah darin ein Gegengewicht zu den Hassparolen der Kriegstreiber.

Einige Typen des Friedens und Krieges

Als am 26. Juli 1914 der Ausnahmezustand über Österreich verhängt ward, wusste ich, wie viel es für mich geschlagen hatte. Mein Vaterland war für mich Feindesland, denn es griff nach meinem Gut und Blut; alle Rechte des Individuums gegenüber dem Staat, die mit großen Opfern und durch die Freiheitskämpfe der Vergangenheit diesem entrissen worden, waren nun vernichtet. Der Mensch war vogelfrei, der Staat allmächtig und der Militarismus schwang das Zepter seiner Allmacht.

Dennoch beschloss ich, nicht zu fliehen, sondern zu bleiben. Allzu vieldeutig hätte eine hastige Abreise ausgesehen. Sie würde mich den mannigfachsten Missverständnissen ausgesetzt haben.

Ich war entschlossen, dem heraufziehenden Sturm die Stirne zu bieten. Hunderttausende wurden durch den Staat in den sicheren Tod gesandt ... was konnte da viel an dem Einzelgeschick liegen? Waren meine unglücklichen Volksgenossen in ihrer Unwissenheit bereit, für die schändliche Sache des Krieges zu sterben, um wie viel mehr musste ich für mein Ideal, für die Sache des Friedens und des Kampfes gegen jeden Krieg, dazu bereit sein!

Im Allgemeinen kehrte sich der Ausnahmezustand weder gegen das Volk noch gegen die politischen Parteien in ihrer Gesamtheit. Ich wusste nicht, wie es um die slawischen, »ungebärdigen Kinder« Österreichs stand, was in ihnen vorging. Mancherlei habe ich darüber munkeln gehört von standrechtlichen Ermordungen und der Niedermetzelung vieler Hunderte, die in Böhmen notwendig gewesen sein sollen, um den Widerstand gegen den Krieg, der aus menschlichen oder nationalistischen Rücksichten aufgeflammt war, zu brechen. Bestimmtes habe ich darüber nicht erfahren können, aber vieles davon mag auf Wahrheit beruhen.

Was aber sicher ist, ist dieses: Dass der Ausnahmezustand in Niederösterreich, vornehmlich in Wien, sich keineswegs gegen das Volk noch gegen die verschiedenen politischen Parteien kehrte oder zu kehren brauchte. Denn das österreichische Volk lag völlig im Banne der herrschenden Macht. Und wo es murrte, bekundete es nur seine vollständige Unkenntnis aller und jeder Mittel, um das Unheil des Krieges zu beschwören. Willenlos, ohnmächtig und dazu unfähig, auch nur im geringsten seine Eigenkraft zu äußern, wurde dieses Volk von den ehernen Zwangszeloten des Kriegsstaates mitgerissen. Wien, die Stadt der stärksten Sozialdemokratie, fügte sich in alles, was angeordnet wurde – der Ausnahmezustand war eigentlich überflüssig; es war nicht einmal der Versuch eines Widerstandes geplant.

Gegen wen aber kehrte sich der Ausnahmezustand dennoch? Er wandte sich mit größter Schärfe gegen Einzelmenschen, gegen jene Persönlichkeiten, deren Ideengang und Geistesrichtung der des Staates, Kapitalismus und Militarismus schnurstracks zuwiderlaufen und die keinen Kompromiss mit ihren idealen Prinzipien kennen; von denen die Behörden dies sehr wohl wussten. Diese Individuen galt es, außerhalb des Gesetzes zu stellen, um gegen sie ungesetzlich verfahren zu können. Dazu diente der Ausnahmezustand. Vom Volke durch die Mobilisierung losgelöst, handelte es sich den habsburgischen mörderischen Machthabern darum, jedweden Schritt dieser erklärt antimilitaristischen Personen von vornherein zu unterbinden. Der Staat sollte das Recht haben, ausnahmsweise sein Visier der Gewalt zu lüften und in der Grausamkeit seines Antlitzes alle Züge seiner wilden, ungehemmten Willkür hervortreten zu lassen, die er sonst sorgfältig verdeckt. Dazu musste der Ausnahmezustand verhängt werden; er bedeutete einen Zustand der Entrechtung für alle, die sonst auf ihr gutes Recht des individuellen und auch gemeinschaftlichen Geltendmachens ihres Friedensgeistes gepocht hätten.

Dass zu jenen, die es vor allen anderen zuerst zu entrechten und unschädlich zu machen galt, ich gehörte, ist nur natürlich, erfüllt mich mit Stolz.

* * *

»Nehmen Sie da Ihre Sachen, kommen Sie in Ihr Zimmer; wir haben Ihnen etwas mitzuteilen.«

Die so sprachen, waren ein Gendarm und ein Wachtmeister. Ich hatte sie schon von fern auf unser Wohnhaus zukommen gesehen, fuhr jedoch in meiner Lektüre der Wiener »Zeit« unbeirrt fort. An dem Schlage meines Herzens erkannte ich, dass nun die Entscheidung kam. Aber ich unterbrach mein berufliches Tagespensum schriftstellerischer Arbeit nicht, und ließ die Staatsgewalt ruhig an mich herankommen.

Sie stiegen die holprige Anhöhe, die zu mir führt, rasch hinan. Der Gendarm nahm schon in der Ferne sein mit dem Bajonett versehenes Gewehr herab und fällte es. So traten sie in das Haus und liefen raschen Schrittes in den Garten, in dem ich saß und arbeitete. Mit barscher Stimme erteilten sie mir obigen Befehl.

»Kann ich das, was Sie mir zu sagen haben, nicht hier schon erfahren?«, fragte ich.

»Nein, Sie haben in Ihr Zimmer zu gehen!«

Ich packte Manuskripte, Bücher wie Zeitungen zusammen und begab mich nach meinem Arbeitszimmer. Die beiden Schergen folgten mir auf dem Fuße, sodass ich das Bajonett zu meiner Rechten blinken sah. Kaum im Zimmer angelangt, legte der Gendarm seine Hand auf meine Schulter und erklärte rau: »Im Namen des Gesetzes sind Sie wegen dringenden Verdachtes der Spionage verhaftet.«

Einen Augenblick war ich verblüfft. Dann brach ich in ein ironisches Gelächter aus.

»Wie – ich Spion? Zugunsten eines Staates, einer Regierung? Meine Herren, das ist ja – verzeihen Sie diesen Ausdruck – eine Eselei, mir, dem Antimilitaristen, so etwas auch nur zuzumuten. Nur Militaristen können, weil sie Fachleute sind, militärische Spione sein.«

»Das wird sich alles schon herausstellen, vorläufig kommen Sie mit, da hilft Ihnen nichts«, brummte der Wachtmeister. »Sind Sie nicht *Anarchist*?«

»Ja, das bin ich. Aber das beweist doch nur, dass ich kein Spion bin. Denn welcher Staat wird so idiotisch sein, zu glauben, dass ein erklärter Anarchist und Antimilitarist, dem alle Beziehungen zum Militarismus und sonstigen Staatsleben verschlossen sind, ihm militärische Späherdienste leisten kann?«

»Geht uns nichts an«, antworteten die beiden Sbirren; »übrigens sind wir noch nicht fertig, auch Ihre Frau wird, da sie Russin ist, verhaftet; ihre Wohnung wird amtlich gesperrt und Ihre beiden Kinder werden der Gemeinde überstellt.«

In mir kochte es. Aber ich wusste, es hätte keinen Zweck, diesen niederen Organen der Staatsgewalt Widerstand zu leisten. Ich befand mich auf Gnade und Ungnade in ihrer Macht. Die Verhältnisse waren solche, dass sie tun konnten, was sie wollten; selbst der üblichen seidenfadigen Fessel des konstitutionellen Gesetzes waren sie ledig.

In Kriegszeiten gilt das menschliche Leben dem Staate so viel wie nichts. In dieser Zeit der entfesselten Bestialität muss man alles mit Gleichmut hinnehmen.

Nach erschütterndem Abschied von meiner damals schwerkranken Gefährtin und meinen kleinen Kindern folgte ich den Schergen. Sie schlugen den Weg durch den Wald ein. Beim ersten Gebüsch blieb der Gendarm stehen. Er zog kleine, klirrende Handfesseln aus seiner Ledertasche.

»Sie wollen mich fesseln? Mit welchem Recht? Schämen Sie sich nicht? Sie, ein bewaffneter Mann, doppelt so stark wie ich ...«

»Zur Vorsicht muss es geschehen; übrigens habe ich meine Vorschriften ...«

Vorschriften! Wie oft noch habe ich dieses Wort aus Beamtenmund gehört! Beamte und Staatsstützen handeln nicht nach eigener Vernunft, Überlegung und Verständnis, sondern laut dem, was ihnen vorgeschrieben ist. Sie denken nicht, sie handeln wie Automaten: Der tote Buchstabe ist ihre motorische Triebkraft.

* * *

Am 29. Juli waren in ganz Wien Mobilisierungskundmachungen des Kaisers angeschlagen.

Größere und kleinere Gruppen von Männern und Frauen blieben stehen und lasen den pompösen und doch so durchsichtigen Inhalt der Plakate. Doch es wäre zu viel, behaupten zu wollen, dass die Kundmachung von all den tausenden Lesern und Leserinnen auch wirklich durchschaut worden wäre. Ganz im Gegenteil, man konnte wahrnehmen, wie die meisten sich zerknirscht fühlten angesichts dieser schmetternden Phrasen, die zum Kriege und zur Einrückung aufforderten. Die Wucht einer klerikal und staatlich verbündeten Erziehungsmethode triumphierte: Im Staube seiner Knechtseligkeit erstarb das Volk vor den ehernen Worten einer abergläubisch angestarrten Gewalt – der Gewalt des Staates, deren Lebensfunktion nur durch die Selbstunterwerfung des Volkes erhalten bleibt.

Vor einem dieser Kriegsplakate standen auch Johann Magerer und seine Frau. Angsterfüllt waren sie herunter geeilt aus ihrer bescheidenen Künstlerwohnung im dritten Stockwerk eines Ottakringer Hauses.

Das Gerücht, dass die Kundmachung bezüglich der Mobilisierung schon angeschlagen sei, hatte sich rasch verbreitet. Da war es vorbei mit der Ruhe. Tausende Männer und Frauen strömten auf die Straße; sie wollten sich überzeugen, ob ihr Schicksal – Verurteilung zum Tode durch die furchtbare Todesart des Krieges – tatsächlich schon besiegelt wäre.

Magerer war Maler, ein Wiener. Seinem Gemüt und Geistesleben gemäß lebte in ihm eine heilige Flamme: die der logischen Vernunft und Menschlichkeit. Darum war er heftiger Antipatriot. In dem Künstlergemüt dieses vom lärmenden Treiben der Alltäglichkeit abgewandten Menschen fand der Staat keinen Raum. Er begriff jenen nur als eine feindliche Macht im Kreise der Gesellschaft, diese bedrückend und ausbeutend und – im Kriege – sogar vernichtend. Als Sozialmensch musste er die Antisozialität »Staat« hassen.

Und nun sollte er in den Krieg? Was ging ihn dieser an? Was kümmerte ihn der Familienstreit zwischen den gekrönten Häuptern Europas? Er sollte Menschen töten, sein Leben dem Schlachtengott hinopfern, um – um die Macht des Staates zu erhalten, die er als den leibhaftigen Gottseibeiuns erkannte?

Bebend vor innerer Erregung standen er und sein Weib vor dem Mobilisierungsplakat des Kaisers. Schreckliches war Wahrheit geworden: Die Kriegsfurie war entfesselt... und er sollte morden, um gemordet zu werden...

* * *

Damals glaubte man noch allgemein, dass Österreich-Ungarn nur deshalb den Krieg gegen Serbien erklärt hatte, weil dieses eine Bande von Mordbuben des Nationalismus gegen Österreich losgelassen, deren einige am 28. Juni 1914 den Thronfolger und dessen Gemahlin heimtückisch getötet hatten. Die späteren Ereignisse bewiesen freilich, dass auch ohne dieses Attentat der Weltkrieg ausgebrochen wäre.

Magerer stand noch unter dem Eindruck des falschen Glaubens, der allgemeinen trügerischen Annahme. Wilder Zorn über die serbischen Attentäter erfasste ihn, und halblaut entrang es sich, zu seiner Frau gewandt, seinem Munde:

»Wegen dieser Mörder, Verbrecher, Trottel und Idioten muss so etwas herauskommen...«

Hinter ihm stand eine abgehärmte Zeitungsausträgerin. Sie hatte die halblauten Worte des Malers gehört.

In kriegerischen Zeiten will jedermann als Patriot gelten. Dazu gehörte in Österreich nicht viel, man brauchte bloß einer Aufforderung der Regierung entsprechen und wacker darauf los denunzieren, ein freiwilliger, unbezahlter Scherge der Staatsgewalt sein. Denn diese wollte einen Terror in der Bevölkerung verbreiten, jede eigene Meinungsäußerung derselben ersticken.

»Was ham's g'sagt?«, schreit da plötzlich die Zeitungsausträgerin auf Magerer ein, ihn scheinbar fragend, in Wirklichkeit bemüht, die Aufmerksamkeit mehrerer Vorübergehender und Stehenbleibender auf sich zu lenken. »A so a Gemeinheit, der da nennt die Patrioten Ikioten! Was haßt denn dös?«

»Ich werde doch noch das Recht haben, die serbischen Attentäter Mörder und Verbrecher zu nennen«, erwiderte Magerer erregt.

Schon hatte sich eine Menge um ihn geschart und schickte sich an, auf ihn einzudringen. Magerer nahm den Arm seiner Frau, schritt hastig seines Weges mit ihr. Da tauchte hinter ihnen ein Wachmann auf. Dieser lief Magerer nach und erklärte ihn für verhaftet.

Drei, vier, fünf Zeugen und Zeuginnen boten sich freiwillig an. Obwohl nur die Zeitungsausträgerin Magerers Worte gehört und – nicht verstanden hatte, wuchsen die Zeugen gegen ihn nun plötzlich wie aus dem Erdboden hervor. Während er zur Sicherheitswache abgeführt wurde, folgten die Zeugen; hinter ihm johlte eine unübersehbar anschwellende Menschenmenge.

»Schlagt's eahm nieder, den Serbön! Die werns eahm schon geben... Haut's eahm ane aufi... Der kumt nach Serbi'n, um zu sterbi'n«, grölte das Pack der heldenmütigen Volkspatrioten.

Auf der Sicherheitswachstube wurden alle einvernommen. Magerer ganz allein. Er gab wahrheitsgemäß den Tatbestand an. Er sei empört gewesen über das entsetzliche Weltgeschick, das die unselige Mordtat der beiden serbischen Attentäter Nedeljko Čabrinovič und Gavrilo Princip heraufbeschworen habe. Sie hatte er Mörder, Verbrecher, Idioten und Trottel genannt.

143

Dann kamen die Zeugen an die Reihe. Der würdige Kommissär rief sie alle in sein Zimmer und hielt ihnen gemeinsam die hohe Bedeutung einer Zeugenaussage vor, wie auch mit Nachdruck, dass sie schwer bestraft würden, falls ihre Aussagen sich als erlogen herausstellen sollten.

Die erste Zeugin war die Zeitungsausträgerin:

»Ja, Euer Gnaden«, sagte sie und machte einen Knicks, fast einen Fußfall, »I hab's g'hört, wie er g'sagt hat, dass die *Patrioten* Trottel und Ikioten sind.«

Die vier anderen Zeugen und Zeuginnen standen dabei und hörten die Aussage der ersten Zeugin mit an. Man kann sich denken, dass es unter solchen Umständen keine großen Widersprüche zwischen den Zeugenaussagen gab; es herrschte eine geradezu ideale Übereinstimmung.

Die zweite Zeugin hatte ebenfalls gehört, dass Magerer die Patrioten Idioten (sie korrigierte die erste Zeugin, die hartnäckig »Ikioten« sagte) genannt habe.

Als dritter Zeuge trat ein städtischer Gemeindeangestellter heran, dem es sehr unangenehm war, in diese Sache verwickelt zu sein. Er hatte früher gesagt: »Geht's loaßt ihm geh'n.« Darauf hatte sich die Wut des Volkes gegen ihn gekehrt, und er konnte sich ihrer nur dadurch erwehren, dass er dem verhaftenden Wachmann sich als Zeuge gegen den Arrestanten vorstellte. Und nun wollte er alles gut gehört haben:

»Es ist richtig: Magerer hat die Patrioten Idioten genannt. Aber er hat es so gesagt: »Wegen *dieser* Patrioten und Idioten muss so'was herauskommen.«

Dieser Aussage pflichteten die zwei ersten Zeuginnen nicht bei, die eine Zeugin warf sich in die Brust und meinte schnippisch: »Na, do schaut's enk amal an, der will a no g'scheiter sein als i, und dabei hat's kaner g'hört wia nur i. Mögli is alles, aber Ikioten hat er auf Patrioten a g'sagt; i hab's g'hert.«

Darauf meinten der vierte und fünfte Zeuge bedächtig, Magerer habe sowohl das von den ersten zwei wie dem dritten Zeugen Angegebene ganz bestimmt gesagt. Ein Irrtum sei jedoch dem letzten Zeugen unterlaufen. Magerer habe bestimmt gesagt. »Wegen dieser Patrioten und Idioten muss so was *hergestellt* werden.«

Der Kommissär brachte alle diese verschiedenen Aussagen zu Protokoll und verkündete hierauf:

»Angesichts der durchaus übereinstimmenden Zeugenaussagen, die förmlich im gleichen Wortlaut die verbrecherische Äußerung Magerers wiedergeben, muss ich Sie, Magerer, in Haft behalten.«

Zeugen und Zeuginnen entfernten sich schmunzelnd; sie fühlten, sie hatten eine patriotische Leistung vollbracht. Der Lump Magerer musste exemplarisch bestraft werden; Lumpen und Denunzianten wachten über die Sicherheit des Staates.

* * *

Nach einer in einem abscheulichen Loch des Polizeigefängnisses schlaflos verbrachten Nacht wurde Magerer dem k. k. Landesgerichte überstellt. Dieses erachtete die Äußerung Magerers als höchst staatsgefährlich. Da aber die Zeugenaussagen einander widersprachen, erkannte das Landesgericht als zivile Behörde, dass es kaum möglich sein würde, aufgrund solch verworrener Zeugenaussagen den Häftling vor einem ordentlichen Gericht zur Verurteilung zu bringen.

Um dies zu erreichen, dazu war ein anderes Gericht nötig. Das Landesgericht lieferte Magerer deshalb dem Militärgerichtshof des k. k. Landwehrdivisionsgerichtes aus, der in einem Privathaus im achten Bezirk Wiens, in der Breitenfelderstraße, tagte und in seinen Verurteilungen »feldgerichtsmäßig« – also noch nicht ganz, jedoch fast standrechtlich – verfuhr.

Genau zwei Monate nach seiner Verhaftung wurde Johann Magerer vor den Militärgerichtshof gestellt. Dieser nahm in seiner Anklageschrift an, dass Magerer mit seiner Äußerung Bezug genommen habe auf den Kaiser, die Staatsverwaltung, überhaupt auf die innerpolitische Repräsentanz, und dass er sämtliche österreichisch-ungarischen Patrioten Idioten genannt habe. Alles dies nahm der Gerichtshof aufgrund der oben wiedergegebenen Zeugenaussagen als erwiesen an. Zudem hatte die Polizei in ihrer Leumundsnote festgestellt, dass Magerer ein polizeibekannter und überwachter Anarchist sei. Befragt, worauf sich ihre Feststellung stütze, teilte der Vorsitzende mit, dass die Polizei für ihre Feststellung keine Gründe angebe, es auch nicht zu tun brauche. Ihre bloße Angabe und Feststellung genüge vollauf.

Johann Magerer wurde wegen »öffentlicher Störung der Ordnung und Ruhe« zu zwei Jahren schweren Kerkers verurteilt, verschärft durch wöchentlich einen Fasttag samt Dunkelhaft. Er war das erste Opfer der Militärjustiz.

* * *

Der letzte Tag des Monats Juli 1914 war ein überaus heißer Sommertag. In Klosterneuburg, einer Ortschaft bei Wien, herrschte dumpfe Schwüle, und viele Ausflügler, die sich in den Promenaden und im Walde ergingen, zogen sehr bald das Aufsuchen eines Hauses, in dem man seinen Durst zu löschen vermag, den Liebreizen der herrlichen Natur vor.

Etwa 200 Schritte unterhalb meines Wohnhauses befindet sich das Hotel und Restaurant »Kierling«, das dem Gastwirt Knauer gehörte. Ich habe das Vergnügen, sehr viele Feinde zu haben, da ich zu den wenig anpassungsfähigen Individuen gehöre. Die gegen mich gesponnenen Feindschaftskomplotte ertrage ich mit dem Humor eines Weltkindes, dem seine Freunde vollauf genügen, das bei diesen reichlichen Trost findet. Aber meine Feinde begnügen sich nicht damit, an meiner extremen, weil richtigen, politischen Anschauung das Feuer ihres Hasses zu entzünden; sie sind auch mit den persönlichen und privaten Allüren meines Lebenswandels unzufrieden. Zu dieser letzteren Kategorie von Unzufriedenen gehörte der Gastwirt Knauer.

Den *Anarchisten* Großmann hätte er zur Not ertragen; den *Abstinenten* nicht, dieser war ihm umso mehr ein Gräuel, als er Ursache zu haben glaubte, annehmen zu müssen, dass manche der zahlreichen Besuche, die ich jeden Sonntag zu empfangen pflege, durch mich abgehalten wurde, ein »Weinerl« bei ihm zu erstehen und für die Benebelung ihres Hirnes ihm zu bezahlen. Heimtückisch, wie dumme Bauern gewöhnlich sind, ließ er seinen Hass gegen mich nur bei seltenen Gelegenheiten merken. Dann aber sprühte es auch nur so hervor.

Als Abstinenter hatte ich das Glück, ihn leichten Herzens meiden zu können, indem ich seiner Wirtschaft in großem Bogen aus dem Wege ging. Ich tat es umso lieber, als aus besonderen Anzeichen zu entnehmen war, dass gerade er von der löblichen Polizei mit der Aufgabe betraut sei, mich und meinen Verkehr schärfstens zu überwachen und Mitteilungen über seine Wahrnehmungen zu erstatten. Da alles, was im Interesse meiner anarchistischen Überzeugung von mir getan wird, stets offen und frei geschieht, scheute ich diese, des Öfteren ziemlich deutlich sichtbare Überwachung nicht. Aber ich warnte Freunde und Kameraden auch aus diesem Grunde davor, das Gasthaus zu besuchen.

Einen Tag, nachdem mein Freund Johann Magerer verhaftet worden war, kam dessen Frau in Begleitung eines jungen Syndikalisten, der ihr den Weg wies, zu mir. Sie fand mich nicht zu Hause. Ich weilte in Wien, wo ich meine Frau aus dem Spital nehmen musste, das sie an diesem Tage halbgenesen verlassen sollte.

Frau Magerer und ihr Begleiter wurden eingeladen, mich in meinem Wohnhause zu erwarten. Es war ein drückend heißer Tag, und so zog es ihr Begleiter vor, im Wirtshause meine Ankunft zu erwarten. Beide begaben sich in das Gasthaus Knauer; dies sollte die Handhabe zu meinem Verhängnis werden.

* * *

Inzwischen hatte ich Sophie Ossipowna – meine Frau – in einem Spitalauto untergebracht und fuhr heimwärts mit ihr. Sie war selig und glücklich, denn wir hatten befürchtet, sie würde eine schwere, an ihr vorzunehmende Operation – sie war an einer Bauchhöhlenschwangerschaft erkrankt – nicht überstehen. Doch die Operation verlief über alle Erwartung günstig, und in beflügelten Gedanken näherten wir uns unserer Wohnung, wo zwei Kinder schon sehnsüchtig des Kommens ihrer Mutter harrten, die zwischen Tod und Leben geschwebt war.

Nur eines störte unsere Glücksstimmung und legte sich wie mit einem knöchernen Griff darauf: der am 28. Juli wolkenbruchartig erklärte Krieg. Schon im Spital hatten wir schreckliche Szenen von verzweifelten Frauen, die nach ihren eingerückten Männern jammerten, beobachtet. Sie alle fanden nur in der grauenhaften Gleichmäßigkeit, mit der das elende Kriegsgeschick fast ohne Ausnahme alle traf, gelinden Trost. Aber ist ein Schmerz leichter zu ertragen, wenn man weiß, dass der eigene, geliebte Gatte, Bruder, Sohn oder Freund in einer Lebensgefahr schwebt, die unvermeidlich Tausende dahinraffen muss?

Auch sonst machte sich die Furie des mutwillig heraufbeschworenen Krieges bemerkbar. Es war ein Glück, dass meine Frau schon halbgenesen war, denn viele kranke Frauen, die in der kommenden Woche einer lebensrettenden Operation unterzogen werden sollten, ließ man nicht mehr zu dieser zu. Sie mussten das Spital räumen, das für die zu erwartenden Kranken und Verwundeten vom Kriegsschauplatze eingerichtet wurde. Für die vermögenderen Frauen bedeutete dies eine schwere Geldausgabe, da die Operation nur in einem Sanatorium vollzogen werden konnte; für die armen Frauen den sicheren Tod – da ihnen die Geldmittel zur Bezahlung dieser unumgänglich nötigen gynäkologischen Operation fehlten.

So würgte der Massenmörder Krieg schon in seinem ersten Einbruch zahlreiche Frauen. Diese armen, weiblichen Kranken waren die ersten Opfer des Krieges. Sie, die durch ein Widerspiel der Natur erkrankt waren und sich operieren lassen wollten, um ihr Leben zu retten, mussten jenen weichen, deren Verwundungen in frevelhaft vorbedachter Weise verursacht wurden. Nicht nur die Söhne mordete er; nein, der Krieg begann mit der Ermordung der Mütter, deren blutender Schoß in furchtbaren Schmerzen dem Götzen Vaterland die Söhne gebiert.

* * *

Als wir an der unteren Wegstraße ankamen, auf deren Anhöhe unser Wohnhaus liegt, mussten wir, damit meine geschwächte Frau auf dem nächsten Weg nach Hause gelangte, vor der Gastwirtschaft Knauer aussteigen. Eben wollte ich meine Frau hinan tragen, da stürzten Frau Magerer und ihr Begleiter aus dem Gasthausgarten.

Frau Magerer erzählte mir von der gestern erfolgten Verhaftung ihres Mannes; sie ersuchte mich um Rat und Beistand.

Gern gewährte ich ihr denselben und versprach, ihr einen an meinen Rechtsfreund, Dr. Theodor Schäfer, gerichteten Brief zu übergeben, in dessen Hände ich die ganze Angelegenheit Magerers legte. Diesen Brief wollte ich gleich schreiben und ihn ihr herunterbringen. Die beiden wollten im Gasthausgarten auf den Brief warten.

Nachdem ich meine Frau in der Wohnung geborgen wusste, schrieb ich den versprochenen Brief und eilte hinunter, um ihn Frau Magerer zu übergeben. Ich sah sie beide vom Zaun des Gasthausgartens aus in diesem sitzen.

Anstatt hineinzugehen, mich an ihrem Tisch niederzulassen und eine Zeche zu bezahlen, wie es der wackere Gastwirt Knauer gewünscht hätte, rief ich ihnen zu, herauszukommen. Sie bezahlten und kamen.

Dann las ich Frau Magerer den Brief vor, tröstete sie, so gut ich konnte und legte ihr besonders warm ans Herz, noch am selben Tage zu meinem Rechtsbeistand zu gehen, damit er die Sache ohne Verzug übernehme. Nach einigen hastigen Worten über das Unglück des nun ausgebrochenen Krieges für alle Völker und Menschen schieden wir voneinander, und ich begab mich nach meiner Wohnung zurück, die ich bis zu meiner sechs Tage später erfolgten Verhaftung nicht mehr verließ.

Als ich mich von den beiden Davoneilenden entfernte, glühte mir ein hasserfülltes Auge nach; das des Gastwirtes Knauer, der wohl glaubte, ich hätte ihm eine große Zeche hintertrieben. Nicht genug, dass ich selbst das Gift des Alkohols meide, jage ich ihm auch noch Kundschaften ab, die sich, wenn sie meine Bekannten sind und ich sie warnen kann, ja doch nie zu ihm verirren ...

Ein Schwiegersohn Knauers ist bei der Klosterneuburger Gendarmerie angestellt. Knauer teilte seinem Schwiegersohn mit, dass er ein Lorbeerblatt für dessen polizeilichen Ruhmeskranz bereit habe. Dieser berichtete die Aussicht auf den bevorstehenden Fang einem zweiten Gendarmen; und nun begannen die zwei ihr edles Werk.

Sie setzten sich zusammen; bald hatten sie, was sie brauchten.

* * *

In diesen Tagen patriotischen Überschwanges bediente sich die Regierung aller niedrigen, ehrvergessenen Instinkte der Bevölkerung. Am 2. August erschien folgende Kundmachung von ihr in der gesamten Tagespresse:

»*Gefährliche Elemente im Inland!* Nach zuverlässigen Nachrichten hält sich in unserer Monarchie eine große Zahl *subversiver* Element auf, die die öffentliche und staatliche Sicherheit im höchsten Grade gefährden. Es ergeht darum die allgemeine Aufforderung, die amtlichen Organe aus patriotischem Pflichtgefühl nach Möglichkeit darin zu unterstützen, diese nach jeder Richtung gefährlichen Elemente unschädlich zu machen. Durch rege Aufmerksamkeit in dieser Hinsicht kann jedermann zum Erfolg und glücklichen Ausgang der staatlichen Aktionen beitragen. Seriöse Mitteilungen in der angedeuteten Richtung können gegebenenfalls an das im Kriegsministerium amtierende k. k. Kriegsüberwachungsamt gerichtet werden.«

Wie ich später erfuhr, war die Tullner Bezirkshauptmannschaft zu jener Zeit schon beauftragt, meine Verhaftung vorzunehmen. Doch war ihr befohlen, den Schein eines Rechtsgrundes zu wahren. Da war guter Rat teuer. Abermals gewährte die Regierung den gewünschten Wink. Am 4. August erschien folgende, wieder auf den »inneren Feind« hinweisende Kundmachung der Regierung, an das patriotische Gefühl der Bevölkerung appellierend:

»*Mitteilungen über staatsgefährliche Umtriebe!* Offiziell wird mitgeteilt: Die letzte Verlautbarung über die Mitwirkung der Öffentlichkeit an der Bekämpfung staatsgefährlicher Umtriebe scheint hie und da das Missverständnis hervorgerufen zu haben, als wären alle Anzeigen über solche Umtriebe unmittelbar dem Kriegsüberwachungsamte zu erstatten. Wie jedoch in der Verlautbarung ausdrücklich hervorgehoben worden ist, *empfiehlt* es sich, von sehr wichtigen Wahrnehmungen zunächst die zuständigen amtlichen Organe, also vor allem die zuständigen Sicherheitsbehörden zu benachrichtigen. Bei der ganzen Frage *handelt es sich überhaupt nur um solche staatsgefährliche Elemente*, die offenbar vom Gegner zum Zwecke der Spionage oder zur Ausführung sonstiger hochverräterischer Anschläge geworben worden sind.«

Damit hatten die unteren Organe, was sie brauchten, um die offenen oder geheimen Pläne des Staates »gesetzlich« ausführen zu können. Die Regierung wies ihnen einen Weg, auf dem man unbeschwert jeden Feind aus persönlichen Rache- oder Hassmotiven zur Anzeige bringen und verhaften konnte. Und zwar so, dass eine Verleumdungsklage des Verhafteten gegen seine Anzeiger unmöglich war, da das diesbezügliche Gesetz jeden verleumderischen Schurken durch folgenden Wortlaut in Schutz nimmt:

»§ 323. Mitschuld durch Begünstigung der Ausspähung zur Zeit des Krieges oder militärischer Rüstungen. Wer eine solche Ausspähung oder Mitteilung an den Feind oder an diejenigen, wider welche nach seinem Wissen militärische Vorbereitungen getroffen werden, die er selbst leicht und ohne

Gefahr für sich, seine Angehörigen oder diejenigen Personen, die unter seinem gesetzlichen Schutze stehen, hindern kann, *vorsätzlich nicht* verhinderte oder wer eine ihm bekannte, durch dieses Gesetz für Ausführung erklärte Handlung oder eine Person, von welcher ihm eine solche Handlung bekannt ist, der Behörde anzuzeigen *vorsätzlich unterlässt*, macht sich der Ausspähung *mitschuldig* und ist mit schwerem Kerker von 5 bis 10 Jahren, bei besonders erschwerenden Umständen aber von 10 bis 20 Jahren zu bestrafen.«

Indem die Regierung das patriotische Volk aufforderte, ihr beim Fang von »Spionen« und keinen anderen Verbrechern behilflich zu sein, schützte sie alle, die ihre Feinde oder ihnen missliebige Menschen unter dem Verdacht der Spionage zur Anzeige brachten, vor einer Gegenklage wegen Verleumdung. Denn diese tüchtigen Patrioten würden natürlich durch ihre Rechtsanwälte geltend machen, dass sie im Falle der Unterlassung einer Anzeige der ihnen verdächtig Erschienenen befürchten mussten, in die Klauen des obigen Paragrafen 323 zu fallen. Niemand will sich einer Gefahr aussetzen; und füglich würde der Richter die Verleumder freisprechen, der Verleumdete hätte zu seinem Schaden auch noch den Spott.

Auch Knauer und seine beruflichen Helfershelfer wussten nun, wie gegen mich vorzugehen. Letztere telegrafierten an die Bezirkshauptmannschaft Tulln, dass, laut Aussage des Gastwirtes Knauer, ich eine geheime Zusammenkunft mit einem Russen und einer Russin gehabt habe. In versteckter Form hätte ich diese beiden aus dem Gasthause gerufen und ihnen nicht nur Pläne und Festungskarten übergeben, sondern auch noch irgendetwas aufgezeichnet und es ihnen verstohlen in die Hand gedrückt. Auch habe man einige Male die Worte »Mobilisierung«, »Krieg«, auch noch »Feldzug« aufgefangen. Es sei somit gegen mich, dessen schlechter patriotischer Geschmack dadurch offenkundig werde, dass ich eine Russin zur Frau genommen habe, sowie ferner gegen diese selbst der dringende Verdacht der Spionage vorhanden, und die Gendarmerie von Klosterneuburg erwarte sofortige Weisungen von Tulln, wie vorzugehen.

Diese Weisungen kamen unverzüglich; sie bestanden in einem Wort: »Verhaften!« Nun hatte man, was man brauchte, um den gefährlichen Anarchisten während der vor sich gehenden Mobilisierung »legal« festnehmen zu können.

So kam es, dass ich vom anarchistischen Antimilitaristen im Handumdrehen zu einem k. k. österreichischen Generaloberst Redl[1] avancierte.

[…]

* * *

Zu vorübergehender Verwahrungshaft wurde ich nach dem Klosterneuburger Bezirksgerichts-Gefängnis gebracht. Auf dem Wege dahin entschuldigte sich der Gendarm – ich habe bei dem Gespräch mit ihm oft an das synonym klingende Wort »Schandarm« gedacht –, dass er mich verhaften musste. »Aber Sie sind Russe und eine Russin ist Ihre Frau, so etwas macht Sie sehr verdächtig«, meinte er verschmitzt.

»Wie sonderbar, dass die sonst allwissende Polizei aus meinem Meldezettel nicht ersah, dass ich Wiener und somit Österreicher bin«, bemerkte ich halblaut, wie zu mir selbst sprechend.

Er schien mich nicht hören zu wollen. Und ich musste unwillkürlich daran denken, wie verbrecherisch und gefährlich es für die Sicherheit der Gesellschaft ist, ihren niederen Elementen Gewaltmacht über die Mitbürger zu verleihen. Sicher ist und bleibt es eine strittige Frage, was gefährlicher ist: die Macht der Gewalt ihren höheren oder niederen Rangstufen anzuvertrauen. Ich neige mich letzterer Ansicht zu – schon deshalb, weil die höheren Rangstufen ohne die unteren keinerlei Gewalt ausüben könnten. Wie verderblich aber das Gefühl, Macht und Gewalt über Mitmenschen zu besitzen, in den einfachen Volkselementen wirkt, ersah ich aus meinem Gendarm.

»Ich habe wirklich nichts anderes getan, als Wahrnehmungen anderer, die mir berichtet wurden, nach Tulln gemeldet, glaubte aber keinen Augenblick daran, dass man Ihre Verhaftung anordnen würde. Dem Befehle musste ich natürlich gehorchen«, sprach er, als ob sich entschuldigend.

»Sie gehorchen also auch dann, wenn Sie davon überzeugt sind, dass der Befehl auf Unrecht und Missverständnis zurückgeführt werden kann? Übrigens wäre es überflüssig gewesen, die Ihnen hinterbrachten Verleumdungen nach Tulln zu berichten, wenn Sie vorerst mich über sie einvernommen und ausgefragt hätten.«

Er schwieg, und wir waren beide froh, als wir das Gerichtsgefängnis erreichten.

* * *

Während mir die Fessel und alle meine Habseligkeiten abgenommen wurden, empfahl sich der Gendarm, um, wie er sagte, die Anzeige gegen mich zu schreiben.

Der Kerkermeister war ein guter, jovialer, älterer Herr, der nur als Stellvertreter dieses Schandhandwerk ausübte. Beruflich war er ein Faktotum des bürgerlichen Gerichtes, das mich von verschiedenen vergeblichen Versuchen her kannte, bei mir die Amtshandlung der Pfändung vorzunehmen, weil ich grundsätzlich kein Geld zur Zahlung von Gerichtskosten, Steuern oder Militärtaxen habe. Sein rundes, verwittertes Gesicht lachte, als er den gegen mich ausgesprochenen Verdacht vernahm, aufgrund dessen ich verhaftet worden war.

»Nun, das wird sich bald aufklären«, meinte er. »Setzen Sie alles daran, so rasch als möglich nach Wien überführt zu werden. Dort geht's schnell, hier aber können Wochen vergehen, ehe Ihre Angelegenheit auch nur in Gang kommt.«

Man kann sich denken, dass mein Respekt vor der Klosterneuburger Gerichtsbarkeit bei diesen Worten nicht wuchs. Da fragte mich der Alte: »Wollen Sie etwas essen?«

Es war mittlerweile drei Uhr Nachmittag geworden, und seit dem Frühstück hatte ich nichts gegessen außer einigen kleinen Äpfeln, von denen ich mehrere Kilo noch vor meiner Verhaftung bei einem Bauern gekauft hatte. Ich ließ Milch, Brot, Käse und Obst bringen und sann über meine Situation nach.

Das Ganze war wohl nur eine Falle, die mir gestellt, um mich darin zu fangen. Es handelte sich darum, was die Regierung mit Bezug auf mich eigentlich beschlossen hatte. Hatte sie meine Verhaftung ausschließlich deshalb angeordnet, um mich für die Dauer der Mobilisierung oder des Krieges hinter Schloss und Riegel zu haben, so war dies etwas, was aus dem Kriegszustand heraus begreiflich wäre. Dass sie dazu den Vorwand der Spionage wählte, war ja natürlich, denn irgendein »Grund« muss laut Gesetz in Österreich vorhanden sein, um einen Menschen verhaften zu können; sogar während der Zeit des Ausnahmezustandes. Und um »Gründe« ist eine Regierung nie verlegen. Nach dem Kriege würde ich dann wieder auf freien Fuß gesetzt werden, ohne die Möglichkeit zu haben, mich juristisch gegen die Regierung wegen unrechtsmäßiger Freiheitsberaubung zu wenden. Denn der Ausnahmezustand schützte sie vor jeder Schadenersatzhaftung. Hatte die Regierung aber nicht nur diese verhältnismäßig leichte Infamie mit mir vor, sondern war die Verhaftung aus dem unbegründeten Verdacht der Spionage hier nur deshalb erfolgt, weil sie eine leichte und »gesetzlich begründete« Handhabe zu gewinnen wünschte, einen Justizmord an mir zu verüben, mich in dieser Zeit der Aufregung und Unterdrückung bequem aus dem Wege zu räumen – dann galt es zu sterben.

Ich muss gestehen, die letztere Eventualität erschien mir als die wahrscheinlichere. Es gibt kein Unrecht, das ich dem Staate nicht zutraue. Der Gedanke, sterben zu sollen, fiel mir keineswegs schwer. In Kriegszeiten, wo Hunderttausende loyale Staatsbürger durch den Staat zum scheußlichsten Tod verurteilt sind, den ich mir ausmalen kann; wo diese Hunderttausende sterben oder sich zu Krüppeln machen lassen für ein unsinniges Phantom ihrer ihnen eingeflößten Ignoranz – in solcher Zeit stirbt es sich leicht für den Hochgedanken der Menschheit, der in mir pulsiert, für die Anarchie, das erhabenste Ideal der Menschlichkeit und des Menschenglückes. Galt es, für Großes zu sterben, so durfte ich mit meinem Schicksal – weit besser als das der anderen – kaum hadern.

Und ich haderte in der Tat nicht mit ihm. Bei all meiner zärtlichen Liebe zu meiner Lebensgefährtin und meinen Kindern machte mich der Gedanke an sie nicht schwachmütig. Zumal ich es stets verstanden hatte, ihr materielles Schicksal von dem meinen vollständig unabhängig zu gestalten; mein Tod konnte sie nur psychisch, nicht aber in ihren Existenzbedingungen treffen. Und den Schmerz um mich würden sie im Hinblick auf das millionenfache Leid, das der Weltkrieg all den unzähligen Witwen und Waisen vieler Völker auferlegte, leichter überwinden als sonst. Ich aber war gefasst und wusste: Wenn es ans Sterben ging, würde ich noch mit dem letzten Atemzug mein Bekenntnis zum Ideal der Anarchie den Barbaren des Staatentums entgegen schleudern...

Ein schöner Regenschauer ging draußen nieder. Es goss in Strömen, der Wind fegte Regengüsse durch das Fensterchen der kleinen Zelle, das nur wenig unterhalb der hohen Decke sich befand. Eine dunkelgelbliche Atmosphäre erfüllte den engen Raum, in dem ich einsam meinen Gedanken nachhing, während die ganze Außenwelt bereits vom Waffengeklirr des Mörders Krieg widerhallte.

Gegen Abend wurde die Tür der Zelle aufgeschlossen und es trat der Hausarbeiter, ein Sträfling, der seine mehrmonatige Strafe in diesem Hause zu verbüßen und abzuarbeiten hatte, ein. Wie immer konnte ich meinem Drange nach Propaganda nicht widerstehen und ich setzte dem armen Teufel bald die Anfangsgründe der Freiheit und Gerechtigkeit auseinander. Welcher Irrtum, zu meinen, dass diese für das einfache Gemüt des Volksmenschen »zu hoch« seien! Wenn sie es sind, liegt die Schuld daran an dem Lehrer, nicht am Schüler. Ich aber konnte hier wieder beobachten, wie ein einfaches Volksgemüt leicht aus den Umschlingungen des alten Glaubens gezogen und dem vernünftigen Denken zugeführt zu werden vermochte.

Es ist ein Glück, dass die Fundamente der Tradition leicht zu erschüttern sind; und dass sich schon aus der alltäglichen Erfahrung, wenn man nur auf sie aufmerksam gemacht wird, der Zusammenbruch jener ergibt; ein weiteres Glück ist es für den Empfänger der neuen Erkenntnis, wenn ihm dann gleich die volle, unverfälschte, ungeteilte Wahrheit zuteil wird, nicht abermals eine Halbwahrheit, wie sie die autoritären Dogmen der bürgerlichen Demokratie und Sozialdemokratie bilden.

Mein Mitgefangener war ein gelehriger Schüler. Eine neue Welt des Denkens und Empfindens tat sich vor ihm auf. Nun wusste er, woher und warum es so kam, dass er, ein armer, harmloser Mensch, wegen einer Nichtigkeit zu langen Kerkermonaten verurteilt wurde, während die großen Verbrecher an den Rechten der Natur und Menschlichkeit draußen in Überfluss, Reichtum und Ruhmesehre schwelgen.

Das knapp bemessene Öl meines Lämpchens, das in besonderer Bevorzugung der alte Kerkermeister mir gewährt hatte, war schon ganz herabgebrannt. Noch eine Viertelstunde und das Stümpfchen verlosch. Aber unsere Unterhaltung dauerte noch fort.

Wir streckten uns auf unser hartes Strohlager. Trotz der Dunkelheit war in uns ein Licht, an dem der eine den andern seelisch entzündete. Und erst, als die nahe Turmuhr die zwölfte Nachtstunde schlug, endete unser Gespräch. Der Gedanke, um sechs Uhr wieder auf sein zu müssen, scheuchte uns in den Schlaf.

Am nächsten Morgen war mein Schlafkamerad verschwunden. Noch im Laufe des Tages wurde ich nach Wien überführt, sodass ich von ihm nicht mehr Abschied nehmen konnte. Nach dem Kriege begegnete er mir wieder in Klosterneuburg. Er hielt mich an und sagte:

»Kennen Sie mich noch? Ich habe Sie nicht vergessen.«

Forschend blickte ich ihm in die arbeitsdurchfurchten Züge, dann erinnerte ich mich seiner und drückte ihm die Hand.

»Die Begegnung mit Ihnen«, sprach er, »ist mir zu einem Lebensereignis geworden. Denn seit jener Zeit verbreite ich Ihr Evangelium der staatenlosen Gesellschaft...«

Die Einlieferung ins Militärgefängnis

»Großmann – zur Vorführung«, rief der alte Kerkermeister am Vormittag des nächsten Tages.

Nichts hätte mir willkommener sein können. Jeder Häftling weiß, dass die ganze lange Zeit bis zu seinem Verhör vor dem Untersuchungsrichter eine perfide Lebensverkürzung ist; es ist die sogenannte verlorene Zeit. In normalen Zeiten muss die Staatsbehörde binnen sechs Wochen einen Strafantrag gegen den Untersuchungshäftling stellen oder ihn entlassen. Aber der Beginn dieses Termins wird immer vom Datum der ersten Einvernahme an gerechnet.

Ich beeilte mich, den Gendarmen, die mich begleiteten, zu folgen.

Das Bezirksgericht in Klosterneuburg ist mir nicht neu, auch bin ich ihm kein Neuling mehr, denn wir beide haben im Laufe der Jahre genug miteinander zu tun gehabt. Es verbleibe eine offene Preisfrage, wer dem anderen Teil mehr Scherereien, zwecklose Aktenvergeudung und Zeitverluste verursachte. Alle von Wien aus gegen mich anhängig gemachten Strafanträge werden nach Klosterneuburg gesandt, und so hatte ich ewige Lauferei, aber das Gericht ein fortwährendes Hin- und Hersenden und Fragen bezüglich der Akten.

Doch als Gefangener war ich hier noch nicht eingeliefert worden. Auf dem Gange erkannte mich jeder Beamte, auch die Advokaten. Mir schien, wie wenn die Augen der wartenden Parteien sich mit Hohn auf mich richteten, als wollten sie sagen: »Na, jetzt wird man es dem Kerl gehörig eintränken; just der richtige Zeitpunkt für ihn.«

Als wir endlich das obere Stockwerk des klosterartig gebauten Gerichtsgebäudes – es wurde aus einem ehemaligen Kloster in ein solches verwandelt – erreichten, mussten wir vor der Türe des betreffenden Richters, zu dem ich geführt wurde, stehen bleiben. Er »amtshandelte« gerade, wie der Verkehr des Richters mit den vorgeladenen Parteien in der österreichischen Dialektverhunzung der deutschen Sprache genannt wird. Doch bald war die Amtshandlung zu Ende, und nun trat ich ein.

»Ihr Name ist Rudolf Großmann?, fragte der Richter im Tone eines Mannes, der im Begriff steht, eine wichtige Sache festzustellen, obgleich er ganz genau wusste, dass niemand anderer als ich vor ihm stehen konnte.

Vor mir saß an seinem Schreibtisch ein junger, kaum dreißigjähriger Mann in eleganter Kleidung, der mich mit frechen Augen hochmütig maß. Sein Aussehen erinnerte an ein »Gigerl« [Modegeck], und ich seufzte innerlich bei dem Gedanken, dass ich diesem, allem Anscheine nach höchst oberflächlichen Menschen, der sicher keines ernsten Gedankens fähig, Rede und Antwort stehen musste.

»Ja, ich bin es«, antwortete ich auf seine Frage.

Ohne Weiteres sagte er zu meiner Überraschung:

»Ich habe Ihnen mitzuteilen, dass ich Ihren Akt bereits geprüft und beschlossen habe, Sie dem k. k. Landwehrdivisionsgericht in Wien zu überstellen. Unterschreiben sie dieses Dokument«, gebot er.

Es war mir unmöglich, ein Lächeln zu unterdrücken, als ich sagte:

»Aber Sie haben mich ja noch gar nicht einvernommen! Sie können, ohne mich gehört zu haben, doch nicht wissen, ob es nötig ist, mich dem Militärgerichtshof zu überstellen.«

Er schüttelte heftig den Kopf und meinte im Tone absolutesten Rechtsbewusstseins:

»Das verstehe ich besser als Sie. Sie sind doch Anarchist, nicht wahr?«

»Das geht Sie gegenwärtig gar nichts an, was ich bin. Ich bin hier zum Verhör, während Sie mir ohne Verhör sagen, dass Sie mich, eine Zivilperson, der Militärbehörde überstellen. Dagegen protestiere ich.«

»Das können Sie tun, wie es Ihnen beliebt«, meinte er hämisch. »Ich erfülle meine Pflicht – einem Anarchisten ist alles zuzutrauen. – «
Ich unterbrach ihn.

»Ich wünsche zu wissen: Bin ich hier, weil ich Anarchist bin oder wegen einer anderen Angelegenheit? Wenn wegen des ersteren Faktums, wünsche ich von Ihnen zu hören, was Sie unter Anarchismus verstehen. Dann, wenn ich Ihnen geantwortet habe, werden Sie sehen, ob ich dem Militärgerichte zu überstellen bin.«

»Alles das können Sie der Militärbehörde auseinandersetzen, mich geht das nichts an«, erwiderte er ungeduldig und ausweichend. »Wollen Sie nun das unterschreiben, wonach Sie Ihre Überstellung an das Militärgericht zur Kenntnis nehmen – wollen Sie oder nicht?«

»Nein«, erwiderte ich.

»Nun, dann werde ich das selbst besorgen«, schrie er, außer Fassung gebracht, und ließ mich sogleich abführen; noch im Abgehen rief ich ihm zu:
»Sie begehen eine Eigenmächtigkeit, zu der Sie nicht berechtigt sind!«

Auf dem Rückwege sagte der Gendarm an meiner Seite mit treuherziger Stimme:

»Damit haben Sie Ihre Lage nur verschlechtert, denn der amtierende Richter wird nicht verfehlen, nun auf Ihre besondere Gefährlichkeit aufmerksam zu machen. Das tun die Herren schon deswegen, um zu beweisen, dass sie die Verantwortung einer Einvernahme des Häftlings nicht übernehmen konnten und ihn der nächstzuständigen Behörde überstellen mussten. Je rascher man mit einem Häftling fertig wird, desto lieber ist's dem Gerichtsbeamten, denn er hat dann weniger zu tun. Alle wünschen nur das eine: so wenig als möglich zu tun haben, recht viel zu faulenzen.«

Schon des Öfteren war es mir vorgekommen, dass Gerichts- oder Polizeibeamte hinter dem Rücken ihrer Behörde aus ihrem Herzen keine Mördergrube machten, sondern freimütig ihre Unzufriedenheit mit den miserablen Justizzuständen, die sie aus eigener Erfahrung kannten, gestanden. Dennoch war ich immer misstrauisch, wenn mir solch ein weißer Rabe begegnete. Deshalb sagte ich gleichgültig:

»Was dieser junge Herr Richter über mich meldet, lässt mich kalt. Auf keinen Fall gebe ich ihm meine Unterschrift; denn dies hieße, ihm meine Zustimmung zu seinem Tun zu geben.«

* * *

In meiner Zelle wartete schon das Mittagessen, das im Gefängnis sehr früh vorgesetzt wird, auf mich. Es bestand aus Suppe, Kohl und Mehlspeise, was ich alles für mein Geld hatte bestellen müssen, denn die Sträflingskost war absolut ungenießbar. Es ist mehr als ein Mysterium, wie die unglücklichen Häftlinge und Sträflinge monatelang von diesem Abguss und Abfall leben können, der ihnen in den österreichischen Gefängnissen geboten wird.

Meine Kost stammte aus der Küche des Kerkermeisters und mundete vortrefflich. Es war eine einfache, aber kräftig zubereitete gesunde Hausmannskost, wie mein unverwöhnter Gaumen sie gerne isst.

Nachdem ich gegessen hatte, las ich, und meine Gedanken weilten bald in weiter Ferne. Gerhard Hauptmanns »Bogen des Odysseus«, das kurze Stück des deutschen Dichters, fesselte meine Aufmerksamkeit. Und mit tiefinnerstem Verständnis wiederholte ich immer wieder die nun auf mich anzuwendenden Worte des alten Eumaios [Freund des Odysseus]:

> »*Und nun sei mannhaft! Bist du so verfolgt*
> *Um Schuld, so ist's um große Schuld, und du*
> *Warst groß und mannhaft einst in Schuld. Sei nun*
> *Nicht minder groß und mannhaft im Erdulden.*«

So sehr das Stück mich fesselte, enttäuschte es mich auch. Das war nicht mehr der einstige Hauptmann der »Weber«, der »Einsamen Menschen«, »Vor Sonnenaufgang«, kurz – jener revolutionäre Hauptmann, dessen Kunst zur Weihe einer Reformation des Ichs und der Gesellschaft aufrief. Dieser »Bogen des Odysseus« war ein beschauliches Sich-Zurückversetzen ins Altertum, aber auch ein Rückschritt Hauptmanns in künstlerischer Ins-Auge-Fassung eines Problems. Der Arbeit mangelt jede modern eingehende Gestaltung des Odysseusgedankens; platt und nüchtern hält sich der Dichter an die Mythologie, ohne wesentlich Neues zu schaffen. Seine Sprache ist edel, rein und auch in diesem Stück gewaltig. Allein, was hilft die schönste Sprache, wenn ihr die Schöpfungskraft der Idee mangelt? Hauptmann ist leider, wie viele andere gleich ihm, ein Vielschreiber geworden. Und da die Kunst heutzutage dazu verdammt ist, vom Reichtum leben zu müssen, und Hauptmann sich das Leben wohl ohne perlenden Wein in goldenem Pokal wahrscheinlich nicht mehr denken kann, muss er ängstlich darauf bedacht sein, sogenannte »reine Kunst« zu liefern. Die »reine Kunst« besteht in schöner Wortsprache, rhythmisch vollendeten Reimen; und nur eines fehlt ihr zur Vollkommenheit: die Qual eines wahrhaftig bestehenden Problems. Beides – ringende, kämpfende Qual wie ihr Problem – muss die »reine Kunst« umgehen. Sie darf nur gefallen und unterhalten, nicht aber zerstören und neu bilden. Und auch Hauptmann gehört heute fast ganz dieser »reinen Kunst«. –

* * *

Enttäuscht legte ich das Buch beiseite und überließ mich meinen Gedanken. Wahrscheinlich würde ich in einigen Tagen dem Militärgericht überstellt werden; dann war mein Schicksal bald besiegelt. Denn mit dem Satze: »Sie sind doch ein Anarchist!«, konnte die Justiz jedes Urteil sehr rasch rechtfertigen.

Nun ja, ich bin Anarchist und werde es stets bleiben. Vielleicht nicht nur wegen der Wahrheit der anarchistischen Theorie allein bin ich Anarchist. Diese ist klare Vernunft, der Wahrheitsausdruck einer logischen Erkenntnis, und ist als solche schön, begeisternd. Doch nicht wegen der Theorie allein bin ich, was ich bin. Ich könnte ihre Schemen leicht vergessen und dennoch würde ich Anarchist bleiben. Ich bin ein Anarchist, weil die Betrachtung eures Lebens, ihr edlen Herren der Welt, eurer Gesellschaftsunordnung, eurer Herrschaftsgewalten und deren Rasen mich, mein Denken zwingt, Anarchist zu sein. Wie kann ich anders, wenn ich sehe, dass ihr herrscht, bedrückt, ausbeutet und die Gesellschaft nur für den Staat wie das Wasser für den Schwamm da ist? Lehrt nicht der Weltkrieg mit Tausend Zungen, dass der Staat die größte, gewaltigste Gefahr und der gefährlichste Fluch für die Gesellschaft, das soziale Leben und Treiben der Menschen, des Friedens ist?

Was liegt an einer Theorie – meinetwegen widerlegt sie, wenn ihr glaubt, es zu können. Aber mein Empfinden und meine Erkenntnis könnt ihr nie widerlegen. Ihr sagt, der Staat sei dazu da, um in der Gesellschaft die Ordnung zu bewachen. Ist das die Ordnung, dieser Zustand des wildesten Chaos, den der Staat durch seine Kriegsproklamation verursacht? Nennt ihr diesen Zustand der Lahmlegung aller wirtschaftlichen Beziehungen »Ordnung«? Ihr sagt, der Staat sei dazu da, damit die Menschen sich gegenseitig nicht umbringen – ohne Staat, das wäre der Kampf aller gegen alle. Glaubt ihr auch heute noch wirklich an die Wahrheit dieses erzdummen Arguments? Seht euch doch um! Gegenwärtig haben wir den Weltkrieg. Was ist dieser anderes als gegenseitige Vernichtung und Vertilgung aller Menschen, einerlei, ob direkt auf dem Schlachtfeld oder indirekt auf dem sozialwirtschaftlichen Gebiet, das infolge des Krieges gleich einem Schlachtfeld verwüstet wird. Und wer, so frage ich, wer hat dieses millionenfache gegenseitige Gemetzel, diese entfesselte Bestialität der Barbarei organisiert, angezettelt und zum Ausbruch gebracht? Niemand als der Staat! Er ganz allein, er, den ihr mir stets als Hort des menschlichen Lebens, als Hüter von Gut und Blut, als Betreuer der Ehrlichen gegen die Unehrlichen, der Schwachen vor den bösen Starken einpauken wolltet! Der Staat, er allein ist der

Schuldige, ist die organisierte Gewalt der Unordnung, der Herrschgier, ist Chaos; der Staat ist die furchtbare, grässliche und verabscheuungswürdige Macht, die den Frieden der Menschen stört und die Kriege in die menschliche Gesellschaft hineinträgt. Er ist so eigentlich die Unnatur, denn das, was im gesamten Tierreich nicht zu beobachten ist, wird von ihm in die menschliche Gesellschaft eingeführt: die gegenseitige Vernichtung von seinesgleichen. Dadurch stellt der Staat das Daseinsgesetz des Menschen und der Gesellschaft auf den Kopf.

Ich bin im Gefängnis. Aber keinen einzigen all dieser mich hier umgebenden Verbrecher fürchte ich. Mit ihnen allen ist einzeln eine Auseinandersetzung möglich; würden sich mehrere wider mich zusammenrotten, so besäße ich genug Gelegenheit, mich auch mit anderen zu verbünden und zur Wehr zu setzen ... Die beiderseitige Einsicht, dass es im gegenseitigen, gemeinschaftlichen Interesse gelegen, den Frieden zu wahren, würde es bald verhindern, dass Kämpfe zwischen mir und den mich umgebenden Verbrechern entständen. Und so kann ich ruhig behaupten: Keinen einzigen dieser Verbrecher um mich brauche ich zu fürchten.

Nur *einen* muss ich fürchten und kann mich seiner nicht erwehren: Das bist du, der Staat! Denn der Staat ist kein Einzelner, er ist die Gewalt einer Unterdrückungsorganisation, die mir entgegentritt, mich nur als Zweckmittel für sie erachtet, kein gegenseitiges, freies Bündnisinteresse mit mir unterhält, infolgedessen auf keine Gemeinschaftsbeziehungen, sondern nur auf sein kaltes, brutales Eigeninteresse allein Rücksicht zu nehmen braucht. Kein Verbrecher trachtete mir je so gefährlich nach dem Leben wie der Staat, der mich auch wider meinen Willen zum Kriegsdienst zwingt.

Was immer man mir auch entgegenhalten möge, ich antworte darauf vollbewusst: Die Gesellschaft ist eher möglich mit antisozialen Menschen als mit der Antisozialität Staat, mit welcher Widernatürlichkeit ein Friedenszustand für sie unmöglich und die Gesellschaft stets ihrer periodisch sich wiederholenden Selbstvernichtung zugetrieben wird. Wenn die Soziabilität der Freiheit die Entfaltung der sozialen Veranlagung des guten Menschen begünstigt, dann verschwindet der antisoziale Mensch; der Staat aber zertrümmert jede freie Sozialität, unterdrückt sie überall. Darum ist Gesellschaft und Gemeinschaft in Frieden, Ordnung und Harmonie nur möglich – *ohne* Staat.

* * *

Draußen, in der Natur, sind alle Elemente in wilder, tobender Erregung. Seit Tagen gießt der Regen in Strömen, pfeifend bläst der Wind. Aber während die Wut der Elemente sich an der Brutalität des Menschenwerkes austoben zu wollen scheint, ist es in mir so ruhig und friedlich, als weilte ich zu Hause und nicht in einem Bau, der leider von Arbeitern für schnöden Lohn erbaut und errichtet wurde, um Menschenherzen zu brechen.

Plötzlich öffnet sich die Luke in der Zellentür. Ich gewahre das Auge meines jovialen Kerkermeisters.

»Sie, Herr Großmann, in einer Stunde gehen Sie ab – nach Wien. Wollen Sie fahren, auf eigene Kosten?«, fragt er mich.

»Wie meinen Sie das, auf eigene Kosten?«, wiederholte ich seine Worte. »Es ist doch nicht mein Wunsch, nach Wien gebracht zu werden.«

»Nun, ich meinte nur so ... Jetzt sind wenige Fahrgelegenheiten, alles ist überfüllt durch die Mobilisierung.«

»Lassen Sie mich einfach hier. Jedenfalls verbiete ich es ausdrücklich, auch nur einen Heller meines Geldes anzurühren, um für den Staat eine Ausgabe zu ersparen. Will der Staat mich in Wien haben, so muss er mich auf seine Kosten transportieren. Ich zahle nichts dafür.«

»Dann wird's in keinem eigenen Wagen gehen, sondern mittels Bahn und vor vielen Leuten, die Sie anstarren werden; und man kann heutzutage nicht wissen – die Leute sind fuchsteufelswild ...«

»Mir ganz egal«, erwiderte ich ihm, »nur sagen Sie dem Wachtposten, der mich eskortiert, dass ich ihn für mein Leben haftbar mache.«

Er entfernte sich kopfschüttelnd und etwas vor sich hinbrummend. Erst viel später kam mir der Gedanke, ich hätte nicht so schroff ablehnen sollen. Diese Art Leute ist schlecht bezahlt, und vielleicht hätte er meine Bezahlung für den Wagen als ein Bakschisch in die eigene Tasche gestrichen? Denn, dass der Staat mich die Reisespesen für meine Fahrt nach Wien aus eigener Tasche tragen lassen wollte, konnte ich nicht recht glauben. Doch eine andere Erwägung tröstete mich rasch über meine Bedenken hinweg. Warum soll ich als Anarchist einem Werkzeug des Staates seinen Posten ergiebiger gestalten, als jener ihm denselben gewährt? Erpressung ist das Wesen der Staatsfunktion, und sollte ich denen, die daran teilnehmen, auch noch beistehen, ihnen ihre Lage verbessern?

Eine halbe Stunde später wurde ich aus der Zelle hinausgeführt und reisefertig gemacht. Ein Gendarm mit aufgepflanztem Gewehr stand vor mir. Er musste mich schon kennen, denn er lächelte mir freundlich entgegen, schien also den »Spion« nicht allzu sehr zu fürchten. Nachdem ich meine Sachen übernommen hatte, wurde ich zum Bahnhof geführt.

* * *

Es war ein wundervoller Augustnachmittag, als ich das düstere Haus des Klosterneuburger Gefängnisses verließ. In lachenden Strahlen drang die Sonne durch das erquickende, lebendige Laubgrün der Bäume auf den menschenleeren Weg, den wir entlang schritten. Mit einem tiefen Seufzer atmete ich die balsamische Luft ein – wusste ich doch, dass ich die Schönheiten dieser einfachen Natur recht lange entbehren würde...

Der Gendarm, der mich führte, war ein noch junger Mann, vielleicht einige Jahre über die Zwanzig hinaus. Trotz der sommerlichen Hitze war seine Uniform dick und von unterhalb des schweren Helmes perlten die Schweißtropfen hervor. Ich machte darüber meine Bemerkung.

»Ja«, meinte er grollend, »ein Vergnügen ist mein Beruf nicht; und besonders dann nicht, wenn man auch im Dienst so manches zu ertragen hat.«

»Niemand zwang Sie, ein solches Handwerk zu ergreifen«, erwiderte ich.

»Das nicht, aber man will halt leben.«

»Das heißt: Leben, ohne nützliche Arbeit zu leisten, das will man. Glauben Sie wirklich, dass Ihre Tätigkeit unentbehrlich notwendig ist, damit die Welt nicht aus ihren Fugen gehe?«

»Ach nein«, lächelte er munter, »über diesen Glauben meiner Frischlingszeit bin ich hinaus. Heute weiß ich so manches, was ich früher nicht kannte. Und darum bemühe ich mich auch, die Ausübung meines Berufes so viel als möglich von unnötigen Härten zu befreien. Sie sehen, ich habe Sie nicht gefesselt, trotzdem es ausdrücklich befohlen wurde.«

»So? Komisch... Wohin glaubt man denn, dass ich mich flüchten könnte, jetzt, wo die Landesgrenze dicht besetzt ist und jede Flucht durch die Todesstrafe gesühnt wird?«

»Natürlich«, sprach er, »das weiß ich sehr gut, dass Sie nicht flüchten werden; ich weiß ja auch, dass Sie kein Spion sind.«

»Und dennoch führen Sie mich als Gefangenen nach Wien, wo ich vielleicht einem schrecklichen Schicksal entgegengehe. Wie vereint sich das mit Ihrem Gewissen?«

»Ich fühle, dass es schlecht ist, was ich tue«, sagte er einfach, schob sich den Helm ein wenig aus der Stirn und wischte sich den Schweiß mit dem rechten Handrücken ab, »aber ich kann unmöglich gegen meine Vorschriften handeln.«

»Da haben Sie recht, das sehe ich ein. Aber Sie können einen Dienst quittieren, der blinden Gehorsam und der von einem Menschen die Ausführung von Vorschriften verlangt, von denen dieser selber weiß, dass sie willkürlich, schlecht und gewalttätig sind.«

»Schließlich wird mir nichts anderes übrig bleiben«, sprach er bedächtig.

»Alles, was verlangt wird, kann man doch nicht ausführen... Herz und Gewissen lassen es nicht zu ... Und deshalb werde ich ohnedies kein großes Vorrücken im Dienste der Gendarmerie zu verzeichnen haben. Gerade jetzt ist der Dienst wirklich ekelhaft.«

»Warum haben Sie denn jetzt Besonderes zu tun?«

»Wir müssen die Mobilisierung glatt abwickeln helfen. Viele Bauern und deren Söhne verlassen ihr Häuschen nur, um auf's Feld zu ziehen, und diese wissen von den paar Mobilisierungsplakaten nichts, die von der Gendarmerie angeschlagen werden ... Die Gendarmerie ist aber auf dem Lande verantwortlich für die Einbringung aller. Manche wollen die Plakate absichtlich nicht sehen, manche können sie gar nicht lesen, denn sie haben das Lesen und Schreiben nur kümmerlich erlernt und während ihres ganzen Lebens fast nie geübt; darum ist's längst vergessen.

Da muss man dann halt alle diese Hütten und Häuschen der Bauern ablaufen und den armen Teufeln befehlen, an diesem oder jenem Tage, zu dieser oder jener Stunde zum Einrücken sich bereitzuhalten und sich einzufinden. Nimmt man ihnen dann noch ihr Pferd weg, dann kennt das Jammern und Wehklagen von Mann, Frau, Kindern und häufig auch noch den alten Großeltern kein Ende. Ob man will oder nicht, es schneidet einem fürchterlich ins Herz.«

»Und besonders dann, wenn man weiß, zu welchem Zweck man diese Menschen aus ihrer friedlichen Beschäftigung reißt, um sie in den Krieg, in das Menschenschlachthaus, also in den sicheren Tod zu geleiten.«

»Ja, es ist furchtbar«, stimmte er mir bei.

* * *

Inzwischen waren wir bei der Bahn angekommen. Auf dem Perron gab es ein geschäftiges Treiben. Vor mehreren Minuten war ein riesig langer Zug eingefahren, und an dessen beiden Seiten liefen junge Mädchen, ältere Frauen und Männer mit Erfrischungen, Obst, Fleisch- und Brotschnitten auf und ab, die den aufgrund der Mobilisierung zum Schauplatz des Krieges abreisenden Soldaten umsonst verabreicht wurden. Dazu noch Wein, Bier und mineralische Wasser in Hülle und Fülle, sodass die Soldaten lustig und guter Dinge waren. Manch armer Teufel, der sich sonst nie sorglos satt essen konnte, fühlte sich plötzlich als bedeutende umschwärmte Persönlichkeit, die man nun hätschelte und verehrte. Und völlig aufgelöst in Wonneschauern ergaben sich besonders die Mädchen ihrem liebevollen Tun; die starke, feste Männlichkeit der Soldaten übte eine betäubende Wirkung auf diese jungen Blüten der Weiblichkeit, die sich von vielen begehrenden Männerlippen flüchtig küssen ließen und manches herzhafte Küsschen zurückgaben.

In einigen Eisenbahnwagen grölten heisere Stimmen muntere Soldatenlieder. Überall herrschte ungemein warme Herzlichkeit. Das Ganze machte so ungefähr den Eindruck, als ob diese hunderten, jungendkräftigen Männer sich zu irgendeinem aufregenden Volksfest, zu einem anstrengenden mit vielen Strapazen verknüpften, öffentlichen Spiel begäben, an dem das ganze Volk beteiligt wäre. Niemand sprach vom Tod, niemand dachte an ihn. Krieg schien all diesen Leuten nur ein derber Scherz, von dem alle unzweifelhaft heil und gesund zurückkehren müssten.

Dieses Gefühl wurde künstlich erzeugt durch die jedem Zug beigegebene kleine Musikkapelle, die unausgesetzt musizierte und ausgelassene Gaudiumlieder anstimmte. Dass die meisten dieser Männer an ernstes Denken nicht gewöhnt waren, sah man den erhitzten, unreinen Gesichtern an; aber die Töne der Musik machten zudem jede nachdenkliche Stimmung unmöglich. Der Wirbel von Humor und Ungebundenheit, in den diese sonst zu ausmergelnder Fabrikarbeit oder erschlaffender Plage im Sonnenbrand des Feldes gewöhnten Menschenkinder sich so urplötzlich geschleudert fanden, entriss sie jeder ernsteren Selbstprüfung, erstickte jeden Gedanken über ihr Vorhaben und dessen Tun in ihnen. Man betäubte sie auf schlaue Weise.

Unwillkürlich ersah ich darin die ganze, gemeine Diabolik des patriotischen Schwindels; mich widerte sie an, denn ich sah sie nackt vor mir. Alle feineren und edleren und hingebungsvollen Regungen der Menschenseele werden durch ihn in den Dienst einer Furchtbarkeit gestellt, deren Verständnis den zu ihrer Ausübung Herbeigelockten oder Gezwungenen viel zu spät erst aufgeht, wenn sie unmittelbar davorstehen. Vorher sind sie Sklaven des Gehorsams und der Gedankenlosigkeit; willenlose Wesen, denen die trüben Empfindungen und besseren, menschlichen Regungen durch die billigen Saturnalien des Gaumens verscheucht werden.

Ein Beispiel reinster Tatsächlichkeit für meine Erwägungen bot mir der Anblick der Mädchen und Frauen. Wenn niemand, so hätten doch sie aufschreien und in Abscheu sich fernhalten müssen von dem, was sich zutragen sollte! Wie anders waren die spanischen Frauen von 1909, die sich im Juli jenes Jahres vor die nach Marokko abfahrenden Mobilisierungszüge legten und sich dagegen auflehnten, dass man ihnen ihre Männer, Brüder und geliebten Gefährten raubte! Darin erblicke ich das wahre, tiefe Gemüt der Weiblichkeit, eins mit dem reinsten Empfinden der Menschheit, groß im klaren Erfassen der höchsten Weihe eines echten Frauengemütes: Lebenshort ihres geliebten Gefährten zu sein!

* * *

In Nußdorf mussten wir aussteigen. Mein Führer ließ mich, um Aufsehen zu vermeiden, allein vorausgehen und rief einen Fiaker herbei. Diesen bestiegen wir und fuhren, nachdem er das Schutzdach tief über uns herabgelassen hatte, langsam über die breite Landstraße, die in Wien mündet.

Auf dem Weg fiel mir ein, dass ich noch vor meiner Abfahrt einige letztwillige Verfügungen für die Meinen getroffen hatte, die ihnen zuzustellen unbedingt nötig wäre. Wie das tun? Es war mir nicht möglich, auch nur einen unbewachten Moment zu gewinnen, so streng wurde jede meiner Bewegungen beobachtet.

Der Gendarm saß mit seinem Gewehr zwischen den Beinen neben mir und sann vor sich hin. Die Sonne brannte heiß und schwül. Ziemlich menschenleer lag die Landstraße da, und der Tritt des Pferdes brachte kein besonderes Leben in die öde Szenerie. Manchmal tauchte eine eilends gehende Soldatengestalt auf, die uns entgegenkam; wir begegneten öfters abgehärmten Frauen des Arbeiterstandes; viele von ihnen liefen mit ihren Körben zum Spezereiwarenhändler oder besorgten Milcheinkäufe.

Etwas Laues, Einschläferndes lag in der Luft. Nach der unruhig verbrachten und zum Teil schlaflosen Nacht überkam mich Schläfrigkeit. Der so regelmäßige Trott des Pferdes steigerte meine Müdigkeit. Und allmählich versank ich in festen Schlaf, der aber nicht lange währte. Plötzlich holperte der Wagen über einen Stein und blieb stehen. Der starke Ruck schreckte mich auf. Ich sah zur Seite und bemerkte, dass der Gendarm auch eingeschlafen war. Der Kutscher auf dem Bock warf soeben einen flüchtigen Blick hinter sich, auf uns, dann verhängte er die Zügel und stieg ab. Er hatte vor einer Schenke haltgemacht, und da der Gendarm schlummerte, stieg er auf einige Minuten ab, um ein Schlückchen hinter die Binde zu gießen.

Ich lehnte mich in den Wagen zurück. Da fiel mein Auge unversehens auf ein Postkästchen, das neben der offenen Tür der Schenke hing, hinter der unser Kutscher schon verschwunden war.

Sofort dachte ich daran, die Gelegenheit zu benützen. Mein Begleiter konnte jede Sekunde erwachen, ebenso der Kutscher zurückkehren. Leise griff ich in die Brusttasche, wo sich die von meinem Zellengenossen mir gegebene und mit den nur meiner Liebe verständlichen Verfügungen beschriebene Karte befand.

Der Fiaker hielt an der linken Gehseite der Straße. Ich sprang auf der rechten aus, lief hinter den Wagen und machte einen Satz nach dem gelben Postkästchen. Ein Blick belehrte mich, sein Inhalt war noch nicht ausgehoben. Ich warf die Karte hinein – und mit einem Satz saß ich wieder im Wagen.

Eben wachte der Gendarm auf und rieb sich schläfrig die Augen:

»Was heißt denn das – wir stehen? Warum denn?«

Ich meinte lächelnd:
»Weil es so heiß ist und unser Kutscher einen großen Durst hat.«
Er wandte sich nach links und stieg mit einem kräftigen Fluch auf den Abwesenden aus. Mir zugewandt, fragte er:
»Kann ich Sie ganz allein lassen, werden Sie nicht davonlaufen?«
»Oh nein«, entgegnete ich, »ich weiß ja doch, dass es unsinnig wäre.«
»Geben Sie mir Ihre Hand darauf«, bat er.
Ich legte meine Hand in die seine; erfreut drückte er sie fest und verschwand rasch hinter der Tür der Schenke.
Nun hätte ich ohne Gefahr die Möglichkeit zum Aufgeben meiner Karte gehabt. Aber ich war doch zufrieden, dass sie schon aufgegeben war und ich dies hinter mir hatte, ohne dass eine der mich bewachenden Personen es gesehen. Kutscher und Gendarm blieben eine gute halbe Stunde im Gasthaus, und ich vertrieb mir mittlerweile damit die Zeit, die warme frische Luft im Freien einzuatmen und meine Augen über die Straße schweifen zu lassen.

* * *

Endlich kamen beide aus dem Gasthaus. Der Kutscher schwang sich, ohne ein Wort zu sagen, auf den Bock und trieb das Pferd an. Mein Gendarm hatte, wie mir schien, einen hochroten Kopf und stieg still ein.

Etwas später aber war er wie umgewandelt. Gesprächig erzählte er mir jetzt davon dass er schon drei Auszeichnungen für seinen Diensteifer erhalten habe und eine vierte erwarte. Er möchte gerne in den Krieg ziehen, aber eine Liebschaft, deren Mann eingerückt sei, hielt ihn hier zurück. Und jetzt, wo ihr Mann so ferne weilte und sie die beste, weil sicherste Gelegenheit zu ihren Zusammenkünften hatten, nun sollte er einrücken und das alles zurücklassen?

Staunend betrachtete ich ihn. Er strömte einen penetranten Geruch aus, und ich begriff, dass es der Alkohol war, der ihm die Zunge löste. Welch heimtückisches, den Geist des Menschen vergiftendes Staatsopiat ist der Alkohol. Sehr begreiflich, warum der Staat, der so großen Profit aus seinem Genuss schlägt, seinen Konsum mit allen Mitteln fördert. [...]

Wie sehr hatte das halbe Stündchen im Wirtshaus meinen Gendarm verändert! Er besaß nun keine Gewissensbisse mehr über seine Position in der Gesellschaft, über sein Handwerk und Tun. Er schwelgte nur in Gedanken an die Annehmlichkeiten des Lebens, an deren tierisches Auskosten bis zur Neige.

Auch meine Versuche, ihn in ernstere Gespräche zu verwickeln, schlugen nun gänzlich fehl. Er lächelte darüber nur gutmütig und meinte: »Ja, es ist ganz schön, aber das wird es nie geben ...« Und dann sprach er wieder nur von seiner Strohwitwe, erzählte mir mancherlei Intimitäten und von seiner Art zu lieben ...

Sodass ich bald bemerkte, dass er das, was ich zu ihm sprach, gar nicht gehört hatte, seine Gedanken ganz woanders weilten ...

Welche Macht besitzt der Alkohol über den Menschen! Welch kleiner erbärmlicher Sklave wird der Mensch vor ihm – welches Werkzeug der Gedankenlosigkeit für den Staat gewinnt diesem der Alkohol!

* * *

Die Fahrt wurde immer langweiliger, und ich war froh, dass sie bald zu Ende sein würde.

Wir näherten uns schon dem Ziele unserer Reise. Jetzt gelangten wir zum Gürtel, waren schon unweit vom Garnisonsgericht, dessen riesiger Gefängnisteil mich bald aufnehmen sollte.

Schon von fern sahen wir eine große Menschenmenge vor dem Hause stehen. Ein Chauffeur stritt mit einem Soldaten über die Fahrtaxe, und ihr lauter Streit sammelte die Menschen um sie. Auch eine Anzahl von Schuljungen und kleinen Mädchen hatte sich eingefunden und erfüllte mit wüstem Lärm, mit Schreien und Gelächter die Straße.

Doch als wir näher kamen, lenkte sich die allgemeine Aufmerksamkeit unserem Gefährt zu. Der Kutscher war besonders gemütlicher Laune, darum fuhr er sehr langsam. Ein Menschenstrom kam uns entgegen und viele blickten unter den tief herabgezogenen Wagenschirm.

Im selben Augenblick, als diese Leute mich neben einem Gendarm mit Gewehr und aufgepflanztem Bajonett sitzen sahen, wussten sie, dass ich ein Gefangener war. Und auf einmal riefen einige:

»Ein serbischer oder russischer Spion! Halt's das Pferd auf!«

Der Schrei, vorerst von wenigen ausgestoßen, schien bei den übrigen ein Echo zu finden. Ein ungeheures Geheul brach aus, und schon stand das Pferd still, eingekeilt und gehalten von der johlenden und heulenden Menschenmenge. Da konnte ich vor Empörung nicht mehr an mich halten und schrie in das wilde Getümmel hinein:

»Ihr lügt, ich bin unschuldig, kein Spion!«

Gelächter und höhnische Spottrufe antworteten mir. Der Gendarm erhob sich und gebot dem Kutscher, laut schreiend, sodass die Nächststehenden es hören mussten:

»Hau' aufs Pferd ein und mach' dir'n Weg frei. Schnell an's Tor des Gefängnisses.«

Die das Pferd haltenden Burschen und Männer ließen es im Nu los und drängten zurück. So kamen wir bis ans Tor, wo uns einige Soldaten erwarteten. Unter dem Gekreisch mehrerer hysterischer Weiber, die sich unbedingt auf mich stürzen wollten und nur durch die Bajonette der Soldaten in Schach gehalten werden konnten, gelangte ich in den inneren Haustorflur.

Ein großer, aus weißem Marmor gehauener Saal nahm mich auf. In diesem schönen, einer mächtigen Halle ähnlichen Vorraum standen und gingen Offiziere, Soldaten, viele Zivilpersonen von einem Ende zum anderen. Eine breite Steintreppe führte nach den oberen Stockwerken.

Vorläufig musste ich warten, bis mein Gendarm und Kutscher handelseins wurden. Die beiden konnten sich über den Fahrpreis nicht einigen, denn in beider Köpfe rumorte es. Und während sie sich stritten und zankten, stand ein Haufen Gassenjungen johlend um sie; der größere Haufen der Volksmenge drängte sich an die hohen, breiten Portalfenster und starrte mich, grinsend, brüllend, mir mit Fäusten zuwinkend, an. Ich stand auf einem erhöhten Postament und war geschützt von den außen postierten Soldaten. Ruhig blickte ich in das gegen mich tobende Meer entfesselter, brutaler Instinkte zu meinen Füßen.

Dieser Anblick wird mir unvergesslich bleiben. Hier sah ich das Volk in seiner unermesslichen, entsetzlichen Unvernunft vor mir; und dieses Volk wollte ich zu Höherem bekehren, für dieses Volk litt ich gegenwärtig und mochte vielleicht in den Tod gehen müssen! Wäre es meiner habhaft geworden, es hätte mich ohne Zweifel zerrissen, ohne Verhör, ohne Verteidigungsmöglichkeit gelyncht. Ein Verdacht genügte; und wie leicht kann durch elende Verleumder, die sich eines Menschen mittels unfreiwilliger Helfershelfer entledigen wollen, ein Verdacht in Umlauf gebracht werden...

In wütender Leidenschaften spien die hassverzerrten Gesichter nach mir. Finsteren Blickes drängten die Soldaten die Menge zurück. Aber ein wahrer Paroxysmus des Ingrimmes hatte sich ihrer bemächtigt, und immer wütender drang sie vor. Was lag nicht alles an Jahrtausenden alten Atavismen der Rohheit, der Gemeinheit und Brutalität in diesen grauenhaft hässlichen Zügen; welcher Abgrund sittlicher Verworfenheit und moralischen Tiefstandes gähnte mir aus diesen pustenden, tauchenden und fuchtelnden Männern und Weibern entgegen.

* * *

Ein ältlicher Herr in Zivil trat an mich heran. Er hatte einen großen Schnurrbart und ein glatt rasiertes Kinn. Ein hoher Stehkragen umschloss den langen Hals seiner übermittelgroßen Gestalt, die in einen schwarzen, eng anliegenden Salonrock und in dunkelgraue Hose gehüllt war. Auf dem Haupt trug er einen bürgerlichen, steifen Hut.

Er wies auf mich:

»Sie sind Rudolf Großmann?« Und als ich es bejahte, leuchtete sein kaltes, schlaues Gesicht höhnisch auf und er meinte tückisch: »Sehen Sie sich dieses Volk an! Sehen Sie, für *dieses* Volk kämpfen Sie und dieses Volk lehren Sie die Verworfenheit des Krieges. Was für ein Unsinn!«

Einen Augenblick zögerte und schwankte ich, ob ich ihm antworten sollte. Doch ich konnte mich nicht bezwingen und sprach:

»Das ist nicht das Volk, sondern das Scheinprodukt dessen, was falsche Erziehung und fehlgeleitete Instinkte aus dem Volke gemacht haben. Wenn Sie so höhnisch über das Volk urteilen, dann vergessen Sie, dass diese Menge *ihr* Erzeugnis, das Erzeugnis der angeblich so hoch zivilisierenden Staatskultur ist.«

Er sah mich mit einem Ausdruck an, von dem ich nicht wusste, ob er verhaltener Zorn oder Hohn sei. Dann sagte er:

»So und nicht anders ist das Volk. Und Sie werden es nicht ändern.«

»Nein«, erwiderte ich rasch, »so ist das Volk nicht. Das Volk als solches besteht aus dem Guten der Gemeinschaft alles Menschlichen. Das Volk ist gut. Aber das, was hier aus diesem Volk schreit, gemein, unflätig tobt« – von draußen hörte man die Schreie: Lauskerl, Pülcher, Spion, Gauner – »ist nicht das Volk, das sind jene Giftlehren der Lüge, Verführung, des Patriotismus und des Staatskultus der Gewalt, die in das Volk hinein gepflanzt werden und sich nicht anders als so äußern können, wie es jetzt geschieht. Im Volke gärt jenes Gift, das Herrschaft, Autorität, Militarismus und die verderbten Ausgeburten ihres Einflusses in dasselbe träufelten; und diese sind es, die sich des Volkes als gedankenlosen Sprachrohres bedienen. Sogar diese hässlichen Leidenschaftsausbrüche aber beweisen, da sie für vermeintlich Gutes sich einsetzen, dass das Volk im Innersten seines Wesens gut, natürlich gut und gerecht ist.«

»Seien Sie froh, dass wir Sie vor dieser Güte des Volkes in Schutz nehmen«, höhnte er, mich unterbrechend.

»Sie irren gewaltig, mein Herr, wenn Sie glauben, in mir einen jener Tröpfe gefunden zu haben, die nicht imstande sind, Ursache und Wirkung zu unterscheiden«, antwortete ich. »Hätten Sie mich nicht unter einem absolut ungerechten Vorwand festnehmen lassen, hätten Sie mich nicht hierher gebracht und der anscheinend gerechten Empörung des Volkes über einen vermeintlichen Spion preisgegeben, ja diese Empörung direkt angestachelt – Sie brauchten mich fürwahr nicht in Schutz zu nehmen; ein Schutz übrigens, den wieder nicht Sie, ein Vertreter des Staates, sondern

Söhne des Volkes mir gewähren, die, zu einem grauenhaften Militärdienst gezwungen, nur zufällig die Gelegenheit gewinnen, ein gutes Werk zu verrichten.«

»Verteidigen Sie nur das Volk«, hohnlächelte er weiter, »Sie werden schon sehen, wie weit Sie damit kommen.«

»Ja, immer für das Volk, stets mit dem Volke, – wenn auch fast immer *gegen* die ihm eingepflanzten und in ihm künstlich erhaltenen Vorurteile!«, antwortete ich.

Jene Verblendung, jene Verwirrung des Geistes, die schon manchen Freiheitskämpfer beim Anblick der verrohten Massen zum Pessimisten machte und ihn die Sache des Volkes aufgeben ließ, durfte sich mir nicht nahen. Gerade diese geistige Unklarheit ist es, die den Staat so oft schützt und rettet, obgleich er längst moralisch und ethisch gerichtet ist. Wie leicht ist es, dem Schwachen ins Ohr zu raunen: »Tor, für dieses verwilderte Volk willst du dich einsetzen?« Schwache vergessen, dass der Staat es ist, der diese Verwilderung bewirkt, das Volk nur sein unglückliches, sich selbst verzehrendes und vernichtendes Objekt ist. Auch angesichts all dieser furchtbaren Geißelschläge, mit denen die entfesselte Volkswut beleidigend mich traf, vergaß ich doch nie, dass ich sie, diese unglücklichen, jungen und alten Männer und Frauen, dieses Kanonenfutter des Staates, wohl bedauern konnte, aber nie hassen oder mich gegen das Volk kehren durfte.

Meine anarchistische Weltanschauung erleuchtete meinen Geist in dieser schweren, dunklen Stunde. Ich verfiel nicht dem Trug des Staates, der so gern seine Hände in Unschuld wäscht und die Schuld dem Volkswillen zuschiebt. Der Wille des Volkes wird vom Staat von frühauf geknebelt, und so ist dieser Wille weder frei noch selbstbestimmend; nicht verantwortlich für das, was er tut. In Wirklichkeit handelt er stets nur als vollstreckendes Organ des Staatswillens, der sich künstlich hinter jenem verbirgt.

* * *

Eben kam der Gendarm zurück, der mich hierher gebracht, und der alte Herr, mit dem ich mein kleines Zwiegespräch gehabt hatte, flüsterte ihm etwas zu, worauf zwei Soldaten mich abführten. Ich warf noch einen Blick hinter mich, dem Zurückbleibenden zu, und ich sah, wie er mir ernst und sinnend nachblickte.

Wir stiegen eine breite Marmortreppe empor, und bald hatten wir den so reich ausgestatteten, glänzenden Vorderteil des Gebäudes hinter uns. Was ich nun sah, war durchaus gefängnisartig. Lange Flure und verschlungene Gänge, zahllose Gittertüren, die auf- und zugeschlossen wurden, damit wir passieren konnten. Vor jeder Gittertür stand ein Soldat Posten, mit aufgepflanztem Bajonett den Gang bewachend.

Vor einer Tür, auf der die Worte: »Aufnahmskanzlei des k. k. Garnisonsgefängnisses« standen, machten wir halt. Einer der Soldaten öffnete sie, wir traten ein.

Es war ein mittelgroßes Zimmer, in dem sich nur Schreibtische und einige Stühle befanden. Ein großes, breites, aber vergittertes Fenster ließ das Tageslicht in den Raum. An einem der Tische saß ein älterer Herr in militärischer Tracht, vor den der Gendarm trat und sich in streng vorschriftsmäßige Positur warf.

»Herr Oberstabsprofoß, melde gehorsamst, dass ich der Militärbehörde diesen Häftling zu überstellen habe.«

Der so Angeredete warf mir einen flüchtigen Blick zu, dann sagte er zum Gendarm, auf einen schräg gegenübersitzenden Beamten deutend:

»Liefern Sie alles, was dem Gefangenen gehört, dem Herrn Stabsprofoß ab.«

Der Gendarm wandte sich diesem zu, während ich zu einem der Schreiber geführt wurde.

»Wie heißen Sie?«

Zum vierten Male seit meiner Verhaftung gab ich meinen Namen, Stand, Beruf, Geburt usw. an. Bei Angabe meines Religionsbekenntnisses hielt er inne und glaubte, nicht richtig gehört zu haben. Er fragte nochmals:

»Welches Religionsbekenntnis?«

»Konfessionslos und Christ.«

»Und Christ? – Wie soll ich das verstehen?«

»Ich bin konfessionslos, indem ich keinem Bekenntnis irgendeiner der bestehenden Kirchen angehöre, diesen den Rücken gekehrt habe. Aber laut meiner Religion bin ich Christ.«

»Also Katholik?«

»Oh nein, ich bin weder Katholik noch Protestant oder Jude. Ich bin Christ, was einen Gegensatz zu diesen drei theologischen Konfessionen bildet.«

»Das verstehe ich nicht«, sagte der Kanzlist verblüfft und schaute hilfesuchend zum Oberstabsprofoß hinüber, wie fragend, was er tun sollte. Dieser hatte die Stirn gerunzelt, sah einen Augenblick durchs Fenster, dann befahl er dem Schreiber:

»Tragen Sie nur ›konfessionslos‹ ein«; zu mir gewandt, fügte er hinzu: »Alles andere können Sie dem Herrn Untersuchungsrichter mitteilen.«

Ein Feldwebel trat dienstbeflissen an mich heran, betastete mich und wollte eine Leibesvisitation an mir vornehmen. Da rief ihm der Stabsprofoß zu:

»Lassen Sie das sein, Pollatschek. Der Häftling hat noch nichts begangen, er befindet sich ja erst in Untersuchungshaft, wozu ihn wie einen Verbrecher behandeln?«

Dankbar überrascht blickte ich auf den Sprechenden und sah eine für diese Umgebung ganz ungewöhnliche Erscheinung vor mir. Der Stabsprofoß war ein etwa vierzigjähriger Mann mit äußerst regelmäßigen Gesichtszügen. Ein kleines, französisch geschnittenes Bärtchen vertiefte die Blässe seines Gesichtes, dem nur ein blondes Schnurrbärtchen einen männlich strengen Ausdruck gab. Ohne Bart und Schnurrbart wäre dieses Gesicht ein liebes, gutmütiges Gesicht einer Frau in reiferen Jahren gewesen; was aber insbesondere die gütige Sanftmut und fast sprechende Menschenfreundlichkeit in dem Wesen des Stabsprofoßen klar hervortreten ließ, waren zwei wundervolle, blaue Augen, aus denen eine Welt von Gutherzigkeit strahlte.

»Pollatschek«, fuhr er fort, »führen Sie den Herrn nach dem ersten Stock, Nr. 9.«

Der Genannte nahm mich beim Arm und führte mich aus dem Zimmer. Nun begann meine Haft.

Er schloss ein Gittertor auf, und ich stieg mit ihm zum ersten Stockwerk empor. Der lange Gang, von dessen einer Seite eine große Anzahl verdunkelter Fenster dicht nebeneinander lag, dessen andere Seite von Tür auf Tür bedeckt war, hinter denen sich die Gefängniszellen befanden, machte einen öden, toten Eindruck; mir war, als ob wir durch ein Grabgewölbe gingen. Grabesstille herrschte, kein menschliches Wesen außer uns war zu hören.

Vor Tür Nr. 9 blieb der Feldwebel stehen. Oberhalb standen die Unheil verkündenden Worte: *»Schwerer Kerker«.*

Ich wollte mich dagegen auflehnen, protestieren, als Untersuchungshäftling schon in den schweren Kerker zu kommen. Inzwischen hatte der Feldwebel die schwere, unglaublich dicke Türe bereits entriegelt und aufgesperrt. Fast automatisch trat ich ein, und dröhnend schlug die Türe hinter mir zu.

Ich war Gefangener im schweren Kerker.

In den Fängen des Staates

Es war schon gegen Abend, als ich den schweren Kerker, Zelle Nr. 9, betrat. Mein erster Eindruck war der eines Menschen, der in einen Käfig für wilde Tiere gestoßen wird. Kaum hatte sich die Türe hinter mir geschlossen, da kamen einige Herren auf mich zu und umringten mich. Einer geleitete mich zu einer roh gezimmerten Bank, die an einem Holztisch entlanglief.

Der Raum, in dem ich mich befand, war übermäßig hoch und stellte ein ziemlich großes Rechteck dar. Er besaß ungefähr die Größe von zwei mittelgroßen Zimmern. An der der Tür gegenüber befindlichen Wand waren drei Fenster, die in den Hof hinuntersahen, dicht und rostig vergittert; hinter diesem äußeren Enggitter waren noch dicke Gitterstäbe nach innen zu angebracht. An den Wänden liefen neun eiserne Lagerstätten, auf denen je ein ordinärer Strohsack, ein Strohkissen, eine Pferdekotze [raue Decke] und zwei Leintücher lagen. Oben hing eine kleine, aus zwei Fächern bestehende Stellage, unten waren einige Kleiderriegel. Die Mitte dieses stallartig geräumigen Zimmers nahm ein Brettertisch ein, an dessen zwei Seiten je eine Bank stand.

Rechts im Hintergrund erblickte ich die berüchtigte österreichische Rückständigkeit in ihrer ganzen werten Personifikation. Es muss daran erinnert werden, dass das Gebäude des Militärgarnisonsgerichtes in Wien durchaus modern und neu war, da es erst drei oder vier Jahre vor Ausbruch des Weltkrieges errichtet worden war. Man sollte glauben, dass, wenn in den Einzelzellen – auch in diesen bin ich gehalten worden – Aborte mit englischer Spülvorrichtung eingerichtet waren, dies in den Zellen der Gemeinschaftshaft, als noch dringender nötig, umso gewisser geschehen wäre.

Aber dies ist nicht der Fall. Aus irgendeinem unerklärlichen Grunde haben die Bürokratenzöpfe, die beim Bau der Strafanstalt mit der inneren Einrichtung betraut waren, dies gerade in den Gemeinschaftsräumen vergessen. Statt eines, den hygienischen und sanitären Ansprüchen zivilisierter Menschen genügenden Abortes ließen sie einen kleinen, nicht allzu hermetisch schließenden Verschlag errichten, in den ein auch nicht allzu großer Kübel gestellt wird, der für alle Häftlinge zur Verrichtung der Notdurft dienen muss.

Unwillkürlich richteten sich meine ersten Blicke auf diesen Verschlag, dem ein pestilenzartiger Gestank entströmte. Und nun entspann sich das in diesen Räumen allgemein übliche, erste Gespräch zwischen den Insassen einer Zelle und dem neuen Ankömmling.

»Aber das ist ja furchtbar, meine Herren, wie können Sie so etwas ertragen?«

»Was lässt sich dagegen tun? Den Stabsprofoß bekommt man schwer zu Gesicht, und der Feldwebel lacht über jede Beschwerde.«

»Das ist doch höchst gefährlich und gesundheitsschädigend!«

»So lange keine Epidemie ausgebrochen, sieht die Verwaltung das nicht ein.«

»Bekommt man keine Desinfektionsmittel?«

»Wir wollten sie uns schon aus eigenem Gelde beschaffen, doch der Feldwebel lässt es nicht zu, es ist rein unmöglich, diese einfache Sache durchzusetzen.«

»Ich staune nur, dass sich nicht schon Krankheiten entwickelt haben.«

»Wurde nur dadurch von uns verhindert, dass wir öfter, als vielleicht nötig ist, die Entleerung des Kübels besorgen lassen.«

»Aber was geschieht während der Nacht?«, fragte ich.

»Ja da geschieht eben nichts, man muss sich bis 5 Uhr morgens gedulden...«

Sehr verstimmt über diesen Eindruck, den ich hier empfing, setzte ich mich an den Tisch. Meine Zellengenossen verstanden es bald, den ersten, üblen Eindruck zu verscheuchen, den Verschlag und Duft dieses Raumes auf mich ausübten.

* * *

Meine Aufmerksamkeit wandte sich den Menschen zu, in deren Kreis mich mein Schicksal verschlagen hatte. Sollte ich nun doch endlich die wirklich gefährlichen Hochverräter, Spione und Aufrührer kennenlernen, deren der wackelnde Staat sich gleich bei Ausbruch des Krieges bemächtigen musste? Man kann sich lebhaft vorstellen, welches Interesse ich diesen »gefährlichen Elementen« entgegenbrachte.

Zu meiner größten Verwunderung entdeckte ich jedoch sehr bald, dass es sicher keinen für den Staat gefährlicheren Menschen unter allen diesen Häftlingen gab als mich, der sie höchstens anstecken konnte. Ja, was noch mehr! Ich musste zu meinem Leidwesen bald konstatieren, dass ich sozusagen der *einzige* »gefährliche Mensch« unter ihnen war.

Sonderbar und lächerlich, welche harmlosen Menschen dem Militärgericht eingeliefert wurden. Von mir will ich ja ganz und gar absehen, denn ich bin wirklich ein Feind der Staatsidee, jedes Krieges und Militarismus; da war es begreiflich, dass der Staat sich meiner bemächtigte, um mich für die Dauer der kriegerischen Zeit in sicherem Gewahrsam zu wissen. Ich verstehe dies so gut, dass ich ihm sogar den absurden Vorwand des Spionageverdachtes verzeihe, unter welchem er mich verhaften ließ.

Was um Himmelswillen aber wollte er von diesen Menschen?

* * *

Da war ein hochgewachsener Serbe mit kühner Adlernase und feurigen Augen, von Natur reich begabt, als wohlversierter Geschäftsreisender an opulentes Leben und noch opulenteren Verdienst gewohnt. Alexitsch Blagoje hatte, wie Serben aus besseren Häusern gewöhnlich, rein freundschaftliche Beziehungen zu Mitgliedern des serbischen Ministeriums unterhalten, welche Beziehungen aus gemeinsamen Schultagen, also aus frühester Jugend stammten. Zu seinem Unglück kannte er auch den montenegrinischen König Nikita persönlich, was angesichts der in Montenegro noch obwaltenden, patriarchalischen Verhältnisse auch gerade kein Wunder war. Den größten Teil seines Lebens verbrachte er auf dem Balkan, wo er die von Österreich bezogenen Waren absetzte, Absatzgebiete für diese verschaffte, also eine für den Exporthandel Österreichs hochwichtige Tätigkeit entfaltete. Auf meine Frage, warum man ihn verhaftete, antwortete er in gebrochenem Deutsch:

»Weil ick Freund von montenegrinischen König, also ich bin Spion; dummes Reden, blöde Österreick glauben, ick bin Spion!«

Blagoje war eine höchst impulsive, heftige Natur, und alle seine Mitgefangenen schulden ihm viel Dank für den fröhlichen Teil des Verlaufs ihrer Gefangenschaft. Er hatte am Balkankrieg des Jahres 1912 als Sanitätshilfskraft der montenegrinischen Armee aktiv teilgenommen und wusste reichlich von den erlebten und gesehenen Schrecknissen zu erzählen.

»Ick bei Schlacht bei Kirkilisse gewesen. Türken furcktbar stark und Vorstoß gemackt. Auf einmal Unsrigen vorgelaufen und Kampf begonnen. Das war schrecklick. Und nack Schlackt – oh, viel, viel Tote. Nack drei Wocken spöter nickt alle Tote begraben, nock herumliegen und Vögel hacken die Augen aus und Gesickter zerfressen. Menschen in der Schlackt fallen hundertweis. Ick nit sein Spion, ick guter Serb`, aber kein Spion, auck guter Österreicker«, fügte er hitzig hinzu, wie er überhaupt alle seine Erzählungen mit diesem ceterum censeo beendete.

Die für mich interessanteste Gestalt dieses Kreises – Extreme berühren sich – war ein konservativer, aber hochintelligenter, russischer Journalist und Mitarbeiter der »Nowoje Vremja«. Dr. Dimitri Janschewetzky war ein echter Russe: Ist solcher ein Intellektueller, so nie Fachkünstler, immer ein universeller Geist, dem Kleinlichkeit und Beschränktheit fremd sind. Er war stark beleibt, etwa vierzig Jahre zählend. In seinem sonst glatt rasierten Gesicht mit dem schmalen, dünnen Schnurrbärtchen lag ein stolzer Ausdruck, der sich abweisend, fast feindlich jedem gegenüber verhielt, mit dem er nicht in Verkehr treten wollte. Aus seinen grauen Augen sprach ein ruhiger, etwas behäbiger, doch durchdringender Verstand. Den ganzen Tag blieb er lesend oder schweigend auf seiner Lagerstätte liegen und nur mit mir unterhielt er sich stundenlang. Gleich am ersten Abend meines Kommens gewann ich seine lebhafte Sympathie.

* * *

Das kam so. Bald war ich in ein lebhaftes Gespräch mit einem Mitarrestanten namens Leo Gleichmann verwickelt. Obwohl Russe von Geburt, war er im Laufe seines vieljährigen hiesigen Aufenthalts doch schon Österreicher geworden. Er stand einem erstklassigen Wiener Unternehmen als Unterprokurist vor, und seine Verhaftung wurde nur durch den unglücklichen Umstand verursacht, Russe zu sein, woran er, der schon über 22 Jahre in Wien weilte, in Kürze sogar zuständig werden sollte, gar nicht mehr gedacht hatte. Seine Sympathien gehörten, in dem nun ausgebrochenen Weltkrieg, Österreich. Als ehemaliges Mitglied des russischen sozialdemokratischen Bundes, hasste er mit Recht den Zarismus, erkannte jedoch mit der charakteristischen Unreife seiner ehemaligen politischen Erziehung nicht, dass ein Krieg nicht das Mittel sein kann, um einen verhassten Staat zu bekämpfen.

»Russland *muss* eine Niederlage erleiden«, sagte er wieder einmal, »das ist das Wichtigste in diesem Krieg. Ohne zermalmende Niederlage Russlands darf es keinen Frieden geben.«

»Ein frommer Wunsch«, warf Dr. Janschewetzky ein. »Sie wissen eben nichts von der kolossalen Reorganisation des russischen Militarismus während der letzten zehn Jahre.«

»Ich muss gestehen«, mengte ich mich in das Gespräch, »dass es mir höchst gleichgültig ist, wer in einem Kriege siegt oder unterliegt. Jeder Krieg ist mir ein Gräuel, denn er ist immer tobsüchtiger Wahnsinn und ein gewalttätiges, mörderisches Verbrechen. Und wenn man sagt, man wünsche Russland eine vernichtende Niederlage, dann sagt man damit nichts anderes, als dass man dem russischen Volke eine überreiche Ernte des Todes, der Seuche und Invalidität wünsche. Wohlgemerkt: dem *Volke*, nicht dem russischen Staate, denn dieser verliert durch einen verlorenen Krieg eigentlich gar nichts. So verhasst mir der russische Staat ist, so sehr liebe und schätze ich das russische Volk, ich gestehe, sogar viel mehr als das deutsche.«

»Sie kennen das russische Volk vielleicht nicht so gut wie ich«, warf Gleichmann ein; »es ist ein dem Alkohol, Analphabetentum und dem grässlichsten religiösen Aberglauben völlig verfallenes Volk.«

»All dem wird es nur durch den russischen Staat überliefert. Alkoholismus, Analphabetentum und theologischer Wahn sind Erzeugnisse von Staat und Kirche und werden nur durch die von beiden künstlich erhaltene Dummheit des Volkes gestützt. Übrigens haben wir sie in Österreich nur stellenweise minder als in Russland; und wie gesagt, dafür ist der Staat, nicht das Volk verantwortlich. Das eine weiß ich, dass das russische Volk noch viel natürlicher empfindet als das Volk der westeuropäischen Staaten, da es in Russland noch ein vornehmlich agrarisches Volk gibt, und in seiner

Gemütsweiche, Gastfreundschaft und Menschenliebe überragt der Russe bei Weitem den Deutschen. Das russische Volk ist eben noch nicht so entfremdet der Natur wie das immer mehr der Afterkultur des Industrialismus und darum auch des Militarismus verfallene deutsche Volk. Ich kann mir nicht helfen, aber ich liebe das russische Volk, denn es ist in seinem allgemeinen Charakter – und dieser wird von den breiten Schichten, nicht von der Herrschaftskaste gebildet – edel, hilfreich und gut, um die Worte unseres großen Dichters zu gebrauchen.«

Dr. Janschewetzky hatte mir aufmerksam zugehört. Bei meinen letzten Worten wurde sein Gesichtsausdruck sanft und schwermütig; er streckte mir seine Hand entgegen und sprach:

»Es freut mich sehr, diese Würdigung des russischen Volkscharakters aus dem Munde eines deutschen Menschen zu vernehmen. Haben Sie meinen Dank dafür!«

* * *

Seit dieser Stunde waren Dr. Janschewetzky und ich die beiden Unzertrennlichen der Gemeinschaftszelle, die ihre Zeit am meisten zusammen verbrachten. Oft gesellte sich uns noch Prokopil Jitarin, ein junger rumänischer Student der Theologie von Benkischestie in der Bukowina, bei, den auch nur das Unglück hierher verschlagen hatte.

Jitarin war der Typus einer schönen bäuerlichen Mannesgestalt, kräftig, sehnig und schlank. Sein Gesicht besaß regelmäßige, ausdrucksvolle Züge, und in seinem Blick lag die Geradheit und das Unverfälschte des Bauerntums seiner Heimat. Seine leidenschaftliche, nationalistische Vorliebe für sein Volk und irgendeine harmlose Bemerkung, die er in einem Gasthause gemacht hatte, als er die Hoffnung aussprach, dass die Rumänen in Österreich doch auch einmal wieder mit ihrem Mutterlande vereinigt sein würden, diese harmlose, unbedachte Äußerung bot irgendeinem Individuum die Gelegenheit, ihn bei der Ortsgemeinde anzuzeigen. Da er schon früher einmal eine Vorladung – wegen einer nationalistischen Broschüre, die er verfasste – bekommen hatte, ersah die Gendarmerie ihre patriotische Pflicht und den ihr günstigen Zeitpunkt, sich hervorzutun und sie nahm ihn fest. Nachdem er wochenlang in Czernowitz im Gefängnis geschmachtet hatte, überstellte man ihn dem Wiener Militärgerichtshofe.

Durch ihn wurden unsere Gespräche sehr oft auf das theologische Gebiet abgedrängt. Jitarin war dem Glauben seiner Väter treu ergeben, wie auch Dr. Janschewetzky, der trotz seiner ungewöhnlichen Bildung und Intelligenz, streng rechtgläubig war.

Eines Tages las ich in einem eingeschmuggelten Zeitungsblatt den Feldbrief eines römisch-katholischen Priesters. Mit flammenden Worten wandte sich dieser Priester der Liebe an Jesus und flehte von ihm den Segen des Heilands für die dem christlichen Feinde zugefügten Kriegsgräuel herab. Da stand in der süßlichen Sprache der Kirche u. a. zu lesen:

»Süßester Jesus, Erlöser des Menschengeschlechts, wir bekennen Deinen lebendigen Glauben, dass Du im Allerheiligsten Sakrament als Gott und Mensch, also auch mit Deinem heiligsten Herzen wahrhaft, wirklich und wesentlich gegenwärtig bist.

In tiefster Ehrfurcht beten wir Dich an. Liebreichster Jesus, siehe, ein blutiger Krieg hat jetzt Sorge, Schmerz und Trauer über uns gebracht. Erbarme Dich unserer Väter, Söhne und Brüder, die im Felde stehen. Gib ihnen Mut und Kraft, dass sie die Feinde besiegen. Führe sie glücklich zu uns zurück, oder wenn sie nicht mehr unter den Lebenden sind, gib ihnen zum Lohn für ihr Opfer das ewige Leben in Deiner Anschauung. Kürze ab die Tage unserer Heimsuchung und segne unser Vaterland. Die Ehre eines Sieges gehöre Dir und die Segnungen des Friedens wollen wir dankbar als ein Geschenk Deiner Güte betrachten. Verleihe allen Völkern unseres Reiches Frieden und Ordnung, damit von einem Ende unseres Reiches bis zum anderen der Ruf erschalle: Hochgelobt sei das heiligste Herz Jesus, durch das uns das Heil geworden, ihm sei Ruhm und Ehre in Ewigkeit, Amen.«

Wie versteinert starrte ich auf diese Worte. Welche Fälschung der wahren Lehre Christi ging aus ihnen hervor! Jesus, der Fürst des Friedens, soll die Waffen des Krieges segnen, zugunsten dieser, zuungunsten jener Christen? Er, der sagte: »Selig sind die Sanftmütigen ..., selig die Friedensstifter ...« Wo erlaubt Er im Evangelium, wo ist diese Stelle, die gestatten würde, dass man Kriegsmord begehen und dennoch Seines Glaubens sein könne? Hat Er den Glauben an das Sakrament höher gestellt als die Worte: »Liebet eure Feinde ...«? Kann Er mit jenen Erbarmen haben, die im Felde stehen, Er, der gesagt hat: »Du sollst nicht töten ...«? Wie kann Ihm die Ehre eines Sieges geweiht werden? Ihm, der gesagt hat: »... alle, die zum Schwerte greifen, werden durchs Schwert umkommen«? Wie kann Er die, die zum Schwerte griffen, glücklich wieder in die Heimat zurückführen? Und gehört Jesus wirklich nur unserem Reich, ist Er denn nicht gekommen als Heiland aller Menschen, der ganzen Welt? Jesus erkannte die Schmach des Krieges, und ihr Pharisäer, wollt Ihn *dann* preisen und loben, wenn Er *euch* einen siegreichen Krieg beschert?! Wahrlich, ihr seid nicht nur Abtrünnige, ihr habt Ihn nie verstanden, und an euch dachte Er, als Er sprach:

»Meine Seele ist zu Tode betrübt!«

[...]

* * *

Inzwischen ist es ganz hell geworden. In den Zellen rütteln sich die Gefangenen. Manche stöhnen im Schlafe. Unruhig werfen sich andere hin und her. Fast alle, die noch schlafen, sind erst spät nach Mitternacht eingeschlafen. Es ist fünf Uhr Morgen.

Nun erschallt der schrille Ton einer Klingel. Alle fahren erschrocken auf, die meisten erheben sich im Nu, einige langsamer. Kein einziger Gefangener ist erfrischt und neu gekräftigt, alle fühlen sich schlaff, von der harten Lagerpritsche mit dem alten, dumpfen Strohsack erschöpft. Durch die ununterbrochene Beleuchtung der Zelle war ihr Schlaf unruhig und unbeständig.

Die Gefangenen beeilen sich mit dem Ankleiden. Dann geht es an eine hochwichtige, ja an die, in den Augen der Feldwebel, denen die Häftlinge unmittelbar unterstehen, wichtigste Tätigkeit.

Die zwei jedem Strohsack zugeteilten Leintücher müssen im Militärgefängnis »militärisch« zusammengelegt werden. Auf diese Arbeit wird die größte Sorgfalt verwendet. Nichts ist wichtiger als sie. Die Menagekost der Häftlinge darf ungenießbar, die sanitären Bedingungen dürfen unter aller Kritik sein; mangelhafte Bewegungsmöglichkeit mag den Gefangenen noch so peinigen und er mag wochenlang kein frisch gewaschenes Handtuch ausgefolgt bekommen, kann auch monatelang ungebadet bleiben – diese und noch viele andere, alltägliche Unzukömmlichkeiten sind erträglich und erscheinen der Administration des Garnisonsgerichtes als Nichtigkeiten, solange nur die Bettlaken »vorschriftsmäßig« zusammengefaltet sind.

Dieses »vorschriftsmäßige Zusammenlegen der Leintücher« besteht darin, dass die Leintücher geometrisch und ebenmäßig genau gefaltet werden, sodass sie an ihren beiden Enden nicht über die Kotzendecke, die ihnen während des Tages als Hülle dienen muss, hinausreichen. Letztere sieht wie der starke Einband eines liegenden Buches aus, dessen Seiten die Leintücher ähneln, die wie mit absolutester Exaktheit zu liegende Blätter gleichmäßig dazwischenlaufen.

Wehe, wenn die eine oder andere Ecke auch nur um ein Zipfelchen hervorlugt! Dann gibt es Schelten und Schimpfen, oft auch strengere Strafen für den Gefangenen, zum Beispiel Entziehung des Strohsackes, hartes Lager,»Spangen« – in Zivilstrafhäusern nicht mehr zulässig –, Entzug der warmen Kost und dergleichen schöne Dinge mehr.

Deshalb achten die Gefangenen auf das Schärfste darauf, dass ihre Bettlaken samt Kotzendecke genauest zusammengelegt seien. Alle sind jetzt in dieser wichtigen Beschäftigung vertieft, alle denken nur an ihr glückliches Gelingen.

Unsere Gemeinschaftszelle umfasste die sogenannte Elite der Häftlinge, und so waren uns ein oder zwei ärmere Häftlinge beigegeben, die die ordinäreren Arbeiten gegen Bezahlung in Naturalien – für Tabak, Wurst und sonstige von draußen bezogene Genüsse – leisteten.

Sobald das »vorschriftsmäßige Zusammenlegen der Leintücher« beendet war, begannen die armen Teufel mit dem Ausfegen. Inzwischen war es halb sechs Uhr früh geworden, die Klingel schrillte, und jeder Gefangene beeilte sich, an seine Lagerstätte zu gelangen.

Vor dieser mussten wir »Stellung nehmen«. Waren die meisten der Internierten auch nie beim Militär gewesen, das half ihnen nicht. Der Feldwebel beanspruchte, dass alle Häftlinge am Morgen ihm den »Rapport« machen mussten.

* * *

An der Tür rasselte es. Diese springt auf, und die Stimme des Korporals ist vernehmbar:

»Alle an ihre Betten!«

Als Erster trat Feldwebel Blank ein, seines Zeichens außer Kriegszeit ein löblicher Sicherheitswachmann. Er warf sich kühn in die Brust, pflanzte sich militärisch stramm vor die Häftlinge auf und erwartete den ihm schon vorher wörtlich bekannten Rapport. Hinter ihm postierte sich der Korporal als Verschließer, und im tieferen Hintergrunde stand die Wache mit angespanntem Gewehrgut.

Einige Augenblicke verharren die Gefangenen wie gelähmt in Ruhe und Stille. Dann tritt der »Zimmerkommandant« vor:

»Herr Feldwebel, melde gehorsamst: 17 Mann in dieser Zelle.«

Der Feldwebel blickt ihn durchdringend an; er vergleicht diese Aussage, die natürlich mit seiner Zimmerliste stimmt, während die anderen Insassen der Zelle regungslos, wie angewurzelt, in militärischer Haltung stehen müssen. Nun hebt er die Augen und lässt sie im Kreise umherschweifen. Da gewahrt er eine ihn störende Sache:

»Himmelherrgottsakrament«, brüllt der Feldwebel, »Tarna, wie stehen Sie da? Vorschriftsmäßig muss man stehen, sonst schlage ich Sie zurecht! Bei mir gibt's kein gemütliches Stehen, sondern nur ein militärisches. Weh' Ihnen, wenn ich das nochmals sehe!«

Der Angebrüllte ist außerhalb dieses Hauses Postbeamter, steht also im Dienste des Staates. Durch Vermutungen über seinen Vater, der Russe und Messner der griechisch-orientalischen Kirche ist, und wegen des für ihn verhängnisvollen Umstandes, dass sein Bruder im österreichischen Heere dient und in ungezwungenen, harmlosen Familienbriefen sein persönliches Treiben in der Kaserne beschrieb, wurde die ganze Familie, Vater, Mutter und beide Söhne, in Haft genommen und unter dem angeblichen »Verdachte der Spionage« schon zehn Wochen hier behalten. Diese Familie ist seit etwa zwanzig Jahren in Wien ansässig, ohne dass die Behörde auch nur das geringste Spionagematerial gegen sie hätte »aufarbeiten« können. Nun, da der Krieg ausgebrochen, fand sich die längst gewünschte Handhabe, eine russische Familie ins Unglück zu stürzen.

Beleidigt lässt Tarna den Kopf sinken; er steht nun in »vorschriftsmäßiger Haltung« da. Aber das genügt dem Feldwebel noch nicht, und er befiehlt barsch:

»Kopf hoch – mich ansehen; so wie ich jeden anschaue, muss mir jeder in die Augen schauen. So will ich's haben, so muss es sein. Ich hoffe, dass ich keinen Anstand mehr habe – guten Morgen!«

Er wandert mit seiner Eskorte der nächsten Zelle zu, in der die Komödie sich wiederholt. Aber sie ist dem Feldwebel zur Leidenschaft geworden. Wo käme man hin, wenn es keine Disziplin gäb? Und so wie er ein Untergebener seiner vorgesetzten Behörde ist und von dieser drangsaliert wird, so muss auch er, um glücklich zu sein, Untergebene haben, die er gehörig drangsalieren kann.

* * *

Die Gefangenen begeben sich nun aus den Zellen und eilen in wilden Rudeln zu jenem Teil des Ganges, der für das Waschen eingerichtet wurde. Auf ihrem Wege passieren sie ein großes verschlossenes Abteil, durch dessen Gitterstangen sie ersehen, dass es ein Waschraum ist. Aber er bleibt hartnäckig verschlossen, und rund 200 Gefangene müssen sich in einer Ecke des Ganges zusammendrängen und sich dort, in engem Raum, waschen.

Die Waschvorrichtung ist höchst einfach. Große, tief ausgebuchtete Tröge, über welche Wasserhähne angebracht sind, laufen an der Wand entlang. Jedem ist Gelegenheit zur gründlichen Reinigung des Oberkörpers gegeben, doch nur solche Häftlinge, die Geld und Hilfe von außen haben, sind im Besitz von Seife und Handtuch, die meisten nicht.

Eng aneinander gedrängt stehen die Gefangenen in ungezwungenen Gruppen. Drei bis vier Wachtposten beobachten sie. Dies verhindert nicht, dass die Häftlinge sich miteinander unterhalten, gegenseitig Eindrücke und Gedanken austauschen. Verstohlen und durch einen Wald von Gefangenen gedeckt, steckt ein mit Geld gesegneter Häftling, der dadurch ein gewaltiges Bestechungsmittel in Händen hält, den armen Teufeln von unbemittelten Gefangenen den an diesem Ort kostbarsten, streng verbotenen Schatz zu: eine alte, zerlesene Zeitung, frühestens zwei oder drei Tage alt.

Viele Häftlinge haben ihr schmutziges Hemd abgelegt – die Verwaltung des Gefängnisses hat in all den Monaten meiner Haft den Insassen nur ein einziges Hemd gewährt, das sie bei der Einlieferung bekamen, sich selbst waschen mussten, ohne ein zweites zum Wechseln zu bekommen – und zitterten fröstelnd in der kühlen Herbstluft des frühen Morgens, die durch ein geöffnetes Fenster, dessen Schließung verboten ist, hereinströmt.

Fürwahr, das Offenhalten dieses Fensters ist eine Notwendigkeit. Denn knapp neben dem Waschraum befindet sich die Tür zum Abort, und in langen Reihen kommen nun diejenigen Häftlinge heraus, die durch Befehl oder Not gezwungen sind, selber die Kübel dort auszugießen, die keinen »Kuli« – einen ärmeren Mitgefangenen – haben, der für sie den Unrat entleert. Den ganzen Waschraum erfüllt ein penetranter Gestank, der sich in allen Gefangenen zu grauenhaftem Ekel wandelt, wenn sie beobachten, wie die Kübelausträger den Befehl der Wache befolgen und die entleerten Kübel, während die Häftlinge sich noch waschen, in denselben Trögen reinigen, die den Häftlingen als Waschbecken dienen.

* * *

Auf meine Schulter legt sich eine Hand; ich wende mich um und stehe einem Arbeiter gegenüber, der mich freundlich anblickt.

Ich erkenne ihn nicht, da hilft er mir aus:

»Ich bin Dorn von Floridsdorf. Habe Sie oft in Versammlungen sprechen gehört und bin Mitglied der dortigen [anarchistischen] Bezirksgruppe.«

Erfreut drücke ich ihm die Hand und frage:

»Warum sind Sie da?«

»Weil mir hier lieber ist als im Krieg! Bin zu sechs Monaten verdammt, weil ich auf der Straße schrie: ‹Hoch die Anarchie, es lebe der Friede!› Ich hoffe nur, dass der Krieg mittlerweile vorbei ist, sonst rufe ich es nochmals, damit ich wieder hierherkomme.«

»Sehr wacker gehandelt«, stimme ich ihm lächelnd zu. »Für Unsereins ist es, wenn man sonst nichts tun kann, weit ehrenvoller, Gefangener als Soldat zu sein ...«

»Es sind noch viele Genossen da; besonders in den unteren Stockwerken.«

»Das freut mich zu hören. Beweist, dass unser Ideal doch ein wenig in die Massen gedrungen ist.«

»Außer Ihnen sind nur Arbeiter hier; keine anderen«, warf er fast vorwurfsvoll ein.

»Das war vorauszusehen; die Intellektuellen scheuen feigerweise vor dem Gefängnis zurück. Ihnen ist es lieber, den Soldatenrock zu tragen, als hier wie Verbrecher behandelt zu werden und Krieger des Friedens zu sein. Lieber verüben sie Verbrechen an ihrer Überzeugung, ich kenne sie ...«

»Na, ich habe mich selbst gewundert, wie viele Arbeiter sich diesmal unserer Aktion anschlossen. Sie müssen nämlich wissen, dass gleich, nachdem die Nachricht Ihrer Verhaftung im «Neuen Wiener Journal», in der kapitalistischen Zeitung, stand – die «Arbeiter-Zeitung» unterschlug sie – und wir davon erfuhren, wir eine Besprechung unter uns hatten. Kameraden anderer Bezirke auch. Und da wurde die Losung ausgegeben: Es müssen einige ins Gefängnis, um immer zu wissen, was mit Ihnen geschieht, und um es den Kameraden draußen kundzutun. Dessen können Sie gewiss sein: Wir werden Sie rächen, wenn man diese Kriegszeit dazu ausnützen will, um einen Justizmord an Ihnen zu verüben!«

Gerührt drückte ich ihm die Hand. Ein beseligendes Gefühl des Glückes überkam mich: Angesichts solcher Freundschaft, Solidarität und Liebesbezeugung musste zu leiden mir leicht fallen, selbst den Tod zu erleiden. Ich war und litt nicht allein! Ich zog Dorn beiseite und raunte ihm zu:

»Stiller, sprechen Sie leiser, der eine Soldat beobachtet uns schon.« Dorn lächelte nur, indem er mein ihm hingehaltenes Handtuch nahm und sich bedächtig damit abtrocknete, flüsterte er:

»Wir sind unser acht Kameraden verstreut hier. Zwei davon sind Sozialdemokraten, die jetzt sehen, dass ihre Führer Gauner sind. Ist's nicht komisch: Kein einziger sozialdemokratischer Führer ist im Militärgefängnis!«

»Die senden lieber beispielgebend ihre Genossen in den Krieg, für den Kapitalismus – diese mutigen Klassenkämpfer des Marxismus und der patentierten Wissenschaftlichkeit, deren Entwicklungstendenzen so sind, dass die Arbeiter aller Länder sich dadurch vereinigen, dass sie sich gegenseitig massakrieren, um den patentierten Sozialismus als immanente Notwendigkeit historischer Gesetze aus dem Diätenbeutel des Parlamentarismus und einer saftigen Regierungsstelle springen zu lassen!«, scherzte ich lachend.

»Wir hatten mit zahlreichen Sozialdemokraten zusammen eine Besprechung, und da wurde der Beschluss gefasst, dass – na, sagen wir's so: dass keiner für den Kapitalismus stirbt. Alle waren darin einig, dass sie sich nicht als Schlachtvieh für die bestehende Gesellschaft gebrauchen lassen. Gibt's keinen Ausweg mehr und heißt's einmal, unvermeidlich zu sterben, *dann wird jeder wissen, wie zu sterben ... Erst kommt ...!*«

Ich wollte noch etwas erwidern, doch da schrie die Stimme des Korporals: »Alles in die Zimmer, alles in die Zimmer!«

Noch ein Händedruck dem treuen Kameraden und ein hastiger Gruß den anderen, dann eilte ich mit den übrigen Häftlingen in die Zellen zurück, deren Türen sich krachend hinter uns schlossen.

* * *

Eine Viertelstunde später wurden sie wieder geöffnet. Auf einem Tragbrett brachten zwei Häftlinge eine schwarze, dampfende Flüssigkeit in verrosteten Blechschalen. Sie riefen:
»Wie viele da?«
»Siebzehn Mann«, scholl es zurück.
Siebzehn Männer stürzten herbei und bekamen je eine Blechschale, einen halben Laib ziemlich schmackhaften Schwarzbrotes dazu, welch Letzteres für den ganzen Tag genügen musste, was für diejenigen, die ausschließlich die Hausmenage erhielten, keineswegs ausreichte. Diese litten beständig Hunger, wenn ihnen nicht von den begüterten Gefangenen ausgeholfen wurde.

Was man jetzt herumreichte, sollte schwarzer Kaffee sein. In Wirklichkeit war es eine dünne Zichoriebrühe [Kaffeeersatz aus der Zichoriewurzel], die aber mit Saccharin versüßt und, besonders deswegen, weil heiß gereicht, gern genossen ward. Im späteren Verlauf des Krieges entzog man dieser Zichoriebrühe jede Versüßung und ihr fader, bitterer Geschmack eines Kaffeesurrogates schmeckte wie Medizin. Sehr viele Gefangene lehnten sich später gegen die Darreichung dieses schwarzen Abwaschwassers auf.

Kaum hatten die Häftlinge Zeit, das warme Getränk hinunterzustürzen, klingelte es schon wieder. Die Zellentüren sprangen auf, und die raue Stimme des Korporals ertönte:
»Alle aus den Zellen – Spaziergang!«
Die Häftlinge stellten die Blechnäpfe weg und liefen rasch zu ihren Kleidern. Der Spaziergang war die einzige Gelegenheit, frische Luft zu schöpfen, und diese Möglichkeit durfte man sich nicht entgehen lassen.

Laut Hausordnung musste der Spaziergang eine volle Stunde dauern. Doch die Bequemlichkeit und Faulheit der Feldwebel umging die behördliche Verordnung.

Kaum waren die Häftlinge in den Gang getreten, mussten sie sich in Reih und Glied stellen. Am unteren Ende des Ganges erschien Feldwebel Blank und trat an die Spitze des Zuges. Anstatt diesen sofort in den Hof zu führen, erachtete er immer just diese Zeit für gelegen, eine »Ansprache« an die vor ihm versammelte, bunt durcheinander gewürfelte Menge der Häftlinge und Sträflinge zu halten.

Feldwebel Blank war ein herkulisch gebauter Mann von ungeschlachtem Aussehen. In jeder seiner Bewegungen lag Rohheit. Sein Gesicht besaß die einfältigen Züge der unmittelbar von Bauern abstammenden, der zweiten Generation angehörenden, schon in der Stadt geborenen Kinder. In solchen unnatürlicher, meist gewaltsamer Weise vom Lande in die Stadt verpflanzten Kindern ist der gutmütige Zug des Erdlebens in seiner bäuerischen Art nicht ganz verwischt; noch ist ein letztes Überbleibsel vorhanden, aber schon sehr stark vermengt mit der Erwerbsgier und dem Strebertum der damit hereditär belasteten städtischen Jugend. Blank stellte eine gute Mischung von bäuerlicher Unbeholfenheit und städtischem Raffinement dar, und sogar in seiner unbeholfenen Sprache drückte sich diese trübe Vermengung aus.

Anstatt die Gefangenen in den Hof zu führen, trat er rasch zur Seite, wandte sich der Menschenlinie zu und schrie sie mit folgenden bei ihm stereotyp gewordenen Worten an:

»Gerade stehen! – Militärisch mich ansehen! – Einige Arrestanten haben schon wieder das Bett nicht anständig gemacht! – Leintücher müssen haarscharf genau zusammengelegt werden! – Wer es nicht kann, muss es können, sonst gibt's Dunkelarrest! – Heda, jetzt Freiwillige vor zum Gangaufwaschen und Helfen in der Küche! – Niemand meldet sich? Gut, dann such' ich mir die Kerle heraus! – Vortreten Sie; und Sie; und Sie...«

Er fasste die von ihm Bezeichneten an der Schulter, rüttelte sie ein wenig und zog sie zu sich heran. Einmal ereignete es sich, dass einer der zur Arbeit Auserlesenen sich dies nicht gefallen ließ.

»Ich bin Untersuchungshäftling, kein Sträfling«, protestierte der, seinem Aussehen nach dem Arbeiterstande angehörige Häftling, auf den Blank gewiesen hatte, »wie komme ich dazu, diese Arbeit zu leisten? Und dabei erhalte ich keinerlei Vergütung, nicht einmal eine Extraration Brot dafür! Ich bitte, dem Herrn Major vorgeführt zu werden, um mich zu beschweren.«

Wie der Kamm eines Hahnes sich langsam, aber zunehmend sträubt, so wurde Blanks Gesicht röter und dunkler, während der Häftling seine berechtigte Beschwerde vorbrachte. Jetzt fuhr er zornbebend in gigantische Höhen. Nichts vermochte ihn rabiater zu machen, als wenn sich irgendjemand seiner Autorität nicht bedingungslos unterwarf. Darin erblickte er das Anzeichen einer hochverräterischen Verschwörung, die es im Keime zu ersticken galt. Solch ein räudiger Kerl musste rechtzeitig aus der Herde ausgeschieden werden; der Geist der Widersetzlichkeit könnte sonst um sich greifen, und das wäre das Ende von allem... Wutentbrannt fasste er mit der Linken den Sprecher an der Brust, die Rechte sich freihaltend zum raschen Griff nach dem Bajonett, und schrie mit weithin schallender Stimme:

»Kerl – gottverdammtes Vieh, was wagst du da? Du willst widersprechen?« – Wild schüttelte er den Protestierenden. »Ich werde dir's schon zeigen, was es heißt, nicht zu gehorchen! Ich kenne meine Vorschriften!« – Er riss den angeblich renitenten Arbeiter aus der Reihe heraus und gab ihm einen Stoß nach vorwärts, sodass der arme Mensch stolperte und fast der Länge nach hingefallen wäre. – »Hinunter mit ihm in den Einzelarrest, dort wird er gehorchen lernen. Vorwärts, marsch, Kanaille, du!« – Und er stieß mit dem Fuß in den hinteren Teil des ohnehin rasch vorwärts eilenden Arbeiters, dabei die Rechte an das Bajonett gelegt, jeden Moment bereit, es gegen die waffen- und wehrlosen Gefangenen zu zücken.

Am anderen Ende des Ganges erwartete ihn der Stabsprofoß-Aspirant Pollatschek, der den ihm Zugestoßenen mit einer Ohrfeige empfing. Er hatte das Geschrei gehört, vernommen, worum es sich handelte, und zwei Soldaten herbeigewinkt, denen er den geschlagenen, getretenen und gestoßenen Untersuchungshäftling übergab; und er befahl ihnen:

»Werft das Vieh in den Dunkelarrest!«

Die Soldaten, im Zivil auch Arbeiter, Proletarier, führten den Gefangenen ab. Blank eilte wieder an die Spitze des Zuges, trat zur Seite und wandte sich abermals an die ganze Reihe der Häftlinge. Er räusperte sich und brüllte nun:

»So, jetzt habt's geseh'n, wie man mit Frechlingen umgeht! So geht's jedem, wenn er es wagt, sich zu mucken! Maul halten und gehorchen, das soll sich jeder merken! Und jede Arbeit muss er tun, wenn sie ihm befohlen wird. Sonst – ich kenn' keinen Spaß, bei mir gibt's keinen Pardon, nur einen Befehl und eine Durchführung, sonst – das Bajonett. Jetzt gehen wir hinunter. Vorwärts, marsch!«, kommandierte er, als ob er es mit Soldaten zu tun hätte.
[…]

* * *

Über hundertsiebzig Gefangene wurden in den Hof geführt, um sich dort in einem Spaziergang zu ergehen und zu erholen. Aber – man ließ sie nicht in den dafür bestimmten geräumigen Hof; sie mussten ihren Spaziergang in jenem kleinen Winkel machen, der viel zu klein gewesen wäre, um auch nur der Hälfte ihrer Anzahl eine ergiebige Möglichkeit zur körperlichen Bewegung zu bieten, der nun für mehr als doppelt so viele Menschen dienen sollte, sich in ihm zu ergehen.

An allen vier Ecken dieses Hofwinkels stellte Blank je einen Wachtposten auf, dem er folgende Instruktion erteilte:

»Habt acht! Die hier, das sind lauter gefährliche Staatsverbrecher. Man muss sie scharf bewachen. Gewehr zu Fuß! Sie sind mir für jeden dieser

Kerle verantwortlich. Wer irgendeine verdächtige Bewegung macht, wird sofort niedergeschossen oder niedergestochen. Ohne Mitleid, ohne Erbarmen, denn Sie sind im Dienst, merken Sie 's sich!«

Diese Worte wiederholte Blank schreiend einem jeden Wachtposten, während die »Mannschaft«, die Häftlinge, unbeweglich still stehen und seine drohenden Worte anhören musste. Die Wachtposten im Gefängnis wechselten täglich, sie kannten keinen der Gefangenen, glaubten also wirklich, es mit einer Bande Räuber und Mörder zu tun zu haben, und dementsprechend war auch die von ihnen geführte Aufsicht sehr streng und barsch.

Blank stellte sich selbst an die Hoftür, rückte den Tschako tief ins Gesicht, sodass er fast ans Nasenbein stieß, man wohl das Funkeln seiner einfältig-tückischen Augen bemerken, diese nicht sehen konnte, während er alles zu beobachten vermochte; hinterlistig lächelnd sah er dem kläglichen Umzuge der Gefangenen zu.

* * *

In dem kleinen Winkelhof war der Spaziergang statt Erquickung nur Qual. Dicht aufeinander gedrängt gingen die einzelnen Reihen von je vier Gefangenen rings herum, eine Reihe auf die andere fast geklebt. Bald überkam Einzelne eine Art Kopfschmerz, denn ihr Gang führte sie fortwährend in der engen Runde ein und desselben Kreises, dessen Luft von den Ausdünstungen der vielen Menschen und vom Rauchqualm der zumeist Zigaretten rauchenden Gefangenen erfüllt war. Dieser Spaziergang im winzigen Hof konnte weder Erholung noch Bewegungsmöglichkeit gewähren, dennoch ließ Blank die Gefangenen nicht den anstoßenden und großen, zur selben Zeit völlig leeren Hof betreten; er ließ es nicht zu, dass sie dort, in dessen geräumiger Weite, spazieren gingen.

Es war dies seine staatserhaltende Rache, die er an den ihm unterstellten Gefangenen nahm. Wusste er doch, wie unumgänglich notwendig ein Spaziergang für den einen ganzen Tag eingeschlossenen Häftling ist. Konnte er ihm jenen auch nicht völlig entziehen, so vereitelte er doch jede für Gesundheit und Gemütsstimmung des Gefangenen gleich nötige, erfrischende Wirkung des Spazierganges.

Kaum waren höchstens 25 Minuten verstrichen, so erscholl bereits sein Kommando: »Hinaufgehen, Spaziergang zu Ende!« – Die Gefangenen mussten sofort kehrt machten und über die Stiegen nach den Zellen zurückmarschieren.

Obwohl ich mich meist mit der Rolle des stillen Beobachters beschied, konnte ich mich einmal doch nicht enthalten, auf die miteinander sprechenden Feldwebel Pollatschek und Blank zuzuschreiten und sie zu fragen:

»Glauben Sie wirklich, dass schon eine Stunde verflossen ist? Wenn ich nicht irre, schreibt die Hausordnung für Militärgefängnisse einen vollen einstündigen Spaziergang für die Häftlinge vor.«

Die beiden blickten mich verblüfft an. Ich muss gestehen, dass sie sich mir gegenüber anständiger verhielten als gegen andere.

»Was unsere Vorschriften sind, verstehen wir selbst am besten«, meinte Blank kurz.

»Aber wir sind nicht einmal eine halbe Stunde spazieren geführt worden«, warf ich ein.

»Oh nein, das ist nicht wahr, mit dem Gangrapport, der auch eingerechnet werden muss, ist's schon eine Stunde. Die Hauptsache ist, dass Sie außerhalb der Zelle waren.«

Jenen rohen Auftritt mit dem armen Teufel von einem Arbeiter, der ganz berechtigterweise sich geweigert hatte, ohne eine Vergütung, wie sie ja sogar Zuchthausträflingen gewährt wird, für die Anstalt zu schanzen, ihn nannte Blank den »Gangrapport«; zu diesem zählte er auch seine vielseitigen Aufklärungen, Mahnungen und Anweisungen.

»Heute war der große Hof wieder ganz leer, während wir in dem kleinen Eckwinkel herumgeführt wurden; und überdies noch so kurze Zeit. Kann man das eine Erholung für die Gefangenen nennen?«

Feldwebel Pollatschek hatte bisher dem Gespräch wortlos zugehört; nun meinte er mit höhnischem Grinsen:

»Wir handeln, wie's uns beliebt; wenn's euch nicht recht ist, dann lasst euch halt nicht einsperren.«

Damit hatte das Gespräch sein Ende erreicht.

[…]

Das Damoklesschwert des Fahneneides

»Eine Wache vorn, eine hinten!«, kommandierte der Feldwebel im Lagerzimmer der Soldaten und setzte hinzu: »Der Mann muss dem Gericht übergeben werden; in den zweiten Stock hinauf.«

Das Zimmer, in dem die Soldaten untergebracht waren, war von Tabaksqualm und Menschenausdünstung dicht erfüllt. In zahlreichen Gruppen lagen Soldaten in nachlässiger Stellung auf den niederen Holzpritschen umher; einige standen gelangweilt herum, andere aßen einen Imbiss. Fast alle hatten ein Glas Bier, manche eine Flasche mit dunklem Inhalt vor sich stehen. Ich erkannte bald, dass die Flüssigkeit, die sie tranken, Branntwein war.

Der Anblick, den dieser kleine Ausschnitt des Soldatenlebens bot, war wüst, leer und unvernünftig.

Während der Feldwebel mit seinen Wachtposten uns verließ, stellte sich ein Soldat vor, einer hinter mich; beide trugen das aufgepflanzte Bajonett, ihre geröteten Mienen ließen ersehen, dass sie es ernst mit ihrem Berufe meinten.

Über die Straße ging's; dann traten wir in ein gewöhnliches Zinshaus der Breitenfelder Straße, dem man nicht angesehen hätte, welchem Zwecke nun, zu Kriegszeiten, einige seiner Räumlichkeiten dienten. Wir stiegen in den zweiten Stock empor, und auf einem an der Zimmertür befestigten Täfelchen las ich:

»*Kaiserlich-königliches Landwehrdivisionsgericht.*«

* * *

Die Tür eines Innenzimmers öffnete sich. Ich befand mich in einem primitiv möblierten Zimmer, dessen wenige Einrichtungsgegenstände aus zwei Schreibtischen und zwei Sesseln bestanden. An jedem Schreibtisch saß ein Herr in militärischer Uniform.

Bei meinem Eintritt winkte mir einer dieser Herren zu. Sein Name war Dr. Weit. Gemäß seiner Charge als Hauptmann-Auditor arbeitete er an meinem Fall.

Ich betrachtete mir den Mann. Eine ungewöhnlich kraftvolle, hohe Erscheinung; die gesunde Röte seines Gesichtes bekundete allgemeine Gesundheit. Dr. Weit mochte das vierzigste Lebensjahr kaum überschritten haben, und wenn irgendeiner, so taugte er zum Kriegsdienst. Auf der breiten Brust trug er mehrere Orden und Zierbändchen, auf die er nicht wenig stolz zu sein schien, denn er tändelte unaufhörlich an ihnen herum. Seine ganze Persönlichkeit strotzte von Kraft und Muskelentwicklung, und das runde Gesicht mit der stark geröteten Nase verriet in seinem blitzenden Augenausdruck eminente Lebensfröhlichkeit, wienerische Gemütlichkeit – die meist gleichbedeutend mit Geistlosigkeit ist...

Im weiteren Verlaufe des Verhörs, das nun stattfand, musste ich erkennen, dass mein erster Eindruck richtig war. Mein Hauptmann-Auditor gehörte zu jener Sorte von Durchschnittsmenschen, denen nichts über die Bequemlichkeit ihrer Lebensgewohnheiten geht. Tiefere Gedanken belasteten ihn nicht und inneren Regungen, die ihm die Nichtigkeit und Schlechtigkeit seines Tuns zuflüsterten, gab er nicht nach; er verbrachte seine freien Stunden am liebsten in der Schenke, inmitten fideler Gesellschaft.

Dr. Weit wühlte, als ich eintrat, in einem dicken Akt und suchte emsig nach einem bestimmten Bogen. Als er ihn gefunden hatte, sah er mich durchdringend an, diktierte dem ihm gegenübersitzenden Gerichtsschreiber meinen Namen, Stand, Geburtsdaten wie sonstige Legitimitätsnormen und plötzlich richtete er diese Frage an mich:

»Haben Sie irgendetwas zu gestehen?«

»Ich weiß nicht, worum es sich handelt«, antwortete ich. »Da ich mich nicht schuldig fühle, muss ich es ablehnen, mich schuldig zu bekennen.«

»Sie wissen also überhaupt nicht, weshalb Sie verhaftet wurden?«

»So wenig, dass ich mich genötigt sehe, jede Auskunft zu verweigern, solange mir der Grund meiner Festnahme nicht mitgeteilt wird.«

»Dazu sind wir nicht verpflichtet«, meinte er nervös und blätterte mit seinen dicken, starken Fingern in den Akten meines Falles, einige blau angestrichene Stellen darin lesend.

*   *   *

Während ich ihn beobachtete, schoss mir der Gedanke durch den Kopf: Wie sonderbar, dass *diese* Art Patrioten es vorzieht, hier, an ihren Schreibtischen, zu sitzen und die Verteidigung ihres geliebten Vaterlandes den ärmeren, schlechter genährten und physisch dem Krieg weit weniger gewachsenen Leuten zu überlassen. Wäre ich Patriot, dachte ich bei mir, ich könnte meine Zeit nicht mit derlei Dummheiten vertrödeln, wüsste mir in Kriegszeiten einen anderen Beruf und Stand...

»Ja, dazu sind wir gegenwärtig nicht verpflichtet«, wiederholte er nach Beendigung seiner Lektüre und sah dabei zum Fenster hinaus. »Ich habe Sie über verschiedene Sachen einzuvernehmen. Warum Sie verhaftet wurden – das kümmert Sie vorläufig gar nicht.«

»Ich aber weiß es und las es auf dem Haftbefehl. Der Verdacht der militärischen Spionage ist für mich so entehrend, dass ich beschlossen habe, auf die mir gestellten Fragen keinerlei Antwort zu geben, sondern es der Anklagebehörde überlasse, ihre Beweise gegen mich anzuführen.«

Da brach Dr. Weit in ein homerisches Gelächter aus und sagte:

»Was immer Sie im Haftbefehl gelesen haben, ist Nebensache und hat mit Ihrer Verhaftung in Wirklichkeit nichts zu tun. Gegenwärtig werden alle der Regierung missliebigen Elemente, insofern sie gefährlich sind, unter dem durch nichts zu begründenden Generaltitel des Spionageverdachtes verhaftet. In der Tat sind Sie wegen einer ganz anderen Sache verhaftet worden, die jedoch unser Amtsgeheimnis bleibt.«

»Dann wahren Sie es, Herr Hauptmann-Auditor, aber ich habe Ihnen nichts zu sagen und bitte, wieder abgeführt zu werden.«

Dabei erhob ich mich und wandte mich zum Gehen. Auch Dr. Weit erhob sich.

»Ich muss Sie aufs Dringendste darauf aufmerksam machen, dass Sie Ihre Lage durch Ihre Haltung verschlechtern. Sie werden nur umso länger in Haft behalten, als Sie Ihre Antworten auf die von mir zu stellenden Fragen verweigern. Ihre Weigerung hilft Ihnen nicht, sondern kann unter Umständen dazu führen, dass ohne Ihre Beantwortung meiner Fragen von der Militäranwaltschaft ein Beschluss gefasst wird, der dann natürlich gegen Sie ausfallen muss.«

»Tun Sie, was Ihnen beliebt; ich habe nichts zu sagen, nichts zu beantworten.«

»Sie vergessen, dass wir uns im Ausnahmezustand befinden und tun können, was wir wollen!«

»Eben deswegen halte ich jede Beantwortung Ihrer Fragen für überflüssig. Wenn es Ihnen beliebt, lassen Sie mich füsilieren; das kann ich Ihnen sagen: Meine Kameraden werden mich rächen!«

Dr. Weit trat näher an mich heran und sagte halblaut:

»Es handelt sich auch um diese. Wenn Sie meine Fragen nicht beantworten, kann es sehr leicht geschehen, dass Sie es sind, der die Lage dieser armen Teufel verschlechtert. Natürlich sind alle in Haft, so wie Sie.«

* * *

Ich fühlte deutlich, wie diese Nachricht mir einen Ruck gab. Unter den Kameraden befanden sich viele Familienväter, und wie leicht konnte die Behörde, dank meiner Weigerung, eine Aussage zu machen, freie Hand gewinnen und sie irgendwelcher Vergehen oder Verbrechen bezichtigen, deren Unmöglichkeit durch meine Erklärungen zu ihren Gunsten von vornherein erwiesen ward.

So setzte ich mich denn wieder. Auch Dr. Weit nahm seinen Platz ein und sagte kalt, gemessen:

»Ich verlange von Ihnen nichts, was Sie irgendwie schädigen könnte; ich erfülle hier bloß meine Pflicht und eine höchst peinliche noch dazu, das mögen Sie mir glauben. Wie gesagt, Ihre Aussagen können Ihren Kameraden nur helfen, tatsächlich berufen sich eine ganze Anzahl auf Sie. Wollen Sie die Leute nun im Stich lassen?«

»Wie heißen diejenigen, die verhaftet wurden und nun meine Aussage wünschen?«, unterbrach ich seinen Wortschwall, der mich anwiderte. Sonderbar: Alle Gerichts- und Polizeibeamten, wenn sie Männern gegenüberstehen, von denen sie annehmen können, dass diese ihre gesellschaftlich schädliche und bösartige Funktion durchschauen, erklären ihr Bedauern über ihre Berufspflicht. Wer zwingt sie eigentlich zu ihrem Beruf, wenn nicht ihr Eigennutz, der alles Edlere und menschlich Hohe in ihnen zum Schweigen bringt?

»Die Reihenfolge zu bestimmen, das müssen Sie schon mir überlassen, Herr Untersuchungshäftling«, erwiderte Dr. Weit mit scharfer Betonung.

Ich sah ein, dass ich diese widerliche Szene nur hinauszog. Schließlich war es ja einerlei; meine Aussagen konnten meine Situation nicht mehr verschlechtern, als sie für mich ohnehin schlecht stand; sie konnten aber die meiner Kameraden bessern. Und das war die Hauptsache; fiel ich, so mussten wenigstens diese weiterleben, um meine Arbeit in Österreich fortzusetzen.

* * *

»Bitte, ich bin bereit.«

»Nun also«, sprach Dr. Weit in befriedigtem Ton. »Es ist allseitig am besten, wen Sie reinen Tisch machen, sonst kommen wir nicht vorwärts. Nehmen wir zuerst die eigentlich ganz nebensächliche Angelegenheit Ihres Verhaftungsgrundes.«

»Mein Spionagedelikt?«, rief ich lächelnd.

»Bitte sehr«, entgegnete er, »erwähnen Sie nicht fortwährend Ihr Spionagedelikt. Habe ich Ihnen mit einem Wort den Verdacht vorgehalten, dass Sie ein Militärspion irgendeines feindlichen Staates seien? Nein. Ich darf Ihnen nur wiederholen: Sie stehen hier nicht unter dem Verdacht der Spionage, sondern unter einem anderen Verdacht – dem des Hochverrates. Dass Sie unter ersterem Verdacht verhaftet wurden, geschah, weil er in Kriegszeiten die bequemste Handhabe bietet.«

»Und worin soll mein Hochverrat bestehen? Ich wurde gleich nach Ausbruch des Krieges verhaftet, hatte also gar keine Zeit, eine hochverräterische Handlung zu begehen.«

»Das haben *wir* zu beurteilen. Teilen Sie mir nur vor allem den Hergang des nebensächlichen Ereignisses mit, das den unmittelbaren Vorwand für Ihre Verhaftung bot.«

Ich erzählte ihm kurz, wie ich meine Frau aus dem Spital gebracht hatte; von dem Besuch der Frau Magerer und ihres Begleiters; dem sich in allgemeinen Redensarten ergehenden Gespräch mit beiden Bekannten.

»Haben Sie den von Ihnen Fickert genannten Herrn veranlassen wollen, seiner militärischen Dienstpflicht nicht nachzukommen? Das soll gehört worden sein«, bemerkte Dr. Weit.

»Fragen Sie doch Herrn Fickert selbst«, erwiderte ich, »ich kann nur das wiederholen, was ich soeben angegeben habe.«

»Aber es wurde doch gewiss gegen die Mobilisierung gesprochen; auch das wird von dem Anzeiger gegen Sie behauptet. Sie sollen u. a. gesagt haben: Mobilisierung ist an und für sich ein höchst bezeichnendes Wort. Die Silbe »mob« haben die Engländer dem Lateinischen für Pöbel, Gesindel, lärmende Rotte entnommen, und wenn man das Wort Mobilisierung zur Bezeichnung der Überführung des Heeres aus dem Friedens- in den Kriegszustand gebraucht, erklärt man damit selbst, welche Instinkte und Volkselemente damit entfesselt werden! Haben Sie dies zu Herrn Fickert gesagt? Geschrieben haben Sie Derartiges schon, das ist bereits erwiesen.«

»Nennen sie mir den Namen meines Angebers; er soll mir ins Gesicht sagen, dass er mich die obigen Worte sprechen hörte, solange Sie dies nicht tun, muss ich annehmen, dass die Regierung den Auftrag erteilt hat, mir Worte in den Mund zu legen, welche allerdings Ansichten ausdrücken mögen, die ich vor dem Kriege ausgesprochen und welche wohl auch jetzt noch meine Anschauungen wiedergeben, die ich aber in jenem Gespräch mit Herrn Fickert und Frau Magerer nicht gebraucht habe.«

* * *

»Sind Sie ein Gegner des Krieges?«, fragte er mich, ohne auf meine Ausführungen, nachdem er sie stenografiert hatte, näher einzugehen. Er fuhr fort:

»Leugnen dürfte Ihnen kaum viel helfen, denn hier liegt die letzte Nummer der von Ihnen redigierten Zeitschrift ›Wohlstand für Alle‹ und deren Artikel: ›Man schürt zum Krieg‹ wohl das Schärfste ist, das sich denken lässt.«

»Es fällt mir gar nicht ein, zu leugnen, dass ich absoluter Gegner des Krieges bin«, erwiderte ich sofort. »Ich verabscheue jedes Blutvergießen; den Krieg als Prinzip und Betätigung aber hasse und verachte ich in solchem Maße, dass ich es kaum auszudrücken vermag.«

»Auch einen Krieg gegen Russland, wie wir ihn jetzt führen?«

»Welches Russland meinen Sie, das des Volkes oder des Zarismus?«

»Na, verstellen Sie sich doch nicht so«, brauste Dr. Weit auf, »wenn ich vom Kriegführen gegen Russland spreche, meine ich den Krieg gegen den russischen Staat.«

»Den führt weder der österreichische noch der deutsche Staat«, wandte ich ein.

»Sie scheinen zu träumen.«

»Weil sich in der Kriegsproklamation weder des einen noch des anderen Staates auch nur ein Wort darüber befindet, im Falle eines Sieges über den russischen Staat diesen oder zumindest den Zarismus als Ausdruck eines politischen Systems stürzen zu wollen.«

Statt einer Antwort räusperte er sich und schrieb in Kursivschrift etwas auf sein vor ihm liegendes Papier; dann fragte er weiter:

»Und wenn die verbündeten Staaten dies tun wollten, wären Sie dann für einen Krieg gegen Russland?«

»Nein, denn um den Sturz des Zarismus herbeizuführen, bedarf es keines Krieges, der nur das kostbare Blut des russischen Volkes, meiner Brüder und Schwestern und meiner eigenen Landsleute opfert, deren Heimstätten und Dörfer zerstört. Wenn der deutsche oder österreichische Staat den Sturz des Zarismus herbeiführen wollte – was anzunehmen, mir als lächerliche Phantasterei erscheint –, dann brauchten diese Staaten nur das russische Volk in seinem Kampf gegen den Zarismus zu unterstützen; sehr bald wäre dann die Bestie Zarismus gestürzt und das russische Volk frei. Aber weder Deutschland noch Österreich will dies, sonst würden sie nicht Russland den Krieg erklärt haben, der dem russischen Zaren die prächtigste Gelegenheit bietet, unter den gleißnerischen Lügen und dem Betrugsspiel des Patriotismus und Nationalismus die Kämpfer gegen den Zarismus, die es verstanden, sich vor seinen Festungen, Kerkern und Sibirien zu schützen, massenhaft in den sichersten und kläglichsten Tod zu schicken.«

* * *

Dr. Weit notierte sich meine Ansicht, dann sagte er:

»Sie sind also absoluter Gegner eines Krieges gegen Russland?«

»Ich bin absoluter Gegner jedes Krieges, nicht nur eines Krieges gegen Russland. Krieg bedeutet für mich ein abgekartetes Spiel, eine furchtbare Verschwörung der herrschenden Kasten aller Staaten, ihre Völker zu zwingen, sich selber gegenseitig einen mehr oder minder tödlichen Aderlass beizubringen.«

»In einem Kriege fallen aber doch auch sehr viele Vornehme, Adelige und solche, die Sie Herrschende nennen.«

»Das kann ich nicht kontrollieren, es steht nur in der Lügenpresse der Tageszeitungen, deren Spalten den Behauptungen eines jeden sich öffnen, der für die Aufnahme seiner Lügennotiz genügend zahlen kann. Übrigens finden die Kriege im ausschließlichen Interesse der Herrschenden, der Staatsmächte, statt. Und wenn einige oder mehrere ihrer Angehörigen auch fallen, so fielen sie eben für ihre eigene Sache, ihre eigenen Interessen, während das Volk im Kriege scharenweise nur für die Interessen der Machthaber fällt.«

»Sie scheinen keinerlei Patriotismus oder, ich weiß nicht, wie ich es nennen soll – keinerlei Vaterlandsgefühl zu haben?«

»Nein ... Der Zufall meiner Geburt in diesem oder jenem Land kann mich nicht dazu bringen, mein Menschlichkeitsgefühl mit Füßen zu treten. Ich ziehe dieses dem Vaterlandsgefühl vor. Überhaupt ist der Patriotismus nur ein Blendwerk; er ist ein Gefühl, das von Natur aus bei keinem Menschen existiert, nur durch die Lüge der Theologie und des Betrugs der Staatszweckmäßigkeit den Individuen künstlich eingeflößt wird.«

»Das ist keineswegs wahr«, entgegnete er mir mit größter Vehemenz, »ich weiß, dass ich den Fleck Landes, wo ich geboren bin, innig liebe.«

»Welchen Fleck? Meinen Sie den Fleck, auf dem das Haus Ihrer Geburt steht, oder die Stube, in der Sie geboren wurden, oder den Fleck, auf dem das Bett stand, in dem Sie das Licht der Welt erblickten?«

»Nun, man darf alle diese Dinge nicht allzu wörtlich auffassen, man muss sie fühlen, mit dem Herzen muss man sie empfinden können«, sprach er lebhaft und notierte sich dabei rasch meine Ansichten.

»Man kann das nur, wenn sie in der Wirklichkeit unseres Seins existieren. Da aber der Fleck Boden, wo ich geboren bin, nicht mir gehört, sondern einem Hausherrn, Grundbesitzer, in letzter und tatsächlichster Beziehung aber dem Staat, kann ich all dies nicht fühlen, was mich nichts angeht, weil es meinem Empfinden und Interessegefühl gleichgültig ist. Aber wer spricht denn eigentlich davon, dass man mir das Fleckchen Land, auf dem ich lebe, rauben will?«

»Wir führen doch nur deshalb Krieg, damit der Feind uns unser Land nicht raube, unsere Heimstätten nicht verwüste«, entgegnete er etwas ärgerlich.

»Nicht dazu führen wir Krieg. Weder der russische noch sonst irgendein Staat werden mir das rauben, was ich nicht besitze. Und wenn ich Eigentümer eines Stückes Land bin, so wird der einfallende Staat es mir auch nicht rauben; wir führen nur deshalb Krieg, um zu entscheiden, welcher Herrschaftskaste, welchem Staate ich, der Bürger und Untertan, unterworfen sei und meinen Tribut an Steuern, wie an Gut und Blut, zwangsweise entrichten muss. Auch hat der einfallende Staat kein Interesse daran, mir mein Heim zu verwüsten. Die Verwüstung meines Heims besorgt zuerst der eigene Staat, der mich demselben entreißt, zur sogenannten Wehrpflicht zwingt, meine Frau zur Witwe, meine Kinder zu Waisen, kurz meine Familie zu Bettlern macht. Damit beginnt die Verwüstung meines Heims. Und dessen vollständige Zertrümmerung, wie sie in den vom Feind überzogenen Gegenden sich zuträgt, geschieht auch nur in sehr geringem Maße von diesem; diese Zerstörung und Niederbrennung geschieht infolge der Balgerei zwischen meinem eigenen und dem anderen Staat, um des Privilegiums willen, wem ich weiterhin als Steuersklave fronen, als Leibeigener untertan sein darf.«

* * *

Dr. Weit schrieb noch immer, auch dann noch, als ich schon geendet hatte; jetzt warf er, wie von ungefähr, ein:

»Wir haben heute keine Leibeigenschaft mehr.«

Nur lächelnd konnte ich ihm darauf antworten:

»Das sagt man! In Wirklichkeit ist der Militarismus eine schlimmere Form der Leibeigenschaft, als das Mittelalter sie kannte. Er erheischt vom Menschen zwangsweise Jahre seines Lebens und dazu noch in des Wortes wahrster Bedeutung Gut und Blut, die gesamte Existenz.«

»Alles das wird freiwillig gegeben«, rief Dr. Weit.

»Unwahr! Aber wenn es so wäre: Wäre die freiwillige Sklaverei, die ihre Ketten besingt, deshalb weniger Sklaverei? Und dass wir im ärgsten Zustand der Leibeigenschaft leben, geht doch schon daraus hervor, dass wir auf einen plötzlichen, ganz eigenmächtigen Wink des Staates hin in den Krieg ziehen müssen. Haben wir das Recht, uns zu weigern?«

»Laut Gesetz nicht; das Gesetz, nicht aber die Gutsbesitzer, wie es im Mittelalter zur Zeit der Leibeigenschaft geschah, bestimmt heutzutage die Pflichten des Staatsbürgers!«

»Ja, ja, das Gesetz!«, lachte ich ihm verständnisvoll zu. »Sie wissen doch selbst, dass Menschen und nicht Götter das Gesetz machen, es also nur ein Machwerk mächtiger Menschen ist, die innerhalb der Gesellschaft den Staat verkörpern. Sie mögen recht haben: Zum Vorteil des einzelnen Gutsbesitzers gibt es die Leibeigenschaft politisch – *sozial* noch immer! – nicht; aber dafür besteht die Leibeigenschaft durch den Staat. Wir alle sind nicht mehr Leibeigene einer Klasse, sondern Leibeigene der in dieser Klasse verkörperten Macht, die in Zwangseinrichtungen zum Ausdruck gelangt, deren eine und grauenhafteste der Militärapparat ist.«

* * *

Dr. Weit fuhr sich über die Stirn, dann sprach er:

»Lassen wir das und wenden uns dem nächsten Punkt zu, der ins Protokoll kommen soll. – Kennen Sie das?«

Damit wies er mir einige Druckseiten einer augenscheinlich unvollendet gebliebenen Broschüre vor. Es waren lose, zerstreute Streifen, wie sie als Korrekturabzüge dem Schriftsteller zur Anzeichnung irgendwelcher vor der Drucklegung noch vorzunehmender Veränderungen zugesandt werden.

Ich besah diese Druckseiten, die Dr. Weit mir entgegenhielt und überflog hastig ihren Text. Sowohl die Seiten wie ihr Inhalt schienen mir gänzlich unbekannt, nur ersah ich, dass es sich um eine der schärfsten antimilitaristischen und antikriegerischen Broschüren handelte, welche genau alle radikalen Mittel und Herstellungsmethoden zur anarchistischen Sabotage des Krieges angeben.

»Kennen Sie diese Druckseiten?«, wiederholte Dr. Weit. »Sehen Sie, dies ist einer der eigentlichen Gründe, weshalb Sie hier sind und wohl ziemlich lange hier bleiben werden. Ich begreife, Sie werden sich nicht als Verfasser dieser Schrift bekennen; und es ist sehr wahrscheinlich, dass Sie es nicht sind; wir werden ja sehen. Aber ich kann Ihnen schon jetzt sagen: Entweder Sie nennen uns den Verfasser und wir werden ihn jetzt oder nach dem Kriege steckbrieflich verfolgen und seiner habhaft werden – denn das muss unbedingt geschehen; und jeder Staat wird uns darin behilflich sein – oder sie bleiben so lange hier, bis Sie uns eben mitteilen, wer diese Schrift verfasste.«

»Was Sie von mir verlangen, kann ich nicht erfüllen. Ich weiß nur, dass ich diese Schrift nicht verfasst habe; wer sie verfasst hat, ist mir gänzlich unbekannt.«

»Das kann nicht sein, denn sie wurde an Sie adressiert und auf der Post beschlagnahmt.«

»An mich werden sehr viele Drucksachen gesandt, ohne dass ich sie bestellte. Übrigens glaube ich mich zu erinnern, dass diese Schrift eine Übersetzung sein dürfte, deren Original in französischer Sprache erschienen ist.«

»Das ist uns einerlei; dann nennen Sie den Übersetzer. Laut Gesetz handelt es sich um die Feststellung auch der« – er langte nach dem Gesetzbuch und zitierte daraus – »unmittelbar mitgewirkt habenden und auf eine entferntere Weise beteiligten Personen. Diese Druckseiten enthalten vollinhaltlich Hochverrat, und dieser muss geahndet werden.«

»Ich kann nur wiederholen, dass ich weder Verfasser noch Übersetzer dieser Schrift bin ...«

»Dann werden wir Sie, wenn Sie den wahren Urheber nicht angeben, als solchen verantwortlich machen, vorausgesetzt, dass es keinen anderen außer Ihnen gibt ... Es ist ja auch ganz klar: Diese Abzüge sind zum Zwecke der Korrektur an Sie gesandt worden; wären Sie nicht der Verfasser, so hätte man die Abzüge nicht an Sie gesandt.«

»Was Sie da behaupten, Herr Doktor, ist Kasuistik, aber kein Beweis; ich wiederhole, ich bin nicht der Verfasser.«

»Ich verspreche Ihnen, Sie auf freien Fuß zu stellen, wenn Sie uns den Verfasser nennen; denn um diesen, nicht um Sie handelt es sich in dieser Sache. Kennen Sie den Verfasser oder Übersetzer?«

* * *

Unwillkürlich musste ich über diese plumpe Wendung staunen. Als wüsste ich nicht, dass es sich ihm nur darum handelte, die Untersuchung solcherart zum Abschluss zu bringen, dass eine Anklageerhebung daraus resultieren musste; achtet doch jeder Untersuchungsrichter darauf, seine amtliche Brauchbarkeit zu erweisen. Und wie anders kann dies erfolgen, als indem er der Staatsanwaltschaft den Fall in solcher Weise unterbreitet, dass diese eine Anklage zu erheben vermag. So sagte ich denn gleichgültig:
»Selbst wenn ich den Verfasser dieser Schrift wüsste, müsste ich Ihnen dennoch mit ›Nein‹ antworten, Herr Doktor.«
»Gut, dann werden Sie dafür büßen«, antwortete er aufgebracht. »Merken Sie es sich, diese Schrift ist eine solche, dass sie nicht nur in Kriegszeiten, sondern auch im Frieden strengstens bestraft wird. Nun befinden wir uns im Kriege; wollen Sie durchaus nicht sagen, wer an Ihrer Stelle strafrechtlich verfolgt werden kann, so werden eben Sie die Konsequenzen ihres Verhaltens zu tragen haben … Es ist Ihnen bekannt, dass auf Hochverrat die Todesstrafe oder zumindest langjährige Kerkerhaft steht?«, fragte er plötzlich.
»Das ist einerlei«, erwiderte ich, »ich muss wahrheitsgemäß wiederholen, dass ich weder einen eventuellen Verfasser noch den Übersetzer dieser Schrift kenne.«
»Aber das werden Sie uns doch wohl sagen, woher Sie annehmen, dass diese Schrift ursprünglich in französischer Sprache erschien und herausgeben wurde?«
»Gewiss, mit Vergnügen, Herr Doktor«, antwortete ich. »Es dürfte Ihnen bekannt sein, dass in Frankreich gegen einen möglichen Krieg mit Deutschland eine große antikriegerische Agitation entfaltet wurde, die in dem eintägigen, das ganze Land umfassenden Generalstreik vom 16. Dezember 1912 gipfelte. Zu jener Zeit befand ich mich besuchsweise in Paris, wo ich mehrere Vorträge hielt. Dort hörte ich von verschiedenen befreundeten Seiten, dass eine Gruppe anarchistischer Kameraden ein kleines Handbüchlein herauszugeben beabsichtigte, das nicht nur die theoretischen Prinzipien des Anarchismus gegen den Krieg, die grundsätzlich antipatriotische Stellung aller Anarchisten gegen den im Kriegszustande befindlichen, eigenen Staat darlegen, vielmehr eine große Anzahl antimilitaristischer Akti-

onsmethoden gegen den Krieg enthalten sollte, die, wenn nur umfassend durchgeführt, dazu geeignet wären, jede Möglichkeit einer Kriegsführung des Staates zu unterbinden. Ich sagte zu Freunden, dass es mich interessieren würde, diese Schrift, falls sie erschiene, kennenzulernen; und im Frühjahr 1913 erhielt ich tatsächlich von einer südlichen Stadt in Frankreich ein Exemplar zugesandt, mit dem Bedeuten, es nach Durchsicht zurückzusenden. Nachdem ich die Schrift gelesen, sandte ich sie zurück. Jetzt, wo ich diese Druckseiten hier flüchtig durchsah, erkannte ich sofort, dass es sich eigentlich nur um eine Übersetzung jener vor einem Jahre französisch gelesenen Originalbroschüre handelt. Wer sie in deutscher Sprache abgefasst oder übersetzt hat, weiß ich wirklich nicht, auch nicht, wer diese losen Seitenabzüge an mich gesandt hat. Es ist allerdings nicht unwahrscheinlich, dass dies von denselben französischen Freunden geschah; sie wollten mir vielleicht mitteilen oder zeigen, dass eine solche Broschüre auch in deutscher Sprache erscheinen soll.«

»Gerade zur Zeit des Kriegsausbruchs?«, fragte er sarkastisch.

»Der Umstand, dass nur einige lose Seiten auf der Post beschlagnahmt wurden, eine Hausdurchsuchung bei mir weder mehre solcher Seiten noch gar ein derartiges Manuskript zutage förderte, beweist wohl am besten, dass ich der Abfassung wie Ausgabe dieser Schrift völlig fern stehe«, erwiderte ich.

* * *

Dr. Weit verfehlte nicht, meine Erklärungen zu protokollieren. Dann sagte er trocken:

»Helfen werden Ihnen alle diese Ausflüchte nicht. Nur das kann ich Ihnen sagen, wenn bei irgendeinem Soldaten ein Exemplar dieser Schrift gefunden wird, dann sind Sie verloren, da hilft Ihnen nichts.«

»Warum ich?, fragte ich empört. «Kann man mich für das Tun anderer verantwortlich halten? Die Behörde sollte doch schon längst wissen, dass ich wohl Anarchist, aber eben darum ein Gegner jeder Gewalt, somit kein Terrorist bin.«

Er lächelte bissig vor sich hin; und während er sein strahlendes volles Gesicht ganz nahe zu dem meinen heranbeugte, zischte er zwischen den Zähnen hervor:

»Sie sind der intellektuelle Urheber aller dieser Dinge! Das wissen wir. Darum sind Sie uns eine Art Geisel für alles, was sich ereignen mag.«

Ich fuhr zurück und fühlte, wie es in mir wallend aufstieg; es war mein Jähzorn, der mich zu erfassen drohte angesichts dieser Ungeheuerlichkeit, mich für das Tun anderer verantwortlich zu machen.

»Ja, ja«, sagte Dr. Weit hämisch, »Sie sind uns für alles verantwortlich, was sich ereignen mag... Höchstwahrscheinlich wird es von Leuten ausgehen, deren Namen auf der Liste Ihres Verkehrs stehen. Und so wie wir es im Großen tun, halten wir es auch im Kleinen. Sie sehen ja selbst: Wir begnügen uns nicht damit, Čabrinovič und Princip[2] zu prozessieren, wir halten den Gesamtstaat Serbien für das Verbrechen verantwortlich!«

* * *

Schweigend überdachte ich, während er seine Eintragungen machte, die Situation, in der ich mich befand. Sie besagte, dass der österreichische Staat gegen mich ein Lynchverfahren plante, falls von irgendeiner Seite eine revolutionäre, antimilitaristische Aktion gegen den Krieg unternommen würde. Schließlich konnte mir das gleichgültig sein, denn soweit ich sehen konnte, war mein Leben ohnehin schon ziemlich verwirkt. Ich sah nun klar! In dem Vorgehen gegen mich bezweckte man nicht mehr noch weniger als die Erhebung einer Anklage auf Hochverrat vor den Militärbehörden. Wie die Verhandlung einer solchen Anklage vor einem Militärgerichtshof und in Kriegszeiten ausfallen musste, ließ sich schon jetzt absehen.

So sagte ich nur:

»Herr Hauptmann-Auditor, Sie mögen tun, was sie, als im Bereiche Ihrer Gesetzesmacht stehend, erachten und mit Ihrem Gewissen vereinbaren können. Doch merken Sie sich eines: Der kriegerische Ausnahmezustand, der jetzt über Österreich verhängt ist, wird nicht ewig dauern, es werden wieder normale Verhältnisse kommen, und in diesen werden auch Sie wie Ihre Vorgesetzten für Ihre Verfügungen mit Bezug auf mich Rechenschaft zu erstatten haben!«

»Lassen Sie das ganz unsere Sorge sein«, antwortete er hastig und schroff. Nachdem er einen Blick über seine Aufzeichnungen geworfen, stand er auf, hob einen Haufen Papiere auf dem erhöhten Aufsatz seines Schreibtisches in die Höhe und zog ganz von unten ein Buch hervor. »Kennen Sie dieses Buch?«, fragte er dann.

Auf den ersten Blick erkannte ich es:

»Natürlich, das ist der letzte Band des Jahrbuches der freien Generation, er war dem Andenken an Michael Bakunin gewidmet.«

»Fast zur Gänze konfisziert und die Wiener Staatsanwaltschaft hat uns jetzt dieses Buch zur weiteren Verfolgung übergeben.«

Ein flüchtiger Blick in das Buch genügte, um zu sehen, dass fast alle Aufsätze desselben von der Militärbehörde blau und rot angestrichen waren, also unter Anklage gestellt werden sollten. Sogar die Eigenaufsätze *Baku-*

nins, die dieser Band des Jahrbuches zum ersten Male in deutscher Übersetzung brachte, verfielen einer Anklage. Aber wie konnte so etwas geschehen, dass die Zivilbehörde jetzt, zur Zeit des Ausnahmezustandes, ein schon vor etwa einem halben Jahre erschienenes Buch der Militärbehörde zur Prozessführung übergab? Dieses Vorgehen war völlig ungesetzlich, und ohne Zweifel fand es nur darin seine Begründung, dass es meiner totalen Vernichtung galt.

»Herr Hauptmann-Auditor«, begann ich in festem, entschiedenem Tone, weil ich erkannte, dass jede Verteidigung zwecklos wäre, da die Vertreter des Gesetzes, geschützt durch den Ausnahmezustand und wahrscheinlich infolge eines Winkes »höheren Ortes« beschlossen hatten, der ungeheuerlichsten Ungesetzlichkeit die Zügel schießen zu lassen – »Herr Hauptmann-Auditor, ich habe Ihnen mit Bezug auf dieses Buch nichts zu sagen. Dieser Band ist vor einem halben Jahr erschienen, wohl konfisziert, aber damals nicht unter Anklage gestellt worden, weil die Staatsanwaltschaft es nicht wagte, mich vor ein Geschworenengericht zu stellen, wie sie es laut Gesetz in strafprozessualer Verfolgung von Druckschriften zu tun gezwungen ist. Wenn nun die Zivilbehörde, nachdem ihre subjektive Anklagefrist verstrichen, der Militärbehörde die Verfolgung dieses Buches übergibt, damit ich ohne Geschworene und durch einen Militärgerichtshof verurteilt werde – dann ist dies eine solche gemeine Ungeheuerlichkeit an Ungesetzlichkeit, dass ich mich weigere, mich noch weiter zu verteidigen. Ich erkläre hiermit ausdrücklich, ich werde mich mit keinem Worte verteidigen oder rechtfertigen, sondern nur immer rufen, bis sogar die Steine auf der Straße es hören werden: *Ich erkenne Ihr ganzes Verfahren, Ihre Gerichtsprozedur, die Militärbehörde überhaupt nicht an!* Verurteilen Sie mich immerhin, aber ich habe Freunde, und diese werden das mir zugefügte himmelschreiende Unrecht nicht auf sich beruhen lassen!«

»Es ist kein Unrecht, das Ihnen zugefügt wird«, erklärte Dr. Weit im Brustton ehrlichster Überzeugung. »Da die Staatsanwaltschaft jetzt erst die Anklage erhebt, fällt die Prozessierung dieser Angelegenheit mit dem Übrigen zusammen und unter unsere, unter die militärische Judikatur.«

»Eben darin liegt die Ungesetzlichkeit!«, schrie ich erbittert. »Die Verordnung des Kaisers über den Ausnahmezustand besagt ausdrücklich, soweit ich mich aus dem Gedächtnis des Wortlautes erinnern kann, dass nur jene Anklagen an das Militärgericht übertragen werden, deren Taten *nach* Kundmachung der Verordnung über den Ausnahmezustand begangen wurden. Das Jahrbuch ist aber Anfang April erschienen, zu einer Zeit, wo noch niemand an Krieg oder Ausnahmezustand dachte. Es nun zu prozessieren, ist eine ungeheuerliche Willkür, die sich rächen wird.«

* * *

»Sie denken also, dass wir gesetzlich nicht berechtigt sind, jetzt gegen das Jahrbuch eine Anklage zu erheben?«, fragte er, wie auf meine Ansicht eingehend, und fuhr dann fort: »Da irren Sie sich eben. Schließlich, ich bin nicht der Einzige, der darüber zu entscheiden hat«, – er zuckte mit den Achseln – »Wir werden ja sehen, wer recht behält…«

»Darf ich Sie nun bitten«, fiel ich ihm ins Wort, »mir endlich zu sagen, zugunsten welcher meiner verhafteten Kameraden ich aussagen soll? Ich habe bisher nichts über diese und deren Angelegenheit vernommen.«

»Kommt auch noch, haben Sie nur ein wenig Geduld«, lächelte er mir mit einem leutselig wirkenden verschmitzten Gesichtsausdruck heimtückisch zu. »Nachdem ich nun Ihre Aussage vorläufig in den wesentlichsten, mich interessierenden Punkten habe, frage ich Sie noch, ob Sie Ihrem bisherigen Protokoll etwas beifügen möchten?«

»Ich wüsste nichts«, antwortete ich, setzte aber dann rasch hinzu: »Höchstens das eine: Ich bin Anarchist im Sinne der Gewaltlosigkeit. Meine Überzeugung ist eine unentwegt antikriegerische, und ich vertrete darin den von Leo Tolstoi präzisierten, vom Nazarenertum praktisch verwirklichten Standpunkt des völligen Unvermögens, einen Mitmenschen, er gehöre irgendeiner Rasse oder Nation an, vorsätzlich zu töten. Die Richtschnur meines Handelns und Lebenswandels wird bedingt durch die Lehre des Nazareners in der Bergpredigt, und diese letztere ist das einzig geschriebene Gesetz der Vernunft, das ich anerkenne.«

* * *

Dr. Weit unterließ es nicht, sich alles sorgfältig zu notieren. Dann hub er wieder an:

»Nur noch einen wichtigen Punkt, und dann gehe ich auf die Sie interessierende Frage, betreffs der Kameraden über… Sagen Sie, Herr Großmann, haben Sie schon darüber nachgedacht, dass Sie musterungspflichtig sind?«

Unwillkürlich musste ich lächeln. Über eine Sache, die das ganze Volk berührte und furchtbar angriff, fragte er mich, ob ich darüber nachgedacht hätte!

»Selbstverständlich, aber ich kann nur sagen: *Ich werde nicht dienen!*«

Mit einem Ruck fuhr er auf, stellte sich kerzengerade in militärische Positur, hob die Hand und donnerte mich an:

»Infam! Sie sollen Ihre Gemeinheit büßen! Das ist Landesverrat! Ich notiere somit: Der Häftling verweigert den Militärdienst und gibt auf Befragen an, nicht dienen zu wollen…«

»Halt«, rief ich, ebenfalls mit erhobener Stimme, »das habe ich nicht gesagt. Ich habe einfach konstatiert, dass ich nicht zu dienen haben werde.«

Er setzte sich, wischte über die runde, gewölbte Stirne und fragte, während der Bleistift in seiner Hand vor innerer Erregung bebte: »Wie können Sie das wissen? Sie sind körperlich unbedingt tauglich. Man wird Sie bei der Musterung behalten.«

»Auch dann werde ich nicht dienen, denn dann wird man wohl meinen Körper, nie und nimmer aber meinen Geist haben.«

»Den werden wir zu brechen wissen, verlassen Sie sich darauf«, höhnte er.

»Sie werden nicht in die Lage kommen, es tun zu können«, erklärte ich ihm.

»Ach so, Sie wollen Selbstmord begehen«, wie ein heller Schein der Befriedigung glitt ein grausames Lächeln über sein Bonhomme-Gesicht. »Aber wir werden dagegen unsere Vorkehrungen treffen ...«

»Lassen Sie es sich gesagt sein, Herr Hauptmann-Auditor, ich werde nie Selbstmord begehen, ohne –.« Ich unterbrach meinen Gedankengang. Wozu ihm sagen, was ich innerlich spürte und wusste? Genug, dass ich ihm über alle meine äußerlichen Vorsätze Auskunft erteilen musste. Darum fuhr ich fort: »Sie missverstehen mich, wenn Sie glauben, ich wolle Selbstmord verüben, falls tauglich befunden, um mich auf solche Weise dem Militärdienste zu entziehen.«

* * *

Dr. Weit beugte sich zu mir und sprach eindringlichen Tones: »Merken Sie es sich: Wenn einmal tauglich befunden, sind Sie in unserer Gewalt! Ich weiß ja nicht, was die oberste Militärbehörde mit Ihnen vorhat – ob man Sie hier bis ans Ende des Krieges behalten will, ob man Sie mustern und strafweise an die Front bringen wird, das alles steht nicht bei mir. Nur den Auftrag habe ich zu erfüllen, Sie zu fragen, was Sie zu tun gedenken, wenn tauglich befunden. Und da kann ich Ihnen den guten Rat geben – widersetzen Sie sich nicht, sonst sind Sie verloren! Wir haben schon ganz andere als Sie gefügig gemacht ...«, schloss er grimmig.

»Das weiß ich, und deshalb kann ich Ihnen versichern, Sie werden mit mir nicht in die Lage kommen, es auch nur versuchen zu können.«

»Ja, aber – Mensch, was meinen Sie denn eigentlich?«, brach er in komischer Verzweiflung aus. »Sagen Sie, was ich protokollieren soll, denn ich kenne mich mit Ihnen nicht aus. Werden Sie dienen, wenn tauglich befunden, oder werden Sie es nicht tun? Sie können mir den Satz diktieren, damit ich ihn laut Ihrem eigenen Wortlaut niederschreibe. Sind Sie damit zufrieden?«

Sein Gesicht war hochrot, in Schweiß gebadet, sein Atem flog heftig; es war augenscheinlich, dass wir bei einem Punkt des Verhörs angelangt waren, der ihn innerlich tief erregte. So antwortete ich denn rasch:

»Bitte zu schreiben: Rudolf Großmann erklärt, selbst wenn tauglich befunden, nicht dienen zu müssen, *da er niemals den Fahneneid leisten wird* ...«

Mechanisch hatte er die ihm langsam und deutlich einzeln diktierten Worte niedergeschrieben, nun aber hielt er inne. Ein Zug geradezu höchster Verwunderung bedeckte sein Antlitz, in dem es zu wetterleuchten begann, Wut und Erbitterung mit Spott rangen. Plötzlich brach er in ein helles Lachen aus und stieß nur kurz die Worte hervor:

»Hahaha, Sie sind ein Narr – ich lasse Sie sogleich unter psychiatrische Beobachtung stellen, Sie werden nach Steinhof[3] gebracht...«

»Auch das mögen Sie tun, Herr Hauptmann-Auditor, nur das eine können Sie nicht tun: mich zu zwingen, den Fahneneid zu leisen. Und ohne Fahneneid, ohne dass ich mich zum Militärdienst eidlich verpflichtet habe, kann ich nie verhalten werden, ihm zu dienen, zu gehorchen, da ich mich ihm nicht anheimgegeben habe.«

Dr. Weit schien die letzte Bemerkung absichtlich zu überhören, denn er sagte nun:

»Der Fahneneid ist laut Gesetz vorgeschrieben und ...«

»Für mich gilt nur das Gesetz des Nazareners: ›*Ich aber sage euch, ihr sollt überhaupt nicht schwören* ...‹«

»Unsinn, wir werden Sie zwingen, den Eid zu leisten – und zwar sofort«, stieß er erbost hervor.

Was ich darauf gesagt habe, ist mir nicht mehr genau in Erinnerung. Nur das eine weiß ich, wir beide sprangen auf, und was sich nach diesen Worten zugetragen hat, das war nicht mehr ein Verhör, sondern ein erregtes Wortduell. Ich rief mit dem Aufgebot aller meiner Lungenkraft:

»Hüten Sie sich! Sie wollen eine verbrecherische Handlung begehen. Das Gesetz hat den Fahneneid vorgeschrieben, nirgends aber, dass dieser *erzwungen* werden könne oder dürfe!«

»Alles, was das Gesetz vorschreibt, kann erzwungen werden.«

»Lesen Sie mir den betreffenden Gesetzparagrafen vor; wo ist in demselben ein Zwang ausgesprochen worden? Der Fahneneid muss *freiwillig* geleistet werden, sonst...«

»Sonst kann er vorgelesen werden, und die Anhörung gilt bereits als Ablegung!«

»Nur dann, wenn ich ihn in anderer Form, etwa durch Unkenntnis der Sprache, nicht ablegen könnte, keineswegs aber, wenn ich die Eidesleistung in *jeder* Form verweigere. Übrigens werde ich mir die Ohren ...«

»Das werden wir schon sehen, nötigenfalls wird man Ihnen die Hände halten und Ihnen die Formel vorlesen ...«

»Tun Sie es, aber ich erkläre hiermit, dass ich dies als *Erpressung* bezeichne und Sie, wenn Sie dies an mir verüben, aufgrund des Gesetzes als gemeinen Erpresser belangen lasse!«

* * *

In diesem Augenblick geschah ein Wunder. Kaum war das Wort »Erpresser« Dr. Weit ins Gesicht geschleudert worden, da fuhr er zurück und brach wie in sich zusammen. Hilflos blickte er auf den Wachtposten, der stumm und starr mit straff angezogenem Gewehrgurt hinter mir stand. Seine Lippen bewegten sich, aber er brachte kein Wort hervor. Es bedurfte einiger Zeit, bis er sich gesammelt hatte, dann brach er mit leiser, kaum vernehmbarer Stimme die eingetretene Stille, in der nur unser beider keuchender Atem hörbar war; es klang müde, schwerfällig, was er jetzt sagte:

»Unter diesen Umständen bin ich vorläufig mit Ihnen fertig. Ich werde nun sämtliche Ihrer Angaben und Äußerungen wortgetreu zusammenfassen, sie Ihnen zur Prüfung ihrer Exaktheit vorlegen und Sie dann um Ihre Unterschrift ersuchen. Werden Sie dieselbe geben?«

»Ich habe nicht das mindeste Interesse, meine vor Ihnen gemachten Äußerungen zu bestreiten; ich werde sie vollinhaltlich anerkennen und überall aufrechterhalten.«

»Dann sind wir miteinander fertig, Herr Großmann. Sie können gehen.« Er stand auf, rief einen zweiten Wachtposten ins Zimmer und erteilte die Weisung: »Führen Sie den Häftling ab, er bleibt unter schärfster Bewachung!«

Während die Soldaten mich abführten, rief ich, schon in der Türe, schnell zurück:

»Herr Hauptmann-Auditor, Sie haben meine Einvernehmung betreffs meiner Kameraden vergessen; ich möchte unbedingt in deren Angelegenheit von Ihnen einvernommen werden.«

Dr. Weit hatte sich bereits wieder über das Protokoll gebeugt. Er hob den Kopf, und sein ganzes rundes Gesicht lächelte mir höhnisch zu, als er die Worte aussprach:

»Überlassen Sie das Schicksal Ihrer Kameraden getrost uns. Ich werde Sie darüber einvernehmen, wann es mir beliebt. Vergessen habe ich nichts.

– Abführen!«, befahl er mit einer ungeduldigen Handbewegung den Soldaten.

Ich ging zwischen zwei Soldaten einher. Als wir die äußere Tür des zweiten Raumes schon erreicht hatten, öffnete sich wieder das Zimmer des Hauptmann-Auditors, und seine Gestalt erschien im Türrahmen, mir nachrufend:

»Sie. Herr Großmann, noch ein Wort: Wollen Sie den Verfasser jener Druckschrift – Sie wissen schon – wirklich nicht nennen?«

»Nein!«, antwortete ich, ohne mich umzuwenden.

* * *

In der Zelle dämmerte es bereits, und ein fahles Zwielicht stahl sich durch die vergitterten Fenster.

Noch wurde kein Licht angedreht und die eine elektrische Flamme, die keusch verhüllt, von der Zimmerdecke ihre matte Helle herabsenkte, wollte heute nicht aufleuchten. Man hatte uns vergessen, die Aufseher, Soldaten und sonstigen Schergen pokerten und hasardierten wahrscheinlich, da mochten die Gefangenen warten.

Drückend lag die Zeit auf allen Unglücklichen, jeder erwartete das Licht. Aber es kam nicht... Und immer finsterer wurde es in unser aller Gemüt.

Plötzlich tauchte der zur Internierung hierher gebrachte Engländer Markham an meiner linken Strohsack-Seite auf.

In seinem Wesen lag auch sonst ein launiger Humor. Kraft, Rauflust, Übermut bildeten das Element seiner Persönlichkeit. Er vertrieb sich die Zeit am liebsten durch Boxen, und keiner von uns war vor ihm sicher, jeden hatte er schon herausgefordert. Sein englisches Boxen war gut, und als darin vorzüglich trainierter Sportsmann hatte bereits jeder Insasse unserer Zelle seine gelinden Beulen und blauen Flecke von ihm als Denkzettel abbekommen. Dennoch war uns sein Übermut recht angenehm, gewährte er doch den Gliedmaßen die so nötige Bewegung, Gymnastik.

Heute schien auch ihn trübe Schwermut beschlichen zu haben. Vielleicht war es die Dunkelheit in der Zelle, die ihn melancholisch machte.

Er gedachte seines Weibes, dem er in hochschwangerem Zustande entrissen worden war. Man hatte ihn aufgegriffen, als ob er ein gefährlicher Verbrecher wäre – und auf einmal stand er in unserer Zelle... Losgelöst von der Außenwelt; schutzlos und allein war seine Frau zurückgeblieben, und es war ihm in den vielen langen Wochen nicht gestattet, ihr eine Mitteilung zukommen zu lassen.

Flüsternd teilte er mir sein Schicksal mit. Tränen stahlen sich aus seinen

Augen, und mit einem Male erklang sein kräftiger Tenor und sang uns das alte, liebe, englische Volkslied, so einfach und doch eine Welt von Empfindungen in mir, der ich ihn verstand, auslösend:

> »*Oh, I would like to see*
> *Your dear sweet face again,*
> *And your cottage on the little winding lane.*
>
> *I can see the sun-beams flying,*
> *And hear the church-bells chiming,*
> *But I am longing to see*
> *Your dear sweat face again.*
>
> *Long times do not soothe our pains,*
> *Absence only makes our hearts grow fonder,*
> *Oftimes in my dreams I wander,*
> *To kiss your dear sweet face again...*«[4]

Es war still geworden in der Zelle. Alle lauschten den trauten, zu Herzen gehenden, schwermütigen Tönen seiner sonoren Stimme, obwohl sie deren Worte nicht verstanden.

In allen Gefangenen begann das Eis des Schmerzes, das sich um ihr Weh gekrustet hatte, dahin zu schmelzen. Bilder des Lebens da draußen stiegen vor ihnen auf, die grauenhaft peinigende Ungewissheit, die beständige Unsicherheit, das Antlitz der Lieben in der Ferne erhob sich vor ihnen. Und während Wien im patriotischen Narrengetändel die Schlachtenberichte über Massenmord und Menschenirrsinn las, gab es in diesem steinernen Mauerwerk der Schmach und Unbarmherzigkeit Unglückliche, die, in der Dunkelheit weinend, der Grausamkeit gedachten, die sie hierher verschlagen...

Ein Ah der Erleichterung entrang sich allen, als nun endlich das Licht der Ampel aufstrahlte und die Spukgestalten der Finsternis vertrieb.

Im Morast des Gefängnisses

Hunger und Entbehrung sind die Begleiterscheinungen jeder Gefängnistortur. Besonders wurden sie im Militärgerichte an den Häftlingen geübt.

Es war ein trüber, grauer Tag. Die Jahreszeit neigte sich dem Herbste zu. Kühle Windstöße brausten durch die Fenster; im Wald und Gebirge fiel gewiss schon das gelbe Laub auf den moosbedeckten Boden. Und die Morgen, die immer finsterer wurden, die schneidend fröstelnden Brisen, die sie mitbrachten, gemahnten an den Anzug des Winters.

Langsam verstreicht der Vormittag. Die Gefangenen gehen einzeln oder gemeinsam, mit verschränkten Armen in der Zelle herum, um die Frostschauer zu verscheuchen, die sie ein über das andere Mal überlaufen. Gestern hatten einige um ein bisschen Heizung gebeten.

»Was – jetzt schon heizen … so früh?«, lachte der Feldwebel, »das gibt's nicht.«

»Wir begreifen, dass Ihnen nicht kalt ist … In Ihrer Kanzlei haben Sie einen Ölofen stehen; und dann können Sie auch viel Bewegung machen – deshalb ist Ihnen nicht kalt. Aber wir frieren in diesem kahlen Raum ohne genügende Herbstkleidung«, erwiderte der Häftling Paples.

»Dann lasst's euch nicht einsperren. Der Herr Major hat gesagt, vor Mitte November wird nicht geheizt. Damit basta«, sprach Feldwebel Pollatschek.

Er schlug krachend die Türe vor der Nase des Bittstellers zu und entfernte sich.

* * *

Wochen, Monate waren seit der gerichtlichen Einvernahme der meisten Häftlinge verstrichen. Sie wurden nicht mehr zum Hauptmann-Auditor gerufen, vernahmen nichts, durften keinen Verteidiger sprechen, und ihre Briefe gingen mit einer Verzögerung von mindestens einer Woche ab, trafen mit einer Verspätung von acht bis zehn Tagen ein.

Alle Beschwerden waren völlig zwecklos. Der Gefangene Mundschütz, der im Trunkenheitszustand »Hoch Russland!« gerufen hatte und nach sechs Wochen Haft freigelassen wurde, lehnte sich dagegen auf. Er bat, zum Rapport gemeldet zu werden.

»Ich bitte, mich dem Herrn Stabsprofoß vorzuführen, damit ich mich beschweren kann über diese verspätete Ablieferung meiner Briefe«, forderte er von Feldwebel Blank. »Bedenken Sie, welche Sorgen meine Angehörigen um mich ausstehen, wenn sie so lange auf Antwort warten müssen.«

Allein die Meldung zum Rapport ist eine dem Feldwebel höchst unangenehme Angelegenheit. Laut Vorschriften wäre er freilich bemüßigt, dem Wunsche des Häftlings zu entsprechen. Aber in einer solchen Meldung, die sich an eine höhere Rangstufe wendet, erblickt er eine Übergehung seiner Autorität, und so etwas ist einem Feldwebel unausstehlich. Und dann – die Meldung beinhaltet eine Arbeitsleistung, Herumlauferei … Deshalb ist Feldwebel Blank schon erbost, weil man es wagt, ein solches Ansinnen an ihn zu stellen; mit rauer, erregt klingender Stimme antwortet er:

»Ja, was meinen Sie denn – als ob ich nichts andres zu tun hätt', als Sie zu melden und danach vorzuführen?... Fällt mir gar nicht ein!«

»Dann wünsche ich dem Herrn Major gemeldet zu werden«, verlangte Mundschütz beharrlich.

»Das schon gar nicht... Wenn Ihnen die Abfertigung Ihrer Briefe nicht schnell genug von statten geht, dann schreibens eben weniger oder gar keine.«

»Es muss doch im Reglement über die Häftlinge irgendeine höhere Instanz als Sie angegeben sein, bei der man sich zu einer Beschwerde melden kann; bitte, melden Sie mich meinem Herrn Hauptmann-Auditor«, ersuchte Mundschütz aufs Neue eindringlich.

»Auch das geht nicht... Diese Herren sind's ja eben, die mit der Abfertigung der Briefe so langsam verfahren. Wenn ich Sie melde, ist der Herr viel zu fein, um Sie unhöflich zu behandeln – er verspricht Ihnen alles Mögliche, gehalten wird aber nichts... Und hinterdrein fährt er mich an: »Warum haben Sie mir den vorgeführt, ohne mich zuerst zu fragen? Und dann bekomme ich's.«

»Gut, dann melden Sie dem Hauptmann-Auditor meinen Wunsch, vorgeführt zu werden.«

»Keine Spur... fällt mir nicht ein; der Hauptmann-Auditor ärgert sich schon darüber, wenn ich ihm so eine Meldung erstatte.«

* * *

In diesem Augenblick hört man sporenklirrende Schritte auf dem Gang. Schon von Weitem lässt sich das tschechisch frisierte Deutsch des zweifelhaften Feldwebels Pollatschek vernehmen:

»Schon wieder was los mit der Intelligenzzelle! Was ist da los, wahrscheinlich hat der Großmann schon wieder Wünsche?...«

Feldwebel Blank teilt dem nun vor uns Stehenden mit, dass der Häftling Mundschütz sich über die verspätete Erledigung seiner Briefe beschweren möchte. »Oh so«, fährt Pollatschek hitzig auf; – »Sie sind also unzufrieden! Wern mir schon machen... Von jetzt an darf jeder nur alle zwei Wochen einen Brief schreiben, damit sind wir fertig –«, gebietet er kategorisch und schickt sich an, die Tür zu schließen. Doch da fährt ihm noch ein teuflischer Gedanke durch seinen langen, zylinderförmigen Kopf; er steckt ihn zwischen die Türspalte und schreit in die Zelle. »Häftling Großmann soll Feder, Tinte und Papier abliefern – rasch, ich warte.«

»Herr Feldwebel«, ruft der Genannte, »ich habe vom Herrn Major wie auch vom Hauptmann-Auditor das Recht zur literarischen Selbstbeschäftigung bekommen; das lasse ich mir nicht nehmen – «

»Dann lassen Sie sich nochmals vorführen; das ist schon lange her und muss Ihnen nochmals bewilligt wern – «
»Dann, bitte, mich sofort vorzuführen!«
»Jetzt keine Zeit«, entgegnete Pollatschek und nimmt die Schreibutensilien in Empfang. Krachend schlägt er die Tür hinter sich zu.
Die Häftlinge sehen einander verwundert an. Ein Feldwebel legt sein Veto gegen die Erlaubnis höherer Beamten, seiner Vorgesetzten, ein! Was ist da zu machen?
Nach einer Viertelstunde steckt Pollatschek wieder seinen Kopf zwischen die Türspalte:
»Da haben Sie Ihre Schreibsachen zurück, – aber wehe Ihnen, wenn Sie sie nochmals den anderen leihen – Hetzen Sie uns die Leute nicht auf!«
Wahrscheinlich wusste er, dass ich darauf bestehen würde, zum Rapport gemeldet zu werden; lieber gab er mir die Schreibmaterialien vorher freiwillig zurück. Was war wohl die größere Willkür: ihr Entzug oder ihre Rückgabe?

* * *

Mittlerweile ist es elf Uhr geworden. Am unteren Gang beginnt ein Gerassel zu erschallen. Fußtritte und das Klappern mit Blechgeschirr tönen durcheinander. Die Zellentüren fallen auf und zu. Das Mittagsmahl der Häftlinge wird ausgeteilt.
Höchste Zeit, – mit Ausnahme von trockenem Brot haben die Gefangenen vierundzwanzig Stunden nichts gegessen. So behandelte der österreichische Staat die Untersuchungshäftlinge im Militärgefängnis; kein Wunder, dass diejenigen Gefangenen, die ausschließlich auf die Gefängniskost angewiesen sind, schon nach wenigen Wochen völlig abgemagert und welk aussehen. Alle klagen über das beständig nagende Gefühl chronischen Hungers.
Wie in der großen sozialen Ordnung des Missverhältnisses zwischen Arm und Reich gibt es auch im Gefängnis solche Abstufungen; ganz dieselben. Und so ereignen sich auch hier, infolge der Not, des Hungers, dieselben Vergehen und Verbrechen, die so viele Menschen nach diesem Orte bringen. Not treibt zum Diebstahl, Hunger zur Entwendung und zum Raub. Und all dies wird von eben jenen Leuten gezüchtet, die vom Staat mit der hohen Aufgabe betraut werden, die Verbrecher zu bessern – doch an eine Besserung ist nicht zu denken, da die Gefangenen sehr bald beobachten, wie das Aufsichtspersonal sich an ihrem Ungemach bereichert.
Vom Feldwebel angefangen ist der Krieg für alle Rangchargen des Mili-

tarismus eine gute Einnahmequelle. Sie bekommen die doppelte Löhnung, und besonders gut geht es ihnen, wenn sie nicht ins Feld müssen, im lokalen Sicherheits- und Wachedienst Verwendung finden. Die Gefangenenhüter des Garnisonsgerichtes gehören zu diesen auserlesenen Glücklichen. Sie bekommen doppelte Bezahlung, doppeltes Dienstgeld und ihre Beköstigungszulagen verdoppeln und verzehnfachen sie selbst, indem sie das Geld sparen und sich in gehörigen Rationen an der Kost der Häftlinge und gefangenen Offiziere, für die sie natürlich nichts zu bezahlen brauchen, gütlich tun.

Lange dauert es, bis uns die Mittagsmenage dargereicht wird. Endlich öffnet sich unsere Tür. Zwei Gefangene der untersten Volksschichten stellen ein Brett mit Blechnäpfen nieder. Obwohl noch nicht Sträflinge, sind sie doch schon zur Leistung dieser Arbeit gezwungen. Und sie verrichten sie auch nicht ungern, denn dadurch gelangen sie zu einigen Essnäpfen mehr als die übrigen Häftlinge.

Wie eine losgekoppelte Meute stürzen sich alle Gefangenen auf die Blechnäpfe. Jeder erhält eine Suppe, in der einige winzige Fleischbrocken schwimmen. Außerdem noch eine Zuspeise, bestehend aus Kartoffeln, Kraut, Kohlrüben oder dergleichen mehr.

»Herr Feldwebel, wir haben heute noch kein Brot erhalten«, klagt ein Häftling.

»Lässt sich nichts machen ... Brot noch nicht da; – können froh sein, dass Sie das bekommen.«

Tatsächlich ist das Brot längst gekommen, aber es verschwinden täglich einige Dutzend Laibe.

* * *

Während die Häftlinge ihre Essnäpfe auf das für alle zu kleine Brett stellen, das ihnen als Tisch dient, andere sich auf die Strohsäcke ihrer harten Lagerstätte setzen müssen, tritt der Feldwebel, darüber ärgerlich, dass ein Häftling ihn daran erinnerte, dass ein unentbehrliches Nahrungsmittel durch seine Nachlässigkeit oder Unredlichkeit noch immer nicht verteilt worden, in das Gefangenenzimmer ein und blickt scharf musternd im Kreise um sich. Die Gefangenen müssen das warme Essen stehen lassen, aufspringen und aufrecht, in militärischer Haltung, vor ihm stehen. Plötzlich weist er auf einen Strohsack und fragt unwillig:

»Wem gehört denn dieses Bett?«

»Mir«, antwortet der als »Spion« verhaftete russische Agronom Rurikow, der später, nach viermonatlicher Haft, als schuldlos entlassen und sofort in das Kriegsgefangenenlager nach Linz abgeliefert wurde.

»Ihnen also …?«, höhnt der Feldwebel. »Sehen Sie da einmal, wie traurig Ihre Leintücher gefaltet sind. Die linke Falte reicht um einen halben Zentimeter hervor. Nennt man das genau gefaltet? Was soll das heißen … Ist das eine Ordnung, wie wir sie in diesem Hause gewohnt sind? … Machen Sie sofort Ihr Bett; – Leintücher gerade legen!«

Rurikow möchte etwas erwidern (Vielleicht, dass er nicht Soldat sei und deshalb auch keiner Militärdisziplin zu unterstehen brauche), doch er überlegt es sich. Er ist hungrig, sein Geld mit Beschlag belegt und er kann sich deshalb keine Kostaufbesserung erlauben. Schweigend öffnet er die Leintücher; während alle anderen in der Gemeinschaftszelle aufrecht stehen bleiben müssen, inzwischen auch nicht essen dürfen. So will es das Feldwebelgenie Blank, das auf Disziplin und Ordnung so unendlich viel hält.

Langsam beginnt Rurikow seine mechanische Arbeit. Seit sechs Wochen sind die Leintücher nicht gewechselt. Sie sind so stark zerknüllt, dass es schwer fällt, sie glatt zu streichen, die Unsauberkeiten ihrer Oberfläche wirken abstoßend, und alle Gefangenen müssen stille stehen und auf jene blicken. Denn bei den Feldwebeln herrscht ein ehernes Gesetz: Einen für alle und alle für einen büßen zu lassen! Haarscharf müssen die Enden der Leintücher passen und gleich zwei weißen ebenen Flächen die einzelnen Teile aufeinander ruhen. Endlich hat Rurikow sein Kunststück vollbracht.

Der Feldwebel misst prüfenden Auges die getane Arbeit. Doch er leidet an einer großen Krankheit, an der Redekrankheit, die beim Militär umso epidemischer zutage tritt, je tiefer die Charge des Betreffenden und je mehr er die Ansprachen seiner Vorgesetzten zu ertragen hat. Feldwebel Blank hat noch keine Lust, sich zu entfernen, denn er fühlt sich als hochgestellte Persönlichkeit.

»Nun also«, begann er langatmig, »so muss es sein … Ich kenne meine Vorschriften – weiß, was zu verlangen … Wenn ich etwas sage – weiß ich, was ich sage, und wenn ich etwas will – will ich das Rechte, weil ich weiß – was das Rechte ist. Und ich werde streng darauf achten, dass es geschieht … denn ich weiß – was die Vorschrift besagt, wie Ordnung gehalten werden muss … Und ich kann alles verantworten, was ich tue – und sei's selbst vor dem General!«

Nach dieser salomonischen, bei ihm stereotyp gewordenen Erklärung kehrt er den Häftlingen den Rücken und verlässt das Zimmer. Die zwei Speisenträger werfen die Tür krachend zu, die Häftlinge sind endlich wieder allein.

* * *

Nun ist es ihnen gegönnt, sich zum Essen niederzulassen. Aber mittlerweile ist es fast kalt geworden. Und ärgerlich knurrt der Gefangene Tarna vor sich hin:
»Die ganze Ordnung in der verfluchten Anstalt besteht im exakten Zusammenlegen der Leintücher... Ob das Brot zur richtigen Zeit geliefert – ob die Bettwäsche zumindest alle vierzehn Tage gewechselt wird, darum kümmert sich hier keine Ordnung oder Hausvorschrift...«

Hungrig verschlingen die Häftlinge ihre kalte Mittagsmenage. Die Suppe ist noch das Beste, ist schmackhaft, fett, aber sehr karg bemessen zugeteilt. Auch das Gemüse, besonders die Bohnen und Erbsen, wäre nicht schlecht, wenn nicht fast immer angebrannt. Unbedingt zu klein ist jedoch die zugemessene Ration; und zumal ohne Brot kann das Mittagmahl für den Häftling unmöglich ausreichen. Alle Gefangenen, die keine Nebengenüsse kaufen können, erheben sich hungrig von dem einzigen Tisch in der Zelle.

Ihre Blicke lassen das nagende Gefühl des Hungers in ihnen erkennen. Kaum ist ein Häftling mit seiner Menage fertig, so sieht ein anderer, noch Speisender, heißhungrig in der leeren Schale seines Nachbars nach, ob nicht noch ein zu essendes Restchen Speise sich vorfindet. Die Not stößt allen Anstand, alle Sitte brutal zurück. Denn anstatt des wohligen Behaglichkeitsgefühls eines gesättigten Magens empfinden die meisten armen Teufel unter den Gefangenen die quälenden bohrenden Stiche ihres würgenden Ungesättigtseins.

Auf dem langen Gange hallen klirrende Schritte wider. Die Häftlinge springen von den Betten auf, auf denen sie zum Mittagsschläfchen niedergesunken sind. Das Gefängnis macht faul und bequem, seine geistestötende Langeweile oder sinnlose, da nutzlose Arbeit schläfert die Regsamkeit des menschlichen Geistes ein.

Gottlob, es ist nichts... Die Schritte verklingen in der Ferne, und die frühere bleierne Stille tritt neuerlich ein.

* * *

Sehnsüchtig lauschen die Häftlinge, wenn sie nicht schlafen, oder wenn sie, in traurigen Gedanken versunken, vor sich hinstarren, auf jedes vernehmbare Geräusch. Dieses kann ihnen eine Änderung ihres Schicksals bringen. So oft draußen auf dem Korridor etwas vorgeht, ist es ihnen, als ob sie das Leben, von dem sie fern und abgeschlossen sind, erreichte. Und jeder hofft von Tag zu Tag auf eine Änderung seines Geschicks.

Relativ am besten haben es wohl jene Häftlinge, die wegen ihrer sozialphilosophischen Anschauungen im Gefängnis sind, die sogenannten politischen »Verbrecher«. Solche Menschen fühlen sich erhaben über den Staat; die Gedanken, die sie draußen, in der weiten Welt beschäftigten, werden hier, im Gefängnis, weitergesponnen. Sie lesen viel, und die abstoßenden Eindrücke ihrer Umgebung verdichten sich ihnen zu ebenso vielen Gedankensprossen einer Leiter, die sie immer wieder empor zu ihrem Ideal hebt. Durch rege geistige Selbstbeschäftigung ertragen sie das Leid der antisozialen Gefängnishaft noch am leichtesten.

Sehr schlecht, bemitleidenswert elend steht es mit denjenigen, die in der Außenwelt gutgesinnte, loyale Staatsbürger gewesen, jedoch durch Verdachtsmomente, feindliche Denunziationen, sich darbietende Handhaben oder als Zweckmittel für das gemeinsame Staatsinteresse in den Kerker geschleudert worden sind. Von Tag zu Tag werden sie mehr zermürbt. Anstatt sich an ihr Schicksal zu gewöhnen, verfallen sie. Sie verschmähen das Essen, jede Nahrung wird ihnen widerlich; den ganzen Tag liegen sie unruhig auf ihrer Lagerstätte, versinken zeitweilig in unsteten Halbschlaf, der ihnen später die Nachtruhe raubt. Das viele Schlafen ist ihre einzige Lebensweise im Gefängnis, und allnächtlich trüben sich ihre Gedanken, bald wird die Sprache verworren – Symptome einer Krankheit zeigen sich, die der Staat durch seine blödsinnigen Strafmethoden in diesen Unglücklichen züchtet. Die Gefängnispsychose. In diesem Zustand ist jede »Aussage« bei ihnen zu erreichen, auf ihn lauert die Justiz zur Überführung des Geistesverworrenen. Dabei rühmt sich die Justiz, die Folter und die systematische Erpressung von Geständnissen nicht mehr anzuwenden. Sie vergisst, dass die Untersuchungshaft eines der tückischsten, den Geist und Körper langsam, sicher zerrüttenden Folterinstrumente ist.
[...]

* * *

»Lieber hundert Unschuldige einsperren, als einen einzigen Schuldigen freilassen!« So lautete die Maxime des Ausnahmezustandes und des Regimes der Militärjustiz in den Jahren des Weltkrieges.

Immer voller wurde das Gefängnis. Der Riesenbau füllte sich allmählich so stark, dass die Verwaltung darüber den Kopf verlor. In allen Zellen mussten die Betten zusammengerückt und neue eingestellt werden. In den großen Mannschaftszimmern, die für zwanzig bis dreißig Gefangene eingerichtet waren, brachte man mehr als fünfzig unter. Auch unsere Zelle entging dem allgemeinen Schicksal nicht. Statt der anfänglichen sieben, pferchte man allmählich siebzehn in sie hinein, und mit Belag bis zu sechzehn war die Zelle dauernd »besetzt«.[5]

Dadurch verschlechterten sich die ohnedies schlimmen Verhältnisse, die der Unwissenheit des Verwaltungspersonals entwuchsen, noch erheblich und aufs Schmerzhafteste. Dieses besaß keine Ahnung von den Erfordernissen einer sanitären Gefangenenbehandlung. Die Luft in der Zelle wurde stickig. Für Ventilation war nur ungenügend vorgesorgt, und durch die Verordnung des Majors, unbedingt erst Mitte November heizen zu lassen, hielten viele Häftlinge die Fenster geschlossen, um nicht allzu sehr durch die Kälte leiden zu müssen.

Einen besonderen Hass nährte Feldwebel Pollatschek gegen die »Intelligenzzelle«. Er verstand es auch vortrefflich, sich an ihr zu rächen. Ohne Unterscheidung oder Rücksicht stopfte er eines Tages Menschen in unsere Zelle, die zu den Ärmsten der Armen gehörten, geistig auf tiefster Stufe standen und froh waren, im Gefängnis Aufnahme gefunden zu haben. So ideal sorgt die staatliche, kapitalistische Gesellschaft für den alt gewordenen Arbeitsmenschen, dass er lieber ins Gefängnis als in die Armenversorgung geht... Meist waren es alte Leute, sechzig und siebzig Jahre alt, die vielfach eingeliefert wurden; Pollatschek steckte sie alle in unsere Zelle – und so wuchs die Ungemütlichkeit des Aufenthalts in ihr aufs Bedenklichste.

»Also, das sind die Hochverräter Österreichs!«, scherzte mancher von uns beim Anblick dieses oder jenes greisen oder verkrüppelten armen Teufels, der hier als besonders staatsgefährlicher Mensch dem k. k. Militärgericht eingeliefert wurde.

Kein Zweifel, diese große Menge Leute, die sich im Gefängnis befand, war zum größten Teil willkürlich eingeliefert worden. Durch den Ausnahmezustand gewann auch die Polizei freie Hand. Sonst bedarf es doch irgendwelcher realer Beweise, um einen Menschen verhaften zu können; jetzt bedurfte es keiner. Es genügte vollauf, wenn ein Polizist einen »Verdacht« schöpfte, um mit einer Verhaftung vorzugehen. Und da jeder Polizist eine größere Anzahl von ihm abhängiger Existenzen als Freunde hat, fehlte es natürlich nicht an den nötigen »Anzeigen«. Der Ausnahmezustand bildete eine ideale Zeit für Gendarmerie und Polizei, sie konnten nun schalten und walten nach Belieben und Ungesetzlichkeit, in letzterer schrankenlos ihren energischen Diensteifer betätigen.

[...]

* * *

»Ja, beklagen können sich die Herren, das weiß ich sehr gut«, meinte der eintretende Feldwebel Pollatschek unwirsch, als er den schwindsüchtigen Staller abholen kam, – »aber für die Reinlichkeit des Zimmers selbst sorgen, das wollen sie nicht... Na, wir werden schon sehen!«

»Keiner von uns hat gewünscht, hergebracht zu werden, und da sollen wir selbst auch noch für die Reinhaltung dieses verfluchten Hauses Sorge tragen?«, erwiderte ihm ein Häftling.

»Begehts kein Unrecht, dann werdets nicht herkommen«, sagte Pollatschek mit gravitätischer Würde.

»Welches Unrecht habe zum Beispiel ich verübt?«, fragte ich ihn. »Ich hasse die Gewalt, und weil ich sehe, dass der Staat nichts als Gewalt ist und Gewalt tätigt, bin ich Anarchist, ein Mensch, der keine Gewalt, also keinen Staat innerhalb der Gesellschaft wünscht. Welches Unrecht habe ich damit begangen, warum kerkert man mich hier ein...?«, fragte ich nochmals.

Der Feldwebel wandte sich mir mit dem Ausdruck eines tückischen Lächelns und ödester Verständnislosigkeit zu:

»Das sagen Sie nur so... Aber ich weiß, dass ein Anarchist ein Übeltäter, ein Mörder, kurz ein Gewaltmensch sein muss. Anarchismus ist Gewalttätigkeit.«

»Wirklich? Dann müssten wir doch heute schon den Anarchismus haben, denn mehr Gewalt als gegenwärtig können wir unmöglich bekommen. Da aber Anarchismus ein Zustand der Herrschaftslosigkeit ist, wir jedoch unter der Herrschaft eines Staates leben, kann dieser heutige Zustand auf keinen Fall die Anarchie sein.«

»Sind Anarchisten keine Mörder?«, fragte er mich, ungläubig lächelnd, und wie in einem Triumph rief er: »Hat nicht ein solch verdammter Anarchist unsere unglückliche Kaiserin ermordet? War das kein Anarchist?«

»Nein«, erwiderte ich ihm. »Luccheni war in der Verübung seiner Tat Verbrecher, aber kein Anarchist, den Anarchismus ist Gewaltlosigkeit. Nicht der Anarchismus ist für Luccehnis Untat verantwortlich, sondern jene unseligen sozialen Zustände, die ihn zu einem Unglücklichen und darum zum Verbrecher machten. Es sind immer bestimmte unselige Verhältnisse, die Menschen irgendeiner Partei – Monarchisten, Republikaner, Demokraten, Klerikale, Patrioten und Nationalisten wie Sozialdemokraten, sie alle haben in ihrer Geschichte Attentate – zu der Grässlichkeit eines Attentats bewogen. Aber während alle die vorgenannten Parteien die Gewalt als legale Staatsbetätigung anerkennen und nur als illegale Anmaßung und Ausübung des Individuums verpönen, verwirft der Anarchismus jedwede Gewalt: sowohl die Staatsgewalt als auch die individuell, persönlich ausgeübte. Aus diesem Grunde ist ausschließlich der Anarchismus eine Lehre der Gewaltlosigkeit, des Friedens.«

»Waren vielleicht die serbischen Königsmörder im Jahre 1903 Anarchisten? Es waren doch Offiziere, Royalisten, erklärte Monarchisten, die die Königin Draga in scheußlichster Weise hingeschlachtet haben«, mischte sich mein lieber Freund Magerer hilfsbereit in das Gespräch.

»Ich kann mir einen Anarchisten, der gegen die Gewalt ist, nicht recht vorstellen«, sagte der Feldwebel. »Wenn Sie gegen die Gewalt sind, dann sind Sie eben gar kein Anarchist«, meinte er zu mir gewandt.

»Oh ja, ich bin Anarchist, denn ich will die Gesellschaft ohne Staat. Aber gestatten Sie mir, dass ich Ihnen im Nu zeige, wie unsinnig es ist, dem Anarchisten Gewalt und Terrorismus zu unterstellen. Wissen Sie, wer der größte Terrorist ist?«

»Der Anarchist«, antwortete er borniert.

»Nein, nicht getroffen! Der größte Terrorist ist der Staat! Und es beweist, dass Sie mit Scheuklappen umherlaufen, wenn Sie das nicht sehen, nicht erkennen.«

* * *

»Wie können Sie so etwas behaupten?«, rief Pollatschek aus. »Der Staat – der Staat ist unsere Schutzwehr vor jeder Gewalt; der Staat unterdrückt den Terrorismus – und ohne Staat, na, da gäbe es ein schönes Chaos.« Dabei legte er die Hand auf den Knauf seines langen Säbels.

»Aus Ihnen, Herr Feldwebel, spricht die Gewöhnung an jene Gedankenlosigkeit, deren dumme Lügen uns schon als Kinder in Schulen, Kirchen und Tempeln eingetrichtert wurden. Antworten Sie auf eine Frage: Nennen Sie mir das größte Verbrechensscheusal der Welt, das jemals solch ein entsetzliches namenloses Unglück, solches Unheil über die Menschen brachte, wie ein Krieg es tut. – Nun, ist der Krieg nicht die organisierte Gewalt des Staates in seiner persönlichsten Betätigung? – Daraus, dass nur ein Staat Krieg führen kann, ersehen Sie auch, dass Staat und Gewalt identisch sind –«

»Aber Krieg, das ist ... aber der Krieg ist doch notwendig!«

»Da haben Sie es! Nun verteidigen *Sie* die Rechtmäßigkeit der Gewalt in ihrer denkbar kolossalsten Form! Ich, der Anarchist, sage ihnen: Krieg ist nicht nötig für eine Gesellschaft freier Menschen; für eine solche ist er sogar unmöglich, weil diese eine Gemeinschaft geistig über dem tierischen Niveau der Gewaltbestialität erhabener Menschen voraussetzt. Der Krieg ist nur für jene nötig, die herrschen wollen, denn die Herrschaft muss mit ihresgleichen um die Übermacht ringen, damit sie immer mächtiger werde. Jeder Krieg ist also eine Wiederkehr, ein Atavismus der Urbestialität aus den rohesten Anfängen der Menschheit, als diese noch keine Menschlichkeit kannte ... In jener rohen Urbestialität entstand der Krieg und durch diesen der Staat – und wie jedes Lebewesen sich nur in seinem Element und durch dieses erhalten kann, wohl fühlt, so muss auch der Staat immer den Krieg haben, um seine Herrschaft über die Gesellschaft zu befestigen. Er

kann von seinem Ursprung nicht los, er muss stets wieder zu ihm zurückkehren, denn das Lebenselement des Staates ist der Krieg.«
[...]

* * *

Ein sichtbar deutliches Anzeichen des zunehmenden Kriegselends kommt zum Vorschein: Im Garnisonsgefängnis wird die Brotration kleiner...
Für alle, die draußen in Mühe und Armut leben, ist die Verkleinerung des Brotes ein herber Schlag, wenn man bedenkt, dass manche Proletarierfamilie fast nur von Brot und Kaffee lebt; aber für den Gefangenen ist die Schmälerung seiner Brotration ein noch furchtbarerer Schlag, denn im Gefängnis ist Brot die einzige wirkliche Nahrung.
Stumm empfangen die Gefangenen den bedeutend kleiner gewordenen Halblaib. Sein verringerter Umfang, sein vermindertes Gewicht – das bedeutet vermehrten Hunger.
Auch die Schmackhaftigkeit und der Nährwert des Brotes haben nachgelassen. Dafür lesen wir aber in den eingeschmuggelten Zeitungen, dass die verschiedenen Brotfabrikanten, die alle steinreich sind, dem Kriegsfürsorgefonds Zehntausende Kronen zuwenden. Ihr Patriotismus zeigt sich in grellen Farben: Für seine Bekundung lassen sie das Publikum zahlen.
Und es gibt keine Ausnahmen unter ihnen, sie bilden einen festen, intim verbundenen Block, seien sie nun bürgerliche oder sozialdemokratische Brotlieferanten. Das Brot wird kleiner – damit die Profitrate nicht sinke...
Im Garnisonsgefängnis tönt kein Vaterunser zum Himmel empor, um für das »tägliche Brot« zu danken; nur Flüche steigen hinan – Flüche über jene, die der Menschen Elend bereiten und sich aus ihm noch bereichern...

* * *

Heute ist ein grauer Tag, trüb wie jeder andere. Und doch nicht, denn plötzlich, gerade als unser Kübel hinausgetragen wird und die Wache unserer geöffneten Tür den Rücken zukehrt, flattert leise zischend etwas Weißes in unsere Zelle. Eine Zeitung – streng verbotene Konterbande – befindet sich in unseren gierig ausgestreckten Händen. Rasch steckt sie ein Gefangener unter seine Weste, und schon hat das Zimmer sein gewöhnliches Aussehen wieder angenommen, obwohl nun allen die Herzen höher schlagen – bald erhalten wir Kunde von der Außenwelt!
Die Arbeit ist getan; der sie verrichtende Häftling kehrt zurück, die Tür wird geschlossen. Sehnsüchtig haben wir darauf gelauert.

Häftling Novak zieht nun das Blatt hervor. Er lässt sich auf die Lagerstätte an der gegenseitigen Zimmerwand nieder, so dass er der Tür mit dem verräterischen Guckloch den Rücken zuwendet. Alle kommen näher und umgeben ihn in harmlosen Stellungen. Der eine scheint zu lesen, der andere in einem angelegentlichen Gespräch mit seinem Bettnachbar vertieft zu sein, zwei andere obliegen mit Scheineifer einer »Mühlbrett«-Partie, und wieder andere gehen wie in Gedanken vertieft auf und ab. Tatsächlich aber horchen alle auf die halblauten Worte Novaks, der den Inhalt der Zeitung vorliest.

Ein so großer Mist die Wiener Tagespresse gemeinhin ist, eine solch große Freude bereitet sie den Gefangenen im Kerker. Irgendeine dumme Verordnung verbietet ihnen, Zeitungen zu lesen. Der Gefangene soll vollständig abgeschlossen sein von den ihn geistig anregenden Ereignissen der Außenwelt. Besonders hart wird dieses Verbot jetzt empfunden, denn wir befinden uns in Kriegszeiten, und jeder verlangt es, zu wissen, was sich ereignet hat.

Sehnsucht und Langeweile machen erfinderisch, darum ist es kein Wunder, dass das Verbot, im Kerker Zeitungen zu lesen, stets umgangen wird. Immer finden sich Mittel und Wege, es zu brechen. Wie jedes Gesetz, so erzielt auch dieses Verbot nicht seine Durchführung; und wie jedes Gesetz keine Verhütung, sondern nur die Umgehung samt Verschlimmerung des Zustandes bewirkt, der ohne Gesetz obwalten würde, so auch hier: Das Gesetz führt die Umgehung herbei, und diese zwingt die Häftlinge, mit dem elendsten Blatt der Tagespresse vorlieb zu nehmen, während sie sonst wahrscheinlich das inhaltsreichste und beste hielten und läsen.

Das habe ich überall gefunden, wo ich ob meiner Weltanschauung und Betätigung im Gefängnis war; und in den fünf bis sechs Gefängnissen Österreichs, die ich für sie bereits kennengelernt habe, sah ich es ganz insbesondere: In den Wiener Kerkern führt das Verbot des Zeitungslesens nur das eine herbei: – dass überall das blödeste Blatt der Wiener Presse eingeschmuggelt und gelesen wird: die »Kronen-Zeitung«.

* * *

Und doch, welch einen Genuss bildet sie für die armen Teufel, die sonst meist gar keine Verbindung mit dem Leben und Getriebe unserer Zeit haben als die, die ihre Zeitung ihnen herstellt. Wie gespannt lauscht alles den Worten Novaks – welche Umsicht betätigt jeder, damit der Vorleser von der Wache nicht überrascht, nicht gesehen wird ... Alle in der Zelle würde es grausam treffen, wenn er dafür vierundzwanzig Stunden Dunkelhaft bekäme, weil er ihnen diesen hohen Genuss der Lektüre einer Tageszeitung verschaffte.

Natürlich ist die »Kronen-Zeitung« voller Siege der österreichischen und deutschen Truppen in Galizien. Insbesondere die ersteren sind eine wahre Geißel für die Russen. Sie schleudern nur so die ganze russische Armee vor sich her; und wenn sie sich, wie jetzt in Galizien, zurückziehen, geschieht es »freiwillig«, weil sie es selbst wollten, weil es schon früher in dem unfehlbaren strategischen Plan der unübertrefflichen Feldherren Österreichs vorgesehen war. Selbst im Rückzug siegen »wir« noch immer, nehmen dem Feind riesig viele Gefangene weg, erbeuten seine ganzen Waffen- und Munitionsvorräte; und »wir« ziehen uns bloß deshalb zurück, weil dadurch der endliche Sieg nur desto sicherer wird. Laut »Kronen-Zeitung« verlieren »wir«, die österreichische Armee, nur hier und da einige Mann, ein paar Tote und Verwundete, nicht nennenswert, während der Feind Zehntausende einbüßt.

Schon ein Vierteljahr dauert das gegenseitige Schlachten der Menschen draußen, immer aufs Neue siegen »wir'« – aber noch ist kein Ende abzusehen.

In allen Tonarten preist die »Kronen-Zeitung« den glühenden Patriotismus der Bevölkerung. Alles ist kriegsbegeistert, erklärt – »bis zum letzten Mann« müsse gekämpft, also gemordet werden. Strategische Berechnungen über die kolossalen Verluste des Feindes, über das Hineintreiben von zehntausend Mann in die masurischen Moräste, teilt dieses – für den Intellektgrad des österreichischen Volkes kennzeichnend – meistgelesene Schundblättchen mit schmetternder Triumphesfanfare mit – als ob es sich um zehntausend Ratten und nicht um Menschen, um *Menschen* handelte! Die ganze Zeitung ist voll Blut, und unmerklich zieht sich von ihr eine blutige Linie bis ins Gehirn des Lesers, dieses mit einem wahren Blutrausch erfüllend ...

Jede Möglichkeit einer Verlautbarung der Vernunft ist von der Militärbehörde durch den Ausnahmezustand vernichtet worden, wie zum Beispiel die Einstellung unserer tapferen Halbmonatsschrift »Wohlstand für Alle« aufgrund jenes Gewaltzustandes erzwungen wurde. Und alle anderen Blätter, die ihr Geschäft höher stellten als die Überzeugung ihrer Redakteure, stehen vollständig im Dienste der Militärbehörde.

[...]

Die verlorene Identität

Sophie Ossipowna richtete sich im Bette auf und lauschte auf die Schläge der alten Penduluhr, die mahnend zur Arbeit rief. Es schlug sechs Uhr morgens. Mit einem schweren Seufzer entstieg sie ihrem Bett und blickte wehmütig auf das zweite, in dem ihre Kinder Lilli und Erwina noch schliefen. Sonst war es das Bett ihres Mannes, aber seit der Verhaftung zog sie es vor, anstatt allein in dem Zimmer zu übernachten, die Kinder bei sich schlafen zu lassen.

Sie kleidete sich rasch an. Es gab so viel zu tun, besonders seit ihr Gefährte nicht mehr bei ihr war. Sie musste, sollte er im Gefängnis nicht verhungern, für ihn kochen und backen, als ob er zu Hause wäre. Die langwierigen Fahrten zum Gefängnis, wo die Liebespakete abgegeben wurden, raubten viel Zeit. So sehr sie sich auch beeilte, bald wieder zurück zu sein, da die Kleinen, einsam und allein zu Hause, sehnsüchtig ihrer Rückkehr harrten, es verging doch fast ein Tag mit diesem Hin- und Herfahren, diesem endlosen Warten, bis man vorgelassen ward, bis die gnadenweise Bewilligung einer kurzen Besprechung mit ihrem Mann vom Hauptmann-Auditor Weit erteilt war – und dann das neuerliche, quälende, zeitraubende Warten, bis die Reihe der Vorführung an ihren Freund kam.

Eigentlich hatte er sich bis vor kurzer Zeit noch ganz entgegenkommend gezeigt, dieser Hauptmann-Auditor. Vorläufig sah er, in Anbetracht ihres Krankheitszustandes, von ihrer Verhaftung noch immer ab. Und bis vor kurzem hatte er ihr ziemlich rasch die flüchtige Zusammenkunft mit ihrem Mann, natürlich unter schärfster Bewachung, gewährt. Erst seit einigen Wochen war eine schroffe Änderung eingetreten. Er fuhr sie abweisend an, verwies sie auf die Kanzlei, erklärte, sie müsse die Speisen abgeben, aus besonderen Gründen könne keine Besprechung mit dem Häftling gestattet werden – tat alles, um ihr eine solche abschlagen zu können. Schon seit drei Wochen war es ihr unmöglich, ihren Lebensgefährten zu sehen.

Vergeblich härmte sie sich über die ihr wohl bekannte Ursache dieser auffallenden Veränderung im Betragen des Hauptmann-Auditors ab. Aber jenes unliebsame Vorkommnis, worauf es zurückzuführen war, ließ sich nicht mehr ändern.

* * *

Sie verrichtete ihre häusliche Arbeit, machte Feuer im Herd und bereitete das Frühstück für die Kinder vor. Diese regten sich bereits im Halbschlaf, und Sophie betrachtete sie durch einen gelegentlichen Blick, zärtlich und bekümmert zugleich.

Die armen Kinder! An ihr lag so wenig. Sie war an dergleichen gewöhnt, von Russland her.

Gleich so vielen Sprösslingen des russischen Mittelstandes waren auch ihre Brüder bereits in frühen Jahren in der sozialistischen Bewegung tätig. Sie gehörten dem »Bund« an, und das Städtchen Grodno war stets ein Hauptort der sozialrevolutionären Tätigkeit. Schon als kleines Mädchen, kaum zwölfjährig, hatte Sophie die Verhaftung ihres ältesten Bruders miterlebt. Dann folgten Hausdurchsuchungen in immer öfterer Reihenfolge. So oft die Spitzel irgendetwas aussheckten, veranlasste der Gouverneur Massenverhaftungen. Kosaken drangen in die Häuser ein, wühlten in allen Schränken herum, suchten nach sozialistischer Literatur und verhafteten aufs Geratewohl.

Auch sie wurde früh in diesen kurzfristigen Lebensstrudel gerissen; sie schmuggelte Literatur von einem Städtchen zum anderen – und so kam auch für sie die unvermeidliche, förmlich schicksalsbestimmte Stunde der Verhaftung. Nur war sie glücklicher als andere. Eine Genossin kam gelaufen und teilte ihr in fliegendem Atem mit, dass ihre Mitschmugglerin soeben festgenommen worden war. Sophie wusste, dass nun auch ihre Stunde geschlagen hatte. Bei Nacht und Nebel verließ sie auf der Stelle das Haus und flüchtete über die Grenze, nach dem Ausland.

Ihr war also das, was sie in vielfacher Wiederholung mit ihrem Mann schon erlebt hatte, nichts Neues, nichts Unerwartetes mehr. Wie der russischen Revolutionärin überhaupt, so erschien es ihr nur natürlich, an der Seite eines Revolutionärs ein stets von Unruhe, Aufregung und Gefahr erfülltes Leben führen zu müssen, das vielleicht auch eine plötzliche Unterbrechung erleiden könnte.

Mann und Weib, die sich als Revolutionäre vereinigen, einander schenken, wissen immer, dass ihr Leben nicht ihnen, sondern ihrem Ideal gehört. Und der Kampf um dieses muss, wenn kühn und ohne Scheu geführt, wenn beide es wagten, alle konventionellen Beziehungen zur bürgerlichen Welt zu lösen und sich vollständig und unverhüllt in den Dienst der revolutionären Idee, der Freiheitssache zu stellen, zu Zusammenstößen mit den Mächten der Staatsgewalt, mit Polizei, Gericht und deren Schergen führen. Zwei Liebende, die für ein Ideal kämpfen, müssen somit stets bereit sein, gerade je inniger sie einander zugetan sind, von der rauen Hand der Gewalt roh getrennt zu werden. Dennoch: Eben solche stete Bereitschaft zur Trennung, zum Abschied und möglicherweise sogar auf Nimmerwiedersehen – sie bildet das innigste Unterpfand einer idealen Vereinigung des revolutionären, freiheitsdürstenden Mannes und Weibes in zwangloser Liebe.

* * *

Sogar in London, wo sie einander als Flüchtlinge kennenlernten und fanden, war es so gewesen.

Wiewohl die damalige politische Atmosphäre des liberal-freiheitlichen Englands unmittelbare Verfolgungen durch die Regierung nur in seltenen

Ausnahmefällen fühlbar machte, musste man doch immer darauf vorbereitet sein. Tatsächlich war sie seiner nie ganz sicher. Trotz seiner Jugend hatte sein Leben eine ungemein bewegte Vergangenheit hinter sich, und auch in Amerika war seines Bleibens nicht gewesen.

Die Vergangenheit wirkte nach. Damals, als sie sich kennen und lieben lernten, war er ein zu fünf Jahren schweren Kerkers Verurteilter, der wegen seiner Propaganda unter den Patersoner Webern und Gerbern für die Entfesselung eines Generalstreiks von der amerikanischen Regierung zum Sündenbock des Bundesstaates New-Jersey auserkoren worden war. Allein, dank der Hilfe guter, opfermütiger Kameraden war es ihm geglückt, zu flüchten, und über Kanada kam er im Oktober 1903 in England an. Doch Justiz und mächtige Geldinteressen erforderten seine Rückkehr, und es gab wirklich auch solche Unvernünftige und Boshafte, die auf ihn einzuwirken suchten, dem Staate zu gehorchen, diesem sein Leben auszuliefern!

Er selbst wurzelte noch sehr in seiner amerikanischen Lebensgewohnheit, in der Erinnerung an alle die Freunde und Freundinnen – an die Beziehungen zur dortigen Bewegung, die er durch seine Flucht für immer verlassen musste – und er schwankte ... Er hatte sogar schon den Entschluss gefasst, zurückzukehren. Nur sie stellte sich diesem Entschlusse entgegen; und nicht als Gefährtin oder Weib, mit ihm in freier Vereinigung vermählt, sondern als Kameradin, als Anarchistin protestierte sie dagegen, dass er sich freiwillig dem Staate zur Verfügung stellen möge, damit dieser sein junges Leben ebenso breche, wie es im Falle seines unglücklichen Leidensgefährten William McQueen geschehen, der nach seiner Rückkehr von der amerikanischen Regierung in einen peinvollen Tod getrieben ward ... Sie verwies auf Luigi Galleani, den prachtvollen Vorkämpfer des italienischen Proletariats, der in seinem Heimatlande seiner Stellung als Universitätsprofessor entsagt, sich ganz der Sache des Anarchismus verschrieben und nach Amerika gegangen war. Auch er war in den großen Patersoner Generalstreik verwickelt gewesen, und auch ihm war es ja geglückt, noch rechtzeitig zu flüchten; niemand dachte an seine Rückkehr. Aber ihr Freund war ein Starrkopf, und so schüttelte er nur den Kopf und sagte immer wieder aufs Neue: »Ich muss es auf mich nehmen!« Sie hatte nur ein Lächeln dafür, und schließlich wandte sie sich an Errico Malatesta, den kühnen Kämpfer und Revolutionär – er sollte entscheiden. Der Fall wurde ihm klargelegt – und seine Entscheidung deckte sich mit der ihren; so blieb er denn.

Was aber waren das für Wochen der Aufregung, des Unmutes und der jähen Angst für sie gewesen! Oft seither, in all den Jahren, sind sie wiedergekehrt; unter anderen Umständen oder Begleiterscheinungen, dem Wesen nach gleichartig. Und wie oft musste sie sich von ihm trennen, wenn er seine Gefängnisstrafen verbüßte, wochenlang auf Agitationsreisen war, auf diesen festgenommen wurde! Das Leben eines Anarchisten, der Propagandist ist, ist aufreibend; nur eine Anarchistin kann den Opfermut aufbringen, ihm Kampfes- und Lebensgefährtin zu sein.

* * *

Die Kinder waren angekleidet. Sinnend betrachtete sie sie, die ihr bereits fast als Waisen erschienen.

Diesmal hatte sie keine Hoffnung mehr. Der Weltkrieg als Situation, nun zum zweiten Mal verhaftet, und diesmal mit solch erdrückendem Beweismaterial gegen ihn – sie glaubte nicht an sein Leben und dessen Rettung ...

Ein weher Schmerz zuckte um ihren Mund. Ihr Herz klopfte heftig. Sie steckte das schwarze Haar auf und teilte den Kindern mit, dass sie abermals nach Wien fahren wolle; vielleicht würde es ihr heute gelingen, den Vater zu sehen. Lilli, die Siebenjährige und Ältere, wagte es nicht, sie zu bitten, mitfahren zu dürfen, sie entsann sich dessen noch sehr gut, was vor mehreren Wochen geschehen.

Unwillkürlich kam Sophie auf den Gedanken, dass nur sie und ihr eigenes Verschulden es sei, das Hauptmann-Auditor Weit bewogen hatte, ihr jeden Besuch ihres Mannes zu versagen. Sie musste ihm die Handhabe dazu geboten haben, nun ließ er sie und ihn dafür büßen. Und doch konnte sie nicht anders handeln, als sie gehandelt hatte ...

Sie presste die rechte Hand auf ihr Herz, unterbrach das Haarkämmen des Kindes und musste, von einer plötzlichen Schwäche erfasst, sich setzen. Hatte sie anders handeln können? – Nein, sie würde sogar heute auch noch so handeln ...

Wie unrecht war es doch von diesem Militärjuristen, ihr das Recht des Wiedersehens mit ihrem Manne strittig zu machen! Ob dieser wohl wusste oder auch nur ahnte, was vorgefallen? Wie er sich über ihr langes Ausbleiben wundern musste – ob ihm wohl ihre täglichen Korrespondenzkarten ausgefolgt wurden? Seine Briefe kamen mit elf- bis vierzehntägiger Verspätung bei ihr an! Er litt sicherlich schwer unter dieser langen Unterbrechung ihrer Besuche, und gerade der Umstand, dass ihre Liebespakete stets pünktlich zugestellt wurden, sie ihn aber nicht, wie er gewiss von Tag zu Tag erhoffte, besuchte, musste ihn arg verstimmen und mit Besorgnis erfüllen. Er konnte annehmen, dass sie einen schweren Rückfall in ihrer Krankheit erlitten habe.

Und doch – wie harmlos war die Ursache gewesen, die den Hauptmann-Auditor so erboste. Einmal, ein einziges Mal, hatte sie dem rührenden Ver-

223

langen des älteren Kindes nachgegeben. Es wollte durchaus den Vater sehen – und sie nahm das Kind mit. Sie musste viele Bedenken dagegen zuerst in sich niederkämpfen, schließlich siegte das Weinen des kleinen Mädchens und überdies der Gedanke: Warum soll ich dem Kinde den einzigen möglichen Anblick des Vaters entziehen? So nahm sie denn Lilli mit.

Anfangs schien niemand das Kind zu bemerken. Sie ließ die Kleine im Vorraum warten, und in dem Parteiengewirr, umgeben von den vielen Schildwachen und Soldaten, den kommenden und gehenden Gerichtsbeamten, verlor sich das Kind, auf einer Bank in der Ecke des nicht besonders hellen Raumes sitzend.

Sophie klopfte an die Tür des Amtszimmers und trat hierauf ein. Sie erhielt die Erlaubnis zur Vorführung ihres Mannes, und mittlerweile ging sie hinaus ins Vorzimmer, um bei dem Kinde zu sein. Einige Zeit verging, da öffnete sich die Tür, und der Hauptmann-Auditor rief sie herein. Sie erfasste rasch Lillis Hand und wollte mit ihr vortreten, da fragte er brüsk:

»Wer ist das?«

»Mein und sein Kind«, antwortete sie einfach.

Der baumlange, starke Mann maß die Kleine mit durchbohrendem Blick, dann runzelte er die Stirn und fragte zornigen Tones:

»Wozu bringen Sie das Kind mit?«

Unschlüssig stand sie und wusste eigentlich nicht, was zu sagen. Plötzlich jedoch bäumte sich der edelste Charakterzug ihres Wesens, die Wahrheitsliebe, in ihr auf, und sie erwiderte mit fester Stimme:

»Damit das Kind, wenn es seinen Vater als Gefangenen vorführen sieht, dieses System der Ungerechtigkeit und Gewalt hassen und verabscheuen lernt! Es sei ihm ein Anschauungsunterricht fürs Leben!«

Kaum hatte sie diese Worte ausgesprochen, da schoss er aus seiner leicht nach vorne geneigten Stellung, die er der kleinen Frau gegenüber einnahm, gerade und hoch empor, wandte sich jählings um und schrie mit Stentorstimme in die Gerichtskanzlei:

»Telefonieren Sie sofort ins Gefängnis, der Häftling Rudolf Großmann wird *nicht* vorgeführt!«

Er wandte sich dann wieder der erblassenden Frau zu:

»Sie können nach Hause gehen, Sie werden Ihren Mann heute nicht mehr sehen.«

Obwohl über ein Monat seit diesem Ereignis verflossen war, es war ihr seither nicht mehr gelungen, die Vorführung ihres Mannes zu erwirken.

* * *

Sophie verabschiedete sich aufs Zärtlichste von den Kindern, die nun für lange Stunden allein in der Behausung zurückblieben. Noch einmal überprüfte sie die Vorsichtsmaßregeln, die sie getroffen hatte, damit den Kindern kein Unglück zustoße. Eben wollte sie den Mantel anlegen – da klopfte es derb an der Tür, die sich gleich öffnete, ohne ein »Herein« abzuwarten.

Der Gendarmerie-Postenkommandant Reinhold stand vor ihr. Er musterte sie frechen Blickes und fragte:

»Nun, wie steht's mit Ihrer Gesundheit? Sind Sie schon arrestfähig? Ihr Akt ist noch immer unerledigt.«

»Bedaure, aber ich fühle mich noch ungemein leidend. Müsste ich nicht zu meinem Mann, um ihm das Essen zu bringen, ich würde heute wirklich das Bett hüten.«

»Trifft sich sehr gut«, meinte er, »bringe eine eilige Vorladung des Gerichts. Habe den Auftrag, Ihnen nahezulegen, unbedingt heute noch nach Wien, ins Gericht zu fahren. Bitte, unterschreiben.«

Er überreichte ihr ein großes Amtskuvert. Sie unterschrieb die Empfangsbestätigung und öffnete es, während er sie dummdreist fragte.

»Also, Sie fahren, Fräulein?«

»Ganz gewiss«, erwiderte sie, den Inhalt des Schreibens überfliegend. Es war eine dringliche Vorladung, behufs Einvernahme in Angelegenheit ihres Mannes bei Gericht zu erscheinen.

Merkwürdig, dachte sie – erst jetzt! Alle die vielen Wochen und Monate hindurch war ihre Einvernahme unnötig erschienen; plötzlich war sie so dringlich … Was mochte es nur sein, worum handelte es sich? Wenn sie auch nicht legal verheiratet waren, so war es ja eigentlich ungesetzlich, sie, die doch immerhin seine Frau, was das Gericht sehr gut wusste, gegen ihren Mann einvernehmen zu wollen. Selbstredend konnte es sich um keine Ausforschung zu seinen Gunsten handeln … Mit dem untrüglichen Instinkt der russischen Revolutionärin verstand sie, dass es sich um sehr Entscheidendes handeln müsse.

Noch eine letzte Umarmung der Kinder, dann verschloss sie sorgfältig die Tür hinter sich, warf noch einen Blick in den Garten und eilte zur Bahnstation, um nach Wien zu fahren.

* * *

»Heute dürfen Sie bestimmt Ihren Mann sehen, ich verspreche es Ihnen!« Mit diesen wohlwollenden Worten seiner volltönenden, kräftigen Stimme empfing Hauptmann-Auditor Weit die Vorgeladene.

Sie warf ihm einen halb erstaunten, halb empörten Blick zu und stutzte. So, in solch jovialer, leutseliger Weise hatte er sie nie empfangen. Und was war das? Er sprach von »*Ihrem Mann* – «? Er, der immer mit eigentümlichster Betonung sie mit »Fräulein« angesprochen hatte! Wie sonderbar hatte er sich gewandelt, seit er ihr mit süßsaurer Miene verbot, sich »Frau« zu nennen, da »sie gesetzlich nicht das Recht habe, sich als solche zu bezeichnen« und seitdem sie, weit entfernt davon, diese Dummheit und Rohheit ernst zu nehmen, ihm mit ruhiger Würde erklärt hatte, für sie sei jede geschlechtsreife, weibliche Person »Frau« und das Wort »Fräulein« sei eine ebenso arrogante Sinnlosigkeit, wie etwa das Wort »Herrlein« es wäre! Und heute sprach er selbst von »Ihrem Mann«! Da musste Außergewöhnliches vorgefallen sein.

»Bitte, setzen Sie sich«, fuhr er in freundlicher, zuvorkommender Weise fort und wies auf den neben seinem Schreibtisch stehenden Zeugensessel. »Es ist sehr wahrscheinlich, dass die Sache mit Ihrem Mann ganz gut und bald ausgehen wird. Wir brauchen nur noch einige nebensächliche Feststellungen, und dann beantrage ich seine neuerliche Internierung oder Konfinierung [Verbannung] – auf jeden Fall die Einstellung des Verfahrens. Es ist ja, wie ich es immer gesagt habe, ziemlich ergebnislos geblieben.«

Einen Augenblick hätte sie aufjauchzen mögen, und ein sonniger Glanz legte sich über ihr schmales, blasses Antlitz; ein fast dankbarer Ausdruck der Augen traf den Hauptmann-Auditor, der sich Kanzleipapier zurechtlegte und prüfend seine Feder betrachtete, bevor er zur Einvernahme überging. Doch nur einen Augenblick war Sophie hoffnungsfroh, dann hatte sie diesen Glauben an die Worte eines vor ihr lauernden Justizmenschen niedergekämpft und ihr anfängliches Misstrauen vor irgendetwas Unheimlichem, Unerklärlichem, das sie jedoch entscheidungsvoll und endgültig in ihr Leben eingreifen fühlte, wurde gerade durch die leutseligen Worte des militärischen Untersuchungsrichters nur noch bestärkt.

»Wozu bin ich vorgeladen?«, fragte sie direkt, um so rasch als möglich zu erfahren, worum es sich handle.

»Eine banale Nebensächlichkeit«, antwortete er, etwas ausweichend, »ich muss Sie nur rein formell einvernehmen, damit ich den Akt abschließen kann. Ich dachte zuerst, davon Abstand nehmen zu können, doch jetzt hat mir der Herr Oberstaatsanwalt mitteilen lassen, ich müsse die gesetzliche Formalität erfüllen und Sie, als die nächste, wenigstens indirekt nächste Angehörige« – erläuterte er schmunzelnd – »auch noch einvernehmen, damit der Akt geschlossen werden kann, und Ihr Mann wenigstens von hier loskommt.«

* * *

Er rückte seinen goldumränderten Zwicker zurecht, zog ein Taschentuch hervor und, nachdem er sich kräftig geschnäuzt, blätterte er angelegentlich im Akt. Dann notierte er etwas und fragte, aufblickend, ziemlich unvermittelt.

»Wie lange kennen Sie Ihren Mann?«

»Zwölf Jahre.«

»Sie haben ihn in London kennengelernt. Wissen Sie vielleicht, unter welchem Namen er dort auftrat?«

»Ja, obwohl mein Mann politischer Flüchtling war, befürchtete er dennoch anfänglich eine Auslieferung und nannte sich deshalb dort nach den ins Englische übertragenen letzten Worten Goethes: «Morelight» – zu Deutsch: Mehr Licht!«

»Uns wohlbekannt«, nickte er, »es handelt sich ja wirklich nur um Bestätigungen von uns bereits Bekanntem oder nur unwesentlich zu Ergänzendem … Sagen Sie, Frau Großmann« – er wich ihrem erstaunten Blick ob dieser zuvorkommenden Anrede ein wenig verlegen aus – »ist Ihnen die Tätigkeit Ihres Mannes bekannt?«

»Ja, er ist Schriftsteller.«

»Sehr richtig, und Sie sind wohl auch seiner Gesinnung?«

»Das ist Ihnen hinlänglich bekannt.«

»Natürlich, aber Sie wissen doch auch, wegen welchem besonderen Manuskripts die Wiederverhaftung Ihres Mannes erfolgt ist?«

Ein unbestimmter Argwohn stieg in ihr auf und wurde immer vehementer. Durfte man gesetzlich dies tun, war es zulässig, die Frau gegen den Ehemann als Zeugin zu führen? Auf keinen Fall positive Angaben machen, die sie in den Prozess verwickeln könnten!

»Nein, um welches Manuskript insbesondere es sich handelt, weiß ich wirklich nicht. Als Russin lese ich Kurrent nicht, und mein Mann hat die Gewohnheit, in dieser Schrift und nicht in Lateinschrift zu schreiben.«

»Aber er wird Ihnen doch manche Stellen seines Romans vorgelesen haben, nicht wahr?«, fragte er heimtückisch, um nur die Öffentlichkeit der Begehung des Deliktes, wie sie der Anklageparagraf erfordert, künstlich zu konstruieren.

»Ich lese die Manuskripte meines Mannes stets erst im Druck«, antwortete Sophie mit dem bestimmten Empfinden, durch diese Erklärung die Lage ihres Mannes nicht verschlechtern zu können.

»Wirklich?« Hämisch setzte er hinzu: »Ihr Mann hat anders ausgesagt – nun, dieser kleine Widerspruch spielt keine Rolle.«

»Ich glaube nicht, dass mein Mann anderes ausgesagt haben kann«, sprach sie fest, und sah ihn mit einem Blick an, vor dem selbst dieser gewiegte Lügner und staatlich konzessionierte Betrüger die Augen senkte.

»Und wie sich Ihr Mann als Schriftsteller nennt, wissen Sie doch auch, nicht wahr?«, fragte er sie, ohne ihren Einwand zu beachten.

Unwillkürlich wollte sie sagen: Gewiss, Pierre Ramus – aber dann biss sie in die Unterlippe, dachte ein wenig nach und in diesem Moment bedrückte sie die bange Frage: Wie soll ich aussagen? Welche Bedeutung hat all das? Ist es wirklich Nebensächliches, wonach ich gefragt werde? – Und sie antwortete bloß kurz, eine direkte Beantwortung umgehend:

»Ja«.

* * *

Er drang nicht weiter in sie, obwohl ihn zum ersten Mal ein kalter Schauder überlief, denn diesmal war die Fangfrage missglückt; es galt, sie nochmals in anderer Form zu stellen. So hub er aufs Neue an:

»Also seine Artikel haben Sie immer gelesen? Natürlich auch mit ihrem Inhalt übereingestimmt, selbstredend. Und wie unterzeichnete er sie?«

Eine dunkle Ahnung stieg in ihr auf: Vielleicht handelt es sich um ein Feststellungsverfahren, um einen Identitätsnachweis? Möglich, dass die Anklage auf Artikel erstreckt werden sollte, die gar nicht von ihrem Mann verfasst worden waren. Wenn sie bestätigte, dass er nur für solche verantwortlich, die sein Pseudonym »P. R.« trugen, war sie ihm dadurch behilflich, sich zu entlasten? Aber in dem richtigen Gefühl, im Dunkeln zu tappen und sich durch jede positive Behauptung in Widersprüche verwickeln zu können, erwiderte sie kühn:

»Seine Artikel waren zumeist überhaupt nicht unterzeichnet.«

Hauptmann-Auditor Weit war auf eine solche Antwort nicht gefasst. Er warf einen strengen Blick auf die eintretende Ordonnanz, die ihm einen Aktenfaszikel übergeben wollte, und knurrte den Eintretenden ärgerlich an:

»Legen Sie die Papiere auf jenen Tisch, und ich will jetzt nicht gestört sein.« Dann lehnte er sich entrüstet in seinem bequemen Rollsessel zurück und sagte im Tone des empörten Biedermannes:

»Hören sie mal – Sie können die Aussage verweigern, aber lügen dürfen Sie nicht, sonst lasse ich Sie ohne Weiteres wegen bewusster Irreführung der Behörde verhaften.«

»Ich lüge nicht, ich sage nur, was ich weiß. Wenn sie mit einem anderen Namen als dem seinen unterzeichnet waren, weiß ich nicht, ob es seine Artikel sind.«

Da brach ein fürchterliches Donnerwetter über sie herein; der Hauptmann-Auditor brüllte sie wutentbrannt an:

»Sie wollen uns also erzählen, dass Sie nicht wissen, die Artikel Großmanns seien mit Pierre Ramus gezeichnet?«

Der Dummkopf – nun hatte er sich verraten! Wiewohl ihr nicht ganz klar war, welche Bewandtnis es mit der Feststellung dieser doch sicherlich allgemein bekannten Sache auf sich hatte – sie musste doch von Wichtigkeit sein, denn jetzt erkannte sie es ganz deutlich – es handelte sich eigentlich im ganzen Verhör nur um diesen Namen!

»Wozu fragen Sie mich, da Sie dies ohnehin wissen?«

* * *

Hauptmann-Auditor Weit lehnte sich mit einer heftigen Gebärde zurück, erhob die Hand, die die Feder hielt, und ohne dass er es wollte, zitterte sie unwillkürlich, als er mit etwas heiserer Stimme sprach:

»Fällt mir gar nicht ein, Sie über solche Nebensächlichkeit auszufragen! – Aber das Verhör hat überhaupt keinen Zweck, wenn Sie schon bei solchen Belanglosigkeiten das Militärgericht irreführen wollen und die banalste Selbstverständlichkeit nicht zugeben. Mir ist's, als ob sie leugnen möchten, dass der Häftling Rudolf Großmann sei und heiße.«

Augenscheinlich grübelte er über eine neue Fragestellung nach, die ihm nicht einfallen wollte. Er senkte die Augen, sah starr auf das vor ihm liegende Stenogramm. Jetzt schien er gefunden zu haben, was er brauchte, und sein Gesicht, dieses feiste Vollmondgesicht des patriotischen Tachinierers, dem nichts über Gaumen-, Magen- und Geldbeutelbefriedigung geht, nahm einen höhnisch verzerrten Zug an, als er sagte:

»Ich muss Ihnen gestehen, Sie passen zu Ihrem Mann … Auch er ist groß im Anlügen der Behörden und Gerichte. Ja, sagen Sie mir doch einmal, wo bleibt da Ihr beider Idealismus, Ihre Wahrheitsliebe?«

Trotz der traurigen Situation, in der sie sich befand, konnte sie ein spöttisches Lächeln nicht unterdrücken. Er sah es, und an seinem Gesicht, den zuckenden Wangen und Mundwinkeln, konnte man beobachten, wie mühsam er nach Selbstbeherrschung rang, als er ihre Antwort vernahm.

»Beweisen Sie ihm doch, dass Ihr Geschäft eines des Idealismus und der Wahrheitsliebe ist – und ich bin dessen gewiss, mein Mann wird Ihnen ebenso begegnen.«

»Ihr anarchistischer Idealismus besteht also darin, mit Lügen, Entstellung der Wahrheit, Irreführung der Behörden und Fälschung der Tatsachen zu operieren?«

»Der anarchistische Idealismus lehrt, nur der Wahrheit wahrheitsgemäß zu begegnen. Die Lüge hat kein Recht, Wahrheit zu beanspruchen. Wer der

Lüge mit Wahrheit dienen will, fördert die Lüge und wird ihr Sklave, denn damit steigert er ihre Macht. Wer der Lüge Wahrheit spendet, macht diese ihr untertan. Darum hat schon *Jesus* mit Recht seine Jünger gelehrt: «*Seid also klug wie die Schlangen* ...» Nehmt euch vor den Menschen in Acht; sie werden euch vor Gericht stellen; vor Statthalter und Könige werdet ihr um meinetwillen gebracht werden, um Zeugnis abzulegen vor ihnen und ihrer heidnischen Umgebung. Wenn sie euch aber so den Gerichten übergeben, so sorget euch nicht, wie oder was ihr reden sollt: *Es wird euch in jener Stunde gegeben werden, was ihr reden sollt.* Ihr seid es ja nicht, die da reden, sondern der *Geist eures Vater in euch redet!*«

»Genug, genug«, wehrte er ab. Die Worte Christi waren ihm augenscheinlich langweilig. Doch er fuhr fort:

»Aber es steht auch geschrieben: «Seid ohne Falsch wie die Tauben!»«

»Nirgends, im ganzen Evangelium nicht: Vor dem Staat, dem Herrscher, einem Gericht gegenüber! Überall zeigt uns Jesus, wie sehr er sie verabscheut, und dass seine Geistesjünger ihnen keinerlei Achtung oder Ehrerbietung zollen mögen. Wahrheit gebührt nur demjenigen, den man achtet, und nur insofern, als man das Achtenswerte belügt, begeht man eine Sünde wider den heiligen Geist der menschlichen Beziehungen.«

* * *

Er brach in ein helles Lachen aus:

»Wenn Ihnen und Ihrem Mann Staat, Kirche, Gesetz, Gericht, Herrschaft, Machtgröße – kurz alles, was seit Jahrtausenden von unendlich vielen Generationen verehrt wird, als nicht achtenswert erscheint, dann geben Sie der Lüge einen weiten Spielraum ... Hahaha! Was achten Sie also, he?«

Sophie dachte ein wenig nach; dann antwortete sie:

»Das was *meiner* Geisteserkenntnis als *achtenswert* erscheint, wovon ich innerlich überzeugt bin, dass es vom Geiste heiligen Trachtens nach Wahrheit beseelt ist.«

»Und was wäre das?«

»Alles, was im Menschen Gott erblickt und darum in menschlicher Güte die Göttlichkeit achtet; alles, was die Gottheit im Menschen missachtet und darum mit Füßen tritt, wird von der anarchistischen Ethik missachtet, verworfen, verneint.«

»Sie sprechen, als ob der Anarchismus eine Religion wäre!«

»Er ist es. Für den Anarchisten gibt es nichts Heiligeres als das menschliche Ich. Die Achtung vor dem unbedingten Freiheitsrecht jedes Menschen, die Ablehnung jedes unberechtigten Eingriffes in das alltägliche Leben und

Tun des Menschen ist der Kultus jener Religion des Geistes, die ethisch den Anarchismus bildet.«

»Das wäre also eine Ichreligion. Schön, aber auch der Staat, der Militarismus, besteht aus Ichheiten, warum achten Sie deren Rechte und Freiheit nicht?«

»Weil deren Bestand das Recht jeder anderen Ichheit nicht achten kann, schänden muss. Das Ich als soziales Glied besteht nur in Gemeinschaft mit anderen. Der Anarchismus hätte nichts gegen Staat, Kirche, Militarismus und Justiz – *wenn* diese dazu vereinigten Ichheiten sich auf die freie Zustimmung aller Beteiligten stützen könnten. Doch das ist unmöglich; sie können als Institutionen nur durch die Knechtung des Ichs im Mit- und Nebenmenschen bestehen. *Darum* verneint der Anarchismus sie in jeder Form; sie bedrücken die Gemeinschaft jeder anderen Ichheit, und sie selbst bestehen nur dank hierarchischer Abhängigkeits- und Unterwerfungsverhältnisse – wodurch sogar das Ich aller derer, die den Staat und seine Macht- und Gewaltinstitutionen bilden, ebenfalls unfrei ist. Die Religion der anarchistischen Idee ist dagegen der Kultus der Freiheit für *jedes Ich.*

* * *

Als Hauptmann-Auditor Weit Sophie die Worte über die »hierarchischen Abhängigkeits- und Unterwerfungsverhältnisse« aussprechen hörte, versank er in flüchtiges Nachdenken. Oben, ganz oben, am hohen Dachfirst des Hauses auf der anderen Seite der Gasse, glänzte ein Sonnenstrahl. Sekundenlang verfolgte das Auge des Hauptmann-Auditors ihn und wie von einem Zauber in Bann getan, war ihm dabei so seltsam zumute. Wenn er sich gewissermaßen exterritorialisieren, über seine Umgebung hinaus und hinweg schwingen und dem Sonnenstrahl folgen könnte ... In die Fernen, dorthin, wo es keine Vorgesetzten gibt, keine Disziplinarvergehen und -strafen, keine dickleibigen Gesetzbücher und keinen langschweifigen Paragrafen. Und sein Selbst – sollte er weinen oder lachen? – sah er als anderen Menschen, mit Stichschaufel und Sense, so ähnlich wie jene Bauern, über die er zu seiner Gattin letzthin, da sie einen längeren Spaziergang in die Umgebung der Sommerfrische machten und die Landarbeiter in Schweiß gebadet heimwärts, zum Mittagessen, eilen sahen, geäußert hatte: »Wie gut es die Kerle haben – brauchen nicht einzurücken!« Auch er musste nicht einrücken; wie aber, wenn es überhaupt kein Einrücken mehr gäbe und alle Menschen statt der Waffen nur Stichschaufel und Sense führten und damit arbeiteten? So viel hatte er doch im Verlaufe der Verhöre mit diesem Anarchisten Ramus schon gelernt – die Anarchisten wollten jedes Einrücken und Einrückendmachen abschaffen ... Eine tolle Welt wäre das, in der Tat! Wie aber kommt man zur Feststellung der Identität dieses Namensträgers »Ramus«?

Der Name genügte, um ihn aus seiner Traumverlorenheit zu reißen; es war ihm, als ob eine riesige Hand sich über ihn herabließe, ihm einen kräftigen Klaps aufs Hinterhaupt versetzte und es in seinen Ohren raschelte. »Dummkopf, träume nicht; bekümmere dich um deinen Beruf und denke nur an deine Pflicht, an das Staatsinteresse, nicht daran, dass dich dieser Ramus doch eigentlich gar nichts anginge, wenn du kein Scherge meiner Macht, des Staates, sein wolltest! Gehorche, ich, der Staat, befehle dir!« Er fühlte jedes dieser Worte ganz deutlich von einem Schlag auf seinen Kahlkopf begleitet und konnte dadurch endlich wieder real und vernünftig denken. Er zog aus dem Hintertäschchen ein reines Taschentüchlein hervor, wischte sich die Tropfen von der Stirne, räusperte sich gebieterisch – und nun war er wieder er selbst – in seiner ganzen staatlichen Heimtücke und Verlogenheit.

»Lassen wir diesen Unsinn – wollen Sie das Folgende unterschreiben?« Er griff nach der ihm entfallenen Feder und diktierte laut: »Die Zeugin Sophie Ossipowna Friedmann ist vorgeladen in der Angelegenheit des laut Paragrafen 58 bis 67 und Paragrafen 278 bis 310 in militärgerichtlicher Untersuchungshaft befindlichen Schriftstellers Rudolf Großmann, in eigeneingeständlicher Erklärung unter dem Namen Pierre Ramus –«

»Halt, ich werde das nicht unterschreiben!«, unterbrach sie ihn heftig.

Er konnte nicht mehr an sich halten, und krachend fiel seine Faust auf den Schreibtisch nieder, so dass die Tinte einige große Kleckse auf das Papier warf. Ein Wutanfall rüttelte ihn, keuchend schrie er:

»Was werden Sie nicht unterschreiben? Dass Sie vorgeladen sind?«

»Nein, das von der eigeneingeständlichen Erklärung, denn davon weiß ich nichts.«

Sein Atem kam keuchend aus dem vor Aufregung heftig auf- und niedergehenden Brustkorb. Er stieß den Lehnstuhl wuchtig zurück, sprang auf, wie um sich Luft zu machen, warf die Feder auf den Schreibzeughalter und donnerte:

»Dann wissen Sie überhaupt nichts, Sie wollen nichts wissen, und ich verzichte auf Ihre weitere Einvernehmung. Ihr Mann bleibt da, Sie können gehen – und so rasch wie möglich. Eine solche Frechheit ist mir noch nicht vorgekommen. Die Konsequenzen werden Sie und Ihr Mann zu tragen haben!«

Sie erhob sich, und ein schwerer Stein der Sorge wälzte sich auf ihr bekümmertes Herz. Hatte sie richtig gehandelt? Aber es gab kein Zurück mehr. Schüchtern fragte sie leise:

»Darf ich ihn heute sprechen? Herr Hauptmann-Auditor, Sie haben es mir versprochen...«

»Sie sind wohl verrückt?«, schrie er sie roh an. »Nach dieser offenkundigen Verweigerung jeder prozessual nötigen Aussage verlangen Sie vom Gericht auch noch eine Gefälligkeit? Gehen Sie, oder ich lasse Sie abführen! Es wird noch lange dauern, ehe Sie Ihren Mann wiedersehen – wenn überhaupt je...«

Einen Augenblick schwankte sie. Sollte sie einen Fußfall vor ihm tun, ihn anflehen, Mitleid mit ihr, ihren zwei Kindern zu haben? Sollte sie sich bereit erklären, das Protokoll so zu unterschreiben, wie er es aufsetzen würde? Sie war nahe dabei, nachzugeben... Aber dann durchfuhr ihren anarchistischen Geist ein scharfer, klarer Gedanke: Es wäre zwecklos, ein Staat kennt keine Barmherzigkeit!

Sie sah ihn mit einem Blick der Verachtung an und wankte hinaus.

* * *

Im Zimmer des Hauptmann-Auditors Weit war es still geworden. Er ließ sich schwer an seinem Schreibtisch nieder.

Alles war verloren... Man konnte Großmann wohl noch lange im Gefängnis halten – ein Prozess aber war unmöglich. Die blöde Vorschrift des Ausnahmedekretes des alten Trottels auf dem Thron! Militärgericht – ja, doch nur unter Zugrundelegung der zivilen strafgesetzlichen Judikatur!

Grässlich, zu dumm; da war es ja ganz undenkbar, den Wink von oben zur Ausführung zu bringen, denn sogar das Gericht hätte ihn freisprechen müssen... Der Skandal würde dadurch nur noch größer. Zwei Punkte waren nicht zu erbringen: das Delikt der Öffentlichkeit und der Identitätsnachweis. Er blätterte im Gesetzbuch nach, und sein Finger tastete die Zeilen ab. »*Wer* die Ehrfurcht gegen den Kaiser verletzt...« Ja, wer ist hier wer? Und dann: »Wer *öffentlich* oder vor mehreren Leuten...« Der Halunke Latter wie der Blasphemist Ramus hatten in merkwürdigster Übereinstimmung ausgesagt, einander verschworen zu haben, das Manuskript *geheim* zu halten. Es sollte als Erbstück versiegelt und geheim aufbewahrt werden... Verfluchte Konstruktion! Ob die Kerle wirklich keine Gelegenheit zur Abmachung und Vereinbarung einer solchen Aussage hatten? Aber vielleicht war schon viel früher vereinbart worden, wie im Falle einer Entdeckung auszusagen...

Mochte dem sein, wie ihm wollte – der Tatbestand des Delikts war nicht zu erbringen! »So nahe sind wir dabei gewesen«, flüsterte er vor sich hin, »den schlauen Fuchs im Bau zu fangen, jetzt ist unser Fang des Manuskripts vergeblich, wertlos...«

Er seufzte schwer auf, nahm tränenden Auges ein Blatt Papier; mehrere Male wollte er nach dem vor ihm liegenden Tintenblei greifen, doch immer wieder fuhr seine Hand zurück. Ein bitterer innerer Kampf durchwühlte ihn; alle Nerven und Muskeln seines mächtigen Körpers vibrierten ... Endlich zuckte er mit den Achseln, und sein verzweifelnder Gesichtsausdruck war von einer fast rührenden Hilflosigkeit, als er in großen Schriftzügen niederschrieb:

»Das militärgerichtliche Untersuchungsverfahren wider den Häftling Rudolf Großmann ergibt keinen Grund zur weiteren Strafverfolgung. Ich bitte um Rückstellung der Akten nach Einsichtnahme.«

Er drückte auf die Klingel, eine Ordonnanz erschien, und er übergab den Akt mit dem Bemerken.

»Tragen Sie den Akt zum Herrn Oberstaatsanwalt.«

Dann sank er wie in sich selbst zusammen, stützte den Kopf auf seine Hände und murmelte mit zuckenden Lippen:

»*Besiegt – aufs Haupt geschlagen vom Anarchismus!*«

[...]

Die unheilbare Krankheit

Krachend fallen die schweren Zellentüren ins Schloss. Schritte der Feldwebel und höheren Chargen, die soeben den Abendrapport erledigt hatten, entfernen sich. Das Militärgefängnis hüllt sich in zunehmende Stille, in dumpfes Schweigen. Nur der gemessene Schritt des Wachtpostens auf dem Gange unterbricht die Öde.

Schon nach sechs Uhr nachmittags beginnt die einförmige Abendbeschäftigung. Einige Gefangene, die in Selbstverköstigung stehen oder durch häusliche Liebe verpflegt werden, bereiten ihr frugales Nachtmahl vor. Andere lesen die während des Tages eingeschmuggelten Zeitungen, da sie nun vor jeder unangenehmen, lästigen Überraschung am sichersten sind. Manche ergeben sich dem Spiele, dem erlaubten oder verbotenen; andere führen in losen Gruppen eifrige Gespräche.

Nachtschatten ballen sich zusammen, das abendliche Zwielicht dunkelt immer mehr, bald entschwinden die letzten Lichtstrahlen des Tages, die noch durch unsere hoch angebrachten Fenster huschen. Fast völlig finster ist es geworden, nur im gegenüberliegenden Verwaltungshaus flammen Gaslampen auf, deren Strahlen ihr unbestimmtes, spärliches Licht auch in die Gefangenenzellen entsenden, sodass die Häftlinge notdürftig einander sehen.

Gleich gespenstischen Schatten gleiten sie durch den kahlen Zellenraum; bald sitzen sie, bald stehen sie wieder auf, gehen in Unlust durch die

Finsternis – niemand weiß, wie diese längste Stunde des Tages zu verbringen … Eine endlose Stunde, in der jede Zerstreuungsmöglichkeit geraubt ist und die sich so entsetzlich lange ausdehnt, bis der vorschriftsmäßige Zeitpunkt der Zellenbeleuchtung für Herbst und Winter eingetreten und die Helle Erlösung bringt.

* * *

Endlich ist dieser Zeitpunkt gekommen. An der Decke sprüht das Ampellicht auf, ein allgemeines »Ah« begrüßt es. Wie eine belebende Kraft wirkt das Licht auf die unglücklichen Menschen, alles Bedrückende und Beklemmende der vorigen Düsterheit ist vergessen. Die üblichen Beschäftigungen werden wohlgemut aufgenommen, wie im Fluge vergehen die nächsten zwei Stunden.

Plötzlich ertönt ein den ganzen Gefängnisbau durchdringendes Klingeln. 9 Uhr Abend; die für alle Gefangenen militärisch vorgeschriebene Stunde zum Schlafengehen hat geschlagen.

Sämtliche Häftlinge treffen die nötigen Vorkehrungen zur Nachtruhe. Die Strohsäcke werden mit den Bettlaken bedeckt, die Pferdekotzen ausgebreitet. Glücklich diejenigen, denen ihre Angehörigen ein weiches Kopfkissen gebracht haben; auf den harten Strohpolstern schlafen ist eine arge Qual. Mit geschicktem Griff wird nun das Fußende der primitiven Ruhelager so zusammengeknüpft, dass aus den Zudecktüchern eine Art Sackboden entsteht, in dem die Füße des Schlafenden eingehüllt ruhen. Eine Viertelstunde nach dem Nachtruheklingeln liegen die meisten Häftlinge schon auf ihrem Lager; gegen zehn Uhr sind fast alle eingeschlafen.

Zu denjenigen, die nicht schlafen können, gehöre auch ich. Es ist gegen meine Gewohnheit, so früh zu Bett zu gehen. Und was mir selbst in den ersten Morgenstunden den ruhigen, erquickenden Schlaf raubt, im Gefängnis unmöglich macht, ist das Licht, das die ganze Nacht brennende Licht, welches man oft bis acht Uhr morgens abzudrehen vergisst.

In den militärischen Straf- und Gefangenenhäusern Österreichs ist es Vorschrift, während der Nacht Licht in den Zellen brennen zu lassen. Darum stehen die Gefangenen am nächsten Tage wie übernächtig auf; sie haben entzündete Augen und gähnen den ganzen Vormittag. Das unausgesetzt brennende Licht lässt einen alle Sinne zur Ruhe bringenden Schlaf nicht zu, verscheucht dessen erquickende Wirkung, was nicht wenig zu der mit der Länge der Haft zunehmenden Nervosität der meisten Gefangenen beiträgt.

* * *

Sinnend starre ich zur Decke empor und, wie von magischer Kraft gezwungen, just auf das Licht. Der Schlaf flieht mich; trotz der Stille hämmert es in meinem Kopf.

Heute hatte ich Sophies Besuch; erst nach vielen, langen Wochen war sie vom Krankenbette aufgestanden. Dieses plötzliche Wiedersehen; der bedrückende Eindruck, den mein Anblick auf sie ausübte, als sie mich, von zwei mit aufgepflanzten Bajonetten vorführenden Soldaten begleitet, herankommen sah; die Aufregung der kurzen, kaum zehn Minuten umfassenden Frist zur Besprechung, die Hauptmann-Auditor Weit endlich wieder gewährte; und die Hast, mit der das Dringendste unserer Angelegenheiten, das sich seit Monaten aufgehäuft hatte, nun besprochen werden musste; der rasche, wehmütige Abschied, immer und alles im irritierenden Beisein der Argusaugen und gespitzten Ohren von Justizpersonen – all das übte jetzt seine Nachwirkungen auf meine Nerven aus.

Unruhig wälze ich mich auf dem Strohsack hin und her. Lange Zeit war seit meiner Verhaftung, seit meiner ersten Einvernahme vergangen. Ich wusste nichts über mein Schicksal, ich erfuhr nichts über den Fortgang oder das Ergebnis der Untersuchung.

Allmählich hatte ich mich schon an den Gedanken gewöhnt: Meine Füsilierung würde plötzlich erfolgen ... Ohne mich darauf vorzubereiten, würde ich eines Tages oder in einer Nacht hinausgeführt, vor ein Peloton Soldaten gestellt und erschossen werden.

Mit anderen geschah Ähnliches; so war Doktor Janschewetzky, der nie Spion war, eines Tages aus unserer Zelle geführt worden. Niemand wusste, wohin, noch weniger, warum, denn die stummen Mienen der Soldaten blieben undurchdringlich. Mit Gewehr bei Fuß standen sie da, vor ihnen ein Feldwebel oder Korporal, und warteten, bis der Gefangene seine Hausschuhe ab-, Lederschuhe angelegt, Rock und Hut genommen hatte. Dann stellt man ihn in die Mitte der vier oder fünf wartenden Soldaten, die Tür der Zelle fiel ins Schloss, man hörte nur mehr die Tritte der schweren Soldatenstiefel, Gittertüren rasselten und fielen klirrend zu – dann erstarb alles in tiefer Stille und Ruhe ...

In der Nacht hörte man Kommandorufe, den Auf- und Abmarsch von Soldaten, das Krachen von Schüssen – aber unsere Fenster lagen viel zu rechtsseitig, um in der Dunkelheit etwas unterscheiden zu können.

Am nächsten Tag klettere ich aufs Fenster und blickte in den Hof hinab. Ich spähte nach den zum Spaziergang geführten Gefangenen aus, versuchte, mir einzureden, dass der aus unserer Zelle Entführte vielleicht in den Einzelhafttrakt geschafft worden sei, nun mit dessen Insassen spazieren gehen würde. Aber mein Spähen war umsonst. Dr. Janschewetzky blieb unseren Augen entschwunden – und dies war das allgemeine Schicksal derer, die ihre Zelle verlassen mussten und nicht wiederkehrten …

* * *

So, ganz so, würde es auch mir ergehen! Und schließlich: Warum sollte mein Schicksal besser sein als das der vielen anderen Opfer des bestehenden Systems? Immer noch günstiger als lange, düstere Jahre, aufgrund einer bei den Haaren herbei gezerrten Anklage und im Vorhinein vereinbarter Verurteilung, im Kerker schmachten müssen.

Wenn nur das Volk es wenigstens verstünde! Wenn es daraus den belebenden Antrieb zu desto kühnerem Vorwärtsdringen im Kampfe um Freiheit, Recht und Befreiung entnähme!

Immerhin – nichts geht in Raum und Zeit des Alls verloren, weder das Gute noch das Böse. Beide unterliegen ihnen innewohnenden unabänderlichen Gesetzen eigenen Fortganges und müssen zu neuem Werden führen. Die Vernunft des Menschen wird immer kräftiger, logischer und erkenntniskritischer denken lernen und damit zunehmend sich dem Guten, der Liebe, weihen, wodurch Tod und Absterben des Bösen und Schlechten bedingt sind. Während jede schlechte Handlung den Keim der Selbstvernichtung in sich trägt, weilt im Guten der Kern seines organischen Aufbaues, einer Ausstrahlung bis in die dunkelsten Winkel des Ungeahnten. Das Wirken des Guten dringt in Regionen der Menschheit, die wir nicht kennen, regt überall an, bringt die Lawine der Gedanken ins Rollen und gebiert die stolze, kühne Erkenntnis der Wahrheit.

Gute Taten sind gleich Pflänzchen auf steinigem Boden; sie finden dennoch ihr Erdreich, und sei es noch so klein und dürftig, und ihre Vervielfältigung, selbst der Dünger ihres Seins bringt es mit sich, dass humushältige Fruchtbarkeitsschichten sich immer größer und breiter über den Steingrund dahinstrecken, bis sie das ganze Steingeröll bedeckt, überzogen haben und dort, wo bisher undankbare Brachheit wohnte, ersteht die Schönheit des fruchtbaren Keimens und Werdens.

Nichts vom Guten, das der Mensch tut, geht verloren. Ringe darum, Menschensohn, ringe immerzu mit den Erdenmächten der Gewalt, die das Leben rauben oder schmälern! Ringe, Menschensohn, nach Kräften mit ihnen, denn das Leben gehört dem Leben und kann durch nichts ersetzt werden! Ist es dir beschieden, im ungleichen Ringen sterben zu müssen für das höhere Leben des Geistes, dann wisse: Dein Tod, wenn für die Wahrheit und das Gute erlitten, wird nicht vergebens sein. Das Bewusstsein, für sittlich und ethisch Höheres den Tod zu erleiden, kann selbst durch den Tod nicht getötet werden – dieses Bewusstsein ist unsterblich und geht als tiefe Furche in die Ackererde des irdischen Lebens über, dem Glück und Heil der Menschheit im selbstgestählten Kampf um die Freiheit aller entspricht. Denn richtig spricht Goethe:

> *»Komm, wir wollen dir versprechen*
> *Rettung aus dem tiefsten Schmerz:*
> *Pfeiler, Säulen kann man brechen,*
> *Aber nicht ein freies Herz;*
> *Denn es lebt ein ewig Leben,*
> *Es ist selbst der ganze Mann,*
> *In ihm wirken Lust und Streben,*
> *Die man nicht zermalmen kann.«*

* * *

Wie endlos lange die Nacht ist ... Das Glockenspiel des nahen Kirchturmes kündet die zweite Morgenstunde, und nun erst überkommt mich ein unsteter Halbschlaf, aus dem ich schon in drei Stunden, da ich am festesten schlief, gerissen werde. Endlich fühle ich, als ob ich, in längerem, ruhelosen Träumen, mich schlaftrunken herumwälze. In zeitweisem Aufschrecken scheint es mir, als ob Bewusstlosigkeit mich umfinge. Der Organismus will in Hast und Eile Kräfte für den kommenden Tag sammeln – doch schon muss ich wieder empor, die Morgenklingel ruft, es ist fünf Uhr, die Gefangenen müssen aufstehen.

Schnell erhebe ich mich – aber was ist das? Ich befinde mich in der Wohnung meines Hauptmann-Auditors! Er steht am Tisch einer traulich eingerichteten Wohnstube, während ich auf einem Sofa ruhe und meine Glieder wohlig recke, im köstlichen Behagen nach erquickender Ruhe, die mir zuteil ward und aus der ich mich nun reiße ...

Hauptmann-Auditor Weit macht mir ein Zeichen, wie um zu schweigen. Aber ich lasse mich nicht verblüffen und frage ihn:

»Wie komme ich hierher?«

Da umfließt ein breites Lächeln sein volles, rundes Mondkalbgesicht, und er sagt:

»Wunderbar ist Ihr Geschick, mein Lieber! Sie können Gott danken für den glücklichen Zufall, der Ihnen Ihr Leben rettete ... Denn, das darf ich Ihnen sagen: Es war ausgemacht, dass Sie diesmal ins Gras beißen ... Die Gelegenheit war doch zu günstig; sie wagten es, in Österreich zu bleiben und mit Ihrem Artikel gegen den Krieg, gegen die Allerhöchste Entscheidung sich aufzulehnen – ja, meinten oder hofften Sie vielleicht, dass man solches ungesühnt geschehen lassen würde? Sie haben Glück, mehr als Sie es verdienen, mein Lieber, denn sie gehen ja nun doch straffrei aus ...«

Ärgerlich über diesen Wortschwall, ersuchte ich ihn nochmals, mir meine Lage zu erklären. Er sah sich etwas ängstlich um und antwortete: »Warten Sie einen Augenblick ich muss sehen, ob niemand horcht.«

Er verließ das Zimmer. Einige Zeit verfloss. Ich sah mich um und schätzte mich glücklich, nach so langer Zeit wieder in einem angenehmen Raume zu weilen. Nur war mir die ganze Sachlage nicht recht verständlich. Und der Hauptmann-Auditor blieb auch merkwürdig lang aus ...

* * *

Plötzlich raschelte die Portiere der gegenüberliegenden Tür und eine Dame, die ich nie gesehen hatte, trat ein. Ohne mir Zeit zu lassen, mich ihr vorzustellen, begegnet sie meinem forschenden Blick mit folgenden Worten:

»Hauptmann-Auditor Weit sendet mich, ich bin seine Gattin. Er bittet Sie um Verzeihung, dass er Ihnen Ihre lange Gefängnishaft so unsäglich erschwerte. Er bedauert sehr, dass er durch Vorschriften behindert war, Ihnen die Möglichkeit des Öfteren Besuches Ihrer Angehörigen und Frau zu gestatten. Und dass er diese immer so unwirsch behandelte, sie stundenlang warten ließ, damit sie dann kaum zehn Minuten mit Ihnen sprechen konnte ... Auch Ihrer Frau hat er damit schweres Unrecht zugefügt, wie sonst noch vielen armen Frauen des Volkes, die er schreiend anfuhr und denen er nur ganz willkürlich gestattete, mit ihren gefangenen Angehörigen zu sprechen, oder es verweigerte, wie ihm beliebte ... Er war so zu handeln genötigt, denn er musste dem ganzen Verfahren den Ernst und Anschein der Wahrheit verleihen, obwohl er innerlich davon überzeugt war, dass das Verfahren gegen die vielen Hunderten Staatsverbrecher im Militärgerichte eine Komödie und Mordprozedur zugleich war ... Nun ist alles glücklich vorüber, denn auch der Krieg ist vorbei ...«

»Wie, was«, rief ich beglückt aus, »der Krieg ist zu Ende?«

»Ja, und das wissen Sie noch nicht?«

»Nein, woher soll ich es wissen?«

»Ah, dann ist Ihnen die Absetzung aller Herrscher aufgrund ihrer Gemeingefährlichkeit auch noch unbekannt?«

»Gewiss«, erwiderte ich verblüfft. War es Spuk oder Wirklichkeit, was auf mich einstürmte?

»Dann lassen Sie mich Ihnen den Hergang dieser hochinteressanten Sache erzählen. Sie ist schon vierzehn Tage alt, aber erst heute kommt man dazu, die in Freiheit zu setzen, die das alte, tausendfach verfluchte Regime ins Gefängnis warf. Natürlich, jetzt weiß man es, dass dieses furchtbare, gegen die Menschheit wütende Tun die natürliche Folge jener entsetzlichen psychiatrischen Krankheit war, die in den Köpfen der Herrschenden entdeckt ward, wie ja der ganze Krieg nur ihre Wirkung bildete... Aber welch glücklicher Zufall, dass man endlich diese Entdeckung gemacht hat – sonst wäre der Krieg unaufhaltsam seinen Weg der Grausamkeit, des Schreckens und der Menschenvertilgung gegangen, niemand hätte genügend Vernunft und Macht gehabt, sich ihm entgegenzuwerfen.«

* * *

Sie schwieg, wie verzückt bei dem Gedanken, dass es zu Ende war mit dem Kriege. Um sie zum Weitersprechen zu bewegen, bestürmte ich sie mit ablenkenden Fragen:

»Und wie wurde dem grausigen Menschenmorden Einhalt geboten?«

»Auf merkwürdige Weise«, begann sie wieder. »Der Zar klagte schon seit einiger Zeit über heftige Kopfschmerzen, er litt an böser Schlaflosigkeit, die seine Aufregungszustände nur noch verschlimmerte. Das Bemerkenswerte war, dass alle leitenden Staatshäupter über dieselbe Krankheit klagten...

Diese Krankheit beschränkte sich nicht auf die Leiden der Patienten. Sie verursachte die Geisteszerrüttung der hohen Herrschaften in solchem Maße, dass die Staatsgeschäfte darunter aufs Ärgste leiden mussten. Die einfachsten Dinge und Angelegenheiten wurden verfahren, und die persönlichen Lebensverhältnisse aller Bürger, wie überhaupt der Völker, aufs Bösartigste zerrüttet. Das Übel wurde so schlimm, dass alles außer Rand und Band zu gehen drohte. Der Krieg fraß alles auf, was sich an Nahrung und Existenzmitteln im Lande befand...

Als ein Zeichen des unheilbar werdenden Irrsinns der herrschenden Mächte muss aber just das angesehen werden, was sie dagegen taten. Da bereits gar kein Geld, keine Mittel zur Befriedigung der Bedürfnisse der Soldaten im Felde und des Volkes in den verschiedenen Ländern mehr vorhanden waren, ging der Staat daran, Papierzettelchen auszugeben, die er Geld nannte, und daraufhin Anleihen aufzunehmen. Mit den ersteren untergrub er selber den Kredit der letzteren. Jeder Vernünftige und insbesondere die überseeischen Staaten, hüteten sich wohl, ihr Gold und Geld einem Staat zu geben, der kein reelles Geld, sondern nur ein Papierwischgeld besaß und in den Verkehr brachte. Und schließlich, was half es, dass die Staaten sich selbst milliardenriesige Anleihen zum Verpuffen gewährten, wenn niemand mehr da war, der ihnen borgen konnte oder wollte? Solchen Unsinn verübten die Staatsoberhäupter, und Sie können sich denken, wie die Völker darunter litten ...«

* * *

»Erzählen Sie mir doch einmal, wie ist man mit dem Weltkrieg fertig geworden, was haben die Völker getan, ihn zu beendigen?«, begehrte ich ungeduldig zu wissen.

»Langsam, nur langsam, lieber Freund«, erwiderte die Gattin meines Hauptmann-Auditors, eine stattliche, kräftige Dame [...]. »Man erkannte den Schaden, der da angerichtet wurde, nicht so rasch, und so müssen auch Sie sich gedulden und mit der allmählichen Aufklärung der Ereignisse, die sich so rasch abspielten, begnügen. Bei uns Frauen will gut Ding lange Weile habe, das wissen Sie doch? ...

Freilich, endlich wurden die Verhältnisse völlig unhaltbar, und als die Klagen Europas kein Ende nahmen, forderte man die Leibärzte aller kriegführenden Herrscher in öffentlichen Volksversammlungen ernsthaft auf, eine vernünftige Diagnose über die Krankheit der Herrschaftshäupter in den verschiedenen Staaten zu erteilen. Inzwischen häufte sich der Wahnsinn, der in diesen, durch Inzucht blutsverwandtschaftlich sehr nahe miteinander verbundenen Familien ausgebrochen war. Sie hatten Europa unter sich aufgeteilt; aber nun waren sie in einen unleidigen Familienzwist und -hader darüber geraten – nichts anderes ist der wahre Anlass des Weltkrieges gewesen –, unter dem die Völker zugrunde gingen. Denn je mehr Armeekorps aufgerieben wurden, sich unbarmherzig gegenseitig massakrierten – desto rücksichtsloser, hemmungsloser wurden die Herrschenden ... In ihrem Wahnsinn zogen sie immer neue Menschenmassen heran und entsandten sie nach dem Menschenschlachthause des ›Feldes der Ehre‹. War das nicht die gemeingefährlichste Tobsucht, die sich ausdenken lässt? ...

Endlich wurde es geradezu unheimlich, irgendwie musste Halt damit gemacht werden ... Und die Völker begannen, Halt zu gebieten. – Sie beschlossen einfach, keine der Kundmachungen, Proklamationen, Verlautbarungen und Verfügungen des Staates mehr zu beachten, ehe nicht die Diagnose der Leibärzte über die Staatshäupter Europas beendet und veröffentlich worden, ob diese geistig gesund oder krank seien ... So geschah es denn auch. Man ignorierte des Staates Musterungsbefehle, alle seine sogenannten Staatsnotwendigkeiten und Anordnungen, man forderte laut und unzweideutig, den Befund der Leibärzte über die Würdenträger der im Kriege befindlichen Staaten zu vernehmen. Da alles stockte, auch die Musterungen nicht mehr vorgenommen werden konnten, viele Zehntausende einfach nicht zur Musterung gingen, keine Steuern mehr einliefen, und auch sonst der Staat völlig unbeachtet blieb – mussten die Leibärzte endlich ihren Befund verlautbaren. Er lautete schrecklich genug! Sie erklärten, das man dem, durch das Gottesgnadentum der Autorität bisher angestifteten Unheil raschest Einhalt gebieten müsse, denn alles, dieses Grässliche, Schreckliche und Furchtbare, das sich ereignete, sei eine Folge der in den Herrscherfamilien Europas bis zur höchsten Potenz grassierenden grauenhaften Bakterienkultur der – hören Sie gut auf den Namen – »Dementia imperatoria autoritis« ...«

* * *

»Was ist das für eine Krankheit?«, rief ich überrascht aus.

»Krankheit nennen Sie das?«, erwiderte Frau Weit seltsam erzürnt, »wir nennen sie heute – die Pest. Sie ist schier ärger als diese und übertrifft die Cholera an Verheerungssucht und Verwüstungsmacht bei Weitem.

... Fast allen organischen Krankheiten konnte die ärztliche Kunst teilweise Einhalt gebieten, durch prophylaktische Methoden ihrem Einbruch vorbeugen. Aber gegen die Dementia imperatoria autoritis war man bisher machtlos, solange man ihren entsetzlichen Krankheitserreger nicht kannte ... Eine Würgkrankheit ist sie, deren Symptome größtenteils in pestartigen Verheerungen sich kundtun, die sie bei – *anderen* anrichtet ... Der Kranke selbst wirkt zuerst als Krankheitserreger in seiner unmittelbaren Umgebung, bei seinen Mitmenschen, später, sozusagen zu spät, bei den Krankheitsträgern selbst. Mit ihrem Auftreten unter den Menschen – und wir erblicken die Krankheit zum ersten Mal unter der Herrschaft der sogenannten *politischen* Elite – soll sie, behaupten jetzt die Ärzte, rund 50 Millionen unschuldige, unglückliche Menschen dahingerafft haben ..., Nero, Cäsar, Caligula, Napoleon – alle müssen von dieser Krankheit befallen gewesen sein, die nun auch bei den Staatshäuptern unserer Zeit zum scheußlichsten Ausbruch gelangte. Dieser Krankheit entsprach der Wahnsinn des Weltkrieges ... Die Kultur, in welcher dieser grässliche Bazillus am besten gedeiht, nennt sich Demutsschlamm und Untertanenknechtseligkeit – in Staat und Kirche gelangen deren Bazillen zur Entwicklung. –«

* * *

Sie hielt erschöpft inne; ungestüm fragte ich:
»Was taten die Völker, als sie von dieser Krankheit ihrer Herrscher erfuhren?«
Die Dame holte tief Atem. Ihre Hand fest auf den Busen drückend, fuhr sie fort:
»Sie taten das Einzige, was es unter diesen Umständen zu tun gab: Sie missachteten nun erst recht alle Befehle, welche die Dementia imperatoria autoritis erteilte, ohne sich um deren Rasen und Toben zu bekümmern ... Und schon nach wenigen Tagen erkannten sie, dass sie weise gehandelt hatten!«
Die Dementia imperatoria autoritis wurde plötzlich schwächer, sie verfiel einem mächtigen Schüttelfrost... Als gar sich überall der heulende, gellende Schrei ›Mörderin!‹ gegen diese Wahnsinnskrankheit erhob, wurde aus ihrem Schüttelfrost ein Starrkrampf...
Der Krieg kam zu Ende – er hörte automatisch auf, und man hätte die Dementia imperatoria autoritis sehr wohl ihrem Schicksal überlassen können ... Aber nun wollten die Leibärzte auf keinen Fall die Verantwortung für sie übernehmen. – Nachdem sie den furchtbaren Bazillus einmal entdeckt, meinten sie, er könne, wenn er aus seinem Starrkrampf erwachte, noch immer so viele Kräfte haben, abermals verheerend zu wirken...
Was tun? Guter Rat war teuer, bis die Ärzte einen vorzüglichen Ausweg fanden. Sie erklärten, dass die Krankheit nur durch *Selbstvertilgung* ausgerottet und nur so die menschliche Gesellschaft auf immer von ihr befreit werden könne ... Alle von dieser grauenhaften Krankheit Befallenen seien gemeinsam nach einer fernen Insel im Weltmeer zu schaffen ... Dort solle man ihnen Arbeitswerkzeuge, Lebensmittel, überhaupt Lebensbehelfe für die Dauer von drei Jahren gewähren. Binnen dreier Jahre müssten die Herrschaften unter Anleitung eines Leibarztes so weit von ihrer Krankheit durch eigene Arbeit genesen, dass sie selbstständig lebensfähig sein würden. Nach Ablauf von weiteren sieben Jahren würde man die Verbannten aufsuchen ... Führten sie ein normales, gesundes Dasein, so konnten sie als geheilt erklärt werden und ihrer Rückkehr nach der Heimat stand dann nichts im Wege ... Als nützliche, produktiv arbeitende Glieder des sozialen Körpers, als Gleiche unter Gleichen, schlossen sie sich nun der menschlichen Gesellschaft an. Die Vergangenheit müsste vergessen und begraben sein ... Fand man jedoch, sobald die Verbannten nach Ablauf von zehn Jahren besucht wurden, nichts mehr von ihnen vor, waren sie spurlos verschwunden, dann war die Dementia imperatoria autoritis bei ihnen wirklich eine unheilbare Krankheit, die eben durch Selbstausrottung zu jener Auflösung gelangte, die ein Heil für alle Menschen ist ...«

* * *

»Und befolgte man den Rat der Leibärzte?«, unterbrach ich sie.

»Ja, man befolgte ihn, die Kranken befinden sich zur Stunde schon auf hoher See ... Der Weltkrieg ist beendet, die Völker haben sich über die Hydraköpfe der Dementia imperatoria autoritis hinweg die Bruderhand gereicht, der Völkerbund der Freiheit ist gegründet, und nun sind auch Sie frei –«

»Frei?«, wiederholte ich ungläubig.

»– stehen Sie auf, Großmann«, rüttelt mich die raue Stimme des Feldwebels empor.

Ich fuhr in die Höhe, rieb mir den Schlaf aus den Augen. Vor meiner Lagerstätte im Kerker standen zwei Feldwebel und der Stabsprofoß. Der Morgenrapport fand schon statt, ich hatte ihn verschlafen.

»Ihr Glück«, bemerkte der Stabsprofoß, »dass Sie heute losgehen – sonst hätte es achtundvierzig Stunden Dunkelarrest und Spangen gegeben ... Frechheit – den Rapport zu verschlafen! Dafür erhalten Sie auch kein Mittagsmahl ... Um sechs Uhr abends werden Sie von der Militärbehörde entlassen und der Zivilbehörde überstellt –«

Er machte stramm kehrt und schritt würdevoll zur Tür hinaus; die Feldwebel folgten ihm, während ich, wie von schwerer Schlaftrunkenheit umfangen, verwirrt auf mein Lager zurücksank – nicht wusste, ob ich noch schlief oder geschlafen hatte...

Was war Traum, was Wirklichkeit?

Als Geisel unter Polizeiaufsicht

»Dass man *Sie* auslässt, ist fürwahr ein großes Unrecht«, sagte Feldwebel Blank, als er mich über den Gang führte und ich das Militärgefängnis verließ, um der Zivilbehörde überstellt zu werden. »Leute wie Sie, die gegen unseren heiligen Krieg sind, sind nicht einmal einen Schuss Pulver wert. Wenn alle gegen das Töten und Schießen wären, da stünden wir wirklich schön da...«

Mein Herz war allzu freudig bewegt, um ihm antworten zu können. Fühlte ich doch, dass mein Entrinnen aus den Fängen der Militärjustiz nicht ihr oder ihrem Gerechtigkeitssinn zu verdanken war, sondern einen Triumph des trotz alledem nicht völlig niederzuwerfenden Kulturgewissens des zwanzigsten Jahrhunderts über atavistische Staatsbarbarei bildete.

* * *

Der Staat scheute davor zurück, bloß deshalb einen Menschen zu ermorden, weil er ein Apostel des Friedens, an der Schande und Schmach des Krieges weder intellektuell noch praktisch beteiligt sein wollte.

Meine Hände sind rein vom Blute meiner Mitmenschen und Brüder diesseits wie jenseits der Grenzen; ich bin mir keines Verbrechens wider den guten Sinn der Menschlichkeit und des Rechtes bewusst. Vor dieser Reinheit, vor dieser Schuldlosigkeit wich selbst die Gewalt eines Staates zurück; sogar das System des Militarismus brachte es nicht über sich, den von ihm beabsichtigten, ins Auge gefassten Justizmord an mir zu verüben.

Darin erblicke ich eine Offenbarung des Kulturgewissens unserer Zeit. Wohl kann es überschrieen, zeitweise gedämpft, aber es kann nicht mehr gänzlich ausgerottet werden! Der Staat weiß, er fühlt, dass sein Handwerk dem Wesen des sich bewusst werdenden Guten in der menschlichen Natur widerstreitet – allzu unverhüllt wagt er es doch nicht mehr, den Konflikt zwischen Gefühl, Erkenntnis und Bewusstsein der Menschheitsseele auf der einen und der Staatsraison seines kalten Mordinteresses auf der anderen Seite zu übertreiben. Die Stunde der Ernüchterung nach dem Kriege kommt; vor ihr und der Volkssühne zittert der Staat, sie könnte ihm fürchterlich werden ...

Heil euch, den Ringenden und Kämpfenden des Friedens, der Freiheit, des Lichtes in Vergangenheit und Zukunft werden der Gegenwart! Unsichtbar ziehen Fäden eures Wirkens, eures Opfermutes aus der Vergangenheit sich zur zeitgenössischen Generation herüber, hier neue Kräfte, neuen Geist belebend und erweckend. In tausend Strahlen erhellt und beleuchtet der neue Geist das Leben der Gesellschaft; er erzeugt die Atmosphäre einer neuen Ethik, des höheren Kulturbewusstseins, der Güte und Liebe, die, wenn auch für den Augenblick noch zurückzudrängen, weil noch nicht stark, kühn und vermögend genug, den Krieg überhaupt zu bannen, deren Elemente uns aber immer deutlicher erfüllen, das Gefühl und Gewissen unserer Menschlichkeit verstärkt anfachen und dadurch zunehmend zur Wirklichkeit der Zukunft werden müssen. Denn, je nachdem, unausgesetzt neuwandelnd, bannend, hemmend und beflügelnd, wirken die Elemente höherer Menschlichkeit schon an der Wirklichkeit der Gegenwart, sie arbeiten stürmisch und rastlos ...

Noch eines, vielleicht des wichtigsten Umstandes muss ich gedenken, da ich aus dem Militärgefängnis scheide. Es behielt mich nicht, konnte mich nicht ermorden, wie das System es gewollt hatte – *denn ich hatte keinen Fahneneid geschworen*, war nicht Militarist, Soldat geworden, konnte deshalb der Militärjustiz nicht unterstellt werden, wie man es mit allen Mitteln versucht hatte.

Das *Nichtschwören*, es ist meine wahre Rettung gewesen!

* * *

Mit zwei Soldaten besteige ich eine gewöhnliche Straßenbahn und fahre zur Wiener Polizeidirektion.
Seltsam bewegt ist die Straße, die ich so lange nicht mehr gesehen habe. Überall erblickt man die Spuren des Krieges, der in vollem Gange ist. Junge Männer und Mädchen springen auf die Wagen und bieten patriotische Abzeichen dar, die ich dankend ablehne, wobei ich meiner Pflicht gegen meine Kinder gedenke... Mütter des freien Gedankens, bewahrt eure Kinder vor dieser geistigen Umnachtung. Erzieht sie zu freien, zu antipatriotischen Menschen, die für Werke des Friedens und Kampfes sich mühen, ja opfern, aber für den Krieg nur Abscheu und Verachtung übrig haben! Die *Mütter* sind es, die ihre Kinder zu Kriegern gegen den Krieg, zu Friedenskriegern erziehen müssen...
Auch viele traurige Bilder bietet die Straße dar. Zahlreiche Verwundete schleppen sich umher. Männer mit verbundenem Arm, Soldaten, auf Holzstöcke und Krücken gestützt, humpeln dahin. In den Geschäften herrscht reges Leben; überall sieht man Plakate, in denen die Regierung das Volk zur Beteiligung an der Kriegsanleihe aufruft, die Patriotismus und Geschäftsinteresse klüglich vereinigt, in Wahrheit nur letzterem frönt. Sie lehrt, dass der Staat nur durch das Volk Krieg führen kann, dass ein ihm ablehnend gegenüberstehendes Volk den Krieg selbst durch passive Mittel zu verunmöglichen imstande wäre.

* * *

Endlich sind wir bei dem langen Viereckbau an der Elisabethpromenade angelangt. Die hohe Tür öffnet sich und ich bin wieder begraben unter den Mauern der vielen Seufzer, die das Zement des ganzen Baues bilden.
Meine Sachen werden mir abgenommen, die Taschen geleert, ich werde wieder als Gefangener behandelt. Ich breite vor den Beamten das mir im Militärgericht bei meiner Entlassung ausgefolgte Dokument aus, auf dem zu lesen steht:
»Das gegen Sie wegen Verbrechens gegen § 67a St.G. (§ 321 M. Str.-G.) hg. anhängige Verfahren wurde gemäß § 240 Militärstrafprozessordnung *eingestellt*.«
»Meine Herren«, wende ich mich an die Gefängnisbeamten, »Sie sehen, dass ich unschuldig im Militärgefängnis geschmachtet habe. Meine Verhaftung ist eine Schande für die Justiz, die den einzigen Zweck verfolgte, mich meiner Gesinnung wegen zu treffen. Aber nun, da sich keinerlei Beweise

gegen mich ergeben haben – nun behandelt man mich auch weiterhin als Verbrecher? Anstatt mich freizulassen, werde ich der Zivilbehörde überstellt; und dieses Österreich behauptet, ein Rechtsstaat...«

»Regens eahna net auf«, antwortet mir ein behelmter Wachmann im unverfälschtesten Wiener Dialekt, »murgen is a no a Tog, und do werns scho hern, wos ma vun ihna no wül.«

* * *

Tage auf Tage vergehen, ohne dass ich vernehme, was man von mir noch will. Allmählich finde ich mich in meine neue Lage, die doch in manchem besser als die frühere ist.

Wahrscheinlich weiß der Staat, dass ich nie ein Krieger seiner Sache sein werde. Er fürchtet mich als Krieger des Friedens. Und so verfolgt er seit Ausbruch des Krieges mir gegenüber unentwegt dieselbe Politik: mich während desselben »unschädlich zu machen«.

Wie lange kann dieser unselige Krieg noch dauern? Alle Berechnungen, die man früher über die mögliche Dauer eines Weltkrieges anstellte, sind über den Haufen geworfen. Der russische Staatsrat Ivan Bloch wie der deutsche Sozialdemokrat August Bebel sahen in gleichem Maße unklar, wenn sie einen Weltkrieg nur als kurzfristigen Krieg für möglich hielten. Ebenso irrig waren die Ansichten aller, die meinten, dass die ungeheuerliche Bestialität und Vernichtungsmacht der modernen Kriegstechnik die lange Dauer eines Weltkrieges völlig ausschließe, wenn schon nicht selbst einen solchen.

Lauter Täuschungen! Ihr Irrtum bestand darin, nicht zu begreifen, dass die viele Hunderte Kilometer lange Schlachtlinie des modernen Krieges diesen strategisch in eine größere Anzahl selbstständig geführter Kämpfe auflöst und dadurch seine gigantische Unermesslichkeit aufteilt. Tatsächlich ist der moderne Krieg der glänzendste Beweis gegen jeden Zentralismus; nur durch das föderative Zusammenwirken aller seiner vielen Einzelteile und Abteilungen funktioniert er, und jenes bewirkt auch seine schier unglaubliche Dauer. Der fromme Glaube, die abnorme, scheußliche Menschenvertilgungsfähigkeit der modernen Kriegstechnik würde einen Eindruck auf die Staatenlenker ausüben und den Krieg notwendigerweise kurzfristig gestalten – das bleibt frommer Wunsch und Glaube...

Vergessen wir nie: Individuen, die es über ihr Herz und Gewissen bringen, riesige Mordwaffen und Geschütze fortwährend nach Maßgabe ihrer Vertilgungsfähigkeit gegen Menschen herstellen zu lassen, Individuen, die es über Herz und Gewissen bringen, auch nur ein einziges Mal die mordspeiende

Grässlichkeit dieser Mörser- und Bombengeschütze auf Menschen, also ihresgleichen zu richten – auf das Gewissen solcher Individuen zu bauen, zu hoffen, das Menschengemetzel würde ihnen doch allzu grauenhaft erscheinen, ist Torheit. Sind sie überhaupt Menschen, sind sie nicht eher Gesandte eines Ahriman?

Nein, dieser Krieg kann noch lang dauern, er muss es sogar, zu viel steht für die Mächte der Herrschaft auf dem Spiele. Und während dieser ganzen Dauer des Krieges werde ich im Gefängnis schmachten müssen. Nun, ich bin auch dazu bereit. Schon habe ich ärgere Möglichkeiten überstanden, und was der Krieger des Staates im Felde zu ertragen hat – für einen Wahn der finstersten Umnachtung –, das will ich freudig in anderer Form ertragen, als Krieger des Friedens, für den Ausblick der Liebe auf die blitzenden Hochgefilde der Menschheit...

Doch eines Tages wurde mein Name gerufen. Auf meine Frage wurde mir gesagt, ich würde nach dem kaiserlich-königlichen Polizeipräsidium geführt.

»Eigentlich recht sonderbar«, warf der mich begleitende Beamte ein, »sonst werden nur gefährliche Staatsverbrecher so behandelt, alle anderen schon nach einigen Tagen von hier entlassen oder dem Landesgericht überstellt. Mit Ihnen hat man, wie es scheint, was ganz Besonderes vor.«

* * *

Das Wiener Polizeipräsidium am Schottenring ist ein riesiger Bau, der einen proportionalen Begriff von den Dimensionen der Weltstadt Wien gibt.

Wie die Polizei selbst, die als eine Macht des Angriffs unter dem Schein des Schutzes und der Beschirmung innerhalb der Bevölkerung etabliert ist, so auch ihr Haus. Außen macht es den Eindruck und besonders die oberen Stockwerke erwecken ihn, als ob dieses Gebäude ein vornehmes Privatpalais wäre; nur das lange Schild oberhalb des breiten, zur Hälfte fast immer geschlossenen Haustores belehrt, welchen Zweck dieser Bau erfüllt. Von dem großen Vestibül in der Einfahrt führen zwei steinerne Wendeltreppen nach den höheren Stockwerken.

Auch während des Tages ist es im Polizeipräsidium dunkel, und nur eine hier und dort brennende Lusterflamme verscheucht die Finsternis ihres Umkreises. Die Fenster des runden Baues befinden sich bloß in den Amtsräumen, alle Korridore sind entweder ohne Fenster oder haben nur auffallend wenige, von denen die meisten in den grauen, trüben Hof zu sehen gestatten, der durch hochragende Mauern gebildet und ebenfalls in ewig dämmerndes Dunkel getaucht ist.

Ein Detektiv geleitete mich über labyrinthische Wege in ein kleines Kabinett, übergab mich zwei »Vertrauten«, die sich dort befanden und eben eine etwa dreißigjährige, hochgebaute und volle Dame bewachten, die unausgesetzt weinte und schluchzte. Ungerührt scherzten die »Vertrauten« darüber und besprachen die Tagesereignisse des Krieges. Sie mussten mit ihrem Opfer warten, bis sie an die Reihe kamen; auch ich musste mich gedulden.

Ziemlich lange Zeit verstrich, ehe ein Beamter erschien, um mich abzuholen. Ich folgte ihm den langen, finsteren Korridor entlang. Am unteren Ende blieben wir vor der letzen Tür stehen; er klopfte, und auf ein lautes »Herein!« öffnete er die Tür, trat in ihren Rahmen und sagte still-unterwürfig:

»Herr Doktor, der Arrestant Großmann ist da.«

»Lassen Sie ihn eintreten!«, rief eine volltönende, kräftige Stimme zurück. »Und warten Sie draußen, falls ich Sie brauche.«

Der Detektiv trat zurück, ließ mich eintreten und schloss unhörbar die schwere, hohe Tür hinter mir.

* * *

Im Hintergrund eines winzigen Kabinetts, dessen großes Fenster fast völlig von Vorhängen bedeckt war, saß an einem mächtigen Schreibtisch ein ältlicher Herr, der mir näher zu treten gebot. Er lud mich ein, Platz zu nehmen, was ich tat.

In dem hochgedeckten Raum mit seinen Wänden von Schränken und dunkelroten Draperien herrschte ein gespenstisches Halbdunkel, so dass ich die Züge des Polizeibeamten, vor dem ich mich befand, kaum unterscheiden konnte. Ich saß dem Fenster gerade gegenüber, wodurch er jeden Zug meines Gesichtes gut beobachten und jede meiner Bewegungen wahrnehmen konnte.

Es war vier Uhr Nachmittag, an einem Sonntag. Auf der Straße regnete es in Strömen und gelbliche Schwaden lagen in der Luft, die in das Zimmer dieses, im Range gewiss höheren Beamten drang. Einige Zeit war es still, er kramte in seinen Papieren, und man hörte die Regentropfen an die Fensterscheiben schlagen.

Da hob sich plötzlich sein Haupt, und er sagte mit jener melodischen Baritonstimme, die mir vorhin schon aufgefallen:

»Es dürfte Ihnen bekannt sein, dass die Militärbehörde Sie nur vorläufig entließ, zugleich Ihre Überstellung an die Zivilbehörde aussprach? ... Wie ist Ihnen das überhaupt passiert, als Militärspion verhaftet zu werden?«

Unwillkürlich unterdrückte ich ein ironisches Lächeln. Als ob er den Hergang der mit mir getriebenen Parodie nicht wüsste, nicht kennen würde! Längst war es mir klar geworden, dass die Zivilbehörde mich durch die Militärbehörde hatte verhaften lassen ... Hätte sich nur das Geringste, wenn auch nur an Scheinbeweisen für ein Spionagedelikt gegen mich erbringen lassen – ohne Zweifel, ich hätte baumeln müssen, wäre im günstigsten Fall erschossen worden.

An der Absicht fehlte es nicht, nur an dem Scheine einer Rechtsgrundlage. Sie fand sich natürlich nicht, trotz eifrigem Suchen der Militärbehörde, die, je länger die Untersuchung dauerte, immer mehr auf meinen ausgesprochenen Charakter als Antimilitarist und Anarchist stieß, aber auch nicht den Schatten eines Beleges für irgendein Spionagedelikt entdecken konnte.

All dies wusste ich, ließ es aber nicht merken, sondern erzählte dem Beamten flüchtig die Geschichte jener von den Behörden samt Privatpersonen gegen mich zusammengebrauten Verleumdung, die die Handhabe meiner Verhaftung geboten hatte. Der Beamte hörte mich geduldig an, auf seinem Gesicht stand ein schlaues Schmunzeln.

Mittlerweile war es fast ganz finster geworden. Er drückte auf einen Knopf, und sofort strahlte seine Tischlampe in hellem, durch einen dunkelgrünen Lampenschirm gedämpftem Lichte auf.

»Natürlich sind Sie laut bürgerlichem Gesetz als unschuldig erkannt – sollten nun enthaftet werden«, begann er langsam, jedes Wort, das er sprach, vorher genau überlegend; »aber das Militärgesetz fasst die Sache gänzlich verschieden auf ... Das Verfahren wegen militärischer Spionage musste allerdings eingestellt werden, aber desto deutlicher ergab es, dass Sie eine subversive Person sind ... Sie sind Gegner des Militarismus und Krieges; und darum gelangte die Militärbehörde zu den Entschluss, Sie uns behufs Abschaffung [Abschiebung] aus Österreich zu übergeben.«

Er betonte die Worte »behufs Abschaffung« mit Nachdruck.

* * *

Seine Worte waren mir rätselhaft, unverständlich, und ich blickte ihn erstaunt an.

Er erwiderte kalt meinen Blick. Im Kreise des Lichtes, in dem er saß, nahm er sich wie ein zu Stein und Erz gewordenes, leibhaftiges Symbol der Rache aus. Sein Gesicht besaß nicht etwa unedle Züge; es bot sich einem unverkennbar ein nach englischer Mode gepflegter Typus dar. Graue, kurz geschorene Haare, ein glatt rasiertes Gesicht ohne Schnurrbart, verliehen ihm das Aussehen des typischen Gentleman. Auf Deutsche mochte seine Erscheinung abstoßend wirken, auf mein an langjährigen Umgang mit Engländern gewohntes Auge nicht. Die vollen Backen bekundeten ein sein ganzes Wesen erfüllendes Behäbigkeitsgefühl, und der Mund zeigte jenen festen Strich, der bei Leuten in einer Amtsposition auf unerbittliche Strenge schließen lässt. Dagegen war das Überraschende dieses kalten, distinguierten Gesichtsausdruckes das runde, volle Kinn, das etwas ausgesprochen weiblich Sanftes verriet und in sonderbarem Kontrast zu den übrigen martialischen Zügen stand.

»Herr Doktor«, erwiderte ich ruhig, »Sie scheinen meine Herkunft nicht zu kennen. Ich bin gebürtiger Wiener. Durch Familienverhältnisse gehöre ich allerdings zu den sogenannten Heimatlosen, aber es unterliegt keinem Zweifel, dass ich österreichischer Staatsuntertan bin. Auch bin ich in Wien schon vor Jahren militärisch assentiert worden ...«

»Alles dies ist recht schön«, unterbrach er mich lebhaft, »ändert aber nichts an dem Sachverhalt, dass Sie kein österreichisches Zuständigkeitsdokument in Händen haben.«

»Gewiss nicht, denn es wäre Ihre Pflicht, mir ein solches zu geben.«

Er lächelte, ging über meinen Einwurf hinweg und meinte boshaft:

»Nun, Sie werden abgeschafft, da dürfte Ihnen nichts helfen ... In Zivilzeiten ging das freilich nicht, weil wir uns da an das Gesetz halten mussten, und wir Sie aufgrund der Paragrafen 18 und 19 des Gesetzes vom 3. Dezember 1863, betreffend die Regelung der Heimatverhältnisse Heimatloser, hier behalten mussten. Gegenwärtig befinden wir uns in Kriegszeiten, und da können wir alles tun, was uns für die Sicherheit des Staates nötig erscheint. Warum haben Sie sich nicht rechtzeitig um Ihre Zuständigkeit gekümmert?«

»Weil sie mir gänzlich gleichgültig ist«, antwortete ich, »und weil ich von Juristen weiß, dass ich nie ausgewiesen werden kann. Sie sagen ja selbst, dass man mich laut den Bestimmungen des Heimatgesetzes alle die Jahre seit meiner Rückkehr nach Österreich in dieser Hinsicht unbehelligt lassen musste.«

»Ja, das war in Friedenszeiten«, lächelte er pfiffig, »aber jetzt verhält es sich ganz anders ... jetzt gibt es keine Verfassung, wir befinden uns im Ausnahmezustand – und noch viel weniger gibt's da ein Heimatgesetz ...«

* * *

Ohne Zweifel konnte die Behörde, Recht und Gesetz verletzend, gegen mich vorgehen. Die Frage war nur, ob sie es tun würde und ob dieses Aufschlagen mit der geballten Faust nicht einen anderen Zweck verfolgte. Schließlich fragte ich:

»Wohin wollen Sie mich ausweisen? Ich bin aus Deutschland wie aus der Schweiz infolge meiner Überzeugung und Propaganda ausgewiesen... Mit Serbien befinden wir uns im Kriegszustand, Italien oder Rumänien werden sich schön dafür bedanken, mich, den bekannten Anarchisten, bei sich aufzunehmen. Außerdem befinden wir uns im Weltkrieg – alle Grenzländer sind mobilisiert...«

»Sehen Sie, eben darauf könnte es uns ankommen... Unangenehm ist uns das sicher nicht, höchstens gleichgültig«, antwortete mir der Beamte mit kalter, starrer Miene.

»Wohin wollen Sie mich ausweisen? Ich kenne kein Land, das mich seine Grenze überschreiten ließe...«

Da neigte er sich vornüber, rückte seinen Schaukelstuhl dem Schreibtisch ein wenig näher und sagte, sein Antlitz dem meinen so nahe bringend, dass ich den warmen Hauch seines Atems spüren konnte, in halblautem Tone:

»Eben *das* wäre uns recht! Merken Sie wohl auf! Wir haben jetzt Kriegszustand, der uns Mittel in die Hände gibt, die wir sonst nicht anwenden können... Allein, im gegenwärtigen Augenblick scheuen wir vor nichts zurück, um die Sicherheit des Staates vor Leuten Ihres Kalibers und den eventuellen Angriffen Ihrer Gesinnungsgenossen zu wahren! Ich will Sie nun nicht länger hinhalten und sage Ihnen rundheraus, was wir mit Ihnen vorhaben. Die so lange gegen Sie geführte Untersuchung ergab ja doch viele Momente, von denen wir – wie zum Beispiel bezüglich der antikriegerischen Broschüre, des Jahrbuches usw. – wissen, dass Sie näheren Aufschluss darüber bieten könnten, wenn Sie nur wollten. Es ist uns nicht gelungen, Sie dazu zu bewegen. Ein Prozess gegen Sie würde auf sehr schwankenden Füßen stehen, denn sie sind gesetzeskundig und wissen, wie durch die Maschen des Gesetzes zu schlüpfen... Schließlich hat die Regierung durchgeführt, was sie beabsichtigte: Sie sind bei Ausbruch des Krieges sofort festgenommen, also unschädlich gemacht worden – und heute könnten Sie beim besten Willen nicht mehr das tun, was in jener antikriegerischen Broschüre steht. Die nun längst vollzogene Mobilisation und der Krieg haben *die* Verbindung zwischen Ihnen und Ihrer Bewegung zerrissen. Gegenwärtig stände Ihrer Entlassung eigentlich nichts mehr im Wege, denn sie sind ohnmächtig – es gibt nur ein Bedenken, welches Ihre Enthaftung verhindert.«

* * *

Er hielt inne und sah mich prüfend, wie um die Wirkung seiner Worte zu ermessen, durchdringend an. Was er sprach, hatte ich mir bereits selbst gesagt und oftmals mit Freund Magerer besprochen. Gänzlich unklar war mir aber der Zweck jener Drohung mit der ungesetzlichen Abschaffung... War eine solche doch gar nicht durchführbar, dachte ich bei mir. Laut fragte ich ihn:

»Und was ist dieses Hindernis meiner Entlassung?«

Er lehnte sich nachdenklich zurück, hielt seinen Blick beharrlich auf mich gerichtet und sagte mit Nachdruck: »Es besteht die Möglichkeit, dass Sie, als Individuum, ein Verbrechen unternehmen wollen, um gegen den Krieg zu demonstrieren. Schon der bloße Versuch eines solchen würde allerdings Ihr Todesurteil bedeuten.«

»Mein Todesurteil – ohne Rücksicht auf die Art meines Vorhabens?«, rief ich aus.

»Ja, Ihr Todesurteil«, wiederholte er mit dumpfer Stimme.

»Aber die Behörde weiß aus jahrelanger Beobachtung, dass ich Anarchist und nicht Verbrecher, dass ich laut meiner Weltanschauung Gegner jeder terroristischen Gewalt bin, es also ausgeschlossen ist, dass ich ein Verbrechen begehe!«

»Wenn wir dies auch wissen, so muss Ihnen doch mit Vorhalt aller Konsequenzen eingeschärft werden, was geschehen würde... Sie sind uns eine Art Geisel... Wie es eben im Kriege üblich ist! Geschieht etwas, so haften Sie mit Ihrem Leben dafür... Und wenn sich auch nur die geringste antikriegerische Betätigung ereignete – Sie müssten sie mit Ihrem Leben bezahlen!«

»Man würde mich wohl hängen?«, warf ich mit leisem Spott ein.

* * *

»Vielleicht nicht – einen solchen Gefallen würden wir Ihnen kaum erweisen ... Wohl aber würden Sie abgeschafft werden. Lassen Sie mich Ihnen erklären, was dies« – er lehnte sich mir zu und dämpfte seine Stimme, während ich ihm gespannt zuhörte – »in Kriegszeiten bedeutet... Dass Sie jetzt nicht nach einem Ihnen beliebigen Lande abgeschoben werden können, und man überhaupt keine Zeit hätte, die nötigen Unterhandlungen zu pflegen, ist so klar wie der Tag. Unsere Soldaten würden Sie an eine uns beliebige Grenze bringen ... Man würde Ihnen dort nichts weiter anhaben« – der redliche Ausdruck seines Gesichtes wich und machte dem eines Fauns Platz – »aber die Grenze müssten Sie verlassen, überschreiten. Wenn Sie nun, entweder sofort oder später, von den Behörden des angrenzenden Landes nicht hereingelassen und zurückgetrieben werden, wie es ja mit Bestimmtheit vorauszusehen ist, dann – dann hätten unsere Soldaten den strikten Auftrag, Sie nicht mehr über unsere Grenze zurückzulassen – dessen dürfen Sie gewiss sein! Sie würden durch einige Kolbenschläge schon selbst davon Abstand nehmen, unsere Grenze nochmals überschreiten zu wollen ... Und wenn nun die Soldaten des anderen Landes dasselbe tun, Sie auch dort nicht bleiben dürfen – nun, dann geht uns dies nichts an und vielleicht – solche Zufälle ereignen sich in Kriegszeiten recht häufig – könnte irgendwo und irgendwie, ganz zufällig natürlich – eine Kugel losgehen, Sie treffen und damit dem tragikomischen Spiel ein Ende bereiten.«

Atemlos hatte ich ihm zugehört. Also das sollte mein Schicksal sein! Die verblüffende Offenherzigkeit des Beamten stellte mir die Art meines Todes in klarster Form dar. Ich musste mir gestehen: So wird es unvermeidlich kommen, wenn im gegenwärtigen Zeitpunkt meine Abschaffung erfolgt. Dabei sah ich ein, dass alle Vorstellungen meinerseits zwecklos wären; die Regierung hatte bereits ihre Verfügungen über mich getroffen. Ob es ihr zweckdienlich erschien, sie sofort zur Ausführung zu bringen oder erst auf eine erneut sich darbietende, günstige Gelegenheit zu warten – dies war die einzige Frage!

Nun hieß es, ihm zu zeigen, dass ich den Tod nicht fürchtete. Ich sprang auf und schrie:

»Lassen Sie mich abführen, Herr Doktor – ich bin fertig mit Ihnen und der Regierung. Da Sie einen Meuchelmord an mir planen – führen Sie ihn aus! Nur eines sei Ihnen gesagt: Ich habe Freunde – diese werden *mich rächen*! Sie werden von Ihnen und Ihren Vorgesetzten, bis hinauf zur Spitze, Rechenschaft für mein Leben fordern!«

* * *

An der Tür klopfte es. Ein Polizeidiener brachte einen Brief; der Beamte erbrach und las ihn hastig, worauf er ärgerlich bemerkte:

»Er soll in zwei Stunden kommen, während dieser Zeit will ich ungestört sein.«

Dann wandte er sich wieder mir zu, blickte mich prüfend an und sprach in merkwürdig verändertem Ton:

»Setzen Sie sich ruhig wieder und lassen Sie mich erwägen, was zu tun ist. Sie sehen, Herr Großmann, unsere Entschlüsse sind eigentlich gefasst ... Aber die Regierung wird trotz Militärbehörde und deren Wunsch nicht ungesetzlich handeln – wenn Sie selbst sie nicht doch in die Lage versetzen, so handeln zu müssen ... Sie wissen nun, was Ihnen bevorsteht – wenn Sie während des Krieges und Ausnahmezustandes irgendeine antipatriotische Tat begehen oder wenn eine solche von Ihrer Bewegung ausginge. Wir wissen dann, dass Sie dahinterstecken!«

»Als Kriminalist, der meine Propagandaform wie die Art, in der ich meine Ideenwelt vertrete, beobachtet und kennt, müssen Sie doch wissen, dass ich *Anarchist*, nicht Terrorist bin. Für mich bilden Anarchismus und Terrorismus Gegensätze.«

»Wissen wir, wissen wir sehr gut«, antwortete er und wies dabei auf ein riesiges Aktenbündel. Sehen Sie, hier liegen die Protokolle aller Ihrer Vorträge, wie sie mir durch meine Beamten gebracht werden. Aber wir besitzen keinerlei Garantie, dass Sie das auch wirklich meinen, was Sie sagen, und nicht insgeheim irgendein Attentat anzetteln!«

Ich musste lächeln. Wie wenig kannte dieser hohe Beamte der Staatspolizei, dessen Ressort anscheinend die anarchistische Bewegung bildete, die wahre Idee des Anarchismus! Er begriff nicht, dass das Prinzip der Gewaltlosigkeit bei mir keine Taktik, sondern der Wesensgehalt meiner Weltanschauung ist. Verträte ich den Anarchismus im Sinne der alten Gewalttaktik des politisch-revolutionären Sozialismus, so könnte ich ihn nie mit der Gewaltlosigkeit identifizieren. Es wäre mir dann ein Leichtes, die Gewalt in verhüllter, den gesetzlichen Rahmen nicht überschreitender Form zu propagieren... Augenscheinlich vermochte sich dieser Beamte nicht in den Gedankengang des modernen Anarchismus hineinzudenken. Für ihn bildete dieser nur eine die abgelebte Sozialdemokratie ersetzende, darum revolutionäre, folglich terroristische Idee. Niemals konnte er als Beamter begreifen, dass für mich, den Jünger der Anarchie, der in ihre Gedankentiefe eingedrungen und dadurch erst wirklich Anarchist geworden ist, der Anarchismus in all seinen Bestandteilen ein Zustand der Verneinung jeglicher Gewalt, ein Ideal ist, dessen Verwirklichungsbedingungen stets mit seiner Erfüllung identisch, also gewaltloser Natur sein müssen. Ihm musste es unfassbar erscheinen, dass der Anarchismus die bestehende Gewalt, deren Gegensatz er ist, nicht durch gesteigerte Gewalt, sondern durch das lautere, milde Geisteselement der Verweigerung jeder Gewaltbetätigung im Dienste der herrschenden Gewalt zur Auflösung bringen will.

All das hätte ich dem Beamten gern gesagt. Jedoch, ich unterließ es, es wäre vergeblicher Kräfteaufwand gewesen... Ich sagte bloß: »Natürlich weiß ich, dass Sie dem, was ich Ihnen jetzt versichern werde, keinen Glauben schenken... Höchstwahrscheinlich denken Sie bei sich: Nun ja, der Großmann ist ein schlauer Fuchs; er kennt unseren Hochverrats-Paragrafen, weiß, dass, wenn er mich nur im Entferntesten vermuten ließe, dass er es auf eine Herbeiführung oder Vergrößerung einer Gefahr für den Staat von außen oder einer Empörung oder eines Bürgerkrieges angelegt hat, ich ihn sofort, auf der Stelle, wegen Hochverrat wieder an das Militärgericht einliefern könnte; ja, der Großmann weiß sogar, dass auch nur die indirekteste Beziehung zu solchen Personen, die ein hochverräterisches Unternehmen planen, schon genügt, ihn als Mitschuldigen am Hochverrate auf zehn bis zwanzig Jahre im Kerker verschwinden zu lassen. All das weiß er; und deshalb versucht er jetzt, sich vor mir als Gegner der Gewalt aufzuspielen! – Herr Doktor, so denken Sie, ich weiß es, wenn ich Ihnen auch feierlich wiederhole: Nicht aus Opportunismus, sondern als Ausdruck meiner tiefst gefühlten anarchistischen Weltanschauung, an der ich selbst in diesem Moment unerschütterlich festhalte, erkläre ich hiermit: Ich bin nicht Terrorist, sondern fühle mich als Gegner jeglicher Gewalt, weil ich überzeugter Anarchist bin. Hier bin ich, dies ist mein Bekenntnis, tun Sie nun mit mir, was Ihnen beliebt!«

* * *

Er hob sinnend den Kopf und in seinen ausdrucksvollen Gesichtszügen spiegelte sich flüchtig ein Kampf zwischen dem Glauben an meine Worte und der Unfassbarkeit derselben... Nach einer Weile sprach er:

»Ich verstehe, allmählich begreife ich... Sie haben wohl auch jene Metamorphose durchgemacht wie manche Ihrer Gesinnungsgenossen. Sie sind vielleicht gar auch für den Krieg, weil dieser sich gegen Russland richtet?«

»Ich verstehe Sie nicht, Herr Doktor. Nein, ich bin nach wie vor erbittertster Gegner des Krieges.«

»Es wäre Ihnen also ganz gleichgültig, wenn der russische Zarismus in Österreich seine Knute schwänge?«, fragte er erstaunt.

»Keineswegs – ich würde sie mit den mir zweckdienlich erscheinenden Mitteln bekämpfen und mich direkt gegen dieses Zarismus erheben. Doch das ist etwas anderes als – das russische *Volk* töten.«

»Nun, unsere Sozialdemokratie ist anderer Meinung! Kennen Sie schon das Kriegsblättchen, das die Partei als Abendblatt herausgibt?« Und als ich verneinend den Kopf schüttelte, nahm er vom Aufsatz seines Schreibtisches ein Blättchen herab: »A. Z. am Abend« betitelt. Ich überflog es flüchtig und las die schreienden Titelüberschriften: »*Unser Erfolg«, »Der Feind zurückgeschlagen«, »Für das Vaterland«* und derartigen Unsinn systematischen Volksbetruges mehr.

Ich gab ihm das Blatt zurück, und er fuhr, höhnisch lächelnd, fort: »Sehen Sie, diese Leute sind eben tüchtige Journalisten, sie schreiben nach dem Wetter und machen zu allen Jahreszeiten ihren Profit. Auch die tägliche «Arbeiter-Zeitung», das Morgenblatt der Sozialdemokratie, ist ein ausgezeichnetes Patrioten- und Strategenblatt geworden. So, dass sogar ein kaiserliches Handschreiben der Tagespresse *ohne Ausnahme* die Huld des Monarchen ausdrücken konnte! ... Auch Sie könnten jetzt viel Geld verdienen, besonders wenn Sie als Anarchist sich für den Krieg erklären wollten! Das wäre eine Sensation! Und schließlich, gegen Russland, gegen den Zarismus« fügte er zuredend hinzu – »da sollte es Ihnen nicht schwer fallen, sogar den Krieg zu befürworten.«

* * *

Ein Gedanke durchzuckte meinen Geist; ich antwortete ihm nicht, aber jener Gedanke veranlasste mich, unwillkürlich zu lächeln; unangenehm berührt und fast beleidigt, fragte mich der Polizeibeamte:
»Warum lachen Sie? Über meine Worte?«
»Nein«, beteuerte ich, »Ihre Worte verstehe ich von Ihrem Standpunkt aus vollkommen, viel besser, als Sie meinen Standpunkt verstehen! Etwas anderes erschien mir recht komisch.«
»Worüber lächeln Sie?«
»Ich erinnerte mich daran, dass die Partei der politischen Ehr- und Gesinnungslosigkeit, die Sozialdemokratie, deren Nichtstun, obgleich sie Hunderttausende Arbeiter organisatorisch gefesselt hält, diesen Weltkrieg ermöglichte, dass diese Partei ihre Beteiligung an ihm damit rechtfertigt, dass sie gegen den Zarismus ankämpfe. Tatsächlich hat die sozialdemokratische Partei die Sozialrevolutionäre Russlands wegen ihrer Attentate gegen den Zaren stets geschmäht, ihnen Opposition gemacht. Und nun – nun bekämpft *sie* auf einmal den Zarismus, indem sie – auf das russische Volk schießt, dessen Ortschaften verwüstet, kurzum, indem österreichische Proletarier russische Bauern massakrieren und umgekehrt! Hahaha! Es ist wirklich zum Lachen, welchen herrlichen Kampf gegen den – Zarismus die Sozialdemokratie führt ... Nur schade, dass just das Haupt des Zarismus bei solchem Kampf merkwürdig unversehrt bleibt ...«

* * *

Er unterbrach mich durch eine unwillige Handbewegung und meinte unwirsch:
»Tun die russischen Arbeiter und Bauern nicht dasselbe gegen die unsrigen? Haben Sie für diese kein Gefühl?«
»Oh ja, sehr viel sogar, und es fällt mir nicht ein, dies zu beschönigen, was« die Russen tun. Die russischen Soldaten sind nicht minder betört als

alle anderen ... Aber in einem gibt es doch einen Unterschied. Sieben Achtel des russischen Volkes sind Analphabeten – und dennoch ergeben sich die Russen zu vielen Zehntausenden als Kriegsgefangene. Das beweist mir, dass diese armen, unwissenden Menschen im Innersten ihres Herzens *gegen* den Krieg sind, nur gezwungen in ihn ziehen. Vielleicht ist's ein Glück, dass sie nicht lesen können; denn dadurch entgehen sie den Lügen und ›wissenschaftlichen‹ Spiegelfechtereien der Journalisten jeglicher Parteischattierung! Selbst die Schwindeleien der Politiker können diese armen Teufel zu ihrem Glück nicht lesen! In den Krieg zu ziehen, dazu können sie gezwungen werden; aber sie ergeben sich freiwillig, sobald es ihnen möglich ist ... Darin erblicke ich ihr Heldentum, sind sie mir sympathischer ... Sie sind nicht wie die anderen, denen der Schulmeister die allgemeinen Elementarkenntnisse mit dem Trichter des Patriotismus einflößte; sie haben gottlob keine Gelegenheit gehabt, von letzterem mehr zu behalten als vom wahren Menschentum ...«

* * *

Er räusperte sich erregt. Aber das Gespräch schien ihn doch zu interessieren, vielleicht vom beruflichen Gesichtspunkt aus. So versuchte er denn, mich zu widerlegen und meine Beweisgründe zu entkräften. Nach einigem Nachdenken begann er wieder:

»Deutschland und auch wir befinden uns in einem Verteidigungskrieg – schon dies berechtigt diese Länder zur Kriegführung. Sie müssen doch zwischen Verteidigungs- und Angriffskrieg einen großen Unterschied machen, oder tun Sie auch das nicht?«

»*Nach* einer Kriegserklärung befindet sich jeder Staat in einer Verteidigungsstellung. Was aber die Situation *vor* dem Kriege anbetrifft, bot der Vorschlag von Sir Edward Grey, der am 26. Juli Deutschland vorschlug, das Haager Schiedsgericht über die serbische Frage anzurufen, die logischste Weisung zur Vermeidung eines Krieges. Deutschland lehnte diese vernünftige Anregung ab, weil, wie die deutsche Regierung hochtrabend erklärte, sie nicht zulassen könne, dass Österreich-Ungarn in einer Frage seiner Staatsinteressen einem Tribunal der Großmächte unterstellt würde! Eine solche Antwort bedeutete einen Schlag ins Antlitz der ganzen Welt. Übrigens war diese Art Antwort charakteristisch für die moralische Vernunfthöhe des deutschen Staates. Der Raubtierweg eines Krieges erschien also Deutschland erhabener zur Austragung von Differenzen als die sachliche Prüfung und Besprechung gemeinsamer Interessen. Deutschland wusste sehr wohl, dass nicht nur Österreich, sondern die ganze europäische Staatenwelt an der Entwicklung der Balkanfrage gleichmäßig interessiert ist. Da Österreich auf Veranlassung Deutschlands schon am 28. Juli den Krieg gegen Serbien erklärte, anstatt damit zu warten, bis weitere Verhandlungen gepflogen waren, war der Krieg vom Zaune gebrochen ... Und die Kriegserklärungen Deutschlands an Frankreich und Russland beweisen ebenfalls, *wer* den Weltkrieg begann und ihn lawinenartig sich über die Völker ergießen machte.«

* * *

»Sie stehen somit in Ihrer Sympathie auf Seite der Gegner Deutschlands und Österreich-Ungarns?«, fragte er streng.

»Meine Sympathie oder Antipathie hat hier nichts zu sagen; ich bekämpfe das Staatsprinzip als solches, einerlei, ob es deutsch oder französisch ist. Was ich sagte, bezieht sich bloß auf die Feststellung von Tatsachen, wie sie sich meiner Erkenntnis darbieten. Mir erscheint es als Ungeheuerlichkeit sondergleichen, dass Deutschland wegen der Phrase einer sogenannten Großmachtstellung den auf jeden Fall gerechten und das Unheil zu beschwören trachtenden Vorschlag Sir Greys abwies. Mir beweist dies, dass Deutschland nur heuchelte, wenn es erklärte, dass es den Frieden wollte; es wusste recht gut, dass mit der Kriegserklärung Österreichs an Serbien am 28. Juli jede Hoffnung auf Erhaltung des Weltfriedens ausgeschlossen sein würde, da sämtliche europäische Staatsmächte das gleiche Interesse wie Deutschland und Österreich-Ungarn an der Balkanfrage besitzen.«

* * *

Er unterbrach mich mit einer ungeduldigen Handbewegung und äußerte scharf:

»Verlassen wir dieses Gebiet der hohen Politik. – Wenn jedoch Ihr Standpunkt der der allgemeinen Abrüstung ist, dann frage ich Sie, was sagen Sie zu der Kriegsführung des französischen Staates gegen Deutschland? Wo blieb da Ihr Antimilitarismus, Ihre sozialrevolutionäre Propaganda?«

Hier berührte er einen wunden Punkt; er wollte meine Konsequenz erproben. Er sollte sich nicht getäuscht sehen, denn ich antwortete rasch:

»Ja, Frankreich, das ist für viele eine Überraschung, Herr Doktor, und nicht zuletzt für mich. Dass dort die Sozialdemokratie sozusagen die Gesamtregierung in ihren schurkischen Händen besitzt und dabei einen Krieg gegen das deutsche Volk führt, beweist mir, wie weit das Geld die Menschen in die Politik zu bringen vermag. Alle diese sozialdemokratischen

Minister Frankreichs führen gegenwärtig nur um des klingenden Judaslohnes willen die Staatsgeschäfte der beiderseitigen Volksabschlachtung! Was immer sie zur Begründung ihres antisozialistischen Tuns vorbringen, es ist nur Phrase, um ihre Käuflichkeit zu vertuschen.«

»Doch das Volk, das französische Volk? Wo ist der französische Antimilitarismus geblieben?«, fragte er beharrlich. »Meinen Sie etwa, dass Deutschland im Falle eines Sieges Frankreich seine Geldrepublik, die nichts als eine verkappte plutokratische Monarchie ist, nehmen würde? Nichts läge uns ferner als dies; wir wissen, dass man jedem Völkchen sein Pläsierchen lassen muss«, fügte er mit einer verständnisvollen Geste hinzu.

»Auch diese Faktoren haben versagt«, antwortete ich und fühlte einen brennenden Schmerz der Trauer und Enttäuschung in meinem Herzen, »vielleicht deshalb, weil Deutschland einen Angriffskrieg gegen Frankreich führt... Nichtsdestoweniger, das französische Volk hätte klüger sein, hätte sich nicht von Renegaten und Verrätern als Kanonenfutter darbieten lassen sollen... Wie groß hätte das französische Volk gehandelt, wenn es über seine Führer hinweggeschritten wäre – welches Menschheitsvorbild hätte es der Welt gegeben!... Wie die Situation jetzt steht, ist der Krieg für Frankreich ein dankenswertes Geschenk an dessen herrschende Kapitalsclique, unter Führung von Raymond Poincaré.«

* * *

»Wie das?«, fragte der Beamte und blickte gespannt auf mich.

»Höchst einfach! Frankreich stand, ehe der Krieg ausbrach, vor einer sozialen Revolution, die in wenigen Jahren gekommen wäre. Die Bewegung, die Verhältnisse, das Ziel wie die Mittel, alles war vorhanden. Nun aber mäht dieser Krieg gerade jene Schichten des französischen Volkes dahin, die zur Revolution bereit waren: die proletarischen Schichten. Das kann niemandem genehmer sein als der französischen Kapitalistenklasse und ihrem Staat... Bedenkt man die Internationalität der Interessen dieser beiden Faktoren, dann liegt fast die Vermutung nahe, dass überhaupt nur im Hinblick auf das von ihm erwünschte Ziel einer Dahinmähung breiter proletarischer Schichten der französische Staat es zum Kriege kommen ließ. Deutschland tut ihm damit insgeheim eine große Gefälligkeit. Sicher ist jedenfalls, dass Deutschland durch seinen Krieg gegen Frankreich dieses vor der sozialen Revolution rettete und vielleicht auch noch andere Länder vor solch ansteckendem Beispiel...«

»Nun, so ausgemacht durch Brief und Siegel, wie Sie sich dies vorstellen, dürfte die Sache nicht sein«, meinte der Doktor zweifelnd.

»Das weiß ich«, erwiderte ich, »derartige Dinge werden überhaupt nicht besprochen. Sie sind Gegenstand stillschweigenden Einverständnisses, das aber immer in Betracht kommt, solange die Völker selbst nicht denken und ihre Staaten zu durchschauen gelernt haben...«

* * *

Abermals trat ein Polizeidiener ein und verursachte eine Störung. Er brachte ein Telegramm, das er dem Beamten reichte, worauf er sich geräuschlos zurückzog. Der Doktor las es, dann bemerkte er hastig:

»Wir kommen nicht zum eigentlichen Zweck Ihrer Vorführung. Ich habe jetzt leider nicht die Zeit, die anregende Diskussion mit Ihnen fortzuführen, eine Diskussion, in der ich natürlich Ihren Standpunkt als unrichtig bezeichnen muss.« Wie um das letzte Wort zu haben, ging er sofort auf anderes über und fragte unvermittelt: »Sie erklären also ausdrücklich, keinerlei Verbrechen, keinerlei Untat zu beabsichtigen?«

»Was mich als Person anbelangt«, entgegnete ich, »bin ich Gegner des Massenattentats, des Krieges und somit auch ein Gegner des Einzelattentats. Hüten Sie sich übrigens weniger vor mir als vor jenen, die nach dem Kriege erkennen werden, wie schändlich mit ihrem Leben und Dasein Ball gespielt wurde! Ich werde kein Attentat begehen, weil ich aufgrund meiner höheren Erkenntnis die Nutzlosigkeit eines solchen begreife. Aber hüten Sie sich vor anderen.«

»Vor welchen anderen?«, fragte er gespannt.

»Vor den unzähligen Unglücklichen des Volkes. Stellen Sie sich lebhaft vor, wie diese Hunderttausende von Verwundeten, Invaliden, diese Waisen und Witwen, die erst nach dem Kriege die ganze Grässlichkeit des über sie hereingebrochenen Schicksals empfinden werden, bedenken Sie, wie diese über die Urheber ihres schmachvollen Unglücks denken werden! In Kreisen des Volkes gibt es keine grübelnde Erwägung, keine theoretische Analyse. Diese ungeheure Menge des Elends und des Jammers fühlt nur, dass der Staat es war, der ihr Unglück verursachte, der Staat hat sie den Gebrauch der Waffengewalt... hat sie gelehrt, die Gewalttat, selbst den Mord, als Ruhmestat zu betrachten! Nicht mich, der ich kein Terrorist bin, hat der Staat zu fürchten, wohl aber jene, die vor dem nachtschwarzen Abgrund dieser entsetzlichen Misere stehen, die der Staat angestiftet hat. Vor denen möge er zittern, die in ihrer Verzweiflung aus ihrem Abgrund emporsteigen werden...«

* * *

»Lassen Sie das ganz unsere Sache und Sorge sein«, fiel mir der Beamte barsch ins Wort, »jetzt haben wir es mit Ihnen zu tun. Und da frage ich Sie: Haben Sie auch schon bedacht, dass Sie, trotz ihrer Eidesverweigerung, wieder zur Musterung kommen? Was werden Sie in einem solchen Fall tun?«

Vor meinen Augen flimmerte es bei diesen Worten, die wie eine Provokation in meinen Ohren klangen. Ich musste meine ganze Kraft anwenden, um die mächtig in mir aufsteigende Empörung, die mich fast zu ersticken drohte, niederzuhalten. Was sollte ich ihm antworten? Ihm mein ganzes Herz ausschütten? Ich konnte nicht die Wahrheit sagen, ohne mich seiner Gewalt zu übergeben, ohne ihm eine hervorragende Berufsleistung, mich in seiner Falle zu haben, zu ermöglichen! Deshalb antwortete ich, meine Gefühle mit aller Macht zurückdämmend, so ruhig ich es vermochte:

»Herr Doktor, auf diese Frage habe ich nur *diese* Antwort: Ich werde gehorchen, ich werde bei der Musterung erscheinen, man kann mich auch tauglich befinden – *nie aber werde ich den Fahneneid schwören!*«

Er schrieb meine Antwort auf und blickte mich dann durchbohrend an. Eine Weile sann er nach und sprach dann plötzlich:

»Sie versprechen aber feierlich, keinen Gewaltakt im Schilde zu führen?«

Ich antwortete, mit Vorbedacht die Worte langsam und deutlich aussprechend:

»Ich verspreche feierlich, *solange ich kein Soldat bin*, keine Gewaltakt auszuführen!«

»Und dann?«, fragte er rasch.

Gezwungen lächelnd, meinte ich: »Nun, dann muss ich es doch wohl tun …, obwohl es mir widerstrebt und mein Innerstes sich dagegen empört. – Oder können Sie einen Soldaten gebrauchen, der keinen Gewaltakt begehen will?«

»Ihre Worte sind höchst zweideutig«, bemerkte er langsam.

Ich gab ihm keine Antwort. Lügen wollte ich nicht, weil ich die Lüge hasse; und die Wahrheit … konnte ich ihm nicht sagen. Die Wahrheit, die so lautete. Ich empfand es in der Tiefe meiner Seele – wenn sie mich ohne Eid zum Soldaten machen, mir Waffen aufzwingen: Nie werde ich dazu fähig sein, *auf das Volk* zu schießen …

* * *

Der Doktor warf mir einen eigentümlichen Blick zu. Er war ein guter Menschenkenner, und ich erkannte, dass er begriff, was auf dem Grunde meines Wesens vorging. Nach einer Pause, in der wir unser beider Atemzüge hörten, ergriff er wieder das Wort und teilte mir nun die Entscheidung mit:

»Sie wissen nun, Herr Großmann, was Ihnen bevorsteht, wenn Sie im Geringsten während des Krieges die öffentliche Ordnung und Sicherheit stören ... Nämlich: die Abschaffung ... Bis dorthin sehen wir noch keinen Grund, gegen Sie mit solcher Schärfe vorzugehen, weil die gegen Sie vorliegenden Materialien nicht genügen. Den Bestimmungen des Ausnahmezustandes entsprechend, eröffne ich Ihnen hiermit, dass Sie für die Dauer des ganzen Krieges interniert werden, was später in eine Konfinierung auf Ihren gewöhnlichen Wohnsitz umgewandelt werden kann. Nur mit Bewilligung des lokalen Gendarmeriekommandos dürfen Sie, höchstens einmal in der Woche und unter genauer Angabe der Adresse, wohin Sie sich begeben, ihren Wohnort für die Dauer von längstens sechs Stunden verlassen. Mindestens wöchentlich einmal – und zwar an einem Montag – haben Sie sich beim Gendarmeriekommando zu melden und müssen bei jeder Wohnungsinspizierung angetroffen werden, wenn Sie nicht die Erlaubnis zur Entfernung erhalten haben. Sie stehen während der ganzen Dauer des Krieges unter strengster Polizei- und Gendarmerieaufsicht, merken Sie sich das! Jede Korrespondenz mit dem Auslande ist Ihnen strengstens untersagt. Die gesamte, für Sie einlaufende Korrespondenz unterliegt der Öffnung durch die Staatspolizei. Jede Art der Propaganda Ihrerseits wird Ihre sofortige Inhaftierung nach sich ziehen. Sie befinden sich, das müssen Sie wohl verstehen, nur so lange im Zustand der Konfination, als keine neue Anzeige gegen Sie einläuft. Erfolgt eine solche aufgrund neuen Materials, so werden Sie verhaftet und werden die Folgen zu tragen haben ... Noch etwas: Jede Annäherung an eine Kaserne, jedes Betreten einer Munitionswerkstätte, jedes Sprechen mit Soldaten ist Ihnen strengstens verboten! Vergessen Sie nie, dass wir Sie auch dann beobachten, wenn Sie es am wenigsten ahnen! Im Übrigen haben Sie sich nach Eintreffen in Ihrem Konfinierungswohnsitz unverzüglich bei der Polizei zu melden. Halten Sie sich genau an alle Ihnen nun erteilten Verhaltungsmaßregeln, die aufgrund des Ausnahmezustandes Ihnen auferlegt werden, wenn Sie in Kriegszeiten nochmals in unsere Hände fallen, mag die Sache für Sie sehr schief ausgehen ...«

Vision der Erlösung

In Schnee und Eis vergraben sitze ich als Verbannter des Weltkrieges in dem kleinen Dorf. Kriegsgefangener der Regierung und Polizei – mit der einzigen, zweifelhaften Begünstigung, für meine und meiner Familie Existenz selbst sorgen zu müssen, ohne den Ort verlassen zu dürfen! Wäre es nicht um der Familie willen – für mich allein wäre der Aufenthalt im Gefängnis sorgenfreier als hier, weltabgeschieden, verlassen und vergessen ...

Doch ich darf nicht klagen!

Überall klirren mörderisch die Waffen, und die Menschenbrüder fast aller Länder Europas fallen ihnen zum Opfer. Ja, sie sind Opfer – denn sie zogen es vor, als Opfer zu fallen statt als Krieger, Kämpfer für den Frieden ... Hätte ein Krieg für Freiheit und Friede auch so viele Opfer verschlungen wie der Kriegsdienst für den Krieg? Nein, ich glaube es nicht, ungleich weniger hätten genügt, den Frieden aufrecht zu erhalten, als nun wie Schlachtvieh zu Hekatomben [erschütternd hohe Zahl] für den Krieg sterben ...

* * *

Die da fallen im Kriege – sie sind bedauernswert vom Standpunkt der Menschlichkeit; vom Standpunkt des sozialen Aufstieges der Menschheit zu höherer Kultur ist nichts an ihnen gelegen. Die Befreiungsmission der Menschheit, ihre geistige und kulturelle Zukunft, erleidet keine Einbuße durch den Verlust einer willenlos sich hinschlachten lassenden oder andere Menschen hinschlachtenden Masse der Unvernunft, Grausamkeit und des unseligen Vermögens, Entsetzliches, Böses tun zu können.

Vielleicht ist darin eine gewisse Auslese des Krieges zu erblicken, in denen, die er erbarmungslos trifft. Was in seinem Dienst und für ihn fällt, ist des Unterganges wert! Das Böse vertilgt sich dadurch selbst, diese Manifestation bietet jeder Krieg in kolossaler Massenentfaltung dar.

Und diejenigen, die zurückbleiben, die zurückkehren?

Wenn sie bewusst dem idiotischen Tode für den Krieg sich entrissen und, zu schwach, offen gegen ihn sich zu empören, *insgeheim* ihn lähmten, durch *passiven Widerstand* ihm ihre Hilfe entzogen und weit mehr Hindernis als ein Nutzen für ihn waren – sie, die zurückkommen und den Schrecknissen des Krieges ins Auge geblickt haben, ihn, ohne dass er es wusste, beobachteten und in seiner ganzen Scheußlichkeit wahrnahmen, dabei auch seine schwachen, verwundbaren Stellen kennenlernten, durch deren Vergrößerung ihm rasch Einhalt geboten werden kann – alle diese haben eine große Mission für den Rest ihres jungen Lebens zu erfüllen!

* * *

Meine Freunde und Geistesgefährten des Lichtes, der Freiheit und Menschlichkeit!

Wenn ihr zurückkehrt aus dem rauchenden Schlachtengebraus der Weltkriegsbestialität; ihr alle, die ihr die Trümmerhaufen, in welche die Staaten blühende Stätten und Gefilde der europäischen Kultur verwandelten, gesehen und miterlebt habt – vereinigt euch mit uns Anarchisten zur Widmung an die höchste Aufgabe, die das Sein uns stellt:

Wendet euch an die Mütter der hingeschlachteten Söhne und saget ihnen und ihren Töchtern, sie sollen den Born ihrer Fruchtbarkeit nicht mehr vergeuden zum Heile des Staatsgötzen, der Opfer und endlosen Opferersatz auf seinem Kriegsaltar braucht!

Saget den Frauen der gemordeten Männer, dass sie in Hinkunft ihre Gatten mehr lieben mögen als die Pflichtgebote des Staates!

Saget den Kindern, den heranwachsenden Knaben und Mädchen, dass sie ihr Gut und Blut dem Heile des Volkes weihen sollen, nicht aber der Selbstvernichtung durch den Krieg, dem Selbstmorde des blühenden Lebens zugunsten der Herrschgier von Mächtigen, der Bedrücker und Ausbeuter.

An den Kindern müsst ihr die heiligste Arbeit vollbringen: Alles, was Schule, Kirchen- und Pfaffentheologie, Staatlichkeit und Militarismus in ihre Herzen versenken an Patriotismus, an wirrem Unsinn des Nationalismus, an Unmenschlichkeit der Gewalt, an Verherrlichung des Kriegsverbrechens – *reißt es aus ihren unverdorbenen Herzen, aus der Tiefe ihres Gemütes und pflanzet in dasselbe die Lehren der hehren Religion des Friedens, der Freiheit, der Menschenverbrüderung!*

Alle Gewaltgebote des Staates zersplittern wie Glas, wenn die Jugend ihm den Treueid des Schergentums verweigert; wenn sie den Krieg nicht will, wenn sie ihn so verabscheut, dass alles, wozu der Staat sie zugunsten des Krieges zwingen möchte, zu seinen Ungunsten ausschlagen muss … In der Jugend liegt die Zukunft, und jene muss erzogen werden zu Männern und Frauen, die der Staat fürchtet, in den Dienst des Krieges zu stellen. Dann wird endlich jener beseligende Augenblick des Völkerfriedens kommen: Die Kanonen brüllen nicht, die Kolonne rückt nicht vor, die Maschinengewehre knattern nicht! Statt dieses Wahnwitzes erschallt der brausende Friedens- und Verbrüderungsgesang der Völker – und damit sind Krieg wie Staat verloren, überwunden.

* * *

Ihr Zurückgekehrten, ihr Hinterbliebenen und Kriegsinvaliden – wendet euch an alle, die im Volke arbeitend, schaffend und zeugend leben – wendet euch an euch selbst! Schaffet nicht mehr für die Bestialität der Militärwerkzeuge!

Wer erzeugt Pulver, Dynamit, die Bomben, mit denen die Menschen sich gegenseitig töten? *Das tut ihr, die Arbeiter!* – Wer erzeugt die Gewehre, die Kanonen, die Schlachtschiffe, die Flugbatterien? *Das tut ihr, die Arbei-*

ter! – Wer liefert die Kohle, die Stoffe, die Uniformen, die Sättel, die Pferde, die Wagen, durch welcher der Krieg im Gang erhalten wird? *Das tut ihr, die Arbeiter!* – Und wer entreißt euch euren Lieben, wer fährt die Soldaten von dannen, wer fährt sie nach unbekannten Landen; wer führt die Lokomotiven, wer legt die Geleise dazu, wer – wer, wenn nicht ihr, *die Arbeiter!*

Tausendfältig seid ihr es! Die Arbeiter sind es, die allein den Krieg zur Durchführung gelangen lassen. Die Herrschenden sind die Anordnenden, Befehlenden, Gewinnenden, aber erst die Arbeiter bringen die Anordnungen und Befehle zur Ausführung ...

Und sie disputieren, rechtfertigen, entschuldigen sich, indem sie die Worte Vaterland, Verteidigung, Notwendigkeit, Nation, Patriotismus im Munde herumwälzen. Merkt euch dies, ihr Arbeiter: Kein Volk ist eine Gefahr für ein anderes Volk, jedes ist ein Nutzen für das andere. Anstatt euch gegenseitig zu bekämpfen, zu zerfleischen, habt ihr euch gegen diejenigen zu kehren, die euch zu dieser Bekämpfung und Zerfleischung anstacheln!

Der Weltkrieg war ein Bürgerkrieg. Jeder Mann, jede Frau des Volkes ist *zuerst* Weltbürger, dann erst Angehöriger einer Nation. Als Weltbürger ist der Mensch frei, nur als Erdballmensch ist er ungehemmt und betätigungsfrei.

Angehörige einer Nation wurden wir nicht durch unsere freie Entschließung, sondern durch den Zwang und die Willkür des Staates, der Kirche, unserer Erziehung, durch die uns auferlegte Zwangsentwicklung unseres Wesens; *Erdballmenschen sind wir alle, durch uns selbst, durch das Leben und die Natur!*

* * *

Nichts besitzt die Nation an Hohem, Hehrem, Erhabenem, das nicht die *Menschheit* der Kultur und Gesittung überreichlich besäße.

Der *Nationalismus*, immer nur einen hohlen Staatsbegriff repräsentierend, hat die Völker gelehrt, sich in fanatischem Hass und Wahn gegenseitig zu vernichten, zu vertilgen. Darum müssen wir *Antinationalisten* sein! Nur die Menschheit und ihr Gemeinschaftsbegriff der sittlichen und ethischen Gemeinsamkeit können die Völker zur Erkenntnis ihrer Zusammengehörigkeit und Einheit bringen.

So weihen wir uns denn ihm, dem Menschheitsideal! Rotten wir all das Beschränkte und Bedrückende des Nationalismus in und um uns aus! Streifen wir die Hüllen der Staatsnationalität ab, verwirklichen wir die Völkerfreiheit! Sie allein sei unsere Nation, eine Nation, die weder Staat noch Staatsgrenze oder Militarismus und Krieg mehr kennt.

* * *

Strahlend bricht das Licht der Sonne durch den grau bedeckten Himmel. Es funkelt glitzernd und perlend über die Schneeabhänge, über die Bergesgipfel dahin. Und jeder Strahl ist eine flammende Fackel, die in feurigen Buchstaben die Losung erteilt:
Auf, auf, ihr Krieger des Friedens – auf zur Tat im heiligen Geiste der Menschlichkeit!

* * *

Jahre des Krieges sind ins Land gezogen, Jahre des Leides, der Abgeschiedenheit, der Wiederverhaftung und Not liegen hinter mir.
Noch ist das Ende nicht abzusehen. Die Völker stöhnen und ächzen unter der furchtbaren, schier endlosen Selbstverblutung.
Ein Gespenst, ein Würgeengel geht um, eine Krankheit, die massenhaft aufräumt. Man nennt sie die »Grippe« – aber sie ist in Wahrheit das erste Anzeichen des Hungerödems. Die Nahrung, die der Staat verabfolgt, ist Betrug und Mord – ohne Nährwert, ohne Vitamine...
Auch uns hat die Krankheit erfasst. Zuerst beide Kinder, dann Sophie, zuletzt mich. Nur rasch ins Spital!
Dort sterben Junge wie Alte – die Entkräftung vollbringt ein Todeswerk der Erlösung... Noch gestern sprach ich mit meinem Bettnachbarn – und heute schon konnte ich meiner Frau in ihre Spitalsabteilung einen Zettel senden mit den lakonischen Worten: »Wieder ist mein Bettnachbar gestorben...«

* * *

Wankend verlassen wir vier gemeinsam das Spital. Wir haben es glücklich überstanden – noch lange wird es dauern, bis wir genesen sind.
Doch, was ist das? Unser Blick fällt auf die Anschlagtafel des kleinen Zeitungsladens, und wir können unseren Augen nicht trauen:
»Revolution!« – »Der deutsche Kaiser auf der Flucht!« – »Österreich ist eine Republik!« – »Die Front ist aufgelöst!« – »Das Volk weigert sich, noch länger zu kämpfen –«
Wildes, betäubendes Entzücken erfasst mich – ich taumle, und meine Gefährtin, obwohl selbst schwach, muss mich halten, damit ich nicht zusammenbreche.
»Mein Traum – er ist Wahrheit, ist Wirklichkeit geworden!«, stammle

ich. »Die Revolution – träume oder wache ich? Oh, dass ich nie aus diesem Traum erwachte!«

»Du wachst, es ist wahr! – Die Revolution, die Befreierin aller, hat Kaiser und Könige gestürzt und nun auch uns befreit!«

Und mir ist's, als wollte ich stöhnend ausrufen:

»*Gesegnet sei ihr Name, bis in alle Ewigkeit!*«

* * *

Anmerkungen:

1 Im Jahre 1913 entlarvte man das Mitglied des österreichischen Generalstabes Redl als Spion in russischen Diensten, der vornehmlich die strategisch-militärischen Pläne über Galizien und die Bukowina der russischen Regierung verkauft hatte.
2 Die Namen der serbischen Nationalisten, die im Juni 1914 das Attentat gegen den österreichischen Thronfolger begingen und das scheinbar den Anlass zum Beginn des Weltkrieges bot.
3 Eine der größten Irrenanstalten der Welt, am äußersten Ende des Bezirkes Hietzing in Wien gelegen.
4 »Wie möcht' ich gern Dein teures Antlitz, / Dein süßes Antlitz wieder sehn / Und unsere Hütte, dort, / Wo sich das Gässchen schlängelt. – / Seh' ich den Tanz der Sonnenstrahlen / Hör' ich den Klang der Glocken schallen, / Vor Sehnsucht möchte ich vergehen, / Dein holdes Antlitz wiedersehen! / Ob lang die Zeit, sie lindert nicht die Schmerzen, / Und Trennung bringt nur näher unsere Herzen: / In meinen Träumen zieht es mich zu Dir, / Zu Deinem Antlitz, Deinem holden, süßen, / Um Dich zu küssen, Dich zu küssen.« Die deutsche Nachdichtung stammt von Hans Harold Patzak-Edwards.
5 Und doch, selbst dieser Zustand ist noch ideal gewesen, denn im Jahre 1915, nach meiner zweiten Verhaftung und Einkerkerung im Garnisonsgefängnis, war der »Belag« meiner Zelle auf 33 gestiegen.

Quelle: Pierre Ramus (d. i. Rudolf Großmann), Friedenskrieger des Hinterlandes. Der Schicksalsroman eines Anarchisten im Weltkriege. Verlagsbücherei: »Erkenntnis und Befreiung im Sinne Leo Tolstois«, Mannheim 1924, 1–193, 291–311, 350–399.

Alfred Hermann Fried
Der Pazifismus von morgen

Aus bürgerlichen Verhältnissen stammend, durchlief Alfred Hermann Fried (1864–1921) zunächst eine Ausbildung zum Buchhändler. Seine ersten publizistischen Schritte wagte er in jugendlichem Alter, auch den Ideen des Pazifismus war er schon frühzeitig zugetan. Doch weder seine Schriften noch der 1889 aufgenommene Verlagsbuchhandel warfen größere Erträge ab, sein friedenspolitisches Engagement vollzog sich damit meist unter angespannten finanziellen Bedingungen. Im Jahr 1892 gründete Fried in Berlin die »Deutsche Friedensgesellschaft«, ab 1899 trat er als Herausgeber der »Friedens-Warte« auf. 1911 erhielt Fried den Friedensnobelpreis, die Universität Leiden verlieh ihm wenig später ein Ehrendoktorat. Nach dem Ableben Bertha von Suttners übernahm er deren Funktionen in der »Österreichischen Friedensgesellschaft«. Zu Kriegsbeginn 1914 musste Fried, nachdem er seinen Protest öffentlich kundgetan hatte, überstürzt in die Schweiz abreisen. Von dort aus versuchte er die Friedensarbeit fortzusetzen. Doch die Einschränkungen der Pressefreiheit erschwerten die Verbreitung der »Friedens-Warte«. Mit Bedauern musste Fried auch nach dem Kriege feststellen, dass die Lernfähigkeit der Staatsmänner nicht zugenommen hatte. Er äußerte die Befürchtung, dass ein weiterer Weltkrieg folgen werde, bevor die Chance auf ein friedlicheres Zeitalter gegeben sei.

Am 1. Juni vorigen Jahres, zu einer Zeit, als sich Europa noch des tiefsten Friedens erfreute, Erzherzog Franz Ferdinand noch unter den Lebenden weilte, und in Wien unter dem Ehrenvorsitz des Ministers des Auswärtigen, Grafen Berchtold, die Vorbereitungen für den XXI. Weltfriedenskongress betrieben wurden, schrieb ich an dieser Stelle [...] den Satz: »*Es ist vielleicht einer der gefährlichsten Augenblicke in der geschichtlichen Entwicklung unseres Erdteils, den wir durchleben. Gefährlich, weil die Verzweiflung die Entscheidung bringen kann und die Stimme der Vernunft in solchen Augenblicken an Macht verliert.*« Diejenigen, die heute über den »Bankrott des Pazifismus« triumphieren, uns Träumer schelten, die »weggeblasen« wurden, denen diese Ereignisse eine »arge Enttäuschung« bereiteten, sollen diesen

Satz nachlesen und den ganzen Aufsatz, in dem er enthalten ist, um sich zu überzeugen, wie unrecht sie uns tun. Jener Aufsatz – der letzte Leitaufsatz, den ich vor dem Kriege in diesen Blättern schrieb – ist »*Operieren oder Behandeln*« betitelt und gibt unumwunden den Zweifeln über jene nächste Zukunft Ausdruck, die sich erst nach dem 28. Juni, dem Tage von Sarajewo, in ihrer ganzen Gefährlichkeit zu zeigen begann. Ich führte darin aus, dass die Stimmen sich mehren, dass es so nicht weitergehen könne und dass wir Pazifisten in dieser Anschauung mit unseren Gegnern einmal einig sind. Doch drückte ich die Furcht aus, dass unsere Gegner im Besitze jener Einsicht zu verzweifelten Mitteln greifen, dass sie zum Schwerte greifen könnten, um den Ausweg zu finden, kurz, dass sie dem Übel durch eine gründliche *Operation* an den Leib rücken würden, während wir, wir Pazifisten, das Übel durch *Behandlung* glaubten bannen zu können. Ich schrieb dann: »Es könnte auch durch die Operation eine Änderung eintreten, es könnte, wenn der Höllenbrand einmal losgelassen, kein Gebilde mehr entstehen, das zum zweiten Mal dem Gewaltwahnsinn Lebenskraft geben würde. Es könnte aus dieser Operation ein neues Leben erwachsen, dem alle jene geschichtlichen Überbleibsel genommen sein würden, die die Entwicklung dieses Erdteils heute beeinträchtigen. Es könnte die Organisation der Welt, die Herrschaft des Rechtsfriedens durch diesen Gewalteingriff zur Wirklichkeit werden.« Dies alles sahen wir voraus, weigerten uns jedoch, diesen zur Operation drängenden Ideengang zu unterstützen, weil wir hofften, dass unsere friedlichere Methode des Behandelns das gleiche Ziel erreichen könnte.

Darin freilich haben wir uns getäuscht. Nicht in der Fähigkeit unserer Verfahrensweise, sondern in der uns gelassenen Zeit zu ihrer Durchsetzung. Es kam gar bald – wenige Wochen, nachdem dieses Menetekel hier geschrieben wurde – zur Operation.

Diese ist jetzt im Gange. Unsere Arbeit steht still. Sie wird aber bald wieder einsetzen müssen; denn wenn die Schwerter ihre Arbeit getan haben werden, dann wird es die Ideenwelt des Pazifismus sein, die zur Neuordnung der Dinge berufen erscheint.

Für diesen Augenblick müssen wir gewappnet sein. Nicht in dem Sinne, dass wir unsere Lehre nachzuprüfen hätten, dass wir Umwertungen vorzunehmen, neue Verfahrungsarten oder Gesichtspunkte aufzustellen hätten. Nein! Gerade wir Pazifisten, wenigstens soweit wir auf der wissenschaftlichen Grundlage des organisatorischen Pazifismus denken und wirken, haben nicht ein Jota an unserer Lehre zu ändern. Der Krieg war die Probe auf ihre Richtigkeit.

Unser Gewappnetsein hat einzig darin zu bestehen, dass wir den zu uns drängenden Massen, die sich uns anschließen werden, die sich uns heute bereits anschließen, Richtung, Zusammenhalt und vor allen Dingen Beschränkung auferlegen. Ja, Beschränkung! Täglich erfahren wir, dass das die erste Notwendigkeit sein wird. Das pazifistische Erwachen, das wir allenthalben wahrnehmen können, hat etwas Chaotisches an sich, das für den ersten Augenblick erschrecken könnte. Kein Wunder! Millionen Menschen fangen heute an, durch den Krieg dahin gebracht, über ihn nachzudenken und die Möglichkeit seiner Ausmerzung. Das ist die propagatorische Wirkung des Krieges, die zu erwarten war und an die wir dachten, als wir in der ersten Kriegsnummer dieser Blätter den Krieg als die Fortsetzung der Friedenspropaganda, »nur mit andern Mitteln«, bezeichneten. Diese neuen Millionen von Gleichgesinnten haben entweder von einer seit Jahrzehnten an der Arbeit befindlichen Friedensbewegung noch nichts gehört oder sie haben so unsinniges Zeug über sie vernommen, dass sie sich scheuen, es einzugestehen, dass sie jetzt selbst in der Richtung jener vielgeschmähten Bewegung denken. In beiden Schichten der neu aufkommenden Pazifisten macht sich, da sie durch unsere Schule noch nicht gegangen, ein *schrecklicher Dilettantismus* geltend. Ideen, die schon längst überwunden sind, die heute das Lächeln jedes ernsten Friedenstechnikers hervorrufen, kommen wieder zum Vorschein und suchen sich Geltung zu verschaffen. Zahllose neue Verbände werden begründet, glänzende Namen finden sich, um diese Verbände zu decken und ihren Leitsätzen und Forderungen Kredit zu verschaffen. Was der wissenschaftliche Pazifismus schon längst über Bord geworfen, das Konstruieren sozialer Gebilde, die künstliche Schaffung von Staatenbünden, von »Vereinigten Staaten Europas«, von Zwangsschiedsgerichten und zwischenstaatlichen Vollzugsunternehmungen, taucht jetzt neuerdings auf und wird mit dem frischen Eifer des Neulingtums vertreten.

Wenn diesem Dilettantismus freie Hand gelassen wird, so wird der wertvolle Elan, der jetzt überall hervorsprießt, verpuffen und für die Menschheit ohne Nutzen vorübergehen.

Hier heißt es rechtzeitig Abhilfe schaffen. Hier hat der Pazifismus sich zu wappnen für den bald kommenden Augenblick, wo seine geschichtliche Stunde schlagen wird.

Wir benötigen eine Organisation. Nicht in dem Sinne, das alle Regungen unter einen Hut zu bringen seien. Das wäre der größte Fehler; auch eine Unmöglichkeit. Die pazifistische Idee wird solchen Umfang annehmen, dass zu viel verschieden geartete Kreise für sie eintreten werden, deren jeder eine, ihrem besonderen Gesichtskreis entsprechende Organisation benötigen wird. Die Vielheit ist immer das Zeichen des Wachstums. Nur muss diese Vielheit Entfaltung, nicht Zersplitterung bedeuten. Das heißt soviel, alle diese auf verschiedenen Wegen nach einer bestimmten Richtung strebenden Bemühungen werden, wenn sie nützen sollen, ihre Kräfte doch gemeinsam geltend machen müssen. Nicht durch Mittelstellen und Groß-Verbände, die die verschiedenen Organisationen in sich aufnehmen sollten, sondern durch eine vorherrschende, Richtung gebende Organisation, die sich durch ihre eigene Bedeutung Achtung verschafft, ohne diese zu fordern. Ich denke dabei an eine politische Partei, die ich schon einmal empfohlen und als »Partei der internationalen Ordnung« bezeichnete, oder an eine wissenschaftliche Organisation, die sich die Förderung des wissenschaftlichen Pazifismus zur ausschließlichen Aufgabe machen sollte. Nebenher könnten sich dann so viele Verbände und Gesellschaften gründen, als nur gewollt werden; die Hauptsache wird sein, dass die geistige Richtung all dieser Gruppen von einer Seite aus nicht geleitet, wohl aber beeinflusst wird.

Es wird sich auch nicht bloß um die Regelung der zu erwartenden neuen Vereinigungen handeln, sondern auch um die Beeinflussung der neu erweckten pazifistischen Ideen in den Hunderttausenden von Einzelköpfen, die sich keiner Gruppe anschließen werden. Der Pazifismus wird nach dem Kriege sozusagen in der Luft liegen; es wird dann eine Körperschaft erstehen müssen, die diese Kräfte aus der Luft einzieht und in politische Kraft umwandelt. Pazifismus wird nach dem Kriege nicht mehr mit einer Vereinsangelegenheit verwechselt werden können. Die Vereine werden sich wohl mehren, aber sie werden immer nur eine Teilaufgabe erfüllen, die rohe Vorarbeit besorgen. Nachher wird es sich darum handeln, den von den verschiedenen Seiten aus vorbereiteten Rohstoff der Gesamtheit nutzbar zu machen.

Politisches und wissenschaftliches Denken wird die Hauptaufgabe sein, und die neu erstehenden Kräfte politisch und wissenschaftlich zu lenken, ohne dass diese es selbst gewahr werden, wird die große Pflicht der nächsten Stunde bilden.

Solange die neu erstehenden Gegner des Krieges, den Friedens*schluss* mit dem Frieden, den »Nichtkrieg« also mit der Friedensforderung des Pazifismus verwechseln, solange sie im Pazifismus noch immer das Streben nach einem »ewigen Frieden« sehen, die zwischenstaatliche Organisation noch immer nur in einem Staatenbrei sich vorstellen können, ohne den geschichtlichen Tatsachen Rechnung zu tragen, solange werden sie, so zahlreich sie auch kommen mögen, für unsere Bewegung wertlos sein. Sicherlich werden sich auch die Neuankommenden zu einem zweckdienlichen Denken und einem wissenschaftlichen Pazifismus durcharbeiten, aber wir, die wir diesen Weg bereits zurückgelegt, könnten und sollten aus Gründen des großen Zieles ihnen diese mühevolle und zeitraubende Arbeit sparen.

Wappnen wir uns also für die kommende Zeit dadurch, indem wir alles in Bewegung setzen, aufklärend auf die neu erstehenden Massen unserer bewussten und mehr noch unserer unbewussten Anhänger zu wirken, indem wir ihre Kräfte sammeln, ohne diese binden zu wollen. Wir haben in unseren alten Organisationen und in unseren alten Mitarbeitern den Rahmen und den Generalstab für jene künftige Arbeit. Passen wir deren Einrichtung und Aufgaben den zu erwartenden neuen Forderungen an. Die Stunde kann bald erscheinen, wo unser Handeln höchste *Pflicht* wird.

* * *

Quelle: Alfred H. Fried, Der Pazifismus von morgen. In: Ders., Vom Weltkrieg zum Weltfrieden. Zwanzig Kriegsaufsätze. Institut Orell Füssli, Zürich 1916, (zuerst erschienen im März-April-Heft der »Friedens-Warte« 1915), 77–81.

Rosa Mayreder
Der Haager Frauenkongress im Lichte der Frauenbewegung

Der Hintergrund einer gutbürgerlichen Wiener Familie gestattete es Rosa Mayreder (1858–1938), ihre Talente frühzeitig zu entdecken und erfolgreich umzusetzen. Das Wiener Künstlerhaus, aber auch verschiedene Ausstellungstätten außerhalb Österreichs zeigten ihre Aquarelle, in enger Verbindung zu Hugo Wolf wirkte sie am Musiktheater mit, in ihren Schriften behandelte sie vorzugsweise soziologische und kulturphilosophische Themen. Als »Grenzgängerin der Moderne« wandte sie sich gegen die Scheinmoral der bürgerlichen Gesellschaft, sie entlarvte Herrschaftsverhältnisse und trat für Aufklärung und politische Bildung ein. 1905 veröffentlichte sie die Essaysammlung »Zur Kritik der Weiblichkeit«, in der sie die patriarchalisch festgelegten Geschlechterrollen infrage stellt. In ihren Aktivitäten widmete sie sich besonders der Bildungsarbeit für Frauen, sie wurde Vorstandsmitglied im »Allgemeinen Österreichischen Frauenverein« und Mitherausgeberin der »Dokumente der Frauen«. Im Rahmen der internationalen Friedensbewegung trat sie gemeinsam mit Bertha von Suttner auf, wobei sie den Militarismus stets als eine typisch männliche Hervorbringung interpretierte. Mayreder wurde nach dem Ableben Suttners zu einer bestimmenden Leitfigur der österreichischen Friedensbewegung. Im April 1915 reiste sie zum Frauenkongress nach Den Haag, wo ein umfassendes Friedensprogramm verabschiedet wurde. Auf einer Veranstaltung in Wien am 18. Mai 1915 berichtete Mayreder neben Olga Misař und anderen Teilnehmerinnen über den Kongress.

Der Kongress sollte vor allem den Beweis liefern, »dass die Frauen es als eine freudig übernommene Pflicht betrachten, das gute Einvernehmen zwischen den Völkern wieder aufzurichten und die Gefühle des Hasses und der Rache zu bekämpfen.« Schon durch die Tatsache allein, dass sich Frauen aus den meisten Krieg führenden und neutralen Ländern zusammenfanden, um ihr Einverständnis und ihren festen Willen dieser Pflicht gegenüber zu dokumentieren, hat der Kongress einen wesentlichen Teil seiner Aufgabe erfüllt – und schon diese Tatsache allein zeigt, dass diejenigen Unrecht haben, die den Kongress für eine unzeitgemäße und aussichtslose Veranstaltung hielten. [...]

Denn seien wir uns nur immer klar über eines. Wenn die Frauenbewegung nicht eine fundamentale Veränderung der Zustände und Anschauungen zu bewirken vermag, wenn sie nicht Zeugnis gibt von einem fundamental anderen Fühlen und Denken, das eben erst durch die Frau im Weltgetriebe wirksam werden soll – dann ist ihr ganzer Kampf um eine andere soziale Stellung der Frau belanglos, weil er dann höchstens eine materielle Verbesserung ist unter der herrschenden Ordnung der Dinge, die ganz von Männern für Männer eingerichtet ist, so problematisch, das man wohl fragen kann, ob die Frauen nicht besser daran täten, ihren alten Platz am häuslichen Herde zu verteidigen, statt einen neuen durch den Konkurrenzkampf in dieser von Männerwerten regierten Welt zu suchen. Deshalb ist es für die Frauenbewegung unter allen Umständen das erste und wichtigste Ziel, auf eine Veränderung in der Rangordnung der Lebenswerte hinzuwirken und jene Werte in den Vordergrund zu stellen, die dem weiblichen Wesen gemäß sind. Niemals und unter keiner Bedingung sollte dieses eine große Ziel um anderer Vorteile und Rücksichten willen hintangesetzt werden.

Der äußerste und absoluteste Ausdruck der dem Weibe feindlichen Männerwerte aber ist der Krieg, wie er auch die letzte Konsequenz einer auf schrankenlose Machtkonkurrenz begründeten Zivilisation ist. Wo der Krieg und die ihn bedingenden Instinkte als das Höchste gefeiert werden, da bleibt für die Ideale der Frauenbewegung kein Raum – ja, es bleibt für die Frauen überhaupt kein anderer Platz als der, den sie bisher eingenommen haben. [...]

Ich vermag [...] keinen Widerspruch darin erblicken, dass man sich gegen den Krieg als solchen erklärt und zugleich von Bewunderung für die Männer bewegt ist, die mit heroischer Todesverachtung die furchtbaren Anforderungen an Gut und Blut erfüllen, die durch die herrschende Ordnung an sie gestellt werden. Auch gestehe ich, dass ich jene vereinzelten Frauen bewundere, die es an Mut und Todesverachtung den Männern gleichtun, indem sie sich freiwillig in die Reihen der Kämpfenden stellen. Ich bewundere sie, obwohl sie nach meiner Auffassung durchaus nicht dasjenige leisten, was für die Aufgabe der Frauen in einer zukünftigen Ordnung vorbildlich sein kann. Aber der physische Mut ist eben unter allen Umständen eine auszeichnende und bewundernswerte Eigenschaft, bei der Frau nicht weniger als beim Mann.

Ebenso hoch steht aber eine andere – das ist der moralische Mut, der für Überzeugung und Ideale auch dann kämpft, wenn sie schwierig zu verteidigen sind. Und von diesem Mut haben die Veranstalterinnen wie die Teilnehmerinnen des Kongresses ein rühmliches Beispiel gegeben. Es war eine schwere Aufgabe, mitten in der leidenschaftlichen Verwirrung von Hass und Wut, von der die europäischen Völker ergriffen sind, an die Gefühle der Gemeinsamkeit zu appellieren, die nicht verloren gehen dürfen, wenn nicht die Arbeit von Generationen vernichtet sein soll; es war eine schwere Aufgabe, mitten in dem Kampfgetümmel, das in Europa tobt, Frauen aus allen Ländern zur Bestätigung dieser unerschütterlichen Gemeinsamkeit aufzurufen; es war eine schwere Aufgabe, diese Frauen im gegenwärtigen Zeitpunkte zu versammeln und die ideologischen Forderungen der Frauenbewegung trotz ihrer praktischen Ohnmacht, unbekümmert um alle Hindernisse und Missdeutungen, öffentlich zu bekräftigen.

Und damit habe ich zugleich die drei Momente berührt, die meiner Meinung nach den unvergänglichen Ruhm des Kongresses bilden. Er hat die internationale Solidarität, die zu den ideellen Grundlagen der Frauenbewegung gehört, unter den schwierigsten Verhältnissen beglaubigt; er hat für die Unabhängigkeit dieser Solidarität von allen außen liegenden Ereignissen, mögen sie auch so ungeheuer sein wie der Weltkrieg, ein unwiderlegliches Zeugnis gegeben; er hat den Beweis erbracht, dass die subjektive Leidenschaftlichkeit und deren Gefolge von Verblendung und Parteilichkeit nicht, wie die Gegner der Frauensache behaupten, von der weiblichen Eigenart unzertrennlich ist, und mit diesem Beweise hat er der Frauenbewegung ein neues, weithin sichtbares Denkmal gesetzt.

Um aber all das zu beweisen, war es unerlässlich, dass der Kongress eben jetzt, im gegenwärtigen Zeitpunkt, inmitten des Krieges und der durch ihn entfesselten Leidenschaften veranstaltet wurde. Viele, die sich dem konkreten Programm des Kongresses gegenüber zustimmend verhielten, haben sich doch von ihm ferngehalten, weil sie den Zeitpunkt als verfehlt betrachteten und die Stimmung nach dem Friedensschlusse für geeigneter hielten, um den Anschauungen der Frauen Gehör zu verschaffen. Aber wer zeigen will, dass er nicht von dem verheerenden Strom der Kriegsleidenschaft mitgerissen ist, dass er die seelische Kraft hat, in dem allgemeinen Zusammenbruch der Kultur ihre zukunftsmächtigen Ideale unbeirrt festzuhalten, der darf nicht warten, bis die Flut verrauscht und der Boden wieder eben geworden ist.

* * *

Quelle: Rosa Mayreder, Der Haager Frauenkongress im Lichte der Frauenbewegung (Vortrag vom 18. Mai 1915). In: Neues Frauenleben: Organ der freiheitlichen Frauen in Österreich, 17. Jg., Nr. 5/1915, 98–101.

Walther Rode
Der Schlossberg von Laibach im Kriege

Walther Rode (1876–1934) studierte Rechtswissenschaften, promovierte 1900 und praktizierte anschließend als Anwalt in Wien. Seine Erfahrungen mit der österreichischen Gerichtsbarkeit machten ihn zunehmend zum Kritiker des Justizsystems und des Beamtenapparates, denen er eine Reihe satirischer Pamphlete widmete. Während des Ersten Weltkrieges als Ermittlungsrichter und als Verteidiger im Bereich der k. u. k. Militärjustiz in Laibach/Ljubljana eingesetzt, bemühte sich der »kriegerische Pazifist« (Daniela Strigl) um entschärfende Argumente bei den diversen Urteilsfindungen. Bereits 1915 aus gesundheitlichen Gründen wieder aus der Kriegsgerichtsbarkeit ausgeschieden, wurde Rode im Rahmen der »Österreichischen Politischen Gesellschaft« aktiv, die einen raschen Verständigungsfrieden herbeigeführt sehen wollte. Ausgehend von seiner publizistischen Tätigkeit entwickelte Rode bald ein Naheverhältnis zu Schriftstellern wie Anton Kuh, Leo Perutz, Joseph Roth oder Kurt Tucholsky. Mit der Deutschtümelei und dem Anschlussgedanken vermochte Rode in der Zwischenkriegszeit ebenso wenig etwas anzufangen wie mit der Idee eines Ständestaates. Ende der 1920er Jahre verabschiedete er sich in Richtung Genf, wo er als Zeitungskorrespondent beim Völkerbund tätig wurde. Der vorliegende Text über das Militärstrafwesen, speziell über das Gefängnis Schloßberg in Laibach erschien erstmals 1924 in der Wiener »Arbeiter-Zeitung«.

Das alte Österreich, in den Krieg mit fast allen Nationen des Erdballs verwickelt, hielt es für zweckdienlich, in solcher Kriegsbedrängnis auch noch den eigenen Völkern, den Völkern, aus denen es zusammengesetzt war, den Krieg zu erklären. Gleich zu Anfang des Krieges verwandelt sich die Monarchie in ein Verteidigungsgebiet gegen ihre eigenen Völker. Sie versetzte alle Teile des Reiches in den großen Belagerungszustand und malte jene Folgen, die die Entwicklung der Dinge gebracht hat, an die Wand, ja nahm diese Folgen in der Idee vorweg. Indem sich das alte Österreich nämlich in das offene Kriegsverhältnis zu seinen Völkern setzte, hat es sich von vornherein in die mit jedem Kriege verbundene Gefahr des Gebietsverlustes an den Feind begeben.

Österreich hat den Krieg gegen jene eigenen Völker verloren, die es schon bei Kriegsbeginn zu Feinden erklärt, als Feinde behandelt, in Feindschaft auf Leben und Tod, in das Handeln nach den Gesetzen der absoluten Feindschaft hineingehetzt hat. Zur Vorbereitung seiner Niederlagen gegen Russland und Italien hat sich Österreich seines Generalstabs, zur Vorbereitung seiner Niederlagen gegen Slowenen, Serben, Tschechoslowaken, Magyaren, Italiener und Rumänen hat es sich seiner Divisionsgerichte bedient.

An diese Seite des Weltkrieges, an die Wiederbelebung der Schloss- und Spielberge in der österreichischen Provinz, an das Wüten des schwarzgelben Terrors von Novoselica bis nach Cattaro, will ich erinnern, weil eine merkwürdige Reminiszenz an diese Tage, an den Wahnsinnsausbruch aller Kriegsparteien in Österreich, eine einstige Stadt dieses Reiches mit Festeslärm erfüllen soll. An diesem Sonntag, am 10. August, versammeln sich alle jene Slowenen aus Südsteiermark und Krain, die als Militärgerichtshäftlinge auf dem Schlossberg in Laibach gefangen gehalten wurden in dieser Stadt, um zu feiern, dass sie noch am Leben sind, dass sie siegreich ihre Haft, den Weltkrieg, das alte Österreich überlebt haben.

Was hat die Spionenriecherei, der Diensteifer der Gendarmen, der intime, gegenseitige Hass lokaler politischer Parteien, die Streberei toll gewordener Generalstäbler, Militäranwälte und Polizeikommissäre damals für eine merkwürdige Gesellschaft auf diesem Schlossberge versammelt! Ich habe die ersten Besiedlungen der Festung Laibach miterlebt und darf es heute aussprechen, dass ich in meiner Eigenschaft als Ermittlungsrichter und Verteidiger viele Bewohner Krains und des Küstenlandes davor bewahrt habe, Opfer jener pseudopatriotischen Verblendung und gewalttätigen, bei den Haaren herbeigezogenen Gesetzesauslegung zu werden, die jede durch das Phänomen des Krieges entkeimte Regung ersten politischen Denkens, nationaler Naturäußerungen und tiefer Abneigung eines friedlichen Volkes gegen Krieg überhaupt in Fesseln schlug. Dem Divisionsgericht in Triest, exponiert in Laibach, wurden Leute eingeliefert, weil sie gesagt hatten: Wohin kann dieser Krieg führen?« Oder: »Serbien kann nicht verhungern, weil es ein Agrarland ist.« Und die Auditoren zerbrachen sich die Köpfe darüber, ob die Behauptung dieser ökonomischen Tatsache Hochverrat sei, weil sich in der gefährlichen Feststellung ein Versuch darstelle, die Überwinderbegeisterung Österreichs angesichts der behaupteten Unüberwindlichkeit seines Feindes auf dem Felde der Aushungerung abzukühlen, oder bloße Aufreizung. Dem Bezirkshauptmann einer Bezirkshauptstadt Krains wurde der Prozess gemacht, der alte Mann bei Nacht und

Nebel in Haft genommen, weil er an seinem Stammtisch geäußert hatte: »Arme Slawen, wenn die Deutschen siegen.« Ein Triestiner Schuhmachergehilfe, ein Mann von sechzig Jahren, der bei der Platzmusik auf der Piazza di caserna in Triest die orphischen Worte in seinen Bart gemurmelt hatte: »Polenta, polenta, merda, merda«, wurde angeklagt und verurteilt und hiedurch diesem Realisten des Schusterkneips, dem mitten im Gedränge militärischen Glanzes und der Werbung der Pauken der Gedanke über die Lippen huschte: erst die kümmerlichste Ernährung und dann erst nationale Ehre, Patriotismus und Länderraub, die Ostentation solch schmählicher Schustergesinnung in großen Momenten der Geschichte für alle Zeiten heimgezahlt. Quidquid delirant reges – plectuntur Achivi. [Für jede Raserei ihrer Könige werden die Achaier bestraft] [...]

Unter den Gefangenen des Laibacher Schlossberges konnte man viele Monate die mächtige Erscheinung eines slowenischen Katecheten beobachten, der ununterbrochen lächelnd im Festungshof durch die Gruppen seiner Schicksalsgenossen hindurchschritt. Dieser interessante Mann hatte einen Schüler des Triestiner deutschen Gymnasiums, der die originelle Bemerkung machte: Gott strafe England!, mit den Worten zurechtgewiesen: »Was redest du, dummer Bub: Gott strafe England – Gott verzeihe Österreich.« Der Schlossberg in Laibach bevölkerte sich von Anfang August bis zu Weihachten 1914 mit Görzer Lyzealschülerinnen, die in Schulaufgaben verdächtige Anspielungen auf Österreich gemacht hatten, mit Advokaten aus Triest und dem Küstenland, mit slowenisch-nationalen Landgeistlichen, Politikern, die kaltgestellt werden sollten und denen daher irgendeine Staatsgefährlichkeit angedichtet werden musste; mit Bauern aus Tolmein, die Einberufungsbefehle ignoriert hatten, mit einer Unmasse von verblüfften, sonderbaren, ja exotischen Gestalten. Eines Tages wurden zwanzig echte Inder eingeliefert. Ein Triestiner Polizeikommissär von weitem Blick empfand Anlass, seiner Kenntnis der politischen Geografie zu entnehmen, dass diese Inder, Heizer auf den Schiffen des österreichischen Lloyd, in dieser ihrer Eigenschaft als Inder eigentlich englische Staatsbürger seien, und er ordnete ihre Internierung in Laibach an. Die armen Inder vertrugen den Laibacher Winter schlecht. Jede Woche mussten einige von ihnen begraben werden.

Die Festung Laibach, seit Jahrzehnten unbenützt und verfallen, war ein gräulicher Aufenthalt. Der alte Bau war unheizbar, die Verputzung in den Schlafräumen und Verließen hatte sich längst vom Ziegelwerk abgelöst, in den Steinkammern der Festung rieselte das Wasser an den Wänden herab. In diese Feste wurden Hunderte und Aberhunderte geworfen: Greise und Kinder, Wöchnerinnen und Lungenkranke. Aus den Fenstern des im ersten Stock gelegenen Einvernehmungszimmers, in dem nichts stand als ein wackeliger, wurmstichiger Weichholztisch und ein noch wackeligerer Sessel, konnte man mittags im Hofe der Festung eine Gefangenenpromenade sehen, so seltsam und vielgestaltig, so erschütternd und höhnisch zugleich, wie sie die kühnste Fantasie eines wahnsinnig gewordenen Filmregisseurs größten Stils zusammenzustellen außerstande gewesen wäre.

Die Festung auf dem Schlossberg zu Laibach beherrschte das slowenisch-italienische Land bis zur Südspitze von Istrien. Unter der verschüchterten Bevölkerung kreisten die abenteuerlichsten Gerüchte über die Geheimnisse, die die Festung barg. Hohenlaibach ist ein furchtbares Wahrzeichen geworden des untergehenden Österreich, das im hohlen Spiegel seiner Gewissensangst überall Hochverräter sah und so durch Beschwörung zeugte, in seinem letzten Kampfe gegen seine von ihm selbst zu neuen Staatsgebilden gedrängte Bevölkerung. Die Lösung des Rätsels, wie man mit einer Einwohnerschaft, die man bösartig terrorisiert, mit Auditoren züchtigt, gleichzeitig einen Krieg erfolgreich bestreiten soll, ist Österreich schuldig geblieben. Die Gefangenen haben über ihre Kerkermeister gesiegt, Österreich hat den vielfältigen, von ihm angezettelten Hochverratsprozess an die Geister, die es rief, verloren. Die Geschichte hat entschieden, dass die österreichischen Völker dem Gefängnis Österreich entwachsen waren.

* * *

Quelle: Walther Rode, Der Schlossberg von Laibach im Kriege. In: Arbeiter-Zeitung, Nr. 218, 8. August 1924, 3–4.

Albrecht Mendelssohn Bartholdy

Der Krieg als Erzieher zum Frieden

Der Staatswissenschaftler und Völkerrechtsexperte Albrecht Mendelssohn Bartholdy (1874–1936) hielt Ende des Jahres 1916 in Frankfurt am Main mehrere Vorträge, die er unter dem Titel »Bürgertugenden in Krieg und Frieden« in gedruckter Form zusammenfasste. In diesem Sammelband wendet sich Mendelssohn Bartholdy gegen die gängige Praxis von der Vergeltung des Unrechts mit Unrecht, gegen den Imperialismus und zeigt insbesondere auf, wie sich die Kriegstreiber erstmals erfolgreich der modernen Massenkultur bedienen. Der Titel des ersten Vortrages lautet »Das Problem: Der Krieg als Erzieher zum Frieden«. In dieser Darstellung erweist sich Mendelssohn Bartholdy als ein entwicklungsorientierter Denker. Er erkennt im Kriege eine Zwischenstation auf dem Weg zu einer globalen Ordnung, die den »ewigen Frieden« zu verwirklichen imstande ist. Nach seiner Überzeugung wohnt dem Krieg ein erzieherisches Moment inne, das auf lange Sicht gesehen zu einer Einhegung der Gewalt führt. Der Enkel des Komponisten Felix Mendelssohn Bartholdy studierte Rechtswissenschaften, promovierte 1898 und habilitierte sich zwei Jahre später. Albrecht Mendelssohn Bartholdy lehrte an den Universitäten Leipzig und Würzburg, bevor er als Professor für Zivilprozess, Auslandsrecht und Rechtsvergleichung an die Universität Hamburg berufen wurde. Nach dem Machtantritt des NS-Regimes zur Emigration gezwungen, ging Mendelssohn Bartholdy nach Großbritannien, wo er bis zu seinem Ableben als Senior fellow in Oxford tätig war.

Heute sind wir [...] voll Sorge um das Leben der Jugend des Volkes. Ihr Leben ist das kostbarste Gut, für das kein Leiden und keine Not der Älteren zu schwer zu zahlen ist. Wo die stärkste Lebenskraft unter den nachwachsenden Menschen ist, da wird der Sieg zuletzt sein. Wie wenig ist ein Leben – das konnten die sagen, die es hingaben. Aber zwischen der Erinnerung an sie und der Hoffnung auf das, was ihre Kinder werden sollen, stehen wir Übriggebliebenen und sagen: Wie viel, wie über alle Maßen viel ist ein Leben! Und wir verstehen den Prediger Krieg nicht mehr wie wir am Anfang geglaubt.

Ist es anders mit dem Erzieher Krieg? Was sind nicht für Hoffnungen auf ihn gesetzt worden! Auf seine Zucht vertraute, wer irgend mit seinen Lehrern oder den Lehrern seiner Kinder im Frieden unzufrieden war, ein stattlicher Haufen; und auch mancher Lehrer, der mit seinen Schülern nicht fertig werden konnte, mag sie gern der strengeren Rute des Soldatenwesens überlassen haben. Der sah zu viel Stubenhocker unter den Jungen, zu viel Wissen und zu wenig Willen, der Krieg soll die Bücherweisheit austreiben und den Lebensfremden kopfüber eintauchen, dass er fürs Leben schwimmen lernt. Dem war das neue Geschlecht zu frei und zuchtlos und hatte zu früh den Kinderglauben verloren, zu frech das Leben entblößen und sezieren gelernt; der Krieg soll diesen Schülern, die sich selbst vor dem Teufel im Professorentalar nicht fürchten, das heilsame Gruseln und die Scheu vor etwas, was es über ihnen gibt, beibringen. Hier schalt man die Weichheit des Gefühls ein Grundübel im deutschen Volk; der Krieg sollte es hart machen. Dort kämpfte man gegen die verhärteten Interessenpolitiker, die nur ihren Gewinn und kein Recht des Nebenmenschen kennen; der Krieg sollte sie dazu erziehen, dass einer für den andern da ist.

Aber auch hier ist, was in den ersten Tagen sonnenklarste Erfüllung schien, dunkler und dunkler geworden. Ich will nicht von dem sprechen, was jeder von uns im eigenen Haus und beim nächsten Nachbarn sieht. Wir brauchen uns nicht auf die Enge des Einzelerlebnisses zu beschränken. Wir können die Feinde selbst fragen: Wozu hat euch der Krieg erzogen? Zeigt es uns an eurer Kunst, an eurer Wissenschaft, wenn es zu viel verlangt ist, dass ihr es an eurer Religion und Sitte zeigt!

In allen diesen Dingen sehen wir, gleichviel in welches der feindlichen Länder wir blicken, den Krieg als Verderber, den Krieg, der niedrig und schlecht macht, den Krieg, der in den Fluss des Lebens, in den Strom, der sich sonst selbst von Schlamm und Geröll zu reinigen wusste und dessen Wellengischt in lauterer Klarheit das Licht des Tages und bei Nacht die Sterne widerspiegelte, den Krieg, der in diesen Fluss des Lebens gefallen ist wie ein giftiges Abwasser, alles Gesunde in ihm tötend, Tiere und Pflanzen, in denen er atmet, zu Pestleichen verwandelt, dass er trüb und bitter dahergefahren kommt, ein Gräuel der Verwüstung – aber ich will nicht in Bildern von diesen Dingen reden; ich will eine nüchterne Rechnung darüber aufmachen. Jeder Mensch, der über den Staat und das Volk, dem er zugehört, nachdenkt, hat heutzutage schon im Frieden die Sorge darüber, dass die Erzeugung der kostbarsten geistigen Güter, der Werke, die die Menschen überdauern und zuletzt mehr als irgendein anderes Produkt der Arbeit den Sinn des Volkes selbst und deshalb auch den Sinn seiner Zusammenfassung und Erhaltung im Staat ausmachen, geschädigt wird durch die erstickende Anzahl der Schriften, Bilder, Musikstücke, die als Schleuderware hergestellt, der Mechanisierung im Denken, im Erfinden, im Darstellen und Abbilden dienstbar sind. Hier ist ein Streichquartett, von einem Meister der Kunst in jeder Linie der Stimmführung in allen Verhältnissen des Aufbaus aus innerstem, reinstem Geist neu geschaffen, von vier Künstlern gespielt, jeder legt seinen ganzen Menschen in den Strich des Bogens und in den Griff auf den Saiten, und zugleich fügen sie sich ineinander, erreichen jene geistige Gemeinschaft, nach der wir durch unser Selbstbewusstsein vereinsamten Menschen uns in unsern besten Stunden sehnen. Dort aber ist ein Gassenhauer, eine von den Tonfolgen, die, vielleicht aus einem Volkslied oder dem Gedanken eines großen Musikers herausgekommen, immer gemeiner werden, bis sie nur noch grobe Körperlichkeit sind und deshalb die Kraft haben, von den Menschen mit körperlicher Zudringlichkeit Besitz zu ergreifen; und dieser Gassenhauer wird auf einer Grammofonplatte abgewalzt, nicht einmal, zwanzigmal, hundertmal, tausendmal, wie die Platte und der Stift sich abnützen, immer scheußlicher kreischend, immer falsch verderbter. Hier ist das Trauerspiel, in dem ein großer Dichter die Welt und sein eigenes Wesen spiegelt, hier ist, was Shakespeare für England, was Corneille und Molière für Frankreich sind, was Äschylos, Euripides, Sophokles für die Welt; wir hören sie und gewinnen unseren Seelen über alle Schrecken des Zeitlichen weg ein Stück Ewigkeit. Und dort ist das Kinematografentheater, das uns dazu hilft, ein Stück von unserer Zeitlichkeit noch kürzer und kleiner zu machen. Hier ist das Buch, in dem der Geist eines Volkes sich ausspricht, ein Buch, das in der Geschichte dieses Volkes dann steht wie ein Gebirge, das dem Land sein Gesicht gibt, ein Buch wie Don Quichotte für den Spanier, wie Tolstoi's »Krieg und Frieden« für den Russen. Und dort ist der Leitartikel, das Feuilleton, das »Vermischte« in der Tageszeitung. Nun rechnen Sie mit diesen Größen nach, was der Krieg gebracht hat. Er hat die mechanisch gearbeitete und deshalb fort und fort mechanisierende Dutzendware, den geringen Massenartikel, die niedrigste Form der Unterhaltungskunst, jener Kunst, die die Zeit vertreibt, statt sie zu füllen, überall in ihrem Einfluss tausendfältig gestärkt. In neutralen Ländern sind Ausstellungen von Kriegsbildern, von der Augenblickszeichnung bis zum großen, sich historisch gebärdenden Staatsgemälde zu sehen gewesen; aber nirgends hat die Leidenschaft des Gefühls, die doch wahrhaftig unsern Feinden nicht fehlt, ihre Erlösung im künstlerischen Ausdruck gefunden; nicht die von menschlichem Geist gestalteten Umrisse, nicht von der Hand eines großen Sehers und Deuters gezogene Linien werden das Bilder der Kämpfe überliefern, nur der dürftige Ausschnitt der Kamera in vielen hunderttausend Aufnahmen zerschossener Häuser, aufgewühlter Erdlöcher, geknickter Baumstämme wird bleiben, und der Mensch dieser Zeit wird dazu gegeben haben nur eines: die Fälschungen, die hinter der Front gestellten Sturmangriffe, die Übertreibung der Schäden an der Kathedrale von Reims. Die Kinematografentheater waren für die städtische Jugend ein Einfluss von kaum zu ermessender Bedeutung geworden – denn dieses heranwachsende Geschlecht hat alles, was der Mensch und besonders der Mann früher vom Leben selbst in natürlicher, weise zurückhaltender Folge erfuhr und annahm, hat jede Art geschlechtlichen Verkehrs, hat jedes Laster und jede Art des Sterbens, hat alles, was großer Reichtum, und alles, was körperliche Schönheit im Leben bedeutet, als 14- oder 15-jähriger Zuschauer bis zur völligen Abstumpfung erfahren und angenommen und hat sich dazu die Rolle des Zuschauers, vor dem gespielt wird und der auch im gewaltsamsten Geschehen nur die Regie sieht, gründlich angewöhnt. Der Krieg hat das aus der Stadt hinausgetragen bis ins letzte Dorf; jeder Soldat in der Ruhestellung, jeder Verwundete in der Erholungszeit wird vom Krieg zum Kinematografenbesucher erzogen. Hunderttausenden, Millionen wird der natürliche Sinn, den das Volk für einfachen Gesang und für unverdorbene Tanzweisen hat, durch das Grammofon zerstört, das in den Lazaretten und den Lagern seinen Tingeltangelschlager mit dem zweideutigen Kehrreim oder seine Caruso-Arie abschnurrt, und unterdessen tötet der Krieg die jungen Musiker, die eigene Töne hatten; er hat Strawinsky den Russen genommen, den Romanen jenen Spanier Granados, auf den sie ihre stärkste Hoffnung gesetzt hatten. Vom letzten sage ich nur ein Wort: von dem Vorschub, den der Krieg den Zeitungen und jeder Art von Eintagsschriftstellerei leistet. Kein Buch wird heute gedruckt, das man übers Jahr noch wird lesen können. Aber wir sind so weit gekommen, dass die Bibliotheken sich darauf einrichten, Zeitungen zu sammeln und aufzubewahren, und so weit, dass man sagen kann: Lasst die Weisen aus aller Herren Länder ihre Klugheit und die Heiligen aus allen Erdteilen ihre Frömmigkeit zusammentragen und trachten, dass sie den Krieg durch weise und gute Worte endigen, und ihre Mühe wird in den Wind gegeben, eitel und unnütz sein. Aber lasst in der ganzen Welt vier Wochen lang keine Zeitung erscheinen und der Krieg ist aus und vorbei!

Diese Erziehung der Völker sehen wir mit der Schärfe des Auges, die heute jeder für den Kriegsschaden der feindlichen Staaten hat. Aber wer weiß den Sinn dieser Erziehung zu sagen? Wer kann sie recht vereinen mit den guten Lehren der Kriegs-Schule, die wir doch, bei den Gegnern wie bei uns, auch in klarster Schrift in das Buch der Volksgeschichte eingezeichnet finden? Das sind die dunklen Worte im Spiegel, im oft so blinden Spiegel unserer Jahre. Ich stehe nicht hier, um den Zeichendeuter zu machen. Wir müssen uns bescheiden. Manches wird uns der Ausgang des Kriegs deutlich machen; anderes wird erst gelöst durch die Art, wie wir den Frieden ertragen. Jedes Volk ist im Krieg ein Belsazar in seinem Königsschloss, der den Becher der Ruhmsucht, von Macht trunken, gegen den verschlossenen Himmel hebt und sich vermisst: Ich vollbring es

Und sieh! Und sieh! An weißer Wand
Da kams hervor wie Menschenhand
Und schrieb, und schrieb an weißer Wand
Buchstaben von Feuer, und schrieb und schwand.

Die Magier haben dem König die Flammenschrift nicht deuten können; Belsazar hat erst, als die Knechte ihn nachts überfielen und umbrachten, den Sinn der feurigen Buchstaben erfahren.

Aber auch für den Vorsichtigsten und Frömmsten hat der Krieg *einen* unmittelbaren Sinn, einen Sinn, der einfach und ohne dass man darüber noch einmal in den Frieden hinüber zu schlafen brauchte, angenommen und verstanden und wie ein Gebot befolgt sein will. Der Krieg ist der große Offenbarer der Fehler und Tugenden, der Stärke und Schwäche eines Volkes. Im Frieden verdecken wir das Übel und müssen es verdecken; nur krankhafte Feindseligkeit gegen jede staatliche Ordnung kann das anders wollen und tun. Wer in der Ruhe, im gleichen Maß, in der Sicherheit des Friedens leben, und nicht faul und wohl leben, sondern in rechter strenger Arbeit leben will, der muss sich damit abfinden, dass er die Einrichtungen des Staates und die Lebensformen der Menschen im Staat nur von der einen Seite, mit der sie nach vorn gestellt sind, zu sehen bekommt. Aber der Krieg bricht diese Ordnung; er dreht die Dinge herum und stellt sie auf den Kopf, er reißt mit einem 42cm-Geschoss die Fassade des Hauses ein und setzt den Kehricht aus dem hintersten Hofwinkel oben drauf. Wir haben im Deutschen eine Redensart, die für den Krieg passt, als sei sie ihm angemessen:

Er legt die Finger auf die wunde Stelle.

Da heißt es, wenn der Krieg nicht umsonst durchgekämpft und gewonnen sein soll, zusehen, da heißt es heilen und bessern, und wenn der Friede wieder da ist, auf diese Stelle achten, dass sie nicht wieder krank wird. Denn es gibt nur eine Wahl: Entweder ist der Lauf der Welt und in ihm Frieden und Krieg eine zwar in sich notwendige, aber sinnlose Folge von Ereignissen, die sich auseinander ergeben, deren erstes aber ein Wunder im schlechten Sinn, ein alberner Zufall war; oder es ist in diesem Wettlauf Plan und Ordnung; es ist für ihn der Anfang gesetzt, damit sich Fortgang und Vollendung daran schließen. Ist das so und haben wir das zweite für das dem Menschenverstand allein Gemäße erkannt und angenommen, so wollen wir im Weltplan nicht mehr Hemmnisse oder gleichgültige Unkräuter sein, über die das Schicksal seinen Weg weggeht; wir wollen vielmehr mitgehen, mitgenommen werden, im Lauf helfen. Dazu muss uns alles dienen, auch der Krieg; dazu ist er verordnet. Er zeigt den Fehler auf, der im Frieden so bösartig gewachsen ist, dass er nicht mehr zugedeckt bleiben kann. Er vertilgt vielleicht das kranke Glied des Weltkörpers. Aber wenn er es nicht vertilgt, so zeigt er die Krankheit, damit wir an ihre Heilung gehen. Er droht: Ich komme wieder und wieder, bis ihr zum Untergang reif oder bis ihr heil seid. Und in dieser Drohung liegt das Versprechen: Ich komme nicht mehr, wenn ihr ohne Fehler seid – ich habe noch bessere Hoffnung und sage vom Krieg: Wenn unsere Fehler so leicht sind, dass wir auch im Frieden offen über sie reden und sie heilen können, dann ist das ewige Reich des Friedens da, und der Krieg kann nicht mehr kommen; er muss uns in Frieden lassen.

* * *

Quelle: Albrecht Mendelssohn Bartholdy, Das Problem: Der Krieg als Erzieher zum Frieden. In: Ders., Bürgertugenden in Krieg und Frieden, Verlag von J. C. B. Mohr (Paul Siebeck), Tübingen 1917, 6–13.

Adam Scharrer
Vaterlandslose Gesellen

Adam Scharrer (1889–1948) kam unter kärglichen Bedingungen in Mittelfranken zur Welt. Nach seiner Ausbildung zum Schlosser begab er sich, wie viele andere Handwerker damals auch, auf die Walz. Seine Wanderjahre führten ihn durch Deutschland, Österreich, Italien und die Schweiz. 1916 wurde er zum Militärdienst an der Ostfront eingezogen. Zu diesem Zeitpunkt hatte er jedoch schon erste Kontakte zu Kriegsgegnern geknüpft. Er fand Anschluss an die revolutionären Kräfte und unterstützte im Jänner 1918 die Streikbewegung der Beschäftigten in den Munitionsfabriken in Berlin. In seiner späteren Karriere als Arbeiterschriftsteller verarbeitete Scharrer diese Erlebnisse in seinen Roman »Vaterlandslose Gesellen«. Als Gegenstück zur bürgerlichen pazifistischen Literatur stellt Scharrers Buch nicht nur eine Abrechnung mit dem Wilhelminischen Deutschland dar, es dokumentiert im Besonderen den von unten wachsenden Widerstand gegen den Krieg, die Zusammenkünfte der oppositionellen Gruppen innerhalb der Sozialdemokratie sowie ihre Aufklärungsarbeit, die der Novemberrevolution voranging. Unter den wirtschaftlichen Bedingungen der Weimarer Republik erlebte Scharrer lange Strecken der Arbeitslosigkeit, 1933 verließ er Deutschland in Richtung Tschechoslowakei. Die Jahre des Zweiten Weltkrieges verbrachte er in der UdSSR, wo er u. a. mit Oskar Maria Graf verkehrte.

Eine Spannung vibriert in mir, in allen Genossen, der Blick ist auf die Januartage [1918] gerichtet. Die erste große politische Kraftprobe steht bevor: Massenstreik der Munitionsarbeiter.

Ob es gelingt, durch einen kühnen Vorstoß die wirbelnde Strömung zu erfassen? Wuchtend liegt der Belagerungszustand auf den Schultern der großen Arbeitsarmee. [...]

In den Betrieben fragt man: »Was wird nun, geht es bald los?« Die Arbeiter fühlen, dass eine unterirdische Organisation den Hebel ansetzt, sie als Massen aufmarschieren zu lassen, an einem Tage, mit einem Schlag. Das »A« stand schon in allen Flugblättern. Das »B« ist unterwegs. »Montag, den 7. Januar, Beginn der Massenstreiks!«

Eine ungeheure Hetze gegen die »revolutionären Obleute« setzt ein. »Unverantwortliche Elemente wollen die Arbeiter ins Unglück stürzen.« – »Verbrecher am Vaterlande!« – »Jetzt, wo alles doch nur noch Wochen zusammenzustehen braucht, um den Sieg zu erringen.«

Die Einschüchterungsversuche beginnen. Die Drohung mit dem Heldentod soll wieder schrecken. [...]

Die Funktionäre beschließen, dass nach der Frühstückspause die Arbeit nicht wieder aufgenommen wird. Die Vertrauensleute haben in geschlossener Kolonne und demonstrativ die Arbeit zu verlassen, zum Zeichen für die Belegschaft. Wo Abteilungen in den Streik treten, sollen sie die Tore nicht einzeln verlassen, sondern andere Abteilungen ermuntern, den ganzen Betrieb so aufrollen, der Betrieb wieder, wenn nötig, den ganzen Flugplatz.

Es klingelt nach der Pause. Die Meister, Vorarbeiter, Volontäre, Spitzel stehen – laut Instruktionen der Betriebsleitung – inmitten des Saales um die Meisterbude angetreten, um jeden »Rädelsführer« zu erkennen. Die Arbeiter gehen verlegen an ihre Plätze, suchen zwischen den Werkzeugen, rücken die Bänke ein. Zickel – sie nennen ihn Oberammergauner – erscheint im Saal, grinst zufrieden und verschwindet wieder, läuft durch alle Abteilungen. Brunner arbeitet eifrig. Krüger steht unschlüssig, Langenscheid schaut zu mir her, geht dann an mir vorbei und sagt leise: »Komm!«

Ich folge ihm in die Toilette. »Mensch!«, sagt er, »jetzt wird's brenzlich! Jetzt heißt es, den Hunden ein Schnippchen zu schlagen. – Hier! Kleb den Zettel am Brett an; ich renne rasch in die Tischlerei, vielleicht kann ich die rüberholen.«

Auf dem Zettel steht mit Bleistift geschrieben: »Arbeiter, lasst euch nicht einschüchtern! Werdet nicht zu Streikbrechern! Legt die Arbeit nieder!«

Ich gehe in raschem Tempo am Schwarzen Brett vorbei an meine Bank, dann mit den Werkzeugmarken und einem Bohrer wieder zurück, zur Werkzeugausgabe. Auf dem Rückweg bleibe ich vor dem Schwarzen Brett stehen und lese in den Bekanntmachungen des »Oberkommandos in den Marken«.

Als ich wieder an meiner Bank stehe, sammeln sich vor dem Schwarzen Brett bereits die »Neugierigen« und lesen, bleiben stehen, immer mehr kommen. Auch ich gehe wieder zurück und »lese«.

Meister Horn kommt und fragt. »Was ist denn hier los?«

Er steht schon mitten unter dem Haufen. Krüger bricht das Schweigen: »Den hat wohl Zickel angeklebt!«

Der Bann ist gebrochen. Die Abteilung verlässt den Betrieb. Der Hof ist schwarz von Menschen. Riedel kommt über den Hof gestampft und gibt Auskunft: »Alles ist raus!« Langenscheid rennt rasch zurück und zieht sich um. Die Arbeiter und Arbeiterinnen gehen schweigend zum Tor hinaus, über den Flugplatz, sehen die Arbeiter der anderen Betriebe nach dem Bahnhof marschieren. Ihre Augen beginnen zu leuchten: Einer für alle, alle für einen!

Versammlungen, auch unter »freiem Himmel«, sind verboten. Wir marschieren in den verschneiten Wald, versammeln uns dort. Drei Kollegen werden bestimmt, die das verbindende Glied mit der Streikleitung bilden, unter ihnen Langenscheid und Riedel. Aller Streit ist verschwunden. Riedel wird auf die Schultern zweier Kollegen gehoben und sagt: »Kollegen und Kolleginnen! Ihr wisst wohl alle, um was es geht. Wenn wir in den nächsten Tagen vielleicht nicht immer zu euch sprechen können, lasst euch nicht einschüchtern. Fallt nicht auf die Schwindeleien herein, die nicht ausbleiben werden. Die Vertrauensleute werden euch immer auf dem Laufenden halten. Jetzt heißt es durchhalten – für uns! Jetzt gilt es zu zeigen, dass wir zu kämpfen verstehen!«

Ein Ruck geht durch die Reihen. Die Uneinigkeit ist verschwunden. Endlich! Riedel steht mit entblößtem Kopf über den Massen, sein langer Bart flattert im Wind. Sein mageres Gesicht ist wie versteinert. Seine schwarzen Augen springen unruhig hin und her, aufrüttelnd, wie der Groll seiner abgehackten Worte.

Die Vertrauensleute geben Auskunft über das Verbindungslokal. Wir müssen eilen, um nicht von den aufgebotenen Schutzleuten oder Truppen aufgestöbert zu werden.

Der Zug marschiert nach dem Treptower Park. Die großen Plätze sind abgesperrt. Schützenketten mit scharf geladenem, entsichertem Gewehr sind darüber hingezogen. Aber immer zahlreicher werden die Massen, die um sie herum marschieren, stumm, hungrig, frierend, erbittert. Die ganze Armee der Polizeispitzel in Zivil versucht, sich unter die Demonstranten zu mischen, um den zu haschen, der es wagt, ein Wort zu den Aufständischen zu sprechen, das alle erwarten. Die Stoßkraft der Rebellenarmee soll durch erzwungenes Schweigen erschüttert werden.

Die einzelnen Betriebsbelegschaften kommen auseinander, verlieren den Anschluss. Jeder fühlt: Das Schweigen muss gebrochen werden, ein trotziger Appell die Antwort auf zermürbenden Terror sein.

Am Karpfenteich unterbrechen wir unsern stummen Marsch. Alle zuverlässigen Vertrauensleute werden herangeholt. Um Langenscheid wird eine dicke Mauer gebildet aus zuverlässigen Arbeitern und Arbeiterinnen. Dann duckt er sich, stülpt einen Kopfschützer über die Ohren, einen großen schwarzen Filzhut über seinen Schädel, einen dicken Schal um den Hals und zieht sich einen ihm viel zu großen Paletot an. So heben sie ihn auf die Schultern. Aller Augen hängen an ihm, als er spricht:

»Arbeitsbrüder und -schwestern! – Das Maß ist voll! – Wir lassen uns nicht länger wie Vieh behandeln! – Lieber für die Sache des Proletariats sterben, als für den Kapitalismus und Militarismus länger morden und hungern! – Wir ziehen in die Stadt, vereinigen uns mit unseren Brüdern zur Demonstration gegen den Krieg! – –«

Dann verschwindet Langenscheid wieder, zieht sich seine blaue Marinejacke an, setzt seine Schirmmütze auf und geht als harmloser Mitläufer mit im Zuge, die Köpenicker Landstraße entlang.

Sie wollen gemeinsam bekunden: Man kann nicht Millionen mitsamt ihren Kindern vernichten, ohne dass sie auf ihre Weise dagegen protestieren. Noch wollen sie weiter nichts! Eine Ahnung, von weither noch dämmernd, mag sie beschleichen, dass erst der Anfang gemacht ist, der Aufmarsch sich erst vollzieht zu der großen Schlacht, in der andere Kräfte in den Schützengraben ziehen. Nicht an den Grenzen der Vaterländer entlang, sondern durch sie hindurch, die Front der Ausgebeuteten gegen die Ausbeuter. Aber den Weg, den sie heute marschieren, hat noch nicht das klare Bewusstsein, sondern der Hunger erzwungen, es ist der Weg der friedlichen Demonstration.

Da stehen sie schon vor einem Trupp berittener Schutzleute. »Zurück!«, schnauzen die bespornten Vaterlandsverteidiger dem »inneren Feind« entgegen.

Sie stutzen. »Was wollt ihr von uns! – Sollen wir willenlos verrecken?!«

»Zurück!«

Sie, die morgens mit wehem Herzen von ihren rachitischen Kindern gehen, deren Väter sterben und faulen im Eisenhagel und Gas, spüren mit einem Male die kalte, unerbittliche Verhöhnung. Ein Stück Papier fliegt einem Gaul unter den Bauch. Er tänzelt, der Reiter stutzt, zieht seine lange Plempe (Soldatenausdruck für eine Seitenwaffe, Säbel), reißt den Gaul herum. Die Front der berittenen Blauen formiert sich zur Attacke, die Säbel sind gezückt, die Pistolentaschen geöffnet. – Doch die Massen stehen, stumm, Hohn in den Gesichtern.

»Zurück!«

Warum zurück! Sie begreifen das nicht, glauben nicht an die Vollendung der Provokation.

Bis sie heranreiten, mit den seitlich antänzelnden Gäulen die ersten zu Boden zu werfen suchen, um durch die Panik die Reihen mürbe zu machen zum Durchbruch.

»Zurück!«

Doch sie halten stand! Einer fällt dem Gaul in die Zügel, der Reiter haut auf ihn nieder. – Doch ehe er sich versieht, ist er vom Pferd gerissen. Die

Staatsautorität liegt im Dreck, die Plempe fliegt über den Zaun in den Schnee. Wie ein Blitz fährt es durch die Reihen: Eure Macht ist nur die Kehrseite unserer Schafsgeduld.

Aber auch die Berittenen weichen nicht. Unsterbliche Schande, vor dem Pöbel zu kapitulieren. Sie kehren kurz um, wenden von Neuem zur Attacke – und werden empfangen mit einem Bombardement von Steinen und Zaunlatten. Die Gäule bäumen sich. Eine niedergerittene Frau schreit – ihr Schrei peitscht die Massen zum Sturm.

Die Berittenen werden an die Straßenkreuzung gedrängt. Da entdecken die Massen das Eckhaus, dessen zweiter Ausgang hinter den Rücken der Berittenen führt. Im Nu sind die Blauen umringt. Ihre Verwirrung auf den – so unglaublich geistlosen – Gesichtern reizt zum Lachen. Sie wenden – und sprengen davon [...]

* * *

Quelle: Adam Scharrer, Vaterlandslose Gesellen (1930), Oberbaum-Verlag – Verlag für Politik und Ökonomie, Berlin, o. J., 234–239.

Benedetto Croce
Der Sieg

»Feste feiern – zu welchem Ende?«, fragte Benedetto Croce (1866–1952) anlässlich der Siegesfeiern in Italien im November 1918. Er hielt das »Festgepränge« einfach für unangebracht. Croce war zu sehr in der europäischen Idee und in einem humanistischen Denken verwurzelt, als dass er an dem allgemeinen Taumel vorbehaltlos mitwirken wollte. Croce stammte aus einer in den Abruzzen angesiedelten begüterten Gutsbesitzer-Familie, verlor aber sehr früh durch eine Naturkatastrophe seine gesamte nahe Verwandtschaft. Nach dem Studium der Rechtswissenschaften und der Philosophie in Rom und Neapel wandte er sich der schreibenden Tätigkeit zu, ab 1902 erschien in mehreren Bänden sein Hauptwerk »Philosophie des Geistes«. 1910 zum Senator auf Lebenszeit ernannt, wurde Croce zu einer der prägenden Gestalten der italienischen Kultur. Mehrmals übte er auch das Amt eines Ministers aus. Am Vorabend des Ersten Weltkriegs positionierte sich Croce auf der Seite der Neutralisten, die einen Kriegseintritt Italiens ablehnten. Der Aufklärung und dem Liberalismus verpflichtet, trat Croce nach dem Krieg im Jahr 1925 nochmals prominent hervor, diesmal als Hauptinitiator des antifaschistischen Manifests.

Feste feiern – zu welchem Ende? Unser Italien geht aus diesem Kriege wie aus einer schweren Todeskrankheit hervor, mit offenen Wunden, mit gefährlicher Schwäche in seinem Leibe, die bloß fester Sinn, gehobener Mut, sich erweiternder Geist überwinden und durch harte Arbeit in Antriebe zur Größe wandeln kann. Hunderttausende unseres Volkes sind dahingerafft worden, jeder von uns sieht in diesem Augenblick die trüben Gesichter der Freunde vor sich, die wir verloren haben, zerrissen von Geschossen, entseelt auf nackten Felsen oder dem Rasen, weit weg von ihren Hütten und ihren Teuren. Und die gleiche Trostlosigkeit herrscht in der ganzen Welt, unter den Völkern unserer Verbündeten wie unserer Gegner, Menschen gleich uns, trostloser als wir, da der Tod aller ihrer Lieben, alle Mühen, alle Opfer nicht hingereicht haben, um sie vor der Niederlage zu bewahren. Große Reiche, die Jahrhunderte hindurch die Völker eines großen

Teils von Europa in sich vereinigten, in Zucht gehalten, zur Arbeit des Gedankens und der Gesittung, zum menschlichen Fortschritt angeleitet haben, sind dahin; große Kaiserreiche, an Erinnerungen und Ruhmestaten reich; jeder edle Geist muss vor der unerbittlichen Erfüllung des geschichtlichen Schicksals von Ehrfurcht ergriffen werden, das die Staaten vernichtet und auflöst wie die Einzelwesen, um neue Lebensformen zu schaffen. Shakespeares Helden – Vorbilder aller Menschlichkeit – feiern nicht Feste, wenn sie den Sieg davongetragen und die furchtbarsten Feinde niedergeschmettert haben; sie fühlen sich vielmehr von Schwermut durchdrungen und ihre Lippen bewegen sich fast nur, um des Menschen, der ihr Gegner gewesen und dessen Tod sie selbst herbeigeführt, zu gedenken und sein Lob zu verkünden!

* * *

Quelle: Benedetto Croce, Der Sieg, geschrieben am 5. November 1918. In: Ders., Randbemerkungen eines Philosophen zum Weltkriege 1914–1918, Almathea Verlag, Zürich – Leipzig – Wien 1922, 284 f.

Robert Bodanzky
Der Heldenfriedhof

Robert Bodanzky (1879–1923) entstammte einer wohlhabenden Wiener Kaufmannsfamilie, eine Neigung zum Geschäftsleben war ihm aber nicht mitgegeben. Sein Versuch im Schauspielberuf Fuß zu fassen, gelang auch nur mehr schlecht als recht. Erst mit seinem Wechsel ins schreibende Fach im Bereich des Musiktheaters stellten sich erste Erfolge ein. Er lernte namhafte Bühnengrößen kennen und wurde schließlich ein gefeierter Librettist. Auf den Wahnsinn des Ersten Weltkrieges reagierte der aufrührerische Geist auf seine Weise. Er verbreitete antimilitaristische Gedichte, sodass er sehr bald mit der Zensur Bekanntschaft machte. In der Umbruchphase nach dem Kriege beteiligte sich Bodanzky an der Gründung des anarchistischen Blattes »Erkenntnis und Befreiung«, in dem er radikalpazifistische Gedichte und Essays veröffentlichte. Seine letzte Schaffensperiode währte jedoch nur kurz. Eine Lungenkrankheit löschte sein Leben vorzeitig aus. Das Ende der Inflationskatastrophe, die ihm sein Vermögen geraubt hatte, erlebte er nicht mehr.

Da liegen sie – die Schulze – Müller – Meier –
Und wie auch sonst ihr Name ist,
Der Name all' der Namenlosen,
Begraben nun mit ihrem Heldentum.
Und bis ins Grab folgt noch die Lüge nach
Als Inschrift auf dem Stein:
»Für's Vaterland gefallen...«
Lüge!... Durch's Vaterland getötet!
Das ist Wahrheit... schaudervolle Wahrheit.
Wohl lehrten uns die Dichter: süß sei dies Sterben
Und im Tod noch selig, preisen Lieder heuchlerisch den Trug.
– Tut auf die Gräber – seht die bleichen Knochen
Von Ratten und von Würmern angefressen.
Das Heldentum ist Lüge – das Grauen Wirklichkeit.
Das Vaterland, es fordert Leben,

Statt dass es Leben fördert.
Tötet den Begriff, den ganzen Kreis, der jedes Vaterland umschließen muss,
Dann habt vielleicht ihr ein Millionstel aller Schuld
An diesen Toten abgetragen.
Sprecht nicht von Trauer...!
Es weinte wohl der Bruder um den Bruder,
Doch mit der Träne mischte sich die Freude, dass er selbst am Leben.
Es schluchzte wohl die Witwe um den Mann.
Wie lange? Bis das Leben seine Rechte fordert.
Der Tod steht still – das Leben schreitet fort,
Wer atmet kämpft, wer kämpft ist grausam.
Und doch – die Lebenden verstummen –
Die Toten sind's die sprechen.
Sie kratzen unruhvoll in ihren Gräbern –
»Warum? Wofür?« so tönt es durch die Friedhofsstille,
Und wie ein Fieberschauer geht es durch die Welt
»Warum? Wofür?« das Echo pflanzt sich fort
Und all die toten Stimmen bekommen Leben:
»Warum? Wofür?«
Aus jedem Grab ertönt die Frage...
Die Schuldigen, sie stopfen sich die Ohren...
»Warum? Wofür?«...
– – Da seh' ich einen, von den Lebenden verlassen,
Zu den Toten schleichen.
Ein rost'ger Helm, der einst geglänzt, ziert seinen Kopf,
Ein Purpurmantel, halb zerlumpt, fällt um die Schultern,
Schlotternd und wirren Blick's sucht er die Zuflucht.
»Ihr, meine Toten... ihr, die ihr zu mir geschworen,
Ihr, meine Toten, die ihr für mich gelebt,
Ihr bleibt mein Alles –
Ihr Tote bleibt mein Leben!
Ihr wart die Treue – Ihr und ich –!«
... Und gellend tönt es ihm entgegen:
Warum? Wofür?
Nennst Treue du den Stumpfsinn uns'res Hirn's,
Nennst Mut die Feigheit du, die uns befangen?
Wir waren keine Helden – sonst hätten wir für uns gekämpft und nicht für dich –
Und flüchtest du zu uns, dann ist's ein Hohn!

Was kümmern uns die Überlebenden, da wir nun tot?
Wohl ist die Macht gebrochen und die Tyrannen sind verjagt,
Doch WIR sind tot – sind tot für immer.
Begreifst du es – kannst du's verstehn?
Nicht für die Freiheit fielen wir,
Wir fielen für die Sklaverei und wussten's nicht.
Die Lüge war die Fahne, die uns führte,
Und wir – wir hielten den beschmutzten Fetzen hoch. –
Jetzt aber kommst du an den kalten Toten dich erwärmen,
Hansnarr! Du bist ja toter noch als wir,
Der Heldenfriedhof ist kein Platz für dich,
Denn jeder Stein, er muss dich zentnerschwer bedrücken.
Wir war'n die Dummen – du: der Böse selber,
Und tausend Tode könnten nicht genügen,
Für dich die Strafe zu ersinnen!
Leb' weiter ... auf dass dein Untergang dir nicht erspart,
Das Rauschen uns'res Blutes, das vergossen,
Es sei dir Lebensmelodie,
Der Jammer Ahasvers, des Ruhelosen,
Komm über dich,
Und wenn verziehen allen Sündern,
Du bleibst schuldig ...
Du hast die Toten gegen dich!
Das Leben gehet weiter,
Der Tod bleibt stehn,
Bleibt stehn bei dir –
Der du das Leben Anderer gemordet.
Lösch selber aus die Inschrift auf den Steinen
Und setz' die Worte an die Stelle:
»Durch Wahnwitz sind Millionen in den Gräbern,
Und ich, der Wahnwitz selber – lebe!«

* * *

Quelle: Robert Bodanzky, Der Heldenfriedhof. In: Ders., Wenn der Glorienschein verbleicht, Verlag »Erkenntnis und Befreiung«, Wien 1919, 32–34.

Joseph Roth
Die Rebellion

Andreas Pum, ein Mann Mitte 40, kehrt mit nur einem Bein aus dem Weltkrieg zurück. Seine körperliche Beeinträchtigung überspielend bemüht er sich zunächst, ein positives Zukunftsbild zu entwickeln. Er verachtet die Defätisten rund um sich und möchte an einer Normalisierung des Lebens teilhaben. Doch die Nachkriegsgesellschaft ist auf die Vielzahl der Krüppel aus dem Felde nicht eingerichtet. Pum wird mehr und mehr zum Ausgestoßenen, nichts gelingt ihm wirklich, er endet schließlich als Toilettenwart eines Kaffeehauses und geht elend zugrunde. Der Autor des 1924 veröffentlichten Romans »Die Rebellion«, Joseph Roth (1894–1939), stand 1914 auf der Seite des Pazifismus. Sein unstetes Gemüt hielt ihn aber nicht im Hinterlande, die Zeitspanne 1917/18 verbrachte er im Pressedienst einer Infanterieeinheit in Galizien. Hier entfaltete sich auch seine publizistische Tätigkeit. Als einer der Vertreter des Wiener Impressionismus reflektiert Roth in seinen Büchern die altösterreichische Gesellschaft mit ihren Zwängen ebenso wie die Nachkriegsordnung, für die soziale Integration ein Fremdwort war. Roth zeigt die Verheerungen des Krieges, die weit über das unmittelbare Geschehen auf dem Schlachtfeld hinausreichen.

Die Baracken des Kriegsspitals Numero XXIV lagen am Rande der Stadt. Von der Endstation der Straßenbahn bis zum Krankenhaus hätte ein Gesunder eine halbe Stunde rüstig wandern müssen. Die Straßenbahn führte in die Welt, in die große Stadt, in das Leben. Aber die Insassen des Kriegsspitals Numero XXIV konnten die Endstation der Straßenbahn nicht erreichen.

Sie waren blind oder lahm. Sie hinkten. Sie hatten ein zerschossenes Rückgrat. Sie erwarteten eine Amputation oder waren bereits amputiert. Weit hinter ihnen lag der Krieg. Vergessen hatten sie die Abrichtung; den Feldwebel; den Herrn Hauptmann; die Marschkompanie; den Feldprediger; Kaisers Geburtstag; die Menage; den Schützengraben; den Sturm. Ihr Frieden mit dem Feind war besiegelt. Sie rüsteten schon zu einem neuen Krieg; gegen die Schmerzen; gegen die Prothesen; gegen die lahmen Gliedmaßen; gegen die krummen Rücken; gegen die Nächte ohne Schlaf; und gegen die Gesunden.

Nur Andreas Pum war mit dem Lauf der Dinge zufrieden. Er hatte ein Bein verloren und eine Auszeichnung bekommen. Viele besaßen keine Auszeichnung, obwohl sie mehr als nur ein Bein verloren hatten. Sie waren arm- und beinlos. Oder sie mussten immer im Bett liegen, weil ihr Rückenmark kaputt war. Andreas Pum freute sich, wenn er die anderen leiden sah.

Er glaubte an einen gerechten Gott. Dieser verteilte Rückenmarkschüsse, Amputationen, aber auch Auszeichnungen nach Verdienst. Bedachte man es recht, so war der Verlust eines Beines nicht sehr schlimm und das Glück, eine Auszeichnung erhalten zu haben, ein großes. Ein Invalider durfte auf die Achtung der Welt rechnen. Ein ausgezeichneter Invalider auf die der Regierung.

Die Regierung ist etwas, das über den Menschen liegt wie der Himmel über der Erde. Was von ihr kommt, kann gut oder böse sein, aber immer ist es groß und übermächtig, unerforscht und unerforschbar, wenn auch manchmal für gewöhnliche Menschen verständlich.

Es gibt Kameraden, die auf die Regierung schimpfen. Ihrer Meinung nach geschieht ihnen immer Unrecht. Als ob der Krieg nicht eine Notwendigkeit wäre! Als ob seine Folgen nicht selbstverständlich Schmerzen, Amputationen, Hunger und Not sein müssten! Was wollten sie? Sie hatten keinen Gott, keinen Kaiser, kein Vaterland. Sie waren wohl Heiden. »Heiden« ist der beste Ausdruck für Leute, die sich gegen alles wehren, was von der Regierung kommt.

Es war ein warmer Sonntag im April, Andreas Pum saß auf einer der roh gezimmerten, weißen Holzbänke, die mitten im Rasen vor den Baracken des Spitals aufgestellt waren. Fast auf jeder Bank saßen zwei und drei Rekonvaleszente zusammen und sprachen. Nur Andreas saß allein und freute sich über die Bezeichnung, die er für seine Kameraden gefunden hatte.

Sie waren Heiden, wie zum Beispiel Leute, die wegen falscher Eide und wegen Diebstahls, Totschlags, Mordes oder gar Raubmordes im Zuchthaus saßen. Warum stahlen die Leute, töteten, raubten, desertierten sie? Weil sie Heiden waren.

Wenn jemand in diesem Augenblick Andreas gefragt hätte, was die Heiden sind, so hätte er geantwortet: zum Beispiel Menschen, die im Gefängnis sitzen, oder auch jene, die man zufällig noch nicht erwischt hat. Andreas Pum war sehr froh, dass ihm die »Heiden« eingefallen waren. Das Wort genügte ihm, es befriedigte seine kreisenden Fragen und gab Antwort auf viele Rätsel. Es enthob ihn der Verpflichtung, weiter nachdenken und sich mit der Erforschung der anderen abquälen zu müssen. Andreas freute sich über das Wort. Zugleich verlieh es ihm das Gefühl der Überlegenheit über die Kameraden, die auf den Bänken saßen und schwatzten. Sie hatten zum Teil schwerere Wunden und keine Auszeichnungen. Geschah ihnen nicht recht? Weshalb schimpften sie? Warum waren sie unzufrieden? Fürchteten sie um ihre Zukunft? Wenn sie weiter in ihrem Trotz verharrten, dann hatten sie wohl recht, um ihre Zukunft bang zu sein. Sie schaufelten sich ja selbst ihre Gräber! Wie sollte sich die Regierung ihrer Feinde annehmen? Ihn, Andreas Pum dagegen, wird sie schon versorgen.

Und während die Sonne schnell und sicher am wolkenlosen Himmel ihrem Höhepunkt zustrebte und immer glühender und fast schon sommerlich wurde, dachte Andreas Pum an die nächsten Jahre seines Lebens. Die Regierung hat ihm einen kleinen Briefmarkenverschleiß übergeben oder eine Wächterstelle in einem schattigen Park oder in einem kühlen Museum. Da sitzt er nun mit seinem Kreuz auf der Brust, Soldaten grüßen ihn, ein etwa vorbeigehender General klopft ihm auf die Schulter, und die Kinder fürchten sich vor ihm. Er aber tut ihnen nichts zuleide, er gibt nur acht, dass sie nicht auf den Rasen springen. Oder die Leute, die ins Museum kommen, kaufen bei ihm Kataloge und Künstlerkarten und betrachten ihn dennoch nicht als einen gewöhnlichen Händler, sondern als eine Amtsperson. Vielleicht findet sich auch noch eine Witwe, kinderlos oder mit einem Kind, oder ein älteres Mädchen. Ein gut versorgter Invalider mit einer Pension ist keine schlechte Partie, und Männer sind nach dem Krieg sehr gesucht.

Der helle Klang einer Glocke hüpfte über den Rasen vor den Baracken und verkündete das Mittagessen. Die Invaliden erhoben sich schwer und wankten, aufeinander gestützt, der großen, lang gestreckten, hölzernen Speisebaracke entgegen. Andreas hob mit eiliger Beflissenheit seine heruntergefallene Krücke auf und humpelte munter hinter den Kameraden, um sie zu überholen. Er glaubte nicht recht an ihre Schmerzen. Auch er musste leiden. Und dennoch – seht – wie flink er sein kann, wenn ihn die Glocke ruft!

Selbstverständlich überholt er die Lahmen, die Blinden, die Männer mit den krummen Wirbelsäulen, deren Rücken so gebückt ist, dass er einen parallelen Strich zur Erde bildet, auf der sie gehen. Hinter Andreas Pum rufen sie her, aber er wird sie nicht hören.

Es gab wieder Hafergrütze wie jeden Sonntag. Die Kranken wiederholten, was sie alle Sonntage zu sagen gewohnt waren. Hafergrütze ist langweilig. Andreas aber fand sie gar nicht langweilig. Er hob den Teller an die Lippen und trank den Rest, nach dem er ein paar Mal mit dem Löffel vergeblich gefischt hatte. Die anderen sahen ihm zu und folgten zaghaft seinem Beispiel. Er hielt den Teller lange vor dem Mund und schielte über den

Rand nach den Kameraden. Er stellte fest, dass ihnen die Suppe schmeckte und dass ihre Reden Prahlerei und Übermut gewesen waren. Sie sind Heiden! frohlockte Andreas und setzte den Teller ab.

Das Dörrgemüse, das die anderen »Drahtverhau« nannten, schmeckte ihm weniger. Dennoch leerte er den Teller. Er hatte dann das befriedigende Gefühl, eine Pflicht erfüllt zu haben, wie wenn er ein rostiges Gewehr blank geputzt hätte. Er bedauerte, dass kein Unteroffizier kam, um die Geschirre zu kontrollieren. Sein Teller war sauber wie sein Gewissen. Ein Sonnenstrahl fiel auf das Porzellan, und es glänzte. Das nahm sich aus wie ein offizielles Lob des Himmels. [...]

* * *

[Nachdem alle Versuche, eine neue Existenz zu gründen, gescheitert waren, ging es] abwärts mit Andreas. Er sah aus wie ein Siebzigjähriger. Sein weißer Bart reichte knapp bis zu den bunten Ordensbändern auf seiner Brust, die ihm das Ansehen eines alten Schlachtenlenkers verliehen. Weißes Moos wucherte in seinen Ohren. Er hustete laut und trocken und war nach jedem Hustenanfall matt wie ein fieberkrankes Kind und einer Ohnmacht nahe. Er musste ein paar Minuten sitzen, und um ihn kreisten die Spiegel, die blanken Kacheln und die Lichter, zuerst schnell, dann immer langsamer, bis sie endlich an ihrem gewohnten Ort stehen blieben. Diese seltsamen Bewegungen erinnerten Andreas an die letzten Drehungen eines Karussells, das aus den verschütteten Tagen seiner Kindheit auftauchte. Dazu kam die Musik aus dem Café, gedämpft, wie aus einem Jenseits und nur anschwellend, sooft ein Gast die Tür öffnete. Sehr oft schlief Andreas ein. Er träumte viel und sehr deutlich, und alle Bilder des Traumes behielt er scharf im Gedächtnis, wenn er erwachte. Er wusste bald nicht mehr zu unterscheiden zwischen Wachheit und Traum, und er nahm geträumte Bilder für wirkliche Ereignisse und diese für Träume. Er sah die Gesichter seiner Gäste gar nicht, er putzte ihre Kleider, reichte ihnen Seifen, Bürsten und Handtücher und hörte nicht, wenn sie ihm etwas sagten, dankte nicht für ihre Trinkgelder und zählte nicht seine Einnahmen. Er verkaufte auch nicht viel von Willis Waren, er pries nichts an, er »interessierte« nicht, wie Willi sagte, wenn er »kontrollieren« kam. Nur der alten Freundschaft hatte er es zu verdanken, dass er auf seinem Posten bleiben durfte.

Das schmale Fenster der Toilette ging in einen Hof, in dessen Mitte ein Kastanienbaum stand und der Andreas an die Höfe erinnerte, in denen er musiziert hatte. Jetzt wurden die Knospen immer größer, sie wuchsen zusehends, wurden fett und knallig, die Vögel hingen in den Zweigen, paarten sich und stritten. Andreas streute ihnen Krumen und sah in den Frühling hinaus, der verborgen, kümmerlich und dennoch reich so viel Pracht entfaltete, als es die Bedingungen des gepflasterten Hofes zuließen und die Sonnenstrahlen, die nur am Nachmittag hierherkamen. Wenn ein Gast eintraf, musste Andreas aus Gründen des Anstandes das Fenster schließen, denn gegenüber waren Küchenfenster und weibliches Hauspersonal, das neugierig hinüberzusehen schien.

Die Stelle am Knie schmerzte, die Polsterung der Krücke hätte längst erneuert werden müssen. Auch der Rücken tat aus unerklärlichen Gründen weh, die Feuchtigkeit verstärkte alte rheumatische Schmerzen, Gichtknoten bildeten sich an den Fingern und ein drückendes Weh lastete auf der Brust, das Herz schien sekundenlang stillzustehen, und Andreas glaubte, er wäre bereits tot. Dann erwachte er, erschrak, dass er noch lebte, und glaubte bald wieder, er wäre nicht mehr auf Erden. Erst ein neuer Schmerz bewies ihm, dass er noch ein Lebender war. Er wusste nämlich, dass Verstorbene keine Schmerzen kannten, weil sie keinen Leib hatten, sondern nur aus Seelenstoff bestanden. Über derlei Fragen grübelte er lange, einsame Stunden, er suchte eine Erklärung für die sichtliche Ungerechtigkeit Gottes und seine Irrtümer, er dachte über die Möglichkeit einer Wiedergeburt und begann, verschiedene Wünsche zu äußern, als stünde er vor dem Ewigen und der Wahl, in welcher Gestalt er wieder ins Leben zurückkehren wolle. Er entschied sich für die Existenz eines Revolutionärs, der kühne Reden führt und mit Mord und Brand das Land überzieht, um die verletzte Gerechtigkeit zu sühnen. Von derlei Dingen las er in den Zeitungen, die er vom Café bekam. Sie waren meist schon zwei Tage alt, und erfuhr alle Neuigkeiten, die nicht mehr wahr sein konnten, ehe er die Zeitungen in Rechtecke zerschnitt und sie in gleichmäßigen Päckchen an die Nägel hing. Denn Willi hatte ihm eingeschärft, das teure Klosettpapier zu sparen.

Spät in der Nacht kehrte er heim. Jetzt bewohnte er allein das alte Zimmer Willis, aber er blieb nicht gerne ohne Gesellschaft zu Hause. So bat er um die Erlaubnis, seinen Papagei aus dem Café mitnehmen zu dürfen. Er trug den Vogel im Käfig, über den er warme Decken stülpte, wenn es regnete und die Nächte kühl waren. Der Papagei schlief unterwegs und erwachte erst im Zimmer, wenn er Licht durch die dicken Hüllen verspürte. Dann sprach er ein paar Worte, wie ein Mensch im Schlaf oder im Halbschlummer zu sprechen pflegt, und Andreas besänftigte ihn mit guter, liebevoller Rede.

Einmal sah Andreas Einbrecher in der Nacht, aber er sagte nichts dem Polizisten, den er an der nächsten Ecke traf. Die Einbrecher arbeiteten an der Tür eines Ladens. Andreas freute sich im Stillen. Es schien ihm, dass die

Einbrecher den geheimen Zweck haben, die Gerechtigkeit in der Welt auf eine gewaltsame Weise wiederherzustellen. Las er in der Zeitung von Mord und Einbruch und Diebstahl, so freute er sich. Die Verbrecher, die »Heiden«, waren seine stillen Freunde geworden. Sie wussten es nicht. Er aber war ihr Freund, ihr Gönner. Manchmal träumte er, ein verfolgter Verbrecher flüchte sich zu ihm in die Toilette. Dann half er ihm freudig durchs Fenster in den Hof und in die Freiheit.

Indessen wurden die Apriltage warm, regenschwanger und wie süße Versprechungen. In den Nächten fühlte Andreas einen fernen Duft mit dem Winde daherkommen, seine Glieder wurden mehr müde als sonst. Er verlor das Interesse für viele Dinge. Sogar die Wiederaufnahme seines Verfahrens bekümmerte ihn nicht mehr. Er war alt, er war älter, als er selbst wusste. Schon ragte er hinüber ins andere Leben, während er noch die Pflastersteine dieser Erde trat. Seine Seele träumte sich ins Jenseits, wo sie heimisch war. Fremd kehrte sie in den Tag zurück.

Seine Schmerzen verstärkten sich, sein Husten wurde noch trockener, die Anfälle dauerten länger. Er vergaß heute, was gestern geschehen war. Er sprach mit sich selbst. Er vergaß manchmal den Papagei und schrak auf, wenn dessen Stimme unvermutet krächzte. Der Tod warf einen großen, blauen Schatten über Andreas. [...]

Er erinnerte sich wieder an seine Leiden, er arbeitete an einer Rede, er bereitete sich zu einer großen Anklage vor. »Hoher Gerichtshof«, wollte er sagen. »Ich bin ein Opfer dieser Verhältnisse, die Sie selbst geschaffen haben. Verurteilen Sie mich. Ich gestehe, dass ich ein Rebell bin. Ich bin alt, ich habe nicht lange mehr zu leben. Ich aber würde mich auch nicht fürchten, selbst wenn ich jung wäre.« Noch viele tausend schöne und mutige Worte fielen Andreas ein. Er saß auf seinem Stuhl neben der blauen Personenwaage und flüsterte vor sich hin. Ein Herr verlangte Seife, und er hörte es nicht. Ignatz flatterte auf seine Schulter und bat um Zucker. Andreas fühlte ihn nicht.

* * *

Quelle: Joseph Roth, Die Rebellion. Ein Roman. Verlag: Die Schmiede, Berlin 1924, 7–10, 111–115.

Romain Rolland
An die freien Geister aller Länder!

Herkunftsort des Autors und Musikkritikers Romain Rolland (1866–1944) ist das französische urbane Bürgertum. Nach einer Eliteausbildung in Paris und dem Studium der Kunstgeschichte in Rom wurde er zunächst lehrend und forschend im universitären Umfeld tätig. Die Pariser Sorbonne ermöglichte ihm viele Freiräume und zahlreiche Bildungsreisen. In seinem schriftstellerischen Schaffen gewann er bald eine gewisse Sicherheit. So entstand eine Reihe von Essays, Dramen, kunst- und musikhistorischen Schriften sowie Biografien. Seine Beschäftigung mit Leo Tolstoi brachte ihn dem Pazifismus näher. Die Völkerverständigung wurde eines seiner zentralen Themen. Der Ausbruch des Ersten Weltkrieges überraschte Rolland in der Schweiz. Er beschloss zu bleiben, weil er hier die besten Voraussetzungen gegeben sah, seine kriegskritischen Texte unzensiert herauszugeben. In der Schweiz traf er auch mit Albert Einstein zusammen. Neben seiner publizistischen Tätigkeit engagierte er sich beim Roten Kreuz. In Deutschland ignoriert, in Frankreich wegen der ihm vorgeworfenen unpatriotischen Haltung als »innerer Feind« betrachtet, erfuhr sein Werk mit der Verleihung des Literaturnobelpreises 1915 eine unerwartete Aufwertung. Er beschloss, das Preisgeld dem Roten Kreuz zu stiften. In seiner antimilitaristischen Haltung auch nach dem großen Krieg konsequent und mit seinem Naheverhältnis zu Mahatma Gandhi wurde Rolland zu einer wichtigen Symbolfigur der internationalen Friedensbewegung.

Geistige Arbeiter, Gefährten, die ihr über die ganze Welt verstreut seid, seit fünf Jahren getrennt durch Waffengewalt, Zensur und Völkerhass im Kriege, wir richten an euch in dieser Stunde, wo die Schlagbäume fallen und die Grenzen sich öffnen, eine Kundgebung, um unsere brüderliche Zusammengehörigkeit zu erneuern, aber eine Zusammengehörigkeit, die fester und sicherer sein soll, als die frühere es gewesen.

Der Krieg hat Wirrnis in unsere Reihen gebracht. Der größte Teil der Intellektuellen hat seine Wissenschaft, seine Kunst, seine Vernunft *der Re-*

gierung zur Verfügung gestellt. Wir wollen niemanden beschuldigen, niemandem Vorwürfe machen. Wir kennen die Schwäche vereinzelter Seelen und die Elementargewalt der Massenströmungen, wie auch jener, die für einen Augenblick schwankend wurden. Denn nichts war vorhergesehen, um Widerstand leisten zu können. *Möge die Erfahrung wenigstens für die Zukunft dienen!*

Vor allem stellen wir das Unglück fest, zu dem das fast völlige Versagen der Intelligenz und seine freiwillige Knechtseligkeit gegenüber den entfesselten Gewalten geführt haben. Die Denker, die Künstler ... Sie haben im Arsenal ihres Willens, ihres Gedächtnisses, ihrer Einbildungskraft nach alten und neuen, geschichtlichen, wissenschaftlichen, logischen und dichterischen Gründen für den Hass gesucht. Sie haben daran gearbeitet, Verständnis und Liebe zwischen den Menschen zu zerstören. Dabei haben sie den Gedanken, den sie verkörperten, verhässlicht, beschmutzt, erniedrigt, degradiert. Sie haben daraus ein Werkzeug der Leidenschaften und, vielleicht unbewusst, der eigennützigen Interessen eines politischen und gesellschaftlichen Klüngels eines Staates, Vaterlandes oder einer Klasse gemacht. Und jetzt erhebt sich aus diesem wüsten Chaos, das alle Völker ergriffen hat, ob siegreich oder besiegt, ausgeblutet, verarmt und im innersten Herzen – wenn sie es sich auch selbst nicht eingestehen – beschämt und erniedrigt ob ihres Wahnsinntaumels – erhebt sich der durch ihre Streitigkeiten besudelte *Gedanke*, gleich ihnen entweiht.

Auf! Befreien wir den Geist von all diesen Kuhhändeln, erniedrigenden Verbindungen und versteckten Kriechereien. Der Geist ist niemandem untertan. Wir aber sind dem Geiste untertan und kennen keinen anderen Herrn. Wir sind dazu da, die Fackel zu tragen und zu beschützen und alle vereinzelten Menschen um sie zu versammeln.

Unsere Aufgabe und Pflicht ist es, einen festen Punkt zu fassen, um in der Nacht mitten im Wirbel der Leidenschaften den Polarstern zeigen zu können. Unter diesen Leidenschaften des Hasses und der gegenseitigen Zerstörung treffen wir keine Wahl: Wir lehnen sie alle ab. Wir ehren nur die *Wahrheit* allein, die freie Wahrheit ohne Grenzen und Schranken, ohne Vorurteile der Rassen und Kasten. Sicherlich, wir entfremden uns nicht der Menschlichkeit, für sie arbeiten wir, aber *nur* für sie. Wir kennen keine Völker – *wir kennen nur das Volk*, das eine und allgemeine, wie es leidet, kämpft, fällt und sich erhebt und immer vorwärtsschreitet auf dem rauen Steg, der mit seinem Schweiß und Blut getränkt ist, *das Volk aller Menschen*, die alle unsere Brüder sind!

Uns so mögen sie gleich uns diese Brüderlichkeit ihrem Bewusstsein einverleiben und den Bau des Bündnisses, den wir über ihren blinden Streitigkeiten auftürmen – *den freien Geist, einig und doch vielfältig, den ewigen Geist!*

* * *

Quelle: Romain Rolland, An die freien Geister aller Länder! In: Erkenntnis und Befreiung. Organ des herrschaftslosen Sozialismus, 1. Jg., Nr. 21/1919, 3.

Hinweis: Die ausgewählten Texte
wurden einheitlich an die neue Rechtschreibung angepasst

hry 2490